权威·前沿·原创

皮书系列为
"十二五""十三五""十四五"时期国家重点出版物出版专项规划项目

BLUE BOOK

智 库 成 果 出 版 与 传 播 平 台

互联网治理蓝皮书
BLUE BOOK OF INTERNET GOVERNANCE

中国网络社会治理研究报告
(2020~2021)

ANNUAL REPORT ON INTERNET SOCIETY GOVERNANCE IN CHINA (2020-2021)

主 编／罗 昕 支庭荣

社会科学文献出版社
SOCIAL SCIENCES ACADEMIC PRESS（CHINA）

图书在版编目（CIP）数据

中国网络社会治理研究报告 . 2020－2021/罗昕，支
庭荣主编 . －－北京：社会科学文献出版社，2022. 7
（互联网治理蓝皮书）
ISBN 978－7－5228－0057－8

Ⅰ. ①中… Ⅱ. ①罗… ②支… Ⅲ. ①互联网络－社
会管理－研究报告－中国－2020－2021 Ⅳ. ①C916

中国版本图书馆 CIP 数据核字（2022）第 073227 号

互联网治理蓝皮书
中国网络社会治理研究报告（2020~2021）

主　　编／罗　昕　支庭荣

出 版 人／王利民
责任编辑／张建中
文稿编辑／王　娇
责任印制／王京美

出　　版／社会科学文献出版社·政法传媒分社（010）59367156
　　　　　地址：北京市北三环中路甲 29 号院华龙大厦　邮编：100029
　　　　　网址：www. ssap. com. cn
发　　行／社会科学文献出版社（010）59367028
印　　装／天津千鹤文化传播有限公司

规　　格／开　本：787mm×1092mm　1/16
　　　　　印　张：25　字　数：372 千字
版　　次／2022 年 7 月第 1 版　2022 年 7 月第 1 次印刷
书　　号／ISBN 978－7－5228－0057－8
定　　价／189. 00 元

读者服务电话：4008918866

　　本年度报告为暨南大学网络社会治理研究中心和国家社科基金重大项目"互联网群体传播的特点、机制与理论研究"（15ZDB142）、国家社科基金重大项目"媒体深度融合发展与新时代社会治理模式创新研究"（19ZDA332）、国家社科基金重点项目"全球互联网治理的竞争格局与中国进路研究"（18AXW008）的阶段性研究成果。

主编简介

　　罗　昕　博士，暨南大学新闻与传播学院教授、博士生导师，主要研究方向为互联网治理、网络舆情、媒体融合。国家社科基金重大招标项目首席专家，主持多项国家级、省部级、市级社科规划课题，在《新闻与传播研究》《国际新闻界》《新华文摘》等刊物上发表（被转载）论文50余篇，出版多部专著和教材，获广东省哲学社科优秀成果奖2次。

　　支庭荣　中国人民大学传播学博士、北京大学博士后，主要研究方向为媒介管理学、传媒经济学、传媒社会学。现任暨南大学新闻与传播学院院长、教授、博士生导师。2011年入选教育部新世纪优秀人才支持计划，2015年入选广东特支计划宣传思想文化领军人才。系国家社科基金重大招标项目首席专家、教育部"马工程"教材编写专家。编撰的《媒介管理》《新闻事业经营管理》等入选"十一五""十二五"国家级规划教材。获教育部高校人文社科优秀成果三等奖、广东省哲学社科优秀成果二等奖。兼任全国卓越新闻传播人才教育培养指导委员会委员、中国高等教育学会新闻学与传播学专业委员会常务理事、中国新闻史学会视听传播研究委员会会长、传播大数据创新联盟理事长。

摘　要

网络社会作为一种新的社会形态，正在给人类生活带来深刻的变革，网络社会治理也已成为国家治理体系和治理能力现代化的重要组成部分，同时成为摆在我们眼前的一项重要课题。

2019~2020年，中国网络社会治理取得长足进步，主要体现在三个层面：在全球层面，中国在本土举办了许多具有国际影响力的峰会论坛，也积极参与其他国家主办的互联网治理盛会，彰显在全球网络社会治理中的中国角色；在国家层面，互联网治理相关部门加强法治建设、政策规制以及专项整治，不断完善有中国特色的网络社会治理体系；在社会层面，互联网企业、行业组织和公民个体广泛地、积极地参与网络社会治理，不断完善多方力量共同参与的综合治网格局。同时，中国网络社会治理存在的信息疫情、个人信息保护、网络直播营销等方面的焦点问题也亟待解决。"智能+"治理、生态型治理、网络诚信治理将在未来中国网络社会治理中发挥重要作用。

本报告除附录外分为五部分，分别是总报告、评价篇、探索篇、平台篇、国际借鉴篇。总报告回顾了2019~2020年中国网络社会治理的成就和问题，其中中国网络社会治理存在的问题体现在信息疫情、个人信息保护、网络直播营销等方面，报告建议未来网络传播平台综合治理能力的提升可从"智能+"治理、生态型治理以及网络诚信治理三个方面着手。评价篇聚焦于网络传播平台综合治理能力评价，从全国的网络直播客户端、省级新闻网站、视频网站、移动新闻客户端、短视频客户端中选取了146个具有代表性

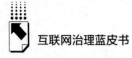

的网络传播平台样本进行观测，发现国内网络传播平台综合治理能力整体处于良好水平，同类型不同平台之间、不同类型平台之间的治理能力则参差不齐，建议平台提升内容品质、拓宽投诉渠道以及防范数据泄露。探索篇主要围绕年度疫情热点话题，对网络社会风险、信息流行病（信息疫情）、社区治理、用户隐私等具体议题进行了学理性剖析，为治理实践提供了有价值的启示。在平台篇部分，以具体案例和翔实的数据呈现了抖音直播平台和三七互娱网络游戏平台等互联网平台承担社会责任、进行平台自治及参与网络社会治理的探索与实践经验，带来业界一线的前沿动态；同时，分析了黑灰产现状及信息技术助力社会治理的机遇与挑战。在国际借鉴篇部分，从机构、制度、法律等多角度透视全球及韩国、巴西和印度等国的互联网治理状况、举措及未来动向，为我国进行国内网络社会治理、参与国际网络空间治理提供启示。

关键词： 网络社会　互联网治理　协同治理

目 录 ⤴

Ⅰ 总报告

Ⅱ 评价篇

Ⅲ 探索篇

Ⅳ　平台篇

Ⅴ　国际借鉴篇

VI 附 录

皮书数据库阅读**使用指南**

总 报 告

General Report

B.1

中国网络社会治理年度成就、
问题与趋势（2019~2020）

本书课题组*

摘　要： 2019~2020年，中国网络社会治理取得长足进步，主要体现在三个层面：在全球层面，中国一方面在本土举办了许多具有国际影响力的峰会论坛，另一方面积极参与其他国家主办的互联网治理盛会，彰显在全球网络社会治理中的中国角色；在国家层面，互联网治理相关部门从法治建设、政策规制以及专项整治等方面入手，不断完善有中国特色的网络社会治理体系；在社会层面，互联网企业、行业组织和公民个体广泛地、积极地参与网络社会治理，不断完善多方力量共同参与的综合治网格局。同时，中国网络社会治理存在的信息疫情、个人信息保

---

* 支庭荣，博士，暨南大学新闻与传播学院教授，主要研究方向为媒介管理学、传媒经济学、传媒社会学；罗昕，博士，暨南大学新闻与传播学院教授，主要研究方向为互联网治理、网络舆情、媒体融合。课题组成员：陈秀慧、张予涵、肖沛贤、金昱伶、赵小飞、林蓉蓉、张瑾杰、邝木子。执笔人：赵小飞、金昱伶、张瑾杰。

护、网络直播营销等方面的焦点问题也亟待解决。未来网络传播平台综合治理能力的提升可从三个方面着手：技术层面上依托人工智能技术的"智能＋"治理；信息内容层面上依托网络行为主体与网络软硬件要素之间相互作用的生态型治理；自律层面上依托具有完全民事行为能力的自然人、法人和非法人组织，在网络空间活动中尊崇道德、遵守法律、履行契约、恪守承诺的网络诚信治理。

关键词： 网络社会治理　"智能＋"治理　生态型治理　网络诚信治理

2021年2月3日，中国互联网络信息中心（CNNIC）发布第47次《中国互联网络发展状况统计报告》。报告显示，截至2020年12月，我国网民规模达9.89亿人，较2020年3月增长8540万人，互联网普及率达70.4%，较2020年3月提升5.9个百分点；2020年初，受新冠肺炎疫情影响，教育、政务、支付、视频、购物、即时通信、音乐等在线网络应用的用户规模较2018年底增长迅速，增幅均在10%以上。但随之而来的网络安全问题与威胁也日益增多，网络安全风险进一步渗入政治、经济、文化、社会、生态等诸多方面，亟须加强网络社会治理，这要求政府、企业和个人的上下联动治理，以及国内和国际等多方力量的内外合作与协同参与。2019年7月24日，中央全面深化改革委员会第九次会议审议通过了《关于加快建立网络综合治理体系的意见》，就加强互联网内容建设、建立网络综合治理体系、营造清朗的网络空间等重要议题做出战略部署。该意见指出，要坚持系统性谋划、综合性治理和体系化推进"三位一体"，逐步建立起涵盖领导管理、正能量传播、内容管控、社会协同、网络法治、技术治网等各方面的网络综合治理体系，全面提升网络综合治理能力。"十四五"规划强调要坚定不移加强网络强国和网络文明建设，发展积极健康的网络文化，全面加强网络安全保障体系和能力建设，维护网络等重要基础设施安全，坚决防范和打击新型网络犯罪，保持社会和谐稳定。随着网络综合治理向纵深发展，未来网络社会治理将逐步向构建多元主体共建共治的良好生态格局发展。

一　中国网络社会治理年度主要成就

2019~2020年，我国在互联网治理领域取得了一系列卓有成效的成就。一方面，中国作为主办方，在国内举办了许多具有国际影响力的互联网治理国际论坛、国际峰会和国际会议，与世界各国交流在网络社会治理方面的经验与教训；另一方面，中国还积极"走出去"，参与了一些在国外举办的重要互联网治理论坛会议，向世界各国阐述全球互联网治理的中国主张。推动全球互联网治理体系的变革和多方携手共建，推动全球网络空间的互联互通、共治共享。

（一）全球：网络社会治理的中国角色

2019~2020年，全球互联网治理从"共识"到"共建"阶段的过渡继续深入，中国与世界各国一道，在争议中寻求共识，以共识促共建，以共建促共享，在广度和深度上都有所拓展。本着尊重网络主权、维护和平安全、促进开放合作、构建良好秩序的四项基本原则，中国积极与世界各国在理念、技术、法治和模式层面探寻互联网治理合作共建的新举措、新思路和新方法。中国正在以实际行动推动全球网络空间命运共同体的建设，推进全球互联网治理体系日益迈向"多边参与、多方参与"的治理格局。

1. 中国主办涉及全球互联网治理的国际论坛会议

中国主办的一系列举足轻重的国际论坛会议，彰显其对互联网治理的一贯原则和态度，为全球互联网治理体系的建设提供了中国的智慧和方案，是中国推动构建人类命运共同体和网络空间命运共同体的重要举措，一定程度上提升了我国在全球互联网治理方面的话语权和影响力。

（1）2019、2020亚洲网络安全创新国际峰会

大数据、云计算、人工智能、物联网等新一代信息技术（IT）的进一

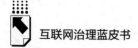

步发展和应用，在极大便利了企业工作和生产的同时，也带来了一些新的网络威胁，网络攻击层出不穷，更有企业因此遭受高达百亿美元的损失，新时代信息技术的发展对网络安全提出了新的要求。当前，中国网络安全的重要性已上升到了前所未有的高度。欧盟《通用数据保护条例》（GDPR）对企业和网络运营者对用户个人数据隐私保护应该承担的责任做了明确要求，网络安全成为又一个全球性的共同应对课题。

为了保障云端数据安全和设备端信息安全、建立有效的黑客预防系统，2019 年 5 月 13 ~ 14 日，首届亚洲网络安全创新国际峰会在上海举办。[①] 峰会内容涉及人工智能在网络安全行业的应用、大数据分析安全、云计算安全、物联网安全、身份认证管理安全等诸多网络信息技术安全问题。峰会指出，建立安全的网络环境需要企业、安全厂商以及运营商的多方共同参与，并要对用户进行系统的安全意识教育，提升其网络安全素养。

2020 年 9 月 24 ~ 25 日，第二届亚洲网络安全创新国际峰会在上海举行。此次峰会共安排 19 场主题演讲，涵盖"中国网络安全法律法规最新解读""数据隐私保护国际条例最新动态""跨国公司与不断变化的网络安全环境""网络安全自动化""减少安全漏洞""5G 安全与应对策略"等主题。[②] 会上，围绕"网络安全认知、管理与防范""安全合规挑战和出路"两大主题，专家们展开讨论，共同解读法律法规、解析网络安全行业与最新技术。

（2）2019、2020 世界计算机大会

2019 年 9 月 9 ~ 11 日，2019 世界计算机大会在湖南长沙召开。[③] 此次大会共 2500 余人参加，全球计算机行业企业、政府部门和非政府机构的与会人员共同探讨了计算机发展的未来之路，提出中国愿努力与全球计算机行业

---

① 《2019 亚洲网络安全创新国际峰会》，希为网，2019 年 5 月 13 日，http：//www. ecvintern ational. com/CybersecuritySummit2019/cn. html。

② 《2020 第二届亚洲网络安全创新国际峰会》，希为网，2020 年 9 月 24 日，http：//www. ecvinternational. com/CybersecurityInnovationSummit2020/cn. html。

③ 《2019 世界计算机大会举行》，人民网，2019 年 9 月 11 日，http：//society. people. cn/GB/n1/2019/0911/c1008 – 31347516. html。

企业携手提升计算产业基础能力和产业链水平，为构建开放合作的计算产业发展安全生态贡献智慧和力量。

除主论坛外，2019 世界计算机大会还举办了计算机生态、计算机未来、5G、计算芯片、人机连接、超高清、AI 算法、新型计算、网络安全等一系列分论坛，辅以创新技术和产品应用成果展、产业对接交流会等活动，讨论了计算产业核心技术与应用的创新发展等重点议题，以推动计算与智能的深度融合、全面创新、全面渗透和全面应用为出发点和落脚点。大会提出，在"计算力就是生产力"已成为全球发展共识的当下，世界计算产业面临的机遇和挑战同时存在，中国愿与世界各国因势而谋、应势而动、顺势而为，不断深度推进对外开放合作，鼓励外资企业加大在华布局力度，合力推动中国计算产业的高质量发展，打造全球计算产业共同体。

2020 年 11 月 3 ~ 4 日，2020 世界计算机大会在湖南长沙举行。① 此次大会以"计算万物·湘约未来——计算产业新动能"为主题，以"汇聚智力·共建生态""计算万物·跨界赋能""聚焦发展·湘约未来"为中心议题，共举办 10 场重要活动。大会围绕"创新创造与生态构建""计算芯片与平台能力""网络安全与可信计算""工业互联与制造生态""5G 视界与应用生态"等主题进行专题讨论。大会发布了 2020 中国先进计算百强榜总榜单。榜单统计了在核心部件、终端、软件、服务、基础设施等先进计算重点领域的 117 家企业。会上还发布了《2020 先进计算产业发展白皮书》。白皮书按照算力、算法、算据以及"计算＋"四大维度，系统梳理了全球计算产业领域的最新进展成果及应用实践，并提出发展建议，如提升产业技术创新能力、推进计算产业生态构建、加强深度国际合作、激励培育重点骨干企业等。②

---

① 《世界计算机大会在长沙开幕》，"人民网"百家号，2020 年 11 月 4 日，https：// baijiahao. baidu. com/s？id = 1682380174528008486&wfr = spider&for = pc。
② 《2020 先进计算产业发展白皮书》，中国大数据产业观察网站，2020 年 11 月 4 日，http：// www. cbdio. com/BigData/2020 – 11/04/content_ 6161249. htm。

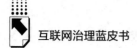

（3）第六届、第七届世界互联网大会①

2019 年 10 月 20 日至 22 日，第六届世界互联网大会在浙江乌镇召开，大会主题为"智能互联　开放合作——携手共建网络空间命运共同体"。②大会聚焦"科学与技术""产业与经济""人文与社会""合作与治理"等重点板块，所设置的 20 个分论坛更是新增了大数据、物联网、人工智能、"互联网＋"和智能制造等领域的高质量项目内容。

在开幕式上，国家主席习近平致信指出："当前，新一轮科技革命和产业变革加速演进，人工智能、大数据、物联网等新技术新应用新业态方兴未艾，互联网迎来了更加强劲的发展动能和更加广阔的发展空间。发展好、运用好、治理好互联网，让互联网更好造福人类，是国际社会的共同责任。各国应顺应时代潮流，勇担发展责任，共迎风险挑战，共同推进网络空间全球治理，努力推动构建网络空间命运共同体。"③

大会还发布了《网络主权：理论与实践》和《乌镇展望 2019》等成果文件。一是界定和阐释了信息时代网络主权的概念、基本原则和实践进程，认为网络主权是国家主权在网络空间的自然延伸，以对本国网络主体、网络行为、网络设施、网络信息、网络治理等所享有的最高权和对外的独立权为基本前提。二是在分析当前互联网发展的机遇和挑战的基础上，就全球互联网治理进程达成了五项共识：需加速信息通信技术融合创新以跨越数字鸿沟；全球数字经济活力充沛，亟待完善发展政策和监管规则；网络文化的繁荣发展，有待文明成果交流互鉴的深化拓展；技术衍化与安全新风险相伴，改变全球网络安全格局的非技术因素日益凸显；面对严峻的网络秩序挑战，亟须重建国际治理信任体系。

---

① 2020 年 11 月 2 日，国务院新闻办公室举行新闻发布会。国家互联网信息办公室副主任赵泽良介绍，取消举办第七届世界互联网大会，改为以世界互联网大会组委会名义举办"世界互联网大会·互联网发展论坛"。

② 《第六届世界互联网大会——乌镇峰会》，新华网，2019 年 10 月 20 日，http://www.zj.xinhuanet.com/2019wicwuzhen/index.htm。

③ 《习近平向第六届世界互联网大会致贺信》，新华网，2019 年 10 月 20 日，http://www.xinhuanet.com/politics/leaders/2019-10/20/c_1125127764.htm。

2020 年 11 月 23~24 日，世界互联网大会·互联网发展论坛在浙江乌镇举行，大会主题为"数字赋能　共创未来——携手构建网络空间命运共同体"。大会发布了蓝皮书《中国互联网发展报告 2020》和《世界互联网发展报告 2020》。《中国互联网发展报告 2020》以习近平新时代中国特色社会主义思想和网络强国重要论述为指导，对中国互联网的发展历程及一系列新成就进行了深刻记录，展现了互联网在应对新冠肺炎疫情冲击、推动复工复产复学、保障人民工作生活和加快经济复苏增长等方面发挥的重要作用。《世界互联网发展报告 2020》则聚焦全球互联网发展实践的新变化，强调在面对单边主义、保护主义、虚假信息、网络犯罪、网络安全、数字鸿沟等全球性问题时，应携手构建网络空间命运共同体，共同应对全球互联网发展的新问题。

2. 中国参与涉及全球互联网治理的国际论坛会议

2019~2020 年，中国除了以东道主的身份在国内主办了一系列具有重大影响力的国际互联网论坛会议外，还积极主动地参与了许多在国外举办的国际互联网论坛会议，为推进全球互联网治理体系变革和构建网络空间命运共同体贡献中国智慧。

（1）第 55 届、第 56 届慕尼黑安全会议（慕安会，MSC）

2019 年 2 月 15 日至 17 日，第 55 届慕尼黑安全会议在德国慕尼黑召开。会议主题是"倡导国际合作，维护多边主义"。近 40 名国家元首和政府首脑、百余名部长级官员以及来自欧洲安全与合作组织、国际刑警组织、世界经济论坛、世界粮食计划署等国际组织的代表出席会议，与会政要人数创历史新高。①

慕安会在会议首日就举办了一场关于网络安全的圆桌会议，来自政府、国际组织、私营部门、学界和军方的 50 多名与会者聚集在一起，讨论来自网络空间的挑战。与会者特别强调，高度数字化的社会越来越容易受到网络

---

① 《第 55 届慕尼黑安全会议开幕　与会政要 500 人创新高》，"新京报"百家号，2019 年 2 月 16 日，https：//baijiahao. baidu. com/s? id = 1625585377980274272&wfr = spider&for = pc。

攻击。讨论的重点是应对信息技术的全球竞争以及针对网络攻击和虚假信息的多方利益相关者合作。

2月16日，杨洁篪出席慕安会并做《倡导国际合作，维护多边主义，推动构建人类命运共同体》的主旨演讲。① 他指出，当前国际多边秩序和全球治理体系遭到挑战，单边主义、保护主义持续上升。世界正处于单边与多边、对抗与对话、封闭与开放等重大抉择的关键十字路口。中方始终认为，应高举联合国这面多边主义的旗帜，以联合国为中心的国际多边架构是国际合作的主要平台。面对日益增多的全球性挑战，任一国家都难以独自应对，更不可能独善其身，应顺势而为，加强全球治理、推动全球治理体系变革。

2020年2月14日至16日，第56届慕尼黑安全会议在德国慕尼黑举行。此次会议主题为"西方缺失"。按照主办方的说法，"西方缺失"是指一种被广泛感受的不安，这种不安源于"西方"持久目标的不确定性和"西方"共同立场的缺失。这种现象可能是对跨大西洋伙伴关系最重要的战略挑战，在全球范围内也带来一些安全挑战。② 除了传统的地缘政治安全、跨大西洋伙伴关系的调整，非传统安全议题也是第56届慕安会的重要讨论议题。③此届慕安会举办了一场网络安全圆桌会议，会议主题为"5G与零极：技术地缘政治的时代"，讨论了战略重要性以及技术行业日益政治化的风险。④

中国国务委员兼外长王毅发表题为《跨越东西差异，践行多边主义》的演讲，认为疫情下的人们更应明晰，当下的时代既是一个传统安全与非传统安全相互交织的时代，也是一个局部问题和全球问题彼此转化的时代。各国休戚与共、紧密相连，任何国家都不可能独善其身。有必要摆脱东西方的

---

① 《杨洁篪在第55届慕尼黑安全会议上的主旨演讲（全文）》，"新华网"百家号，2019年2月17日，https：//baijiahao. baidu. com/s？ id = 1625645930865160154&wfr = spider&for = pc。

② 《第56届慕尼黑安全会议将聚焦"西方缺失"》，新浪网，2020年2月11日，https：// news. sina. com. cn/o/2020 – 02 –11/doc – iimxxstf0394175. shtml。

③ 《慕尼黑安全会议关注非传统安全议题》，《科技日报》2020年2月13日，第8版，http：// digitalpaper. stdaily. com/http_ www. kjrb. com/kjrb/html/2020 – 02/13/content_ 439 866. htm？ div = –1。

④ "Munich Security Report 2020，" 2020年2月10日，https：//securityconference. org/assets/ user_ upload/MunichSecurityReport2020. pdf。

划分，超越南北方的差异，加强全球治理，增进国际协调，真正构建人类命运共同体。①

（2）2019、2020 信息社会世界峰会（WSIS）论坛

信息社会世界峰会论坛是联合国框架下的全球信息通信技术利益攸关方的一个重要交流平台，是全球最大和最具代表性的信息通信技术领域年度国际盛会，它为全球信息通信技术利益攸关方开展信息交流、知识创新、分享实践经验、把握行业趋势和推进伙伴关系提供了良好机会。2019 年 4 月 9 日，为了推进和落实针对联合国《2030 年可持续发展议程》而制定的信息通信技术解决方案和行动纲要，2019 信息社会世界峰会论坛在瑞士日内瓦国际会议中心召开。此次论坛以"利用信息通信技术，实现可持续发展目标"为主题，由国际电信联盟（ITU）携手联合国各机构举办。②

此次论坛形式丰富，包括高级别政策会议、在线公开磋商与分析会议，以及特别议题会议，譬如"信息通信技术与体育运动""可持续发展目标中的虚拟现实技术""信息通信技术领域的年轻人""编程马拉松""实现可持续发展目标的信息通信技术解决方案""信息社会世界峰会针对残疾和特殊需求人士无障碍日"等。其中，高级别政策会议旨在研究分析和落实联合国《2030 年可持续发展议程》有关信息通信技术的全球跟进情况与审查机制、新兴趋势与发展愿景、机遇与挑战等。

工业和信息化部总经济师王新哲在论坛高级别战略对话中围绕利用信息通信技术实现可持续发展目标等议题发言讨论。王新哲指出，中国政府长期致力于信息通信技术的普及和应用，促进提升经济社会信息化水平，缩小城乡差距，弥合数字鸿沟，推动可持续发展。始终把宽带网络作为经济社会发展的战略性公共基础设施，着力构建高速、移动、安全、泛在的新一代信息基础设施。

---

① 《王毅在第 56 届慕尼黑安全会议上的演讲（双语全文）》，中国日报网，2020 年 2 月 17 日，https：//language. chinadaily. com. cn/a/202002/17/WS5e49fbfba31012821727805b. html。
② 《2019 信息社会世界峰会论坛举行》，《经济日报》2019 年 4 月 15 日，第 8 版，http：//paper. ce. cn/jjrb/html/2019 - 04/15/content_ 388833. htm。

4月11日下午，中国互联网协会在国际电信联盟邀请下，于日内瓦举办了主题为"AI赋能信息无障碍"的信息无障碍分论坛，并邀请国内相关机构、重点大学、先进企业的专家代表出席。① 国际电信联盟秘书长赵厚麟出席论坛并致辞，期望中国企业和专家更加主动积极地参与信息无障碍建设，与世界各国各地区经验共享，带动更多落后地区信息无障碍事业的建设和发展，共享信息时代人类文明发展成果。厦门大学新闻传播学院的李朵朵博士梳理和总结了2004年以来中国信息无障碍论坛中信息无障碍理念在中国从无到有的发展历程，并提出加强立法、推进建立适应新形势的标准体系、推进政府立项、强化通用设计理念以及发挥非政府组织作用等建议措施，以此来推动信息无障碍环境建设。

2020年6月22日，2020信息社会世界峰会论坛于线上开幕，主题为"促进数字转型和全球伙伴关系：实现可持续发展目标的WSIS行动路线"。受疫情影响，论坛全程采取线上形式，时间覆盖整个夏季。论坛涉及议题广泛，包括COVID-19与数字技术、老年人网络空间的使用、人工智能治理、地球数字生态系统、智慧城市治理等。

除了延续2019年对年轻人、残疾人的关注，2020年论坛还设置了"信息通信技术与体育""ICT和老年人""ICT与性别主流化""SDG虚拟现实"等特别议题会议。这是WSIS首次启动"ICT和老年人"追踪活动。全球人口的老龄化将是21世纪的人口发展趋势。"ICT和老年人"将探讨技术在实现更健康的老龄化方面的作用，以及技术如何帮助我们建设更智慧的城市，消除工作场所中基于年龄的歧视。

7月9日，由中国互联网协会主办的"2020信息社会世界峰会信息无障碍主题论坛"在线上召开。国际电信联盟秘书长赵厚麟，中国残联党组成员、副主席吕世明，联合国教科文组织驻华代表欧敏行等参加论坛并发表主旨演讲。吕世明表示，信息化时代残疾人不能缺位，特别是2020年新冠肺

---

① 《中国互联网协会在2019信息社会世界峰会（WSIS）期间成功举办信息无障碍主题论坛》，中国互联网协会网站，2019年4月14日，https://www.isc.org.cn/article/36614.html。

炎疫情凸显了无障碍环境建设对残疾人等困难群体的重要作用，并向与会代表分享了中国在信息无障碍环境建设方面的经验。此次论坛是自2016年以来，中国互联网协会在信息社会世界峰会框架之下连续主办的第五次专业性的国际信息无障碍论坛。①

（3）第十四届、第十五届联合国互联网治理论坛（IGF）

2019年11月25日至29日，第十四届联合国互联网治理论坛在柏林召开。此次论坛以"同一个世界、同一个互联网、同一个愿景"为主题，② 重点围绕数据治理、数字包容性、安保、安全性、稳定性等优先主题，共组织了201场会议，讨论与互联网相关的政治、社会、技术和伦理问题，重点探讨数字前沿技术如何为经济和社会带来利益，具体涉及互联网负担能力、儿童在线安全、仇恨言论、网络安全、人工智能和大数据等问题。

联合国副秘书长刘振民在论坛上发表讲话指出，人工智能、物联网和5G等新技术可用于改善人类生活和实现可持续发展。不断讨论并回应人们的关切是数字技术进步转化为人类共同利益的重要前提。他还强调，国际社会必须加强合作，充分利用技术突破的潜力。即使互联网和信息通信技术会带来诸如网络安全、互联网用户隐私、在线人权保护和数字鸿沟等新挑战，但它们仍然是可持续发展目标贯穿各领域的推动因素，重要的是要在利用新技术的时候如何确保不落下任何一个国家及地区。

11月28日下午，联合国IGF秘书处举办了"各个国家和地区IGF"协调会议，专门为中国IGF设置了发言环节，中国信息通信研究院互联网治理中心副主任郭丰进行主题发言，向与会代表介绍了中国IGF的最新进

---

① 《吕世明参加2020信息社会世界峰会信息无障碍主题论坛》，华夏时报网，2020年7月12日，https：//www.chinatimes.net.cn/article/98383.html。

② 《中国网络空间安全协会在第十四届联合国互联网治理论坛年会期间成功举办研讨会》，中华人民共和国国家互联网信息办公室网站，2019年12月18日，http：//www.cac.gov.cn/2019－12/18/c_1578231026991236.htm。

展。他表示，中国 IGF 将通过自下而上、多方参与、开放、透明和包容的方式，为政府、企业、高校、技术社群等利益攸关方搭建交流平台，希望能与各国家和地区 IGF 加强合作交流，分享中国互联网的发展成果和成功经验，为全球网络安全、信任和发展做出积极贡献。同日，中国网络社会组织联合会（以下简称"中网联"）和联合国儿童基金会共同主办了"提高儿童数字素养以应对网络欺凌"研讨会，旨在加强我国与国际社会在互联网治理领域及儿童网络保护方面的合作，共同应对网络欺凌等问题给未成年人健康成长带来的威胁与挑战。[①] 会议邀请来自不同国家和组织的嘉宾共同探讨儿童数字素养教育在解决网络欺凌问题中的重要作用和实施方式，为全球互联网治理贡献中国智慧和力量。腾讯公司"企鹅伴成长"项目成员、"腾讯安全课"高级讲师赵呈呈分享了腾讯帮助未成年人提高数字素养以应对网络欺凌的实践和经验。

2020 年 11 月 2 日，以"互联网促进人类的韧性与团结"为主题的第十五届联合国互联网治理论坛开幕。论坛聚焦"数据""环境""包容""信任"四大议题，旨在讨论当前互联网领域面临的新机遇与新挑战，为今后维护网络安全与引导网络健康发展提供思路。

论坛下设"从儿童权利综合视角看网络游戏的研发治理"研讨会，由中网联和联合国儿童基金会共同主办。腾讯公司作为唯一受邀互联网平台企业，参加此次研讨会。腾讯互动娱乐用户平台部总经理郑磊表示："网络游戏在青少年生活中已成为一种独特且稳固的文化元素，利用游戏化互动，以寓教于乐的方式引导青少年的学习并保障数字时代儿童游戏权益，是每一个游戏从业者都无法回避的思考。"[②]

"5G 时代移动互联网对环境的影响"线上研讨会由中国网络社会组织联合会与中国传媒大学、墨尔本大学共同主办，旨在加强在移动互联网飞速

---

① 《中网联在柏林主办 IGF"提高儿童数字素养以应对网络欺凌"研讨会》，中国网络社会组织联合会网站，2019 年 12 月 10 日，http：//www. cfis. cn/2019 – 12/10/c_ 1125309157. htm。
② 《联合国互联网治理论坛开幕 共话网络游戏与儿童权利》，中国网，2020 年 11 月 12 日，http：//news. china. com. cn/2020 – 11/12/content_ 76902346. htm。

发展时代背景下各国对环境变化的关注与了解，推动社会各界为改善与保护环境共同发力。研讨会指出，在新冠肺炎疫情防控常态化时期，基于 5G 技术的远程会诊和医疗可以发挥很大作用，不仅能解决医疗条件不平衡的问题，也能减少大量能源消耗。但与此同时，在 5G 后续发力中，也需要考虑到环境、气候等相关因素。希望社会各界能聚焦环境问题，在加快 5G 网络大规模普及进程的同时，为后续数字经济的可持续发展提供保障。[①]

"全球突发公共事件的人工智能解决方案及治理"分论坛由中国科协联合国咨商工作信息与通信技术专委会（CCIT）举办。世界工程组织联合会（WFEO）主席龚克、中科院地理科学与资源研究所研究员刘闯、中科院空天信息创新研究院研究员周翔、德国数据委员会秘书长霍斯特·克雷默斯（Horst Kremers）等六位专家受邀参加此次分论坛并做了精彩报告。周翔提出，应在信息管理、病毒研究以及工作的监视和评估中使用人工智能。[②]

（二）国家：网络社会治理的中国经验

党的十八大以来，以习近平同志为核心的党中央对网信事业高度重视，提出了系列新理论、新思想、新论断和新战略，为做好网络安全工作提供了根本遵循和强大动力。2019 ~ 2020 年度，全国人大、中央网络安全和信息化委员会办公室、网络安全管理局（工业和信息化部）、公安部门和其他有关部门相继出台了一系列法律法规和政策规定，剑指网络空间的不良现象与突出问题，致力于营造清朗的网络空间，建设良好的网络生态环境。

1. 中国网络社会治理的法治建设

党的十八大以来，十三届全国人大常委会全面贯彻落实党中央的重大决

---

① 《第十五届联合国互联网治理论坛"5G 时代移动互联网对环境的影响"研讨会成功召开》，中华人民共和国国家互联网信息办公室网站，2020 年 11 月 24 日，http：//www. cac. gov. cn/2020 – 11/24/c_ 1607783562045338. htm。

② 《第十五届联合国互联网治理论坛分论坛举办》，中国科学技术协会网站，2020 年 11 月 11 日，https：//www. cast. org. cn/art/2020/11/11/art_ 380_ 139699. html。

策部署，积极回应人民群众的重大关切。2019 年以来，全国人大常委会在网络社会治理方面加快立法步伐，提高立法质量，审议通过了一系列法律法规，为推进经济社会发展、决胜全面建成小康社会和营造风清气正的网络空间汇聚起强大法治力量。

（1）2019～2020 年《网络安全法》配套法律法规进展

为了保障网络安全，维护网络空间的主权、国家安全以及公共利益，2016 年 11 月 7 日第十二届全国人民代表大会常务委员会第二十四次会议通过《网络安全法》。自 2017 年 6 月 1 日施行以来，《网络安全法》根据互联网新需求不断增添新的内容，互联网法律体系也渐趋完善。

为深入推进实施国家网络安全等级保护制度，公安部于 2018 年 6 月 27 日发布《网络安全等级保护条例（征求意见稿）》。根据《网络安全法》中对于个人信息保护的要求，推荐性国家标准 GB/T 35273—2017《信息安全技术 个人信息安全规范》（以下简称《个人信息安全规范》）于 2017 年 12 月 29 日发布，2018 年 5 月 1 日生效。在 2019 年，《个人信息安全规范》的更新、修正已产生了一稿草案、两次征求意见稿，对个人信息、个人敏感信息及个性化展示信息等多种信息进行了进一步的细分和阐释。2019 年 4 月 10 日，公安部、北京市网络行业协会发布了《互联网个人信息安全保护指南》，供互联网服务单位在个人信息保护工作中参考借鉴。除了个人信息的全生命链处理外，《个人信息安全规范》和《互联网个人信息安全保护指南》都用了相当的篇幅强调个人信息保护过程中的人员及组织管理方面的要求。根据《网络安全法》等法律法规，为了维护国家安全、社会公共利益，保护公民、法人和其他组织在网络空间的合法权益，保障个人信息和重要数据安全，国家互联网信息办公室就《数据安全管理办法》向社会公开征求意见。该意见稿为《网络安全法》第四章"网络信息安全的实施"提供了进一步的细节性规定，明确了在中国境内利用网络开展数据收集、存储、传输、处理、使用等活动的规定，以及数据安全的保护和监督管理办法。此外，国家互联网信息办公室室务会议于 2019 年 8 月 22 日审议通过的《儿童个人信息网络保护规定》，已于 2019 年 10 月 1 日生效，对在中国境内通过网络从事收集、存储、使用、转移、披露不满14周岁未成年人（即"儿童"）等个人信息的活动都做了相关规定。尽管这些条例、规范、指南、办法和规定并不是由全国人大及其常委会、国务院及其所属政府部门和其他级人大及其常委会审议通过的法律法规，但它们都是相关部门依据《网络安全法》而制定的，并符合制定程序，在一定范围内都具有法律效力，都是《网络安全法》的有益补充。

（2）《民法典》

2019年12月23日，"'完整版'中国民法典草案"首次亮相十三届全国人大常委会第十五次会议现场，向与会人大代表提请会议审议。[①] 历经半年多的修改和完善，十三届全国人大三次会议在2020年5月28日表决通过了《民法典》，作为新中国的首部民法典，其诞生宣告了中国"民法典时代"的正式到来。《民法典》包括7编和附则，共1260条。

当下的中国正在经历以大数据、5G等新技术为标志的第四次工业革命（工业4.0），民事权利义务关系也随着生产关系的变革而发生了重大变革。《民法典》中的人格权独立成编，强化对隐私权和个人信息的保护；侵权责任编也对网络侵权责任进行了完善……这些都是工业4.0背景下诞生的《民法典》对互联网时代特殊要求的积极回应。

具体而言，《民法典》中涉及的网络安全有以下几个方面。一是隐私权和个人信息保护。明确了隐私权和个人信息的定义；规定了处理个人信息应遵循的原则和条件；规定了处理个人信息的免责情形；规定了个人信息主体的权利和信息处理者的信息安全保障义务；未成年人个人信息的保护得以强化；还对国家机关、承担行政职能的法定机构及其工作人员的保密义务做了规定。二是其他涉及网络安全的人格权。主要包括虚拟身份受法律保护、防止"深度伪造"侵犯肖像权和声音权，以及规制网络等媒体的名誉侵权行为等三个方面的内容。三是网络侵权责任。一方面，确定了权利人通知、网

---

① 《十三届全国人大常委会第十五次会议23日开幕"完整版"中国民法典草案亮相》，"新华网"百家号，2019年12月23日，https://baijiahao.baidu.com/s? id=16536782665968178 96&wfr=spider&for=pc。

络服务提供者转通知、网络用户声明、网络服务提供者转声明等规则，细化了程序和证据方面的规定；另一方面，也对网络服务提供者应履行的义务进行了相关说明。四是其他方面。主要有明确未成年人网络打赏行为效力、明确数据和虚拟财产受法律保护及完善电子合同订立和履行规则等三个方面的内容。

（3）《〈反垄断法〉修订草案（公开征求意见稿）》

2020 年 1 月 2 日，国家市场监督管理总局公布《〈反垄断法〉修订草案（公开征求意见稿）》，向社会公开征求意见。① 自 2008 年 8 月 1 日生效实施的《反垄断法》迎来了首次"大修"升级，此次修订于 2018 年 9 月纳入十三届全国人大常委会立法规划，这也是官方针对《反垄断法》首次发布修订草案并公开征求意见。

在这之前，《反垄断法》的生效领域主要是工业企业、商业企业、公用企业及电信等，但是在这一次修订草案的公开征求意见稿中，互联网作为一种新业态也被纳入，公开征求意见稿新增了互联网经营者市场支配地位认定的相关规定。除普遍适用的依据外，修订后的《反垄断法》还根据互联网企业的特点，拟新增认定互联网领域经营者具有市场支配地位应当考虑网络效应、规模经济、锁定效应、掌握和处理相关数据的能力等因素。一旦法律正式生效施行，这也将成为互联网领域经营者具有市场支配地位的主要判定依据和标准。与《电子商务法》第 22 条的相关规定相比，《反垄断法》公开征求意见稿对于垄断的认定范围更全面，为相关执法部门和司法部门提供了更具有针对性和可操作性的规范文本，充分体现了立法对当下互联网垄断乱象的打击、惩戒态度。

随着我国网络化进程的加快，在新兴的互联网平台上，疑似垄断的"二选一"、大数据杀熟、移动设备语音监听和搜索竞价排名等乱象层出不穷，亟须以修法推动执法来有效应对，而此次修订的《反垄断法》将以法

---

① 《市场监管总局就〈《反垄断法》修订草案（公开征求意见稿）〉公开征求意见的公告》，国家市场监督管理总局网站，2020 年 1 月 2 日，http://www. samr. gov. cn/hd/zjdc/202001/t20200102_ 310120. html。

律的形式来治理互联网的种种垄断现象，使相关执法有法可依的同时，也更加与时俱进，将能够有效惩治互联网的垄断乱象。

2. 中国网络社会治理的行政法规

2019 年 7 月，《关于加快建立网络综合治理体系的意见》在中央全面深化改革委员会第九次会议上被审议通过，指出加强互联网内容建设，建立网络综合治理体系，全方位提升网络综合治理能力，营造清朗的网络空间，这是党的十九大做出的战略部署。2019 年 10 月底，中国共产党第十九届中央委员会第四次全体会议审议通过了《中共中央关于坚持和完善中国特色社会主义制度　推进国家治理体系和治理能力现代化若干重大问题的决定》，明确提出要建立健全网络综合治理体系。① 这既是对这一年相关政府部门互联网治理工作的总结和肯定，也为其进一步规范网络治理提供了重要指示和遵循。

（1）《网络信息内容生态治理规定》

2019 年 12 月 15 日，为了营造良好网络生态，构建天朗气清的网络空间，国家互联网信息办公室室务会议审议通过了《网络信息内容生态治理规定》（以下简称《规定》），《规定》自 2020 年 3 月 1 日起正式施行。②

《规定》坚持对网络信息内容生态进行系统治理、依法治理、综合治理和源头治理，系统地规定了网络信息内容生态治理的责任主体、基本目标、根本宗旨、治理对象、行为规范和法律责任，为依法治网、依法办网、依法上网提供了可操作的制度遵循。

《规定》对"网络信息内容生态治理"进行了界定，其特指政府、企业、社会、网民等主体，以培育和践行社会主义核心价值观为根本，以网络信息内容为主要治理对象，以建立健全网络综合治理体系、营造清朗的网络空间、建设良好的网络生态为目标，开展的弘扬正能量、处置违法和不良信

---

① 《中共中央关于坚持和完善中国特色社会主义制度　推进国家治理体系和治理能力现代化若干重大问题的决定》，《人民日报》2019 年 11 月 6 日，第 1 版。

② 《网络信息内容生态治理规定》，中华人民共和国国家互联网信息办公室网站，2019 年 12 月 20 日，http：//www. cac. gov. cn/2019 - 12/20/c_ 1578375159509309. htm。

息等相关活动。还对"正能量信息""违法信息""不良信息"等网络信息内容的三大类型进行了全面具体的解读，为明晰公民、法人和其他组织的网络信息内容提供了具体标准。

《规定》还要求网络信息内容服务平台要优化信息推荐机制，加强版面页面生态管理，包括首页首屏、弹窗、信息服务精选、热搜以及基于地理位置的信息服务板块等重点环节的管理。可见，《规定》不仅对"正能量信息""违法信息""不良信息"进行了具体的分类，还对这些内容类型背后的算法、大数据等技术机制进行了高度关注。

（2）《视听表演北京条约》

2012 年 6 月，经国务院批准，我国政府向世界知识产权组织申办的"保护音像表演外交会议"在北京召开，会议正式缔结了《视听表演北京条约》（以下简称《条约》）。根据会议约定，《条约》将于 30 个缔约方交存批准书或加入书 3 个月后生效。2021 年 1 月 28 日，印度尼西亚政府代表向世界知识产权组织递交了批准书，使批准或加入《条约》的成员国达到 30个，《条约》由此在 2020 年 4 月 28 日正式生效，历时近 8 年之久。作为世界知识产权组织管理的一项国际版权条约，《条约》旨在保护表演者对其录制或未录制的表演所享有的精神权利和经济权利。这是新中国历史上第一项以我国城市命名的知识产权领域的国际条约，彰显了我国尊重知识、保护创新的力度和决心，体现了国际社会对我国近年来知识产权保护成绩的高度认可。①

《条约》由序言和 30 条正文组成，以中文、阿拉伯文、英文、法文、俄文和西班牙文签署，规定了"保护的受益人""国民待遇""精神权利""复制权""发行权""权利的转让"等重点争议性问题。赋权电影等作品的表演者依法享有许可或禁止他人使用其在表演作品时的动作、声音和形象等一系列表演活动。

---

① 张恩杰：《揭秘〈视听表演北京条约〉缔结始末》，《北京青年报》2020 年 4 月 27 日，第 7 版。

在当下的移动互联网时代，各种音像视频、短视频等应有尽有，其中不乏不规范之作。而《条约》的施行，对互联网中的各种视听作品的规范和治理具有极大的借鉴意义和指示意义。另外，《条约》以北京命名，对于树立首都北京知识产权首善之区的良好形象，推进全国文化中心建设也具有重要而深远的意义。

（3）《网络安全审查办法》

为了确保关键信息基础设施供应链安全，2020年4月，国家互联网信息办公室、国家发展和改革委员会、工业和信息化部、公安部、国家安全部、财政部、商务部、中国人民银行、国家市场监督管理总局、国家广播电视总局、国家保密局、国家密码管理局联合制定了《网络安全审查办法》（以下简称《办法》），《办法》于2020年6月1日正式实施。①

根据《办法》的相关规定，网络安全审查将重点评估使用产品和服务后所产生的关键信息基础设施被非法控制、遭受干扰或破坏以及重要数据被窃取、泄露、毁损等安全风险。《办法》还规定了电信、广播电视、能源、金融、公路水路运输、铁路、民航、邮政、水利、应急管理、卫生健康、社会保障、国防科技工业等行业领域的重要网络和信息系统运营者在采购网络产品和服务时，应当按照《办法》要求考虑申报网络安全审查。

对国家安全、经济安全、社会稳定、公众健康和安全而言，关键信息基础设施至关重要。采取建立网络安全审查制度这一举措，有利于及早发现并避免采购产品和服务给关键信息基础设施运行带来风险和危害，保障关键信息基础设施供应链安全，维护国家安全。总之，《办法》的出台，将为我国开展网络安全审查工作提供重要的制度保障。

（4）《互联网直播营销信息内容服务管理规定（征求意见稿）》

2020年11月，国家互联网信息办公室发布《互联网直播营销信息内容服务管理规定（征求意见稿）》，向社会公开征求意见。该征求意见稿分为

---

① 《〈网络安全审查办法〉今日起实施》，人民网，2020年6月1日，http://finance.people.com.cn/n1/2020/0601/c1004-31731544.html。

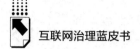

总则、直播营销平台、直播间运营者和直播营销人员、监督管理、附则共5个部分，直指互联网直播营销的信息内容。

征求意见稿规定，从事互联网直播营销信息内容服务的直播间运营者和直播营销人员，不得发布欺骗、误导用户的虚假信息；不得侵害他人合法权益，虚构、篡改数据流量，如浏览量、交易量、关注度和点赞量等；不得侮辱、诽谤、骚扰、诋毁、谩骂及恐吓他人；不得有涉嫌传销、诈骗、赌博、贩卖违禁品及管制物品等其他违反国家法律法规和有关规定的行为。对于违反规定给他人造成损害的，依法承担民事责任，构成犯罪的依法追究刑事责任；尚不构成犯罪的，由国家网信办等有关主管部门根据各自职责，依照有关法律法规予以处理。

征求意见稿提出，直播营销平台应与直播营销服务机构签订协议，要求其规范直播营销人员招募、培训、管理流程，明确直播营销信息内容生产、发布、审核责任。还应以显著方式警示用户平台外私下交易等行为的风险，建立违法广告欺诈等侵害用户权益的防范机制。

征求意见稿规定，直播营销平台应当建立健全未成年人保护机制，注重保护未成年人身心健康。对不适宜未成年人参与的互联网直播营销信息内容服务，直播营销平台应当在信息展示前予以提示。

(5)《常见类型移动互联网应用程序（App）必要个人信息范围（征求意见稿）》

2020年12月初，国家互联网信息办公室发布《常见类型移动互联网应用程序（App）必要个人信息范围（征求意见稿）》。[①] 根据征求意见稿，网络直播等12类App无须个人信息，即可使用基本功能服务。

征求意见稿规定了地图导航、网约车、即时通信等38类常见类型App必要个人信息范围。必要个人信息是指保障App基本功能正常运行所必需的个人信息，缺少该信息App无法提供基本功能服务。只要用户同意收集

---

① 《常见类型移动互联网应用程序（App）必要个人信息范围（征求意见稿）》，中华人民共和国国家互联网信息办公室网站，2020年12月1日，http://www.cac.gov.cn/2020-12/01/c_1608389002456595.htm。

必要个人信息，App 不得拒绝用户安装使用。其中网约车、即时通信、网络社区、网络游戏等共 24 类 App 的必要个人信息包括个人真实信息，即注册用户移动电话号码或其他真实身份信息，要求 App 提供者提供多种选项，由用户选择其一。

征求意见稿还显示，网络直播、在线影音、短视频、运动健身、浏览器、新闻资讯、安全管理、输入法、电子图书、拍摄美化、应用商店、实用工具共 12 类 App 无须个人信息，即可使用基本功能服务。

3. 中国网络社会治理的专项整治

2019 年，政府有关部门为了整治网络社会存在的各种乱象，实施了一系列针对性极强的专项整治行动。譬如，为贯彻落实 2019 年"扫黄打非"行动方案和第三十二次全国"扫黄打非"工作电视电话会议精神，2019 年 2 月，全国"扫黄打非"办公室要求各地各部门紧紧围绕庆祝新中国成立 70 周年主线，于 3 月至 11 月间大力组织开展"净网 2019""护苗 2019""秋风 2019"等专项行动，持续净化社会文化环境。还开展了"网络生态治理专项行动""自媒体集中清理整治专项行动""App 违法违规收集使用个人信息专项治理"等。此外，全国"扫黄打非"办公室于 2020 年 4 月至 11 月大力组织开展"扫黄打非·新风"集中行动，以互联网为主战场深入推进"净网 2020""护苗 2020""秋风 2020"等专项行动，加大力度排查乃至扫除非法有害少儿出版物及信息、网络淫秽色情信息、新闻敲诈和假媒体假记者，以及侵权盗版行为等四类问题。得益于专项整治的精准、持续发力，其间所开展的专项整治成效突出，为广大网络用户营造了一个积极健康的安全网络空间。

（1）网络生态治理专项行动

为了有效遏制有害信息反弹、反复势头，促进网络生态空间更加清朗，2019 年 1 月国家网信办正式启动了网络生态治理专项行动，行动持续开展了 6 个月之久。① 网络生态治理专项行动分为启动部署、全面整治、督导检

---

① 《网络生态治理专项行动启动持续 6 个月，重点整治 12 类信息》，《人民日报》2019 年 1 月 4 日，第 7 版。

查、总结评估 4 个阶段，对各类网站、移动客户端、论坛贴吧、即时通信工具、直播平台等重点环节中的淫秽色情、低俗庸俗、暴力血腥、恐怖惊悚、赌博诈骗、网络谣言、封建迷信、谩骂恶搞、威胁恐吓、标题党、仇恨煽动、传播不良生活方式和不良流行文化等 12 类负面有害信息进行整治，集中解决网络生态重点环节突出问题，充分运用现有行政执法手段，严厉查处关闭一批违法违规网站和账号。

截至 2019 年 6 月 12 日，网络生态治理专项行动累计清理淫秽色情、赌博诈骗等有害信息 1.1 亿余条，注销各类平台中传播色情低俗、虚假谣言等信息的违法违规账号 118 万余个，关闭、取消备案网站 4644 家，并及时向公安机关移交一批涉黄赌毒案件线索。专项行动严格按照"谁主管谁负责，谁主办谁负责"的工作原则。一方面，"谁主管谁负责"既肯定了国家网信办在互联网内容监管和内容治理中的主导、中枢协调的作用，又将责任落到实处，充分利用地缘优势精准打击，行动要求地方网信办切实履行相关责任，对所辖行政区域存在 12 类有害信息的相关平台严肃处理。另一方面，"谁主办谁负责"则对互联网信息服务的相关平台提出了压实责任、做好内容审核等要求，力争把传播不良信息的可能性扼杀在平台的审核把关阶段。由此形成了政府有关部门与社会企业平台的两级联动，全力推动网络生态治理专项行动取得实效。

（2）自媒体集中清理整治专项行动

自媒体并非"法外之地"，近年来，国家网信办以《网络安全法》为依托，相继出台了《互联网新闻信息服务管理规定》和《互联网用户公众账号信息服务管理规定》等法规性文件，对具有媒体属性和可对公众发布信息的账号及平台做了明确规定，使得有关部门对自媒体的治理有法可依、有章可循。

针对自媒体账号存在的一系列乱象问题，国家网信办会同有关部门于 2018 年 10 月 20 日开展了自媒体集中清理整治专项行动。此次专项行动坚持标本兼治、管建并举的原则，旨在对自媒体账号实施分级分类管理、属地管理和全流程管理，形成依法严格管理自媒体的工作常态。截至

2019 年 3 月 20 日，这一专项行动共处置了 9800 多个自媒体账号；约谈腾讯微信、新浪微博；集体约谈百度、腾讯等 10 家客户端自媒体平台……自媒体集中清理整治专项行动可谓卓有成效。与此同时，这一行动也表明了自媒体管理已经被纳入法治化、规范化、制度化轨道，绝不允许自媒体成为某些人、某些企业违法违规牟取暴利的工具。国家网信办有关负责人介绍，下一步国家网信办将继续加大依法管网、依法治网力度，对一些屡教不改和继续从事危害社会、扰乱正常秩序的自媒体违规行为坚决从严查处，决不姑息。

（3）App 违法违规收集使用个人信息专项治理

针对移动互联网应用程序（即 App）强制授权、过度索权、超范围收集用户个人信息等违法违规现象，中共中央网络安全和信息化委员会办公室、工业和信息化部、公安部、国家市场监督管理总局于 2019 年 1 月 23 日发布了《关于开展 App 违法违规收集使用个人信息专项治理的公告》，决定于 2019 年 1 月至 12 月，在全国范围内组织开展 App 违法违规收集使用个人信息专项治理。

2019 年 3 月 3 日，专项治理工作组发布了《App 违法违规收集使用个人信息自评估指南》，该指南包括了 9 个评估项、32 个评估点，用于 App 运营者对其收集使用用户个人信息的情况进行自查自纠。18 日，国家市场监督管理总局、中共中央网络安全和信息化委员会办公室发布《关于开展 App 安全认证工作的公告》，倡导 App 运营者自愿通过 App 安全认证，鼓励搜索引擎、应用商店等明确标识并优先向用户推荐通过认证的 App。10 月 31 日，工业和信息化部发布《关于开展 App 侵害用户权益专项整治工作的通知》，主要就"私自收集个人信息"、"超范围收集个人信息"、"私自共享给第三方"、"强制用户使用定向推送功能"、"不给权限不让用"、"频繁申请权限"、"过度索取权限"及"账号注销难"8 类问题开展规范整治工作。国家互联网信息办公室、工业和信息化部、公安部、国家市场监督管理总局于 11 月 28 日发布了《App 违法违规收集使用个人信息行为认定方法》，为监督管理部门认定 App 违法违规收集使

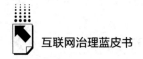

用个人信息行为提供参考，以及为 App 运营者自查自纠和网民社会监督提供指南。

截至 2019 年 12 月 9 日，工信部发布了《关于侵害用户权益行为的 APP（第一批）通报》，其中提到，在自查自纠阶段共 8000 多款 App 完成整改；在监督检查阶段，工信部组织第三方检测机构对各大应用商店 App 进行检查，对发现存在问题的百余家企业进行督促整改；至通报日尚有 41 款 App 未完成整改，相关部门会进一步督促其完成整改，否则定将从严查处。

（4）网络恶意营销账号专项整治行动

2020 年 4 月 24 日起，国家网信办组织各地网信部门开展为期两个月的网络恶意营销账号专项整治行动，进一步聚焦突出问题，压实主体责任，加大惩治力度，对问题严重、影响恶劣的网站平台、网络账号及相关责任人依法依规严肃处置，并向社会公众通报处置结果。

国家网信办有关负责人表示，部分网络账号为获取流量和广告进行恶意营销：有的无中生有造热点，引发社会恐慌；有的冒用权威人士名义，发布谣言误导公众；有的炮制耸人听闻标题，引发群体焦虑和不安；有的恶意篡改党史国史，鼓吹历史虚无主义；有的诋毁抹黑英雄烈士，消解主流价值观；有的大打色情擦边球，影响青少年身心健康；有的大搞"黑公关"敲诈勒索，侵害企业或个人合法权益。这些恶意营销行为扰乱了正常网络传播秩序，损害了广大网民利益，应该予以坚决打击。

北京、上海、广东等地网信部门积极作为，腾讯、新浪、今日头条、网易、趣头条等网站平台主动开展自查自纠，全面排查平台内网络账号恶意营销问题，集中清理相关违法违规信息，严肃处理涉及恶意营销的网络账号。据初步统计，截至 2020 年 4 月，已清理相关文章 6126 篇，关停账号 18576 个。①

---

① 《国家网信办启动专项整治行动　严厉打击网络恶意营销账号》，中华人民共和国国家互联网信息办公室网站，2020 年 4 月 24 日，http：//www.cac.gov.cn/2020－04/24/c_1589274589 221739.htm。

（5）2020"清朗"专项行动

2020年5月22日起，国家网信办在全国范围内启动为期8个月的2020"清朗"专项行动，以推动网络空间更加清朗。①

一方面，随着全国网信系统网络生态治理力度的不断加大，网上各类违法违规乱象得以深度整治，网络治理成效明显，舆论生态总体向好。另一方面，色情低俗、恶意营销、网络暴力、侵犯公民个人隐私等负面有害信息不断翻新花样反复出现，网络生态环境遭到严重污染，对青少年身心健康造成负面影响。为此，国家网信办决定继续开展2020"清朗"专项行动。

2020"清朗"专项行动对各类网络传播渠道和平台全面覆盖，出重拳、用真招集中清理网上各方面的违法不良信息，依法从严处理并曝光有令不行、顶风作案的网站平台。有关负责人还表示，"清朗"专项行动作为网络综合治理的一项长期性、基础性任务，接下来将继续建立完善长效治理机制，加大整治力度，遏制网上违法和不良信息蔓延态势。同时欢迎广大网民、媒体和社会各界积极参与、举报相关问题，共建风清气正的网络空间。

（6）网络直播行业专项整治行动

近年来，网民一直强烈反映网络直播"打赏"严重冲击主流价值观等突出问题。为此，国家网信办和全国"扫黄打非"办联合最高人民法院、工业和信息化部、公安部、国家广电总局等部门于2020年6月5日正式启动为期半年的网络直播行业专项整治行动。②

根据群众举报线索并经核查取证，首批依法依规对"皇冠直播""嗨够直播""月爱直播"等44个传播严重低俗庸俗和涉淫秽色情内容的违法违规网络直播平台，采取了约谈、下架和关停服务等阶梯处罚；部署查办了一批利用色情低俗直播内容诱导打赏案例，对"幺妹直播""触手直播"

---

① 《国家网信办启动2020"清朗"专项行动》，中华人民共和国中央人民政府网站，2020年5月22日，http：//www.gov.cn/xinwen/2020－05/22/content_5513874.htm。
② 《国家网信办、全国"扫黄打非"办等8部门集中开展网络直播行业专项整治行动　强化规范管理》，中华人民共和国国家互联网信息办公室网站，2020年6月5日，http：//www.cac.gov.cn/2020－06/05/c_1592910410662320.htm。

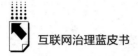
"9158 美女视频""喵播""么么直播""蜜桃直播""啵比直播"等平台传播网络低俗直播内容做出行政处罚。

国家网信办和全国"扫黄打非"办会同有关部门坚持标本兼治与管建并举，进行专项整治的同时，还科学制定了网络直播行业的管理规则和政策导向，严厉打击违法违规直播行为，推动网络直播行业高质量发展，力争营造一个营养丰富、充满正能量的积极健康的网络直播空间。

（7）涉未成年人网课平台专项整治

网络"云课堂"已成为广大学生疫情防控常态化时期学习的主渠道，但一些网站平台无视社会责任，屡屡利用网课推广网游、交友信息，甚至散布色情、暴力、诈骗信息，危害广大学生特别是未成年人身心健康，社会影响十分恶劣。2020 年 8 月 7 日起，中央网信办和教育部启动了为期 2 个月的涉未成年人网课平台专项整治。

此次专项整治聚焦网民强烈反映的突出问题，在不同环节开展治理。开设未成年人网课的各类网站平台，必须切实承担信息内容管理主体责任；要对课程严格审核把关，确保导向正确；开设评论互动功能之前要建立信息内容"先审后发"制度；要加强网络课程页面及周边生态管理，不得有危害未成年人身心健康的不适内容；不得利用弹窗诱导未成年人点击与课程无关的其他页面；不得利用公益网课牟取商业利益。

有关负责人表示，管理部门对利用网课损害未成年人权益的不法行为采取"零容忍"态度，在专项整治期间，各地网信部门、教育行政部门将进一步加大对涉未成年人网课平台违法违规行为的执法处罚力度，按照露头就打、从严从重原则，依法处置违法违规网站平台和相关机构，为未成年人营造积极健康的网络学习环境。①

（8）对手机浏览器扰乱网络传播秩序突出问题开展专项集中整治

为有效整治网民强烈反映的手机浏览器网络传播乱象，国家网信办

---

① 《中央网信办、教育部联合启动涉未成年人网课平台专项整治》，中华人民共和国国家互联网信息办公室网站，2020 年 8 月 7 日，http：//www.cac.gov.cn/2020 - 08/06/c_ 1598277656447013.htm。

2020 年 10 月 26 日起对手机浏览器进行专项集中整治，重点聚焦行业突出问题实施"靶向治疗"，通过督导整改立起"带电的高压线"，推动手机浏览器网络传播秩序短期内实现实质性好转，回应社会关切。①

此次专项集中整治和督导整改，把影响力较大的 8 款手机浏览器纳入首批名单进行重点集中整治，即 UC、QQ、华为、360、搜狗、小米、vivo、OPPO 等。专项集中整治将多措并举、标本兼治，着力解决三大突出问题：一是发布"自媒体"违规采编的各类互联网新闻信息，如歪曲解读经济民生政策、散布"小道消息"、传播谣言、翻炒旧闻编造"新闻"等；二是发布"标题党"文章，如恶意浮夸、唱衰、卖惨、冒名炒作等；三是发布违背社会主义核心价值观的不良信息，如传播低俗图文视频、炒作明星绯闻隐私和娱乐八卦等。

此次专项集中整治和督导整改要求手机浏览器明确整改要求和具体标准，包括不得发布"自媒体"违规采编的互联网新闻信息，不得 PUSH 弹窗"自媒体"发布的各类信息，不得使用断章取义、虚假夸大、攻击侮辱、耸人听闻等噱头式标题炒作热点敏感话题，不得发布无中生有、旧闻翻炒、拼凑剪接、捕风捉影等不实信息，不得发布低俗、血腥等不良信息，等等。

（三）社会：网络社会治理的多方力量参与

2019 年 7 月 24 日召开的中央全面深化改革委员会第九次会议审议通过了《关于加快建立网络综合治理体系的意见》，中共中央总书记、国家主席、中央军委主席、中央全面深化改革委员会主任习近平发表了重要讲话。他指出，加强互联网内容建设，建立网络综合治理体系，营造清朗的网络空间，是党的十九大做出的战略部署。要坚持系统性谋划、综合性治理、体系化推进，逐步建立起涵盖领导管理、正能量传播、内容管控、社会协同、网

---

① 《国家网信办对手机浏览器扰乱网络传播秩序突出问题开展专项集中整治》，中华人民共和国国家互联网信息办公室网站，2020 年 10 月 26 日，http：//www.cac.gov.cn/2020 – 10/26/c_ 1605276242092309. htm。

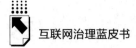

络法治、技术治网等各方面的网络综合治理体系，全面提升网络综合治理能力。① 综合治理体现在治理主体上就是以政府有关部门为主导，互联网企业、行业组织以及公民主体等社会多方力量共同参与。近年来，社会力量的加入对网络社会的治理发挥了不可或缺的重要作用。

1. 互联网企业积极开展平台治理

2018 年底，为防止有害 App 进入中小学校园，《教育部办公厅关于严禁有害 App 进入中小学校园的通知》发布，要求对学习类 App 开展全面排查，建立备案审查制度。② 为响应通知要求，一起教育科技、极课大数据等学习类 App 企业联合发布了行业自律倡议，呼吁加强审核，杜绝违背教育教学规律的内容，建设一个健康、高效和有价值的"互联网 + 教育"行业。开创了互联网企业平台治理的一个良好开端。此后，腾讯、阿里巴巴、字节跳动等互联网企业巨头也先后加入平台治理的大军之中，为平台自身治理、社会治理及政务管理等提供网络技术、打造安全平台，贡献互联网企业的平台力量。

2019 年 3 月，今日头条媒体实验室作为内容生产、传播、营销的工具升级为字节跳动平台责任研究中心，其主要职能也从致力于用数据服务创作转变为通过推动学界、业界对互联网重要公共议题的共同关注、讨论与研究，解决互联网平台的责任问题，改善字节跳动产品的生态。之所以有这样的升级，是因为字节跳动越来越发现，信息所呈现的不仅是内容，更是内容背后的生命轨迹与社会变迁。阅读偏好、好友推荐以及餐厅好评等用户网上行为不仅关系着媒体与信息，还包含了权利、公平、法律、隐私、多样性、商业道德等诸多内容。信息创造价值，不仅因为信息包含着人们所感兴趣的内容，更是因为信息告诉人们世界的样子和他人的想法。正是基于内容生态

① 《习近平主持召开中央全面深化改革委员会第九次会议（2019 年 7 月 24 日）》，民主与法制网，2021 年 12 月 31 日，http：//www.mzyfz.com/html/2349/2021 – 12 – 31/content – 1549560.html。

② 《教育部办公厅关于严禁有害 App 进入中小学校园的通知》，中华人民共和国教育部网站，2018 年 12 月 25 日，http：//www.moe.gov.cn/srcsite/A06/s3321/201901/t20190102_ 365728.html。

和媒体发展趋势的大数据洞察，字节跳动开始主动思考信息流通和数据变化背后的技术与人的关系，最终决定将媒体实验室升级为字节跳动平台责任研究中心。在给用户带来有价值的信息的同时，也要思考"互联网内容平台应该如何更好地促进信息交流、承担社会责任，从而让技术的进步为社会带来更多美好"等问题。要解决这些问题，仅有互联网公司的技术人员是不够的，只有当政府、学界、媒体、企业、社会等相关方都参与其中，为了公众的福祉共同讨论新技术与社会的互动，才能真正实现技术驱动美好。字节跳动平台责任研究中心的研究不会止步于思想，而是落实到践行社会责任的行动中，主要体现为其长期关注短视频平台治理、算法价值观、未成年人保护、谣言与低俗治理等议题，同时推出抖音青少年版、字节跳动无障碍优化版、灵犬反低俗小程序等产品，并通过开设头条辟谣频道、举办短视频与传统文化现代化沙龙等方式，将研究成果转化为用户利益，带来社会价值。

2019 年 8 月 23 日，阿里巴巴正式对外发布首个营商环境治理产品"营商保"。"营商保"不但全面整合了阿里多年来沉淀的恶意订单防控、商品合规检测等各项营商环境保护能力，还汇聚了政府部门、互联网企业、商家、消费者的力量，创新性地提供了一套利用人工智能技术协同社会各界参与平台治理、优化平台营商环境的解决方案。2019 年 12 月 30 日，阿里巴巴发布 2019 年营商环境成绩单，首次从赋能商家经营的角度公布年度平台治理数据。这一年共有 260 万个阿里巴巴商家加入"营商保"参与平台治理、全年商家向平台反馈的恶意行为投诉量同比减少 70%、商家主动整改让无意违规量同比下降 65%、配合公安机关对网络恶意行为开展了 26 次专案打击。这是阿里巴巴在社会共治方面的积极探索，充分结合了数字经济时代阿里巴巴平台众多商家的商业数据和人工智能技术，通过"营商保"对营商环境的协同共治，数字经济的各方参与者得以实现持续的信息交互，平台也实现了治理能力的不断进化，互联网空间也因此而更加清朗，实现了政府、社会、企业和个人等多方的互利共赢，而且具有可复制性。正因如此，在 2019 年 12 月 15 日举办的第二届市场监管领域社会共治大会上，阿里巴巴"营商保"从 297 个申报项目中脱颖而出，入选 2019 年市场监管领域社

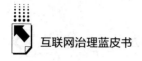

会共治优秀案例，并名列十大社会共治优秀案例榜首。

2019 年 9 月，中国产业互联网发展联盟发起 2019 年度中国产业互联网优秀创新解决方案征集活动，腾讯共入选 5 套解决方案，覆盖安全、政务、教育、文旅等多个领域。其中，腾讯安全灵鲲监管大脑以安全黑产库为驱动，通过 AI 大数据分析建模，助力金融局、市场监管局、政数局、发改委等有关监管部门发现互联网领域的风险，构建线上线下一体化的治理体系，创新治理方式，在保护所有参与方隐私的同时，构建协同信息共享平台，为社会治理创新提供决策支持。腾讯数字政府项目将互联网思维与政务业务相结合，通过工具化、集约化、服务化核心理念，利用平台和技术优势做好政府与民众、政府与企业、政府与公务人员之间的"连接器"，助力政务服务实现数字化转型升级；依托政务微信，提高办事效率，创新政务服务模式；同时，通过"数字政府"工具箱的能力供给，以及集约化、规范化的统一建设管理，极大地降低了"数字政府"相关开发成本，避免了重复建设问题。腾讯智慧校园是腾讯教育出品的"移动端校园智慧生态圈解决方案"，旨在建立一个"人人皆学、处处能学、时时可学"的特色教育新环境。该方案以微信（学生、家长）和企业微信（老师）为入口，为教育主管部门、学校、老师、学生、家长等各方教育主体提供服务，覆盖智慧管理、智慧教学、智慧家校、智慧办公、智慧环境、智慧评价、智慧数据等校园全场景，满足教育主管部门和学校"统一的服务门户入口""统一的身份鉴权体系""统一的应用接入平台""统一的数据治理平台"的建设需求。

2020 年，随着新冠肺炎疫情在全球范围内肆虐，一些犯罪分子利用人们的担忧和焦虑，通过网络来进行散布疫情谣言和诈骗等非法活动。谣言让人真假难辨，极易引发恐慌，不利于疫情防控。有鉴于此，新浪新闻 App 携手咪咕阅读，将辟谣服务接入后者的客户端，通过实时辟谣纠偏，帮助用户掌握最新、最权威的疫情辟谣信息。而腾讯新闻的"较真"平台也针对疫情防控常态化时期的消息进行调查分析并及时公布结果，对辟谣起到了重大作用。此外，天津大学新媒体与传播学院研发了"疫情辟谣助手"机器人，该机器人采用了广大网友熟悉的"聊天软件"界面模式，用户可以在对话框中输入问题，通过"提问"寻找答案，接收问题后系统通过 API 接口发送给服务端，服务端使用实体识别技术解析问题文本，搜索相匹配的谣言和辟谣信息。这些企业和机构的努力对疫情防控常态化时期网络环境的整治及维护都起到了积极的作用。

2020 年 6 月起，针对平台上的一些不法分子以昵称、评论、个性签名发布"喝茶"等网络招嫖暗语，诱导用户添加其微信、QQ 等社交账号，最终实现色情、招嫖交易等不法行为，抖音启动专项打击行动，对相关内容、账号进行坚决打击，并配合公安机关予以处理。抖音安全中心 6 月发布的《近期网络色情、黑产行为的打击公告》显示，抖音封禁了 52000 多个传播色情、黑产信息的账号，并再次强调打击色情、黑产是一个持续对抗的过程，抖音将依法配合公安机关坚决打击处理。同时，抖音也希望广大用户积极投诉和举报。7 月 22 日，抖音安全中心再次发布《打击网络色情、黑产专项行动公告 | 7 月》，称 7 月以来，抖音安全中心永久封禁相关账号 12.7 万个、相关设备 3.6 万台，根据情节程度梯度处罚账号 2.7 万个。鉴于最终的色情、招嫖交易完成于微信、QQ 等社交平台，抖音安全中心相关负责人表示，希望能与包括腾讯公司在内的各互联网平台通力合作、信息共享，打破数据孤岛，为打击黑产、维护用户权益而努力。

2. 行业组织积极探索网络社会治理

中国互联网协会作为我国最早建立的互联网行业组织，2019 年以来在网络社会治理方面持续发力，为加强互联网行业的自我规范做出了突出贡献。2019 年 1 月 8 日，中国互联网协会在中国互联网产业年会上发布了《网络数据和用户个人信息收集、使用自律公约》，旨在引导并督促电信和互联网企业规范收集和使用用户个人信息行为，切实保护用户合法权益，维护用户个人信息安全。[①] 首批 23 家电信和互联网企业签署公约，就个人信息收集、使用行为进行了承诺。该公约的制定促进了《全国人大常委会关

① 《中国互联网协会发布〈网络数据和用户个人信息收集、使用自律公约〉》，中国互联网协会网站，2019 年 1 月 9 日，https：//www.isc.org.cn/article/36376.html。

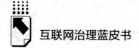

于加强网络信息保护的决定》《网络安全法》等法律法规的贯彻落实，细化了《电信和互联网用户个人信息保护规定》的管理要求，标志着行业自律工作迈上了一个新的台阶。

在 2019 中国互联网大会举办期间（7 月 9～11 日），面对当前国际网络空间治理面临的互联网领域发展不平衡、规则不健全、秩序不合理等一系列共性问题，2019 年 7 月 11 日上午，中国信息通信研究院和中国互联网协会宣布正式成立中国互联网治理论坛（中国 IGF），在新的起点上参与联合国互联网治理论坛。① 11 日下午，中国互联网协会与中国信息通信研究院联合主办了 2019 中国网络空间国际治理论坛，旨在激发各界对网络空间国际治理问题的关注，分享各方围绕网络空间国际治理开展的思考及最新研究成果。中国网络空间国际治理领域专家、学者，及上百位关注网络空间国际治理议题的业界代表，参加了此次论坛，并从技术发展、政策制定、国际合作等方面，探讨网络空间国际治理相关议题的最新进展，为构建和平、安全、开放、合作和有序的网络空间以及建立多边、民主、透明的网络空间国际治理体系贡献中国智慧。

2019 年 7 月 22 日，由中国信息通信研究院发起的中国互联网协会数据治理工作委员会筹备会在北京召开。该数据治理工作委员会旨在建立起一个国内数据治理相关理论研究、标准制定、机制建设和人才培养的公共平台，帮助互联网行业用好海量的网络数据。经过近 1 年的筹备期，中国互联网协会数据治理工作委员会已于 2020 年 7 月 10 日成立，成员单位包括中国信息通信研究院、中国电信、中国移动、中国联通、阿里、腾讯、小米、美团、360 等 40 余家中国互联网行业及与互联网相关的企事业单位。成员单位可以借助工作委员会平台深入交流，完善数据管理、数据质量控制、数据价值挖掘、数据流通和数据隐私安全的相关工作，共同制定标准规范，积累一线研究和实践成果，推动技术研发应用和业务模式创新，建立行业良好生态，

---

① 《2019 中国互联网大会｜中国 IGF 行动倡议》，中华网，2019 年 7 月 11 日，https：//news. china. com/specialnews/11150740/20190711/36588322. html。

推动我国数据治理体系的建设和完善。此外，中国互联网协会还于 2019 年 11 月 6 日主办了 2019（第五届）中国互联网法治大会。[①] 此次大会以网络空间法律共治、助力数字经济蓬勃规范发展为目标，集聚互联网政产学研和法律界的智慧成果，共论趋势热点、共商机制创新、共绘发展蓝图。

除了中国互联网协会，中国网络空间安全协会、中国互联网联合辟谣平台以及中国记协新媒体专业委员会等行业组织、平台也为维护网络社会的正常秩序举办了一系列的论坛、提出了一批倡议和承诺书，共同致力于打造一个以正能量为主的网络新媒体平台，营造一个风清气正的网络安全空间。中国网络社会组织联合会还于 2019 年 3 月 4 日成立了网络传播专业委员会，旨在加强中国网络社会组织联合会的专业工作力量，提升服务业务主管单位网上宣传引导工作的能力水平。形成了一条以中国互联网协会为主，其他多个行业组织、社会组织共同参与网络社会治理的中国进路。

2020 年 7 月 10 日，中国互联网协会数据治理工作委员会成立大会暨第一次全体成员会议于线上召开，来自中国信息通信研究院、中国电信等 40 余家成员单位的代表出席了会议，审议通过了《中国互联网协会数据治理工作委员会工作规则（草案）》《中国互联网协会数据治理工作委员会第一届委员会领导机构选举办法（草案）》等文件，选举产生了工作委员会主任委员、副主任委员、秘书长、副秘书长，中国信息通信研究院副院长王志勤当选为工作委员会第一届委员会主任委员。代表们在发言中表示，在数字经济时代，海量多样的数据对数据治理的要求提高，当前国内相关理论研究、标准制定、机制建设和人才培养还不成熟，急需一个公共平台、一系列共同标准来帮助行业用好数据。

2020 年 12 月，由中国信息通信研究院、百度、京东、小米、奇安信、360、度小满、美团、联想等 40 余家单位参与的中国互联网协会信息技术风险治理工作委员会在北京召开成立大会。该委员会是中国互联网协会下属非

---

① 《2019（第五届）中国互联网法治大会在京召开》，中国互联网协会网站，2019 年 11 月 6 日，https://www.isc.org.cn/article/37032.html。

独立法人的二级分支机构,由中国信息通信研究院、腾讯、阿里、华为、百度等多家单位共同发起成立,在信息技术风险治理领域开展研究和标准化工作,旨在搭建政府、企业和公众之间的桥梁,聚合产业界力量,保障企业运营合规与业务稳健运行,推动业务创新和新技术应用,提升信息保护能力,促进生态健康发展。具体工作为制定相关的标准规范,搭建交流平台、资源共享平台,建立培训机制培养人才等,帮助互联网企业共建 IT 风险治理新生态。对提高互联网企业风险治理水平、促进互联网行业的有序发展、有力支撑网络强国战略具有重大意义。

3. 公民主体积极参与网络社会治理

网络空间不是"法外之地",只有坚持依法治网、依法办网、依法上网,才能让互联网在法治轨道上健康运行。可以说,"依法治网"对应的是国家政府,"依法办网"对应的是企事业单位,"依法上网"对应的则是公民主体,只有三者共同努力才能让互联网在法治轨道上健康运行。2019 年,公民作为网络社会的行为主体,对于网络社会治理的贡献主要体现在自我网络素养提升和积极参与网络监督两个方面。

在当下的移动互联网时代,网络已经融入社会生活的各个领域,且为政治、经济、文化的发展不断增添强大助力。要充分发挥网络政务、数字经济和网络文化的正面作用,重点在于调动公民的主动性和积极性。作为新时代下最有效的凝聚全民精神与行动力的平台,互联网可以在很大程度上推动公民主动参与社会主义现代化强国的建设,唯有促进公民网络素养的提升,才能够真正形成更加强大的执行合力,助推社会主义现代化强国的建设。2019年,公民自我网络素养的提升除了体现为公民自主学习网络有关知识,还主要体现为各级网信办等政府部门、互联网企业、高校等为了提升公民网络道德与素养而开展的多种多样的教育活动。如 2019 年 9 月 6 日,由教育部思想政治工作司和中央网信办网络社会工作局联合主办的第四次全国高校网络文化建设暨"争做校园好网民"工作推进会在电子科技大学召开,该会议是各地各高校深入贯彻落实习近平总书记关于"培育中国好网民"重要指示精神的积极尝试,旨在把高校资源优势、组织优势转化为网络育人引领优势，切实发挥网络文化滋养人心的重要作用。① 经过几年的发展，逐步形成了思想引领有高度、资源挖掘有深度、体系建设有力度的高校网络文化建设经验做法。随着"职工好网民""青年好网民""巾帼好网民""金融好网民"等针对不同公民主体的系列活动全面深入开展，"培育中国好网民"已初步构建了"全国—省级—高校"的三级网络思想政治工作体系，极大地推动了不同领域、不同行业的公民主体网络道德与素养的提升。此外，2019年国家网络安全宣传周以"网络安全为人民，网络安全靠人民"为主题，这是国家网络安全工作的重要内容。国家网络安全宣传周从提升公民安全意识、主体意识和责任意识三个方面着手，旨在提升全民网络安全意识和技能，以加大网络安全宣传力度的方式，提升网民自身安全意识，主动识别和防范各种网络安全风险，自觉维护网络安全环境，为网络安全注入一股"依法上网"的正能量。

在公民主体积极参与网络监督方面，在各级网信部门指导下，目前全国各主要网站不断畅通举报渠道、受理处置网民举报。据第47次《中国互联网络发展状况统计报告》，2020年，国家互联网应急中心（CNCERT）接收到网络安全事件报告103109件，较2019年同期（107801件）下降4.4%；全国各级网络举报部门共受理举报16319.2万件，较2019年同期（13898.6万件）增长17.4%。总体而言，公民参与网络监督举报积极性较高，举报数量庞大，主体效应明显。这也意味着网民不仅能够发现网络中的各种不良信息，还有举报不良信息的意识，并把这种意识付诸行动，这本身就是其网络道德与素养提升的有力证明。基数庞大的具备一定网络道德与素养的网民积极加入，必将形成一股强大的助力，推动我国网络社会更快进入互联网的综合治理阶段，形成国家、社会和个人共同维护清朗网络空间的治理格局。

---

① 《第四次全国高校网络文化建设暨"争做校园好网民"工作推进会召开》，中华人民共和国国家互联网信息办公室网站，2019年9月7日，http：//www.cac.gov.cn/2019－09/11/c_1569729930903615.htm。

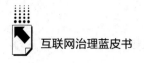

二 中国网络社会治理年度焦点问题

互联网已经融入社会生活的方方面面，在改变传统运作模式、创新产业机制等方面为人们带来了无限便利，但同时，蕴藏着复杂多变的危险，给互联网治理带来了全新议题与严峻挑战。2019～2020 年度共有三大焦点问题，亟待引起重视、研讨。

（一）涉华信息疫情

新冠肺炎疫情的发生不仅意味着病毒的扩散传播，在国外，还引发了大规模的谣言、假新闻、阴谋论的传播。2020 年 2 月 13 日，世界卫生组织在新冠肺炎疫情的研究会上提出信息疫情一词，英文 infodemic，即 information + epidemic。所谓信息疫情，指的是疫情防控常态化时期由于网上存在海量真假不一的信息，人们在需要帮助时难以发现值得信任的信息来源与可靠的指导，有可能被误导而产生不良情绪、采取不当行动等一系列问题。

1. 信息疫情的主要表现

信息疫情使人们处于信息过载和信息缺乏并存的状态中，谣言与假新闻层出不穷，大量相似信息重复出现，但关键有效信息匮乏。公众的信息需求未能得到有效满足，进一步引发恐慌及焦虑情绪、阴谋论断和地域歧视等，负面影响甚至不亚于病毒本身。

（1）谣言与假新闻的广泛传播

历史上瘟疫、地震、洪水等灾难事件发生时，总有谣言、流言等相伴而生。与 2009 年的甲型 H1N1 等重大突发公共卫生事件相比，2020 年的全球新冠肺炎疫情在谣言的传播上具有更强的威力和更多的花样。特别是在疫情防控常态化时期，一些西方媒体和政客制造了大量涉华虚假新闻，把虚假新闻作为污名化中国的政治工具。

当发生突发公共卫生事件时，"宁可信其有，不可信其无"的心态让人们对偏方的免疫力降低了许多。吸烟、喝酒、吃大蒜、嚼槟榔等伪科学论断再一次出现在社交媒体中，部分自媒体在谣言的生产与传播中起到推波助澜的作用，甚至有主流媒体也落入陷阱。

（2）恐慌、焦虑等情绪化言论泛滥

面对疫情，人们关注自身的生命安全。当如何预防、如何控制、如何治愈等关键信息尚处于不确定的状态时，公众的恐慌、焦虑等情绪容易被煽动。"震惊体""沸腾体""话说一半"等标题党现象在公众号中屡见不鲜，这一类文章抓住公众的心理特性，通过制造敏感点的方式，刻意引发恐慌和焦虑情绪，收割流量。这类情绪性信息在社交媒体使用与鉴别能力较低的"易感人群"中容易引发病毒式传播，扰乱网络传播秩序。

（3）污名化现象突出

新冠肺炎疫情可能出现在全球任何一个地方，是世界各国人民共同的敌人。但在抗击疫情的过程中，不乏借助疫情话题大肆宣扬排外主义、政治歧视、地域歧视等现象。

2. 信息疫情的产生原因

信息疫情并非偶然现象，它伴随着突发公共卫生事件而来。疫情的不确定性越强，滋生信息疫情的空间就越大。人人都有麦克风的互联网时代，媒介素养参差不齐，自媒体商业逐利的趋势与监管的滞后加剧了信息疫情的扩散与传播，网上虚假信息的传播速度甚至比病毒还要快。

（1）重大突发公共卫生事件波及范围广、不确定性大

公共卫生事件与人的生命安全及身心健康密切相关，逐渐引起全社会的广泛关注。"这次新冠肺炎疫情，是新中国成立以来在我国发生的传播速度最快、感染范围最广、防控难度最大的一次重大突发公共卫生事件。"① 新冠肺炎病毒的传染性强，初期，如何进行居家隔离、如何判断自己是否无症状感染者等知识并不在公众日常能够掌握的范围之内。疫苗的研发与临床测试需要时间，存在较强的不确定性，在没有特效药的情况下如何保护自身不

---

① 《习近平：在统筹推进新冠肺炎疫情防控和经济社会发展工作部署会议上的讲话》，中华人民共和国中央人民政府网站，2020 年 2 月 24 日，http：//www.gov.cn/xinwen/2020 - 02/24/content_ 5482502. htm。

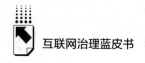

被感染、被感染后如何救治、能否治愈等问题关系到公众的切身利益。新冠肺炎病毒不仅是医学上的难题，更是对政府、公众等全社会的一次大考。

（2）社交媒体应用普及，传播速度快、范围广

社交媒体改变了大众传播时代的单向传播模式，打破了媒体对传播权的垄断地位，形成人人都有麦克风的传播格局。社交媒体凭借其即时性强、互动性强的特点，成为公众获取新闻资讯的重要渠道。随着社交媒体平台日趋丰富，内容的呈现形式也越来越多样化。一方面，自媒体的准入门槛低，部分受商业利益驱使，以增加流量为主要目的，在疫情防控常态化时期批量造谣、混淆视听。网络图文、短视频因其碎片化的传播方式成为滋生谣言的重灾区。另一方面，公众的媒介素养参差不齐，对谣言缺乏足够的辨别能力，相信谣言后的转发行为，扩大了负面影响的范围。

（3）公共危机应对能力弱，互联网治理难度大

在疫情初期，国外一些政府在应对公共危机时放任自由，主张"全民免疫论"。落后的管理思想延误了疫情防控的关键时期，导致专家对疫情形势的误判，加大了后期防控工作的难度。信息公开透明，及时回应关切，才是应对公共危机事件的正确方式。疫情防控常态化时期的网络谣言呈现出跨平台传播的趋势，一波未平一波又起，舆情研判与治理难度大。对于网络谣言的打击是一种事后的监管，虽然官方发布的辟谣申明以及对造谣分子的惩戒能够起到惩恶扬善的作用，但由其未能主动发布信息导致的谣言扩散，已经对社会产生不良影响。

3. 信息疫情的治理对策

面对信息疫情应当从完善网络谣言治理机制入手，加大打击力度，让别有用心之人不敢造谣。同时，重塑主流媒体权威，提高舆论引导与应对能力，通过多元参与的协同联动模式，营造良好的网络舆论生态，提高公众媒介素养，使之有能力做到不信谣、不传谣。

（1）完善网络谣言治理机制

信息疫情的整治需有宏观的法律与制度作为保障。我国虽然在应对传染病疫情防控方面已有《传染病防治法》《突发事件应对法》《突发公共卫生

事件应急条例》等相关法律法规，在应对网络谣言上有《刑法》《治安管理处罚法》等法律，但在疫情防控常态化时期网络谣言依然泛滥。这说明法律法规体系仍有完善空间，在执行层面还需落实到位。因此，需要对网络谣言的概念、性质、责任认定、处理程序等进一步做出具体详细的规定，增强可操作性。同时，加大监管力度，将常规式治理与专项治理相结合，明确相关部门的职责范围，使之在面对网络谣言时能够主动出击、精准打击。

（2）提高舆论引导与应对能力

涉华信息疫情的治理既需要堵住网络谣言，也需要疏通舆论。在疫苗尚未投入使用的时候，信息公开就是最好的"疫苗"。与2003年的非典时期相比，目前我国的信息公开制度水平与应急管理能力都有很大的提升。但此次疫情初期的诸多舆论事件表明，政府及其相关部门的舆论引导与应对能力还有很大的提升空间。政府部门及医疗机构在掌握可靠的疫情信息后需要及时向公众公开，面对公众的质疑，要善于与公众进行沟通，形成良性的对话过程。信息公开与沟通对话有利于缓解公众的恐慌情绪，从根本上避免谣言的滋生。

（3）重塑主流媒体权威

主流媒体在涉华信息疫情的治理中也扮演着重要角色。在人人都有麦克风的自媒体时代，准入门槛低，公众需要具有权威的主流媒体在鱼龙混杂的舆论环境中发挥中流砥柱的作用。疫情防控常态化时期的传播格局，是主流媒体重塑新闻权威的良好契机。主流媒体需要树立责任意识，做党和人民的耳目喉舌，特殊时期的新闻报道和专业解读有助于公众认清局势，有利于稳定民心。应通过专业报道明辨是非、正本清源，提高主流媒体的影响力、引导力和公信力。

（4）构建多元参与的协同联动模式

信息疫情的治理需要政府、媒体、平台和专业人士的多元参与，形成协同联动的格局，互为支撑重建网络传播秩序。多元参与的协同联动模式不是各方分头作战，而是要形成合力达到一加一大于二的效果。政府和专业人士掌握权威信息，是信息发布的重要来源。媒体和平台重点在信息的传播阶段发挥作用，通过网络平台的扩散能力将权威信息传达到最广泛的用户手中，通过主流媒体的专业解读，增强影响力，提高传播效果。在多元参与的格局中，应以事件为核心相互补充，形成相对完整和全面的报道与解读。同时，媒体和平台应借助大数据技术，对网络舆情进行监测，对公众的普遍疑惑进行解答，对网络谣言进行准确研判与干预。

（二）个人信息保护问题

万物互联的信息化时代，互联网、大数据等新兴技术使人们实现了数字化生存，带来无限便利。疫情防控常态化时期存在个人数据获取、存储和利用的环节增多，以及信息隐私泄露、个人信息保护受到威胁等问题。

1.个人信息保护问题的主要表现

面对突发公共卫生事件，第一时间收集、分析个人相关信息有着举足轻重的作用。与此同时，事件的紧迫性对于信息采集工作顺利开展的要求更为严苛，在实际收集信息的过程中也暴露出个人信息重复采集、泄露和被不当使用等问题。

（1）个人信息重复采集

疫情信息采集主体广泛，重复采集个人信息问题明显。新冠肺炎疫情初期，国家卫生健康委员会就将"新型冠状病毒感染的肺炎"纳入《传染病防治法》规定的乙类传染病，并采取甲类传染病的预防、控制措施。[①] 各地新增的新冠肺炎确诊病例需通过传染病网络直报系统进行上报。根据《传染病防治法》规定，采集个人信息的主体，即疾病预防控制机构应当主动获取、分析、调查并核实已知的传染病疫情信息。接收到相关传染病疫情报告时，应马上报告当地卫生行政部门，且当地卫生行政部门要立即报送至当地人民政府，还要同时报送至上级卫生行政部门和国务院卫生行政部门。而《突发公共卫生事件应急条例》规定，遇到传染病暴发、流行的情况，街道、乡镇以及居委会、村委会应集结力量，协助有关部门做好疫情信息的汇集和汇报等工作。由此可

---

① 《中华人民共和国国家卫生健康委员会公告》，中华人民共和国国家卫生健康委员会疾病预防控制局网站，2020 年 1 月 20 日，http://www.nhc.gov.cn/jkj/s7916/202001/44a3b8245 e8049d2837a4f27529cd386.shtml。

见，出于疫情防控工作的需要，诸多主体需要对个人信息进行采集。个人信息采集为防控工作提供丰富信息数据的同时也暴露出重复采集的问题。在个人信息采集的过程中由于没有统一的信息共享平台，未能联动到所有有权采集个人信息的主体，从而影响信息整理、分析、决策工作的效率。

（2）个人信息泄露

疫情信息体量庞杂，管理不当易导致个人信息泄露。在紧急防控新冠肺炎疫情的背景下，信息的准确采集成为防控工作顺利开展的关键点之一。但现实情况是个人信息接触主体广泛、收集渠道繁杂、存储媒介多样、管理不规范，由此暴露出个人信息泄露的信息安全问题。最主要的表现为不经审核及同意，有关部门的工作人员擅自将病例信息通过网络渠道传播出去。据《新华每日电讯》报道，2020 年 4 月 19 日，青岛公安发布通报，6000 余名当地中心医院出入人员的个人信息出现在胶州市民微信群里，个人信息被泄露。诸如此类的信息泄露事件屡见不鲜，这也反映出突发公共卫生事件中个人信息等数据安全保护不到位、管理不规范等痛点问题。

（3）个人信息被不当使用

个人信息泄露的直接后果是信息数据易被挪作他用。个人信息被不法分子恶意利用，成为售房、售车、推销保险和保健品的工具，让公众被迫陷入网络诈骗、骚扰、推销的困局之中。此外，特定的病例信息若因使用不当被泄露，有可能被不法分子不当使用，导致当事人被恶意骚扰、恐吓，甚至引发社会谣言，引起不必要的恐慌。

2. 个人信息保护问题的产生原因

对个人信息的保护速度落后于数字时代的发展速度，法律法规的滞后叠加疫情防控常态化时期对个人信息的不规范收集和使用行为，给个人的日常生活造成负面影响。

（1）特殊时期信息采集的需要

信息的通畅性一定程度上保证了防疫工作的顺利开展。疫情防控工作中，大数据在重点人群的监测预警和统计分析方面具有独特的优势。不同的社会形态与社会制度对特殊时期采用合法手段采集个人信息的看法不尽相同，在倡导集体主义观念的国家当中，当公共利益与个人利益发生冲突时，个人利益应当让渡于公共利益成为普遍共识，采取个人隐私克减原则。对于突发公共卫生事件中个人信息采集、公布的问题，我国法律法规方面做出了相关的规定，《传染病防治法》《突发公共卫生事件应急条例》《网络安全法》《关于促进和规范健康医疗大数据应用发展的指导意见》《政府信息公开条例》等对疾病突发时期个人信息的采集主体、采集手段、使用情况等做出明确的规定。总体来看，以疫情防控为目的的个人信息采集必须做到合法合规，并且一定程度上要尊重被采集人的意愿，做到"通知""同意"的程度。

（2）信息采集与使用单位缺乏自治规范

疫情防控常态化时期的个人信息采集并非各部门的常规工作，对于敏感数据如何采集、整理和使用等问题，相关部门缺乏工作经验与行为规范。在开展个人信息采集的过程中，多部门重复采集、多次询问等问题容易引发公众的反感情绪。在对众多信息进行整理的过程中，尚未形成成熟的工作经验，面对烦琐的数据容易出现失误，或对敏感数据的保护不到位，工作失误造成泄露。在个人信息使用的过程中，由于缺乏明确的规范与要求、各部门人员职业素养参差不齐、对个人信息的保护程度不一，公民的个人信息处于危险之中。

（3）相关法律法规的滞后

在个人信息保护方面，我国已有《网络安全法》《关于加强网络信息保护的决定》《消费者权益保护法》等法律法规，但政出多门，专门化、板块化等问题严重，《刑法》与其他部门法及行业规范之间也存在不衔接的问题，导致缺少统一的操作标准。隐私保护立法仍存空白之处，专门的公民"个人信息保护法"尚未正式出台，对个人信息隐私边界界定模糊宽泛。由于公民个人信息类别丰富多样、差别较大，人们对于信息类别的判定、证实等存在分歧，顶层设计有待完善。法律法规由于不健全，对于违法犯罪行为制裁和打击威慑力不足，犯罪成本较低，受利益驱使，铤而走险的侥幸心理严重，难以从源头抑制数据泄露问题。

3. 个人信息保护问题的治理对策

互联网时代个人信息如何得到有效保护的问题长期存在，现有的法律体系需要进一步明确范畴，以适应互联网时代的新形势。政府和商业平台等信息的采集和使用主体需要在法律体系之下规范自身行为，公民个人也需要进一步提高信息保护意识。

（1）健全法律体系，明确信息保护范畴

如今大数据、人工智能等新技术融入了日常生活之中，现行的法律体系显然已无法应对互联网时代高速发展而引发的新问题。保护个人信息，首先需要借助法律的明确规定划清红线。特别是面对互联网时代的海量数据，哪些处于保护范畴之中、哪些涉及隐私、涉嫌侵犯隐私应该如何处置等问题都需要进一步明确。在疫情防控常态化时期，侵犯公民个人信息实施犯罪行为的，相较于正常时期具有更强的危害性，作为从重情节予以严惩是合理且必要的。2020年10月，全国人大常委会法工委公布《个人信息保护法（草案）》的征求意见稿。征求意见稿学习了来自世界各国和各地区的先进经验，高度关注了人脸识别、人肉搜索、数据跨境传输、自动化决策、信息脱敏等热点问题，也对行政监管和个人信息保护之间的原则及边界问题进行了规定，力求在自然人个体、互联网企业、国家安全和公共利益、跨境传输技术要求以及国际上通行的惯例等方面达成平衡，这意味着一部较为全面、系统的个人信息保护法律即将成形出台。

（2）信息采集与使用单位明确行为规范

相关单位对个人信息进行采集与使用应该在法律范围之内进行，不打擦边球。权利与义务是相统一的，在对个人信息进行采集和使用之时必须承担起保护信息的义务。面对突发公共卫生事件，相关单位需要形成相对统一的操作规范与标准。在面对烦琐的数据和防疫工作的要求时，应有相对明确与清晰的操作规范，形成多部门之间信息的协调互通，减少重复采集的工作，提高工作效率。同时，应提升工作人员的职业素养。政府部门的工作人员应该具备基本的数字素养或数据素养。

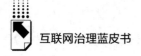

（3）培育公民个人信息保护意识

公民个人信息保护意识增强能够避免个人数据隐私遭受侵犯的危险，对个人信息的关注和保护能力是大数据时代每个人都应该具备的素养。在现实生活中，公民为了方便记忆，为诸多网站平台设置相同的密码，或通过浏览器自动保存密码，为个人信息的泄露留下了隐患。接到不明的电话、短信等需要提高警惕，谨防电信诈骗、网络诈骗。社区应当通过展板、宣传周、知识竞赛等方式，加强公众对个人信息保护制度的细节性了解。相关部门应积极运用电视、网络多种媒介和形式使公民在潜移默化之中加深对个人信息保护的了解。当个人意识到信息数据可能遭到泄露时，要积极向相关部门寻求帮助。

（三）网络直播营销乱象

网络直播在信息技术驱动数字经济发展的环境下应运而生，凭借即时互动、快速转化等特点成为企业实现商业变现的工具。网络直播背后主体主要为私营公司，目的为营利，因此在注意力匮乏的网络环境中，迅速吸引大量关注、获取流量是网络直播平台的重要目的。

1.网络直播营销乱象的主要表现

相对于传统线下商铺和电商平台，网络直播营销兼具互动性强、操作便捷、优惠力度大等优势，备受网民的青睐。近年来，各行各业纷纷涌进直播的风口，一时间，网络上充斥着质量参差不齐的直播产品。网络直播行业发展势头迅猛，相关规范及法律无法及时跟进，在阴暗地带滋生出诸多乱象。

（1）虚假夸大宣传

网络直播营销实则是网络主播与提供产品或服务的企业方的商业活动，部分主播在利益的驱使下，为了提高销售额，对提供的商品或服务过分夸大效用、谎报信息，甚至出现消费者线上下单后以次充好的现象，严重损害消费者利益。2019年9月，某网红在直播中推销的"阳澄湖状元蟹"，后被证实产地并非阳澄湖，一时间在网络上掀起对网络直播虚假宣传话题的探讨。2020年7月，某明星在直播间推销价格不低的酒水类商品，消费者在购买收货后发现产品质量与直播时不符，该明星随即被指"卖假酒"。

（2）产品质量参差不齐

影响消费者在网络直播中发生购买决策行为的因素主要包括主播的个人魅力、主播对商品的阐述、产品的价格以及消费者的肉眼判断等。在未接触到实际产品的情况下，依靠上述因素来决策是否购买本就存在风险，若消费者没有更为准确的判断标准加以支持，就更加容易陷入产品质量的陷阱之中。此外，除了少数占据大部分流量的头部主播拥有自身的运营团队外，绝大多数的主播依旧是处于腰部或尾部的"小主播"，通常招商、选品、审核、直播等一步到位，出于时间成本和经济利益方面的考虑，容易忽略严格把关的审核环节，甚至将未经质量检验的产品搬上直播平台。网络直播中最常见的产品质量问题表现为产品质量参差不齐、货不对板等，如2020年5月，某明星在西双版纳直播销售的水果，被消费者指出许多水果尚未成熟就公开销售，后来还出现以次充好的问题。

（3）售后服务难以保障

与传统电商平台不同，网络直播的形式更多的是主播与消费者的即时互动，目前网络直播尚未形成固定的反馈机制或反馈渠道，作为产品或服务推荐人的主播，在产品或服务销售出之后，少有售后服务的机制与意识。同样，市场上大部分的产品方或服务方自身本就是注重销量的中小型企业，没有足够的时间、经历或资金去维护品牌形象，因此鲜有品牌维护意识，多数只注重短期效果，从而忽略了与消费者建立长期的互动关系，不重视售后服务，甚至给消费者留下"态度差"的印象。消费者在收到质量不达标的产品后，无法通过平台方与品牌方获得相应的售后服务，消费者权利受到侵害，加之市场相关制度与规范尚未完善，大多数消费者只好"认栽"。值得注意的是，《直播电商购物消费者满意度在线调查报告》指出："有37.3%的消费者在直播购物中遇到过消费问题，但是仅有13.6%的消费者遇到问题后进行投诉，还有23.7%的消费者遇到问题并没有投诉……有不少消费者认为投诉也没有什么用。这也表明消费者对于维护自身合法权益缺乏足够

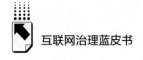

的耐心和信心。"①

2. 网络直播营销乱象的产生原因

网络直播营销越来越受到青睐，随着电视台主持人和娱乐明星等公众人物的推广和入驻，其在电商格局中占据越来越重要的位置。但综观各平台的网络直播营销，准入门槛低、有效监管难等原因同样致使乱象层出不穷，治理形势严峻。

（1）法律法规不健全

网络直播营销现在存在的乱象，更多的是依靠平台、主播及产品或服务提供方的三方合作与对自身的道德要求来缓解。就现有的法律法规体系来看，针对网络直播行业中相关平台经营规范、审核规范等的界定尚不明确，存在制度的边隙。《直播电商购物消费者满意度在线调查报告》指出，《广告法》《消费者权益保护法》《互联网广告管理暂行办法》，以及2019年最新实施的《电子商务法》等相关法律法规均对网络交易中关于经营者的责任义务有所涉及，但是具体到网络直播行业中相关平台、经营者与主播的责任界定划分、尺度适用性等问题，特别是对于维护消费者合法权益的贯彻执行还存在较多薄弱环节。

（2）行业准入门槛低

因网络直播平台正处于快速扩张的阶段，一定程度上只注重量，忽略了质，网络直播行业内鱼龙混杂，也埋下乱象频发的种子。除却平台自身缺乏规范的监管机制外，网络技术的发展直接造就了网络赋权的特性，人人都可以依靠网络技术实现信息的传播，人们只需要利用智能手机在各种应用商店下载直播软件，便可随时随地参与直播。网络直播行业技术的低门槛一定程度上决定了网络直播行业准入的低门槛，甚至是零门槛。各方都想在网络直播的红利市场中分一杯羹，暴露出急功近利的思想弊端，间接促生了网络直播营销乱象丛生的现状。

---

① 《直播电商购物消费者满意度在线调查报告》，中国消费者协会网站，2020年3月31日，http://www.cca.org.cn/jmxf/detail/29533.html。

（3）法律监管滞后

由于准入门槛低，许多思想道德、文化修养、价值观念参差不齐的主播纷纷涌入网络直播行业，人员构成繁杂、数量巨大成为网络监管棘手的难题之一。按照《互联网直播服务管理规定》，能够对突出的事件进行处理，而无法应对游走于灰色地带的直播活动。网络技术更新迭代迅速，网络监管技术难以同时跟进。网络直播中信息传播和共享速度快，流动性强，直播内容实时播出，监管难度大。即使根据大数据算法研制出可识别不良信息的技术，也无法实现精确化和流程化操作。目前事前预防监控力度不够，难以防范和杜绝网络内容问题的发生。

3. 网络直播营销乱象的治理对策

网络直播营销乱象扰乱了网络直播领域和电商行业的秩序，造成不良的社会影响。因此，必须提升网络直播营销的治理能力，营造健康的竞争环境。

（1）健全法律法规，规范网络直播营销

清晰细致、可操作性强的法律法规有利于给网络直播的良性发展提供正确的指引，建立健全法律法规，应当将责任落实到具体的主体身上。明文规定出现违法现象时，需同时追究平台方和主播的双重责任，从信息传播的源头把控好信息内容的质量。中国广告协会在 2020 年 6 月发布了《网络直播营销行为规范》，这是国内出台的第一个关于网络直播营销活动的专门性规范。同年 11 月，国家市场监管总局公布有关加强网络直播营销活动监管的指导意见。同月还有两份文件发布或成文，一是由国家广播电视总局发布的《关于加强网络秀场直播和电商直播管理的通知》，二是由国家互联网信息办公室成文的《互联网直播营销信息内容服务管理规定（征求意见稿）》。2021 年 4 月，国家互联网信息办公室与6 个部门联合发布《网络直播营销管理办法（试行）》。一系列网络直播营销相关政策管理文件先后密集发布，表明网络直播营销乱象引发了相关监管部门的高度关注，也为网络直播营销乱象治理提供了重要的遵循。

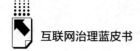

（2）建立平台规则，整顿平台交易秩序

网络直播营销平台作为主体要主动承担责任，建立和完善平台规则，明确商家入驻、直播交易、售后保障等各环节的要求。对入驻平台的商家应提前审查其资质规范，严格规定商家在相关界面公示营业执照及经营相关的行政许可信息。作为商家，应在规定时间内上传规定性资质、许可，经营期间不允许未经平台同意就撤回相关文件或更改证明，保障商品及服务质量。平台应当规范交易秩序，禁止商家和用户绕过平台进行交易。当消费者合法权益受到侵害时，平台应该积极介入，为消费者主持公道。

（3）提高主播准入门槛，规范主播言行并提升其技能

首先，主播群体在直播活动正常进行期间，应时刻保证给予观众的信息真实合法，不得为了服从商家的过界要求而对商品或服务进行虚假宣传，欺骗误导消费者。更不能为了调动直播间气氛打色情暴力的擦边球，或出现其他违反社会公德的言行。其次，主播向商家、网络直播营销平台等提供的营销数据应当真实，绝不允许数据造假，也不允许采取任何措施骗取商家的佣金。最后，要加强对网络电商主播的培训，对网络电商主播实行行之有效的积分评价机制。

三　中国网络社会治理未来趋势

2019～2020年，中国网络社会治理在实践层面和理论层面都得到进一步的发展。2019年的《政府工作报告》第一次正式提出了"智能＋"的重要战略，这意味着"智能＋"已拔高至国家战略层面。2019年，我国地方政府共出台276项涉及人工智能发展的政策，覆盖政务、医疗、工业互联网、制造等多个领域。换言之，"智能＋"成为社会发展的重要方向。与此同时，网信部门开展多次专项治理行动，逐步形成全面、系统的整治网络，《网络信息内容生态治理规定》则为内容治理指明方向。此外，网络社会治理从内在驱动力的视角来说，根本在于诚信建设。因此从总体看，目前中

国网络社会治理的趋势呈现为三个方面："智能+"治理、生态型治理、网络诚信治理。

（一）"智能+"治理

1. 概念内涵

"智能+"在 2019 年首次出现在《政府工作报告》中。2021 年 1 月，《中国"智能+"社会发展指数报告（2020）》在 2021（第十一届）中国互联网产业年会上正式发布。该报告认为，疫情加速数字化转型，"智能+"对于产业发展的带动作用显著增强。这意味着，"智能+"继"互联网+"后成为经济与产业发展的新关注点。

"智能"指的是人工智能，《人工智能标准化白皮书（2018 版）》将其解释为"是利用数字计算机或者数字计算机控制的机器模拟、延伸和扩展人的智能，感知环境、获取知识并使用知识获得最佳结果的理论、方法、技术及应用系统"。[①] 类似"互联网+"，"智能+"可简单地理解为"人工智能+传统行业"。具体来说，就是使用大数据、云计算、5G 等智能化技术和手段，促使人工智能成为经济赋能新动力，带动社会经济发展，推动产业转型升级。《中国"智能+"社会发展指数报告（2020）》指出："智能+"社会是人类继农业社会、工业社会、信息社会后的更高社会形态，是信息流通方式、生产关系、生产力全面革新的社会形态，万物互联、数据驱动、跨界融合、最优决策的时代特征正逐步凸显。[②] 综上，"智能+"治理可解释为在"智能+"的进程中进行网络社会治理，治理的对象是"智能+"进程中出现的网络社会问题。

"智能+"治理与智能治理有所不同。智能治理是技术治理的最新形式，"由人工智能和国家治理两部分组成"，其表达式是"人工智能+国家

---

① 《【重磅】〈人工智能标准化白皮书（2018 版）〉发布（完整版）》，搜狐网，2018 年 1 月 19 日，https：//www.sohu.com/a/217738059_756411.htm。

② 《中国"智能+"社会发展指数报告（2020）》，中国大数据产业观察网站，2021 年 1 月 11 日，http：//www.cbdio.com/BigData/2021-01/11/content_6162228.htm。

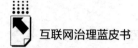

治理"，① 更多属于一个治理智能化的问题。② 而"智能 +"治理属于对人工智能进行治理的一部分，可理解为智能治理的再治理。

2. 背景原因

（1）"智能 +"是技术层面的新发展

"智能 +"围绕人工智能技术展开，因此从根本上讲，"智能 +"是技术层面的发展结果。从技术角度来说，"智能 +"又意味着以更广范围、更深深度变革代码生产与应用方式。③ 2019 年 6 月，工业和信息化部正式向三大基础电信运营商和中国广电发放 5G 商用牌照，标志着我国正式进入 5G 商用元年，5G 技术成为 2019 年的热词。5G 拥有高宽带、高密度连接、高可靠性、低延时、低功耗等特性，使得电力系统采集的数据多元化、深度化，数据分析手段更智能，④ 由此实现了从人与人之间的通信走向人与物、物与物之间的通信，万物互联成为可能。⑤ 这也推动了"智能 +"的落地。

但技术的发展与应用仍有一定的距离，人工智能落地仍有待进一步推进。新冠肺炎疫情防控常态化时期的人工智能应用，是 2020 世界人工智能大会（WAIC 2021）讨论的一个重要议题。人工智能算法创新助力疫苗药物研发，疫情防控常态化时期离不开的"健康码"，包括云端峰会，都是人工智能技术应用的积极表现。但同时，张文宏坦言：人工智能在疫情中的作用很有限，"疫情的控制主要靠传统智慧和城市管理实现"，讨论一年的"智能 +"没有发挥出预期的效果。这也意味着，将来人工智能应该具有非常强大的物资调配能力。但如何解决"智能 +"的落地难题，推动智能化管理，缩小理论与实际间的差距，是"智能 +"治理需要思考的问题。

---

① 常保国、戚姝：《"人工智能 + 国家治理"：智能治理模式的内涵建构、生发环境与基本布局》，《行政论坛》2020 年第 2 期。

② 俞晗之、王晔晔：《人工智能全球治理的现状：基于主体与实践的分析》，《电子政务》2019 年第 3 期。

③ 贾开：《从"互联网 +"到"智能 +"变革：意义、内涵与治理创新》，《电子政务》2019 年第 5 期。

④ 张宁等：《面向泛在电力物联网的 5G 通信：技术原理与典型应用》，《中国电机工程学报》2019 年第 14 期。

⑤ 喻国明：《5G 时代传媒发展的机遇和要义》，《新闻与写作》2019 年第 3 期。

（2）"智能 +"是战略层面的新起点

继"人工智能"在 2017 年首次正式写入《政府工作报告》，"智能 +"也出现在 2019 年的《政府工作报告》中，昭示着"智能 +"已从技术层面、理论层面升级到应用层面。2017 年的《新一代人工智能发展规划》对人工智能的阐述是"正在引发链式突破，推动经济社会各领域从数字化、网络化向智能化加速跃升"。[①] 而在《人工智能标准化白皮书（2018 版）》中，"人工智能作为新一轮产业变革的核心驱动力，将催生新的技术、产品、产业、业态、模式"。[②] 在短短的 3 年内，国家对人工智能的认知逐步深入，从重视技术发展到关注安全和伦理问题，再到人工智能对社会生产的革命性应用，对人工智能的发展要求越来越高。

"智能 +"正式提升至战略层面，是人工智能技术发展的必然结果。由阿里巴巴研究团队出品的报告《从连接到赋能："智能 +"助力中国经济高质量发展》认为，智能技术群的"核聚变"是第一驱动力，将推动"智能 +"时代到来。人工智能已经不仅仅是实验室里的科技产品，也不是令百姓赞叹不已的小工具，而是新时代社会发展的一大动力。从全球化视角看，"智能 +"也是国家掌握技术主动权的机遇。哪个国家能够最迅速地将技术转化为社会发展动力，就能够先一步进入智能时代，从更高层面保障国家安全，引领全球的改革方向。因此，在发展"智能 +"的基础上，也要采取相应的措施，谨防一些不法分子和敌对势力阻碍和破坏"智能 +"发展。

（3）"智能 +"是治理模式的新转变

"智能 +"不仅是技术和产业领域的升级，更是信息技术革命推动下的社会形态与治理模式的转变。[③] 日本曾提出"社会 5.0"的概念，并称之为

---

① 《国务院关于印发新一代人工智能发展规划的通知》，中华人民共和国中央人民政府网站，2017 年 7 月 20 日，http：//www.gov.cn/zhengce/content/2017－07/20/content_5211996.htm。

② 《【重磅】〈人工智能标准化白皮书（2018 版）〉发布（完整版）》，搜狐网，2018 年 1 月 19 日，https：//www.sohu.com/a/217738059_756411.htm。

③ 戴长征、鲍静：《数字政府治理——基于社会形态演变进程的考察》，《中国行政管理》2017 年第 9 期。

"超智能社会"。从生产力角度看,随着不断发展,社会将从信息社会走向超智能社会,智能社会、智能城市和信息革命将进一步发展。[1] 如果说信息社会("社会4.0")是基于"互联网+"的发展,那么超智能社会就是"智能+"未来发展的方向。

"智能+"的提出将未来科技与治理相结合,使人工治理转变为智能治理,将智能技术潜力纳入发展规划。这种未来的技术治理,伴随着许多问题。不论是技术带来的安全问题,还是人类与技术的伦理问题,都是治理模式转变中不可避免的。因此,需要对"智能+"保持清醒的头脑,在摸索中关注治理中的问题,推动"智能+"的发展,形成良性循环。

3. 价值意义

（1）避免陷入技术主义

在人工智能技术引领下,原治理体系中的治理主体、治理手段、治理价值取向都发生了新的转变。但这种由技术牵头引发的转变,也引发了新的伦理问题,即陷入技术主义的"技术陷阱"。对人工智能的狂热拥护折射出技术主义将技术置于生命之上的攻击性特征,"技术扩张进一步侵入现实世界,并将人的生命活动驱逐出生命借以实现自身的劳动领域"。[2] 显然,技术主义与社会治理的人本思想相违背,在技术主义导向下的智能治理必将进一步陷入"技术陷阱"。

科技是第一生产力,当前的第四次工业革命以人工智能技术为核心,这是国家与社会搭乘发展快车的契机。因此,推动"智能+"发展是顺应时代潮流之举。进行"智能+"治理,并不是阻碍人工智能技术的研发与应用,恰好相反,是对"智能+"发展道路的有益纠正。只有将"智能+"治理融入"智能+"发展进程中,避免技术主义思想的侵蚀,才可以更好地实现技术向善。

（2）减少智能技术风险

"智能+"建立在人工智能技术基础之上,但科学技术难逃面临风险

---

① 周利敏、钟海欣:《社会5.0、超智能社会及未来图景》,《社会科学研究》2019年第6期。
② 汤炜:《对技术的现象学反思之进路——兼谈人工智能》,《哲学分析》2019年第2期。

的命运。在人工智能的实践中，人们发现人工智能并非想象中的"乌托邦"，其在巨大的发展潜能中也蕴含着新的技术风险。有学者认为，人工智能自身存在的不确定性，是其嵌入政府治理中产生价值悖论的本质原因。[①] 人类社会的歧视与偏见在人工智能中化身为"算法歧视"，预测和监管的难度更高;[②] "算法黑箱"不能简单地依靠提升算法透明度解决，有意义的算法透明度存在显示局限;[③] 人工智能迭代进步与法律规范滞后之间的矛盾，将长期贯穿于人工智能应用和推广的整个时期;[④] 智能治理以来的数据资源归属与责任不明，如何重建"社会—技术—认知"深度纠缠的问责机制仍未明了。[⑤]

人工智能风险是新技术背景下风险社会的具体体现，"人工智能的技术风险已展现出超越人类理性的认知边界",[⑥] 结合了人工智能技术的社会治理，同样蕴含着治理风险。一方面我们无法拒绝人工智能对社会治理的推动作用，另一方面也无法忽视技术风险带来的诸多问题。在推行"智能＋"的过程中，全面思考技术应用的风险性，减少不确定性技术的应用，及时解决相关问题，可以在有限的技术条件下减少智能技术应用带来的风险。

（3）谨防过度治理浪费

智能治理为现代治理实现全覆盖提供了可靠的技术基础，但这种全覆盖的特性针对的假定情况"是一种理想类型或方法论"，在现实社会中很难做到真正的全覆盖，脱离这种假定情况则会出现过度治理的问题。[⑦] 从技术

---

① 谭九生、杨建武：《智能时代技术治理的价值悖论及其消解》，《电子政务》2020 年第 9 期。

② 卜素：《人工智能中的"算法歧视"问题及其审查标准》，《山西大学学报》（哲学社会科学版）2019 年第 4 期。

③ 徐琦：《辅助性治理工具：智媒算法透明度意涵阐释与合理定位》，《新闻记者》2020 年第 8 期。

④ 孙跃：《论智慧时代疑难案件的裁判：机遇、挑战与应对》，《法律适用》2020 年第 14 期。

⑤ 成素梅：《智能社会的变革与展望》，《上海交通大学学报》（哲学社会科学版）2020 年第 4 期。

⑥ 郑容坤：《人工智能风险的意蕴生成与治理路径》，《党政研究》2020 年第 2 期。

⑦ 刘永谋：《技术治理、反治理与再治理：以智能治理为例》，《云南社会科学》2019 年第 2 期。

来说，过量的电子监控产生庞大的数据，而不论是数据的存储安全保障还是电子监控的财力消耗都是智能治理中的现实问题。此外，过分追求部门技术革新，花重金购置的一批设备，能否真正用到实处也值得商榷。从组织人员来说，在人员的进修、办公自动化的推行、信息的收集方面，人工智能的融入是否真正节省了人力和物力，这在智慧城市建设和公共治理的进程中也遭到怀疑。

过度治理的问题已经从学者的担忧变成了现实。推行"智能＋"的初衷是提高工作效率，更好地推行社会治理和国家治理，而不是为了技术创新而创新。合理的智能治理应该是适度的、高效的，是有意义地应用技术。这就需要对"智能＋"进行审视，剔除不合理的、冗余的部分。

4. 实施路径

（1）回归人文主义思想

思想是行动的先导。对于技术主义倾向，在国家人工智能发展和应用的风口，必须回归人文主义思想。人文主义思想在人工智能时代发生了新的变化，其"宗旨就在于思考如何利用人工智能、基因工程、人工装置和其他可能出现的知识和技术为人类服务，发展和增强人本身的能力和外延能力，大大减轻人类现在所承担的高强度而高度重复的体力和脑力劳动，使人类智能和潜力施用于创造性的活动，扩大人类认识的广度和深度，以及人类情感的自由范围"。[①] 与其思考"我们要如何应用人工智能"，不妨先思考"我们需要什么样的人工智能"，从技术出发转为从人本出发。人工智能的研发和应用重点是寻求有效的人机合作，而不是一味追求自动化和智能化。

（2）建立预判和监管机制

由于人工智能技术尚在研发，因此在应对已有风险与问题的同时，要用长远的眼光看待"智能＋"建设，建立预判和监管机制。对于"智能＋"治理，可以建立小范围的实验环境，以此预估"智能＋"建设可能会引发的问题，提前做好应对准备。这种实验环境可以参考金融监管领域的"监

---

① 韩水法：《人工智能时代的人文主义》，《中国社会科学》2019 年第 6 期。

管沙盒"，其核心在于监管，是监管机构主动为特定的创新企业提供的公平竞争的监管机制。① 在这种监管机制的基础上，一方面建立评估机制，逐步完善对"智能＋"的评估标准；另一方面建立监管模式，如有学者提出"在坚持合作治理的基础上探索构建超越政府或市场二分法的复合式监管模式"，② 为"智能＋"搭建系统的配套机制。

（3）搭建智能生态网络

当前"智能＋"正在起步，还处于扩散应用的阶段，各部门、各行业间是孤立的。这种"孤岛式"分布非常容易造成资源浪费，从而产生过度治理的情况。为改善治理浪费的状况，一方面需要对"智能＋"有清晰的认知，明确技术应用的方向，谨防重复建设；另一方面需要各部门、各行业充分利用公共资源和开放数据库，搭建智能生态网络。"未来网络体系架构不仅仅扮演一个信息共享与分发的角色，而且必须保障跨域共识并完成共生共存、共产共利、共信共惠的虚实融合的智慧文明。"③ 如何在"智能＋"的建设中形成开放、共享、互助的生态网络，是未来"智能＋"治理需要思考的问题。

（二）生态型治理

1. 概念内涵

2019 年 1 月，国家网信办启动网络生态治理专项行动，打击网络生态问题频发、各类有害信息屡禁不止等突出问题。同年 12 月，国家互联网信息办公室公布了《网络信息内容生态治理规定》。由此，"生态"成为网络治理的热门词语。

"生态"一词最早是指"生物有机体和周遭环境之间的相互关系"，主

---

① 李晶：《"监管沙盒"视角下数字货币规制研究》（《电子政务》网络首发论文），http://kns.cnki.net/kcms/detail/11.5181.TP.20200804.1617.002.html。

② 杨竺松、耿瑞霞、胡鞍钢：《5G 背景下的治理挑战与政策应对》，《行政管理改革》2019 年第 11 期。

③ 雷凯等：《智能生态网络：知识驱动的未来价值互联网基础设施》，《应用科学学报》2020 年第 1 期。

要应用在自然史、环境科学、生物地理等领域，20 世纪 40 年代出现人文转向，50 年代逐渐应用在传播领域，并逐渐形成媒介生态学。① 在网络技术的应用发展背景下，传播学者转而关注网络生态。尼尔·波兹曼（Neil Postman）1968 年正式提出媒介生态，将媒介生态学定义为把媒介作为环境的研究。② 网络生态则是指"网络行为主体之间、网络行为主体与网络软硬件要素之间相互作用而形成的，与现实社会环境密切联系又相对独立的虚拟生态圈"。③

该规定将"网络信息内容生态治理"定义为"政府、企业、社会、网民等主体，以培育和践行社会主义核心价值观为根本，以网络信息内容为主要治理对象，以建立健全网络综合治理体系、营造清朗的网络空间、建设良好的网络生态为目标，开展的弘扬正能量、处置违法和不良信息等相关活动"。④ 本报告所指的"生态型治理"与该规定的定义一致，特指网络信息内容生态治理。

2. 背景原因

（1）网络信息污染

"信息污染"被定义为无关的、过时的、不准确的、不公开的和来源不明的信息。⑤ 信息污染混淆大众的信息认知，具有较强的误导性。网络中繁杂的信息与各主体生成的数据，在商业人员眼里或许是有价值的大数据，但对日常使用网络的大众而言，是技术创新带来的新信息负担。备受传播学者关注的网络谣言就是信息污染的代表。

信息污染源自网络的互通性，是"信息技术的副产品"，具有不可消除

---

① 姚利权：《网络生态的研究源起、研究脉络及结构特点》，《青年记者》2017 年第 3 期。

② 强月新、孙志鹏：《媒介生态理念下新型主流媒体的内涵与建构路径》，《当代传播》2019 年第 6 期。

③ 熊光清：《中国网络生态之治：问题与对策》，《哈尔滨工业大学学报》（社会科学版）2019 年第 3 期。

④ 《网络信息内容生态治理规定》，中华人民共和国国家互联网信息办公室网站，2019 年 12 月 20 日，http：//www. cac. gov. cn/2019－12/20/c_ 1578375159509309. htm。

⑤ Iabal Q. , Nawaz R. , *Rife Information Pollution (Infollution) and Virtual Organizations in Industry 4. 0: Within Reality Causes and Consequences*, (Pennsylvania: IGI Global, 2019), pp. 117－135.

性。此外，信息污染是一个广泛、笼统的概念，在不同的场景中，也有不同的具体指向。因此，虽然学者们给信息污染贴上了负面、有害的标签，但鲜少有研究关注如何消除信息污染，而是将信息污染具体化，比如针对无关信息推出算法机制，针对不准确信息开展谣言治理。

（2）网络多元声音交织

网络技术改变了社会话语权的分配，强势群体进一步放大声音，弱势群体和边缘群体也拥有了发声的渠道，因此，来自不同地区、不同利益主体的声音交织呈现，共同打造了复杂的网络生态。话语权的变化使个人的声音可以传播，每个人都可以在网络上找到认同自己的声音，个人主义化的特征凸显。互联网给每个人创造了属于自己的舞台，个人更倾向于表达自我、追求自我，个人主义推动了文化分化，网络亚文化兴盛，加上在各个平台迅速壮大的自媒体，主流文化遭遇前所未有的冲击。

流行文化、亚文化内容与形式都更活泼、更有趣，更贴近年轻人的需求，对青年价值观的影响力和塑造力很强，[1] 一些错误思想借机误导辨析能力不强的网民。如历史虚无主义把歪曲历史、丑化英雄的言论包装成内涵段子、神剧短视频，悄然无息间迷惑追求新奇的大学生。[2] 据《人民论坛》的年度重大社会思潮排名统计，2010～2019 年里登上排名榜单的社会思潮超过 30 个，人们的价值取向日益多元，如何处理"一元"与"多元"的关系成为面对社会思潮最核心的问题。[3]

（3）网络恶性攻击频发

网络攻击也是当前网络生态中较为常见的问题。网络攻击包含技术上的攻击和言论上的攻击，前者可归为信息安全问题，后者则是网络暴力问题。信息安全问题指的是因病毒、社交媒体诈骗等威胁到用户信息

① 陈宝剑：《社会空间视角下的互联网与青年价值观塑造：影响机制与引导策略》，《北京大学学报》（哲学社会科学版）2020 年第 2 期。

② 陈永刚：《网络空间历史虚无主义对新时代大学生思想影响及对策研究》，《思想教育研究》2020 年第 4 期。

③ 《2010—2019 重大社会思潮十年演变》，人民论坛网，2020 年 1 月 20 日，http：//www. rmlt. com. cn/2020/0120/567190. shtml。

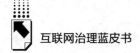

的保密性、完整性、可用性、可控性及可靠性等议题。① 发送病毒文件、盗取他人账号伪装成熟人、提供虚假证明伪装成银行和企业高层人员等，都是常见的手段。大部分的信息安全问题可通过提高防火墙安全系数来防范。

与信息安全问题不同，网络暴力的治理难度更高。施暴者往往是互不相识的网民群体，他们因事件的发酵聚集在一起，对受害者发泄负面情绪，往往不会意识到自己的言行对受害者的精神伤害。② 中国社会科学院专家撰写的《社会蓝皮书：2019 年中国社会形势分析与预测》显示，每三个成年人当中就有一个人遭受过网络暴力，每两个未成年人当中就有一个人遭受过网络暴力。即使是进行了实名制的微博，也难以抵制网络暴力。

3. 价值意义

（1）营造良好的网络生态

信息污染加剧信任危机、误导信息决策、致使信息匮乏，甚至造成负教育，③ 对网络生态的危害突出，不利于良好网络生态的营造。从网络真正走进公众日常生活开始，人们对信息污染的思考与研究从未停止过。生态型治理从综合治理出发，真正将信息污染问题纳入治理范畴，可以说是针对信息污染的最有效的治理方法。

2019 年开展的网络生态治理专项行动，重点整治 12 类负面有害信息，将网络生态问题一网打尽。据国家网信办在 2020 年 6 月的统计，网站平台开展专项整治工作后，累计删除了涉淫秽色情、赌博诈骗等违法和不良信息 3.3 亿余条，同时处置"至道学宫"等违法违规账号共计 367.5 万余个，网

---

① 孙萍、刘瑞生：《网络生态视角下社交媒体的内容管理探析》，《现代传播（中国传媒大学学报）》2019 年第 12 期。

② 田圣斌、刘锦：《社会治理视域下网络暴力的识别与规制》，《中南民族大学学报》（人文社会科学版）2020 年第 3 期。

③ 李娟、李卓：《智能时代信息伦理的困境与治理研究》，《情报科学》2019 年第 12 期。

络生态整体有所好转。①

（2）巩固主流的导向作用

亚文化满足多群体的个体表达和情感需求，带有鲜明的个性和新锐的思想，不可简单地完全否定。但不可否认的是，亚文化的形成方式、价值表达、话语使用都与主流文化发生冲突，这种文化现象引起了人们的高度重视。主流文化是在社会生活中占据主导地位的、普遍流行的或者为公众普遍接受的文化，② 与政治息息相关。这种性质决定了主流文化必须起到有效的导向作用，推动建设中国特色社会主义和谐社会。

网络生态治理一方面打击违法犯罪内容，另一方面整治网络平台，将违背主流文化和主流价值观的内容剔除，同时要求平台肩负起传播主流文化和主流价值观的责任，鼓励内容生产者创作符合主流文化和主流价值观的内容。网络文化倒逼主流文化进行改善，③ 网络文化的内容生产者通常也会以新颖的形式表达主流文化。这些举措能保障主流文化在传播上成为真正的"主流"，使之在整个文化体系中保持引领地位。

（3）保障公民的合法权益

网络诈骗损害公民的财产安全，网络暴力侵犯个人隐私，严重者还会影响人身安全。吉奥乔·阿甘本（Giorgio Agamben）提出的"赤裸生命"概念将人的死亡分为"生物性死亡"和"社会性死亡"，按照这个说法，在网络暴力过程中，网民既可通过人肉搜索和言论压力刺激个人走向"生物性死亡"，也可通过逼迫个人退出社交网络，剥夺受害者的数字生存权利，使其走向"数字性死亡"。④ 可见，网络诈骗和网络暴力都严重损害了公民的合法权益。

---

① 《〈网络信息内容生态治理规定〉施行以来网站平台自查自纠成效显著》，中国记协网，2020 年 6 月 30 日，http：//www. zgjx. cn/2020－06/30/c_139176828. htm。

② 江畅：《主流文化存在的三种样态及我们的战略选择》，《湖北大学学报》（哲学社会科学版）2014 年第 1 期。

③ 方黎、孙超：《网络文化的生成场域、风格走向与价值分析》，《学术界》2020 年第 6 期。

④ 罗谖：《网络暴力的微观权力结构与个体的"数字性死亡"》，《现代传播（中国传媒大学学报）》2020 年第 6 期。

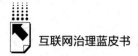

《网络信息内容生态治理规定》强调了"依法追究刑事责任",将违反规定与既定法律相联系,这就将网络诈骗和网络暴力的处罚等级提升至最高。现行《刑法》设有诈骗罪、侮辱罪、诽谤罪、侵犯公民个人信息罪和寻衅滋事罪等犯罪规定。[①] 强调言论主体的法律责任,可以起到非常强的震慑作用,保障公民的合法权益。

4. 实施路径

（1）厘清相关规定概念

《网络信息内容生态治理规定》的出台为网络生态治理指明了方向,首次对正能量信息、违禁信息和不良信息进行细化。在该规定的指导下,各地都开展了治理行动,并取得了较好的成果。但在实践过程中,不少网民还对该规定存有疑虑。该规定第 7 条列出了 9 类不良信息,这种划分容易引发争议。如第 1 类"使用夸张标题,内容与标题严重不符的","夸张"一词显然是针对"标题党"现象,但对"夸张"程度的把握就因人而异了。再如第 8 类"可能引发未成年人模仿不安全行为和违反社会公德行为、诱导未成年人不良嗜好等的",这一条的内容指代范围非常宽泛,有些影射现实、采用反讽手法的图像和影视作品,在成年人看来是具有现实意义的作品,在未成年看来却可能引起模仿行为。有学者通过对政策文本进行分析,指出我国网络生态治理政策文本的政策工具可操作性有待加强,政策工具结构失衡。[②] 因此,仍需进一步厘清治理的范畴,明确不良信息的范围与惩罚力度,提高治理的效率。

（2）落实多元主体责任

网络生态治理是系统的综合治理,需要多主体发挥作用,共同维护健康有序的网络环境。内容发布者是内容传播的链条顶端,需要自觉肩负起把关的职责,避免发布违禁内容;服务平台是内容传播的重要渠道,应通

---

① 石经海、黄亚瑞:《网络暴力刑法规制的困境分析与出路探究》,《安徽大学学报》(哲学社会科学版)2020 年第 4 期。

② 赵雪芹、李天娥、董乐颖:《网络生态治理政策分析与对策研究——基于政策工具的视角》,《情报理论与实践》2021 年第 4 期。

过多重审核，实现第二次把关；服务使用者是内容传播的最后一环，也是把关的一员，可主动成为监督者，减少平台把关的失误，同时可以将相关信息反馈到相关部门和数据统计平台。仅仅是传播链条中的三环，便可以实现三重把关，加上传播链条外部的监督部门和提供技术创新服务的企业，最终形成"网信办—企业—发布者—平台—网民"的五方参与治理模式。目前的生态治理，主要抓住了内容发布者和服务平台两方的责任，广大网民仍游离在治理之外。如何调动网民的积极性，提高内容生产者的自律性，加强多方间的协同性，是落实多元主体责任需要进一步解决的问题。

（3）完善相关法律规制

除《网络信息内容生态治理规定》外，我国第一部专门针对儿童网络保护的立法——《儿童个人信息网络保护规定》也在2019年问世。儿童网络保护立法的出台填补了这一块的空白，明确提出网络运营者、儿童监护人的职责，明确规定任何组织和个人不得制作、发布、传播侵害儿童个人信息安全的信息。[①] 以此为引导，将来可以进一步完善儿童网络保护，通过内容分级将儿童与成年人划分开来，最大限度减少不良信息内容对儿童的危害。此外，既有法律也有完善的空间，表现最为明显的是网络暴力行为。我国在民法、行政法和刑法上已有相关规定，但"相关的民事行政法律规制不足以治理网络暴力现象"，同时"刑法规制实际上处于失位状态"。[②] 有学者认为，在修改法律无法满足实际需求的前提下，可以增设"网络暴力罪"，对网络暴力造成受害者自杀死亡的行为，可以以故意伤害罪或故意杀人罪来定罪处罚。[③]

---

① 《儿童个人信息网络保护规定》，中华人民共和国国家互联网信息办公室网站，2019年8月23日，http://www.cac.gov.cn/2019-08/23/c_1124913903.htm。
② 石经海、黄亚瑞：《网络暴力刑法规制的困境分析与出路探究》，《安徽大学学报》（哲学社会科学版）2020年第4期。
③ 徐颖：《论"网络暴力"致人自杀死亡的刑事责任》，《政法论坛》2020年第1期。

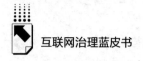

（三）网络诚信治理

1. 概念内涵

在 2020 中国网络诚信大会上，中央宣传部副部长、中央网信办主任、国家网信办主任庄荣文提出：要积极培育网络诚信文化，推动网络诚信制度的健全与完善，依法依规惩戒网络失信行为；要把握网络特点、坚定携手同行，在更高层次上谋划和推进新时代网络诚信建设。① 网络诚信治理已成为互联网治理的重要内容。

早期曾有道德虚无主义的说法，夸大技术的虚拟性，认为网络空间是独立于现实世界的另一个空间。如今国内主流研究认为，网络诚信是现实社会中诚信在网络社会的延伸，本质上仍然反映了现实社会的问题。有学者认为网络环境下诚信从根本上说是一种道德要素在网络空间中的应用，是调节网络主体之间矛盾的基本原则。② 还有人指出网络诚信不仅是调节网络中各种社会关系的行为准则，也是公众在网络空间活动中必须遵循的道德规范。③ 2020 中国网络诚信大会上发布的《中国网络诚信发展报告》首次定义了网络诚信概念。该报告指出，网络诚信是指具有完全民事行为能力的自然人、法人和非法人组织，在网络空间活动中尊崇道德、遵守法律、履行契约、恪守承诺的状态。综上，本报告将网络诚信治理理解为对违反网络诚信的现象进行治理，凝聚社会共识，努力建设信用中国，营造诚实、自律、守信、互信的网络环境。

网络诚信治理是一个交叉复杂的现实问题。针对不同主体，网络诚信有不同的具体表现。对信息发布者来说，网络诚信就是不欺诈、不造谣、不进行网络暴力；对信息接收者来说，网络诚信就是抵制暴力行为和误导价值观的内容，举报违法违规内容和发布主体；对商业平台来说，网络诚信就是协

---

① 《2020 中国网络诚信大会在山东曲阜举行》，中华人民共和国国家互联网信息办公室网站，2020 年 12 月 7 日，http：//www.cac.gov.cn/2020–12/07/c_ 1608908358278051.htm。
② 刘芳、向玥悦：《网络社会中诚信问题的本质及其治理》，《学理论》2011 年第 11 期。
③ 王欣欣：《新时代网络诚信建设研究》，硕士学位论文，宁夏大学，2019。

助维护网络诚信，联动辟除谣言；对商业人员来说，网络诚信就是遵守协议合同和法律法规，不进行网络欺诈，主动遵守行规。

2. 背景原因

（1）网络技术打造匿名交往环境

以网络技术为支撑的网络社会已成为人类生存的"第二社会"，在数字环境中，个人的交往都依托数字身份，而这种身份可随时更改和切换。尽管当前大部分平台已经要求用户实行网络实名制，但这一实名制大多是隐匿于后台，网民的个人信息是个人隐私的一部分，受到法律的保护。因此，在网络交往中，每个人展现的依然是不可探索的虚拟身份，其网络言行塑造了个人的网络形象，其社会资本脱离现实社会资本。若个人想重新建立一个新的人格，可以直接删除并重建一个账号。这种匿名交往的环境在创造了平等沟通机会的同时，也成为违法犯罪分子的"保护伞"。

此外，有学者指出，网络道德具有合技术化延伸性，即"包括道德目标、道德规范、道德约束、道德权利、道德义务、道德实践等道德体系适应于技术环境而发展或者重新生成的技术化道德体系"。[①] 由于人类的生存状态在网络空间发生了变化，依靠人类社会文明而生的道德对网络空间中人类的约束能力减弱，因此出现了道德脱域和道德失真。信息技术"正以意识形态的方式潜移默化地影响我们的思维模式，使我们逐渐放弃了内心的抵抗心理，接受现实的生存环境"。[②] 虚拟空间不仅使得个人无法判断交往对象的真实面貌，还模糊了个人的价值判断。失德行为在网络中甚至可以化身为娱乐性极强的"梗"。

（2）网络诚信缺失导致违法现象频发

匿名性虚拟空间为不法分子制造了犯罪漏洞，其中，网络诈骗就是违背网络诚信的一种违法行为。网络诈骗是通过操作个人信息实现诈骗目标的行

---

① 杨嵘均：《论道德的合技术化延伸及其网络公共性的生成》，《探索》2019 年第 2 期。

② 杨嵘均：《网络暴力的显性歧视和隐性歧视及其治理——基于网络暴力与网络宽容合理界限的考察》，《学术界》2018 年第 10 期。

为。[①] CNNIC 第 45 次《中国互联网络发展状况统计报告》显示，有 21.2%的网民遭遇过网络诈骗，虚拟中奖信息诈骗仍是网民最常遭遇的网络诈骗类型，占比为 52.6%。而中国信息通信研究院发布的《新形势下电信网络诈骗治理研究报告（2020 年)》表明，电信网络诈骗防范治理已经进入深水区和攻坚期，防范治理形势严峻复杂。我国电信网络诈骗日益呈现技术对抗性强、手法翻新快、目标年轻化等新特点新趋势，精准诈骗逐步成为主要模式，重点地区、跨境电信网络诈骗越发活跃，一定程度上影响着人民群众的生命财产安全。

面对这一形势，国家对网络诈骗的打击力度也在不断加大。据公安部在 2020 年 7 月召开的新闻发布会介绍，以电信网络诈骗为代表的新型犯罪成为群众反映最强烈的犯罪类型，"呈现出案件持续高发多发、网络诈骗迅猛增长、诈骗窝点快速转移、作案群体逐步泛化、黑灰产业日益泛滥等特点"。[②] 尤其受到新冠肺炎疫情的影响，生产生活加速向网上转移，更要加强打击网络诈骗。2020 年以来，公安部已进行"云剑 – 2020""断卡""长城 2 号""510"等多个专项打击行动，破获的电信网络诈骗类案件高达 25.6 万起，打击治理工作取得显著成效。[③]

（3）网络诚信监督监管机制不完善

在治理网络诚信危机的理论和实践研究中，提倡以道德教育化解问题是主流趋势。"道德教育论"认为"网民的道德素养、道德情感等内在主体要素在网络诚信建设中起决定作用，强调和执行'道德（观念、信念)—行为'的思维线路"。[④] 针对道德问题，从道德教育入手，固然能够从源头进行改变，但现实中频频出现的失信现象似乎显示了道德教育的柔弱性。对于违背社会基本道德、侵犯他人和社会利益的行为，应该以更强有力的手段进

---

① 时延安：《个人信息保护与网络诈骗治理》，《国家检察官学院学报》2017 年第 6 期。

② 《公安部发布 5 类高发电信网络诈骗案件防骗指南》，"澎湃政务"百家号，2020 年 7 月 28 日，https：//m. thepaper. cn/baijiahao_ 8475865。

③ 《公安部集中打击治理电信网络诈骗犯罪取得阶段性成效》，中华人民共和国中央人民政府网站，2020 年 7 月 28 日，http：//www. gov. cn/xinwen/2020 – 07/28/content_ 5530619. htm。

④ 周静：《网络诚信的制度逻辑》，《伦理学研究》2018 年第 4 期。

行限制。2013年，多家重点新闻网站及主要商业网站推出网络举报监督专区，鼓励网友成为积极监督者。2016年，在"互联网＋消费"的市场模式下，各地政府搭建诚信公共服务平台，打通失信行为维权曝光渠道。但这些并未能进一步发展成为系统的监督机制。

近年来，国家和政府意识到网络诚信监督监管机制的重要性，采取了一些措施。2019年7月，《国务院办公厅关于加快推进社会信用体系建设 构建以信用为基础的新型监管机制的指导意见》发布。① 同月，国家网信办就《互联网信息服务严重失信主体信用信息管理办法（征求意见稿）》公开征求意见。② 2019年11月，全国网络交易监测平台启动上线。2020年8月，"花呗"部分用户接入央行征信，网络信贷产品管理进一步加强，个人信用监督趋严。这些措施将进一步完善网络诚信监督监管机制，规范网络个体行为。

3. 价值意义

（1）保障网络交往正常进行

诚信是人与人之间交往的基础。在网络交往活动中，网络环境更类似于陌生人社会，更需要双方以诚信为交往基础。只有双方都存有诚信，才能推动目标圆满完成。"社会交往是人类社会存续发展的重要活动，信用则是人们进行社会交往的基础和纽带"，失信行为会弱化信用关系，从而破坏正常的网络交往。③

在交往活动中，失信行为主要体现在两个方面。其一，伪造虚假身份。在大部分情况下，网民只能通过实名认证、活动轨迹、信用等级、标签等信息，来判断一个人是否值得信任。而这些在网络上都是可更改的数据。如不

---

① 《国务院办公厅关于加快推进社会信用体系建设 构建以信用为基础的新型监管机制的指导意见》，中华人民共和国中央人民政府网站，2019年7月16日，http：//www.gov.cn/zhengce/content/2019－07/16/content_ 5410120.htm。

② 《国家互联网信息办公室关于〈互联网信息服务严重失信主体信用信息管理办法（征求意见稿）〉公开征求意见的通知》，中华人民共和国国家互联网信息办公室网站，2019年7月22日，http：//www.cac.gov.cn/2019－07/22/c_ 1124782573.htm。

③ 李柏萱：《网络诚信治理初探》，《行政与法》2019年第4期。

少虚拟中奖信息诈骗就是冒充知名节目或银行的负责人，蒙骗网民。此外，通过窃取个人信息或盗取账号和密码，也能伪造"可靠"的虚拟身份进行诈骗活动。其二，冒充他人身份。《2019 年网络诈骗趋势研究报告》显示，2019 年仅冒充好友诈骗就占据了所有诈骗的 41.2%。网络交往的信用非常脆弱，这也意味着网络交往承担着非常高的信用风险。不论是哪一种失信行为，都严重损害了受害者对网络的信任程度，受害者经历了欺骗后就会陷入不信任焦虑，更容易怀疑自己的交往对象，从而影响了在网络上的正常交往活动。

（2）构建公平规范的市场秩序

电子商务是互联网经济最具活力的表现形式之一，监督电商市场，打击违法失信，是发展数字经济的内在要求。《2019 年网络诈骗趋势研究报告》显示，举报者被骗总金额达 3.8 亿元，人均损失为 24549 元，严重破坏了市场经济秩序。互联网企业利用大数据杀熟骗取利润，假冒伪劣产品侵蚀市场，虚假广告夸大商品效果，这些行为都属于网络经济中的失信行为。

习近平总书记在 2020 年 5 月参加全国政协经济界委员联组讨论时曾强调，要"加快推进数字经济、智能制造、生命健康、新材料等战略性新兴产业"。[①] 在新冠肺炎疫情发生后，我国经济受到了影响，但数字经济的表现非常亮眼。国家统计局数据显示，2020 年 1 月份至 4 月份，与互联网相关的新业态、新模式继续保持逆势增长。中原银行首席经济学家王军认为，数字经济有望成为我国经济的新动能和新增长点。[②] 在这一重要经济增长期和转型期，更要坚决保证数字经济市场的稳定发展，大力推动网络诚信治理，打击不良违法失信行为，保障数字经济市场的公平和规范。

（3）维护和谐稳定的社会秩序

网络诚信不仅影响着个人和市场经济，更影响着社会秩序稳定。在2019 年下半年，网络众筹平台接连被爆出内部问题，随后《南方都市报》

---

① 《多方发力夯实数字经济发展基石》，"中国日报网"百家号，2020 年 8 月 5 日，https：//baijiahao. baidu. com/s？id＝1674164420147877208&wfr＝spider&for＝pc。
② 熊丽：《我国数字经济全面提速》，《经济日报》2020 年 6 月 8 日，第 1 版。

发起"有网络众筹平台屡屡爆出丑闻，你怎么看"的调查。投票结果表明，选择不会信任网络众筹的网友达到 61%。选择相信的网友中，有很多是因为自己的亲朋好友接触过网络众筹，对网络公益项目持积极态度。某个网络众筹平台的信任危机不仅会影响到平台自身，这种负面影响还会扩散至其他网络公益项目，对网络公益行业造成一定的创伤。

此外，恶意散播的虚假信息也会干扰社会秩序。尤其在 2020 年上半年的新冠肺炎疫情初期，虚假信息真假难辨，"封城""核酸检测""确诊病例"等用语备受关注，网民无法判断事情真假，往往抱着"宁可信其有，不可信其无"的态度进行转发，迅速扩大传播面，引起区域恐慌。在 2020年 6 月近一个月的时间内，北京警方共侦办涉疫谣言类案件 92 起，依法查处违法犯罪人员 113 人。由此可见，网络诚信的维护不仅是道德层面的呼吁，更是社会层面的要求。

4. 实施路径

（1）以技术为支撑

网络依赖技术而生，技术既是塑造网络的基础，也是治理网络的有力手段，借助大数据和算法，可以精准锁定目标，提高治理效率。[1] 在我国，网络社会治理的主导者是政府，政府以其特有的政治优势，自上而下将技术嵌入网络社会治理的各个层面。同时，由于网络具有虚拟性，网络社会几乎重塑了现实社会的资本和结构，在这当中，网站和平台运营商掌握着游戏规则，其直接决定了网民接受服务的方式。因此，技术治理路径既包括政治力量的主导，又有网站和平台运营商的参与。

以国家和政府为首的政治力量在国家的治理进程中具有最高的决策权和执行权，解决宏观问题时有最大的优势。网络诚信治理是一个系统的工程，企业自主研发可以充分发挥创新能力，但无法将创新能力迅速转化为技术应用。因此，政治力量需要从两方面着手。一方面，需要提高公共部门的数字化技能和数字化领导力，创造适宜技术研发试验的环境，界定和规范人工智

---

① 蓝江：《新时代网络空间道德建设刍议》，《思想理论教育》2020 年第 1 期。

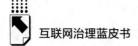
能技术的运作条件。另一方面，创造包容的技术治理环境，推动共同参与、公共决策，鼓励第三方平台参与合作，形成高校—企业—政府三方的良好互动合作关系。

当前我国建立的是以政府主导为鲜明特征的网络治理体制，但政府主导不意味着排斥市场。① 网站和平台运营商是网络社会中的重要力量，在网络诚信治理中同样是积极主动的主体。随着社会对互联网行业自律的呼声渐高，各网站和平台也相继展开行动。当前，各平台将算法与智能识别嵌入审核程序，从源头强化信息管理，并以此建立庞大的数据库，为二次审核提供参考。但由于商业利益冲突，各个数据库是相对孤立的存在，这一难题在未来将得到解决，如政府与各大平台达成数据共享的合作，当某一平台出现恶意散播的谣言时，政府与其他平台可以获知相关信息。

（2）以道德为规范

归根到底，网络诚信是网络道德的具体内容，治理网络诚信问题需要抓住诚信教育，以德治德。针对网络诚信治理现状，必须着手开展网络诚信道德教育，具体来说有以下三个方面。

第一，强化网络诚信观念，形成自律意识。道德认知是道德内化的先导，② 将网络诚信内化于心，首先要加强网民的网络诚信认知。政府部门需要开展学习网络诚信的系统宣传和课程，包括其内涵、结构和特征等方面的要素，③ 从认知到自觉，促进网民形成遵守网络诚信的习惯。

第二，落实网络素养教育，提高辨别能力。美国学者霍华德·莱茵戈德（Howard Rheingold）认为网络素养包括注意力、垃圾识别、参与、协作、网络智慧人五个组成部分，是技能和社交能力的结合。④ 在网络诚信治理中，

① 林华：《网络谣言治理市场机制的构造》，《行政法学研究》2020 年第 1 期。
② 孙枝俏：《网络虚拟社会中道德自律的独特功能与实现路径》，《江苏行政学院学报》2019
  年第 6 期。
③ 魏雷东：《道德隐喻的表征维度及其心理机制——基于概念隐喻的道德信仰建构与解读》，
  《河南师范大学学报》（哲学社会科学版）2017 年第 2 期。
④ 喻国明、赵睿：《网络素养：概念演进、基本内涵及养成的操作性逻辑——试论习总书记
  关于"培育中国好网民"的理论基础》，《新闻战线》2017 年第 3 期。

网民识别欺诈和虚假信息是非常重要的一环。每年公安部门都会进行网络欺诈宣传，但从相关数据来看，全年龄都深受网络欺诈的毒害。在网络素养教育中，不仅要告知他们"是什么"，更要教导他们如何举一反三，面对类似的信息时要保持警惕。

第三，积极宣传惩恶扬善，做好宣传工作。诚信是社会健康发展的重要前提，《新时代公民道德建设实施纲要》对公民诚信建设做了具体描述，搭建了网民良好道德的制度性框架。若有网络失信重大事件，要联合媒体进行报道，进一步提高网民认知水平。同时，网站和平台也要接受监督。在2019中国网络诚信大会上，16家（个）网站、平台共同签署了《共同抵制网络谣言承诺书》。网站和平台的主体责任已成为社会的共识，转化为一种道德约束力量。在社会各界的监督和网络舆论压力下，网站和平台将真正担负起治理谣言的重任。

（3）以法治为保障

在《法律的道德性》一书中，美国法哲学家朗·L. 富勒（Lon L. Fuller）将道德划分为愿望的道德和义务的道德两类，"如果说愿望的道德是以人类所能达致的最高境界作为出发点的话，那么，义务的道德则是从最低点出发"。① 从这一角度来说，诚信属于义务的道德，也就是维持社会秩序而必须遵循的基本道德规范。"只有维护社会有序化的基本道德要求，即人们在社会交往中必须遵循的基本而必要的道德要求才应转化为法律规范，成为法律强制的实施范围。"② 因此，采取法治路径是合理的，这也是治理最强有力的手段。

近年来，我国从法律法规出发，全方位强化网络诚信治理。《关于办理非法利用信息网络、帮助信息网络犯罪活动等刑事案件适用法律若干问题的解释》进一步明确了"帮信罪"的定义、范围与惩处方式等内容；《网络安全法》《电子商务法》从法律角度加强规约；《关于加快推进社会信用体系

① 〔美〕朗·L. 富勒：《法律的道德性》，郑戈译，商务印书馆，2005，第8页。
② 吴俊、王璇：《道德要求转化为法律规范的基本条件论析》，《伦理学研究》2020年第1期。

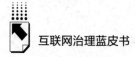

建设构建以信用为基础的新型监管机制的指导意见》建立了网络诚信的监管制度。新出台的法律法规起到了很好的约束作用，为网络诚信治理提供了坚强的后盾，可以预见，未来法治将进一步加强，网络诚信建设将进一步完善。

当前的网络诚信治理主要从两个方面进行，一是针对市场经济行为，二是针对网络谣言。从治理的效果来看，经济市场的网络诚信治理规则较为成熟，尤其是 2019 年颁布的指导意见文件，进一步规范了公民的诚信体系，将卖方与买方都纳入法治范围。而网络谣言的治理近年来取得初步成效，但仍有较大的发展空间。面对复杂的网络失信行为，应该大力开展诚信缺失突出问题专项治理，健全失信惩戒制度，将网络诚信纳入个人诚信考察的重要内容，依法依规整治网络失信行为，从而营造清朗网络空间。

评 价 篇
Evaluation Report

B.2
网络传播平台年度综合治理
能力评价（2019~2020）

本书课题组 *

摘　要： 根据本书课题组 2017 年发布的网络传播平台综合治理能力评价指标
体系，本报告在抽样时段内，从全国的网络直播客户端、省级新闻
网站、视频网站、移动新闻客户端、短视频客户端中选取了 146 个
具有代表性的网络传播平台样本，进行为期一个月的观测考察，发
现国内网络传播平台综合治理能力整体处于良好水平，同类型不同
平台之间、不同类型平台之间的治理能力则参差不齐。本报告为提
升网络传播平台综合治理能力提供了较有针对性的参考策略。

关键词： 网络传播平台　综合治理能力　层次分析法

---

* 罗昕，博士，暨南大学新闻与传播学院教授，主要研究方向为互联网治理、网络舆情、媒体
融合。课题组成员：陈秀慧、张予涵、肖沛贤、金昱伶、赵小飞、林蓉蓉、张瑾杰、邝木
子。执笔人：陈秀慧、张予涵、肖沛贤。

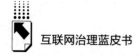

近年来，社会治理模式随着移动互联网的不断发展日新月异。一方面，进入新时代之后，党的十九大报告指出，坚持和完善中国特色社会主义制度、推进国家治理体系和治理能力现代化，是全党的一项重大战略任务。根据国家治理体系和治理能力现代化的要求，社会治理的主体从过去单一地由政府占据主导地位，到现在逐渐引进了市场化组织、社会非营利组织等，作为政府的重要辅助力量。另一方面，网络对生活空间既腐蚀又补充，使得社会治理模式日益集成化、网络化，线上线下融合治理成为社会治理的新常态。正在此刻，网络传播平台越来越呈现出个性化、多元化发展趋势，有关网络传播产品在市场竞争中不断摸索、创新，日臻完善，其表现手段和呈现形式更加多变，内容也更加有特色。长期以来，兼具开放性、互动性和可接近性的网络传播平台吸引了海量用户，其中还有部分网络传播平台凭借庞大的用户群和雄厚的资金实力，初步形成了超级网络传播平台的特点，甚至演变成了超级网络传播平台。这些网络传播平台不仅给用户的日常生活带来巨大影响，也在社会生活的其他领域刮起了变革的旋风。因此，作为网络空间的重要组成部分和社会生活的构成要件，网络传播平台应在互联网治理中承担相应的社会责任，借助多种方式管控平台自身、引导用户使用行为、净化网络内容。

一　相关文献综述

（一）国内研究方面

近年来，随着全球互联网的迅速发展，网络平台治理继续成为学界业界广泛关注的议题。易前良认为"平台"是基于 Web 2.0 技术、自身不参与内容生产的网络服务商；"平台"不是纯粹的技术概念，而是话语策略，除"利他"之外，还有"中立"和"不参与"的寓意。内容服务商利用这个暗含的话语倾向来摆脱治理的责任。[1] 崔保国、刘金河强调，应当优化互联

---

① 易前良：《网络平台在内容治理中的"在线看门人"角色》，《青年记者》2020 年第 7 期。

网名称与数字地址分配机构（ICANN），曾提出"互联网治理三层架构"——基础架构层、逻辑层、内容应用层，并认为应在其中增加"平台层"，变成互联网治理四层架构。[①] 在平台失范的原因及治理策略领域，钟瑛、邵晓提出要从技术、平台与政府三个维度去衡量平台失范及其治理策略，强调互联网平台降低了人们的发声门槛，从而导致多种价值观混杂，传统的信息价值观不再成为主流，这是目前平台失范的核心原因。[②]

值得一提的是，垄断型平台的影响与治理得到了学界的广泛关注。方兴东、严峰梳理了网络平台"超级权力"的形成过程，认为移动互联网的普及使互联网社会从弱联结转换到强联结，从而对网络平台"超级权力"的形成起到关键作用。[③] 易前良提到了"平台中心化"的概念：互联网平台客观上重塑了企业机构、用户与政府之间的权力边界，平台公司成为新的权力中心，在社会的权力结构中占据了一席之地。[④] 刘金河则直接指出了垄断型平台的危险之处：权力从传统的公共部门转移到了私营的平台企业手中，在国内"私化"了公权力，在国际"协商化"了国家主权，整体上冲击了传统国家政府的权力。[⑤]

针对垄断型平台的治理策略，黄金、李强治提出应该对平台的算法进行重点审查备案，提高算法透明度，确保算法具有正确价值观，最大限度破除"信息黑箱"。[⑥] 闫庆丽针对网络平台的垄断行为不能简单通过传统法律来认定，指出网络平台对于《反垄断法》的挑战主要是由于网络平台作为双边市场的三个特征，即交叉网络的外部性、捆绑/搭载的多维效应和交叉补贴的自由商业模式，这些特征导致了网络平台反垄断的核心问题，也就是平台主体之间

① 崔保国、刘金河：《论网络空间中的平台治理》，《全球传媒学刊》2020年第1期。
② 钟瑛、邵晓：《技术、平台、政府：新媒体行业社会责任实践的多维考察》，《现代传播》2020年第5期。
③ 方兴东、严峰：《网络平台"超级权力"的形成与治理》，《学术前沿》2019年第14期。
④ 易前良：《网络平台在内容治理中的"在线看门人"角色》，《青年记者》2020年第7期。
⑤ 刘金河：《论社交媒体的平台权力及其治理》，博士学位论文，清华大学，2019。
⑥ 黄金、李强治：《互联网平台"垄断"的本质与治理思路》，《信息通信技术与政策》2019年第3期。

的（独家）排他协议不能简单地适用《反垄断法》第 14 条中纵向协议方法判断的规定。[1] 国内还有其他学者针对网络平台垄断势力的识别进行了一定的研究，如乔露露、袁平红依托双边市场的网络平台垄断势力识别方法，对传统的替代性分析方法和 SSNIP 测试进行了改进，并提出了盈利模式测试法。[2]

如今互联网应用发展进入快车道，不同类型的网络平台纷纷出世，因此国内学界对不同类型的平台也进行了专门研究。网络直播平台的研究较为丰富，涉及领域也较为全面。李梦琳引入了看门人理论来为网络直播平台的监管提供理论支持。她认为，数字经济和 P2P 流媒体直播等新技术的发展为网络直播平台作为"看门人"的身份赋予了新的特性，需要引入"合同看门人""技术看门人""合作看门人"的概念来明确网络直播平台的监管责任。同时需要充分利用"众包式消费者反馈特性"，利用用户在线反馈、人群治理等市场监管机制来优化平台画风。[3] 还有学者对我国头部移动直播平台的用户协议文本进行了分析研究。刘琼、黄世威通过文本分析，发现我国移动直播平台的用户协议过于强调平台权利而对平台义务的说明较少，认为从合同缔结的角度来看，直播平台以简单的注册点击过程来认定平台与用户双方达成共识还有待商榷。因为直播平台的用户协议少则三五千字，多则两万余字，且其中包含诸多晦涩的专业词语，大多数用户即使看到了协议内容，也很难完全读完并准确理解协议含义。[4] 彭桂兵、陈煜帆则关注到了新闻聚合平台的治理情况。他们从数字内容版权的角度分析了新闻聚合平台的监管责任，并针对我国是否需要参考欧盟的《数字版权指令》立法进行了辩证性的分析，提出从现阶段我国现实环境和版权相关制度来看，无论是设立新闻出版者权利，还是强化网络服务提供者的审查义务，都不是完善我国

---

[1] 闫庆丽：《网络平台垄断行为认定及治理问题分析》，《特区经济》2019 年第 7 期。

[2] 乔露露、袁平红：《网络平台垄断势力识别及规制研究》，《齐齐哈尔大学学报》2019 年第 12 期。

[3] 李梦琳：《论网络直播平台的监管机制——以看门人理论的新发展为视角》，《行政法学研究》2019 年第 4 期。

[4] 刘琼、黄世威：《网络视频直播平台管理规章的取向——基于 8 个移动直播平台用户协议的文本分析》，《当代传播》2019 年第 2 期。

版权相关立法、解决新闻聚合等此类纠纷的适当选择。① 近年来兴起的基于 P2P 模式的知识分享平台同样受到了关注。孟韬、李佳雷借鉴金融类 P2P 平台的治理经验，提出平台认证的模式可以起到对知识分享类平台增信的效果，同时要注意不断完善平台的信息披露体系，构建安全有效的信息披露标准。②

关于平台参与社会治理的责任与能力，国内学者也有较多的探讨。方兴东、严峰提到了"被动监管俘获"的概念，可以理解为监管者并不具有被俘获的主动性，但是当监管者的某项能力不足时，就不得不将部分资源或权力让渡于被监管者。而新冠肺炎疫情防控常态化时期的健康码就是这样的典型案例，健康码本应由政府主导，互联网平台反应却更加迅速，由于其所拥有的用户群体与资源平台，政府不得不有所妥协，让互联网公司获取了国民的健康数据与私人信息。从长远考虑来看，政府的"被动监管俘获"会对数字社会治理产生深远影响。③ 另外，也有学者认为互联网平台参与社会治理有一定的阻碍，陈璐颖认为，私人商业利益与公共利益的不平衡是目前较为重要的阻碍之一，同时需要多主体共同努力为互联网平台参与社会治理提供推动力和约束力。④ 当然，互联网平台在社会治理与国家治理方面发挥着同样的重要作用：一是互联网平台有效弥补了政府在信息传播与资源适配上的缺陷；二是互联网平台能够推动新型社会治理创新化；三是互联网平台企业能够促进国家治理的数字化转型；四是互联网平台是加快社会数字化转型的重要驱动力。⑤

针对平台监管责任，有部分学者却认为当前平台所负担的监管责任过重

---

① 彭桂兵、陈煜帆：《取道竞争法：我国新闻聚合平台的规制路径——欧盟〈数字版权指令〉争议条款的启示》，《新闻与传播研究》2019 年第 4 期。

② 孟韬、李佳雷：《知识分享领域 P2P 网络平台的模式及网络治理》，《企业经济》2019 年第 12 期。

③ 方兴东、严峰：《"健康码"背后的数字社会治理挑战研究》，《人民论坛·学术前沿》2020 年第16 期。

④ 陈璐颖：《互联网内容治理中的平台责任研究》，《出版发行研究》2020 年第 6 期。

⑤ 广东省社会科学界联合会、中山大学粤港澳发展研究院联合课题组：《互联网平台企业助力国家治理现代化研究》，《新经济》2020 年第 12 期。

且并不合理。魏露露认为，"商业自由与公共效益的协调需要将平台责任内化于市场主体的商业实践中，使平台责任的施加不会造成过重的负担，阻碍创新和竞争"，平台不应承担太重的内容监管的行政责任。她还介绍了美国的《千禧年数字版权法》中所涉及的"避风港"条款，该条款有条件地对信息传输、系统缓存、信息托管、信息定位服务提供商的版权侵权行为进行了适当的豁免。通过"避风港"一定程度上豁免网络服务商的内容监管责任，降低创新成本，被认为是早期互联网技术和商业模式创新的重要法律激励，是互联网经济得以繁荣的制度基石。[①]

（二）国外研究方面

国外学者对于社交平台影响政治选举的问题较为关注，Barrett 等对 Facebook 所导致的选举不公平问题进行分析，提出了"平台瞬变"（Platform Transience）的概念，即指平台在一个短暂的时间区间里进行快速迭代的行为，认为"平台瞬变"是造成社交平台影响选举公平性的关键因素之一，原因在于：其一是快速迭代的机制和规则难以保证平台对公众的透明性；其二是资源更充足的竞选团队能够更好地驾驭平台的变化甚至可以直接与平台合作帮助其竞选；其三是平台的迅速变化会对用户造成不平等的信息环境，从而干扰选举。[②]

值得一提的是，有些国外学者从更为广义的角度理解平台，Christopher Ansell 和 Satoshi Miura 试图探索一个广义上的平台是否能够协助进行社会乃至全球公共治理。上述两位学者所讲述的平台，更像是一个具有独特运作逻辑、能够协调各相关方进行合作的工具性平台。他们将这样的平台命名为"治理平台"，并为其做了学术化的定义——"治理平台是一个机构，它战略性地部署其体系结构来利用、催化分布式社会行为，以实现某些治理目标"。通过这样的平台，他们认为可以实现不同参与者的互相连接，帮助公

---

① 魏露露：《互联网创新视角下社交平台内容规制责任》，《东方法学》2020 年第 1 期。

② Barrett B., Kreiss D., "Platform Transience: Changes in Facebook's Policies, Procedures, and Affordances in Global Electoral Politics," *Internet Policy Review* 4（2019）：1-22.

共部门更好地接触公民与其他相关方；可以实现可扩展的治理，促进公共与私人创新；可以促使更多的人意识到集结并协调各种力量来解决社会复杂问题的价值所在，并提供这种价值的运作框架；还可以成为一个"力量倍增器"，将公共与私人资源统筹利用起来。① Taylor Owen 同样对广义上的平台参与社会治理表达了赞同，他认为平台治理的价值在于其提供了一个能够广泛地将社会、经济和民主危害联系起来的框架，同时可以将孤立的公共政策领域和问题纳入综合治理议程，并最终为各国提供一个相互学习和协调的框架。②

在利用新技术优化平台治理方面，Robert Gorwa、Reuben Binns 和 Christian Katzenbach 探讨了互联网公司与政府试图通过人工智能算法对违规内容进行识别的努力，分析了这种路径是否可靠。他们认为在当前的全球化舞台中，对算法进行优化过滤不合时宜的内容是非常必要的，但是还需要认清，利用算法协助平台进行治理可能会导致进一步的不透明，并加剧社会公平公正体系的复杂化。③ Jessica Schmeiss、Katharina Hoelzle 和 Robin P. G. Tech 则提出了平台治理的一个悖论，即保证所有参与者的价值获取及商业化利益与鼓励创新的开放性策略之间的矛盾。他们认为应利用分布式账本区块链技术（BCT）来应对平台生态系统中的开放悖论，通过三个初创互联网公司的案例来解读区块链技术如何助力平台治理，提出"云存储"与"众筹经济"等区块链衍生技术在平台治理中的应用。④

---

① Christopher Ansell, Satoshi Miura, "Can the Power of Platforms be Harnessed for Governance?" *Public Administration* 1 (2019): 261 – 276.

② Taylor Owen, "Introduction: Why Platform Governance," https://www.cigionline.org/articles/introduction-why-platform-governance/.

③ Robert Gorwa, Reuben Binns, Christian Katzenbach, "Algorithmic Content Moderation: Technical and Political Challenges in the Automation of Platform Governance," *Big Data & Society* 28 (2020): 13 – 21.

④ Jessica Schmeiss, Katharina Hoelzle, Robin P. G. Tech, "Designing Governance Mechanisms in Platform Ecosystems: Addressing the Paradox of Openness through Blockchain Technology," *California Management Review* 1 (2019): 121 – 143.

　　国外学者也对非典型的平台治理现状以及垄断型平台的演进与治理进行了研究。土耳其学者 Ebru Tekin Bilbil 对 Uber 在土耳其的运营进行了分析，指出当地政府对 Uber 有意无意增加的机会成本会阻碍此类新经济公司内部治理水平的提升。① 而 Anne Helmond 等则分析了 Facebook 是如何从一家社交媒体平台迭代成为一个社会中重要的基础设施平台的，并表达了对这种市场支配地位的担忧。② 也有国外学者从平台"参与者"的角度进行分析。Siobhan O'Mahony 和 Rebecca Karp 认为尽管许多研究赞扬了平台领导者的力量及其管理平台的能力，但许多平台的成功取决于受平台规则影响的外部参与者的贡献。最重要的是，当消费者和公司所依赖的大多数平台由一个公司控制时，这种分布式的平台领导应该引起管理者和决策者的兴趣。③ 另外，关于多主体参与平台治理约束平台行为的研究，Fan 等提出，应当引入"数字陪审团"（Digital Juries）制度来对平台进行监管治理。他们通过对原型陪审团工作流程的实证分析，发现数字陪审团提高了用户在审查过程中对所有衡量属性的程序正义感，更加重视个人声音与用户偏好。他们承认这种制度损失了一定的效率，但是相比使平台治理流程民主化，建立以公民为导向的平台治理模式，损失部分效率是可以被接受的。④

　　在互联网平台参与社会治理方面，有学者关注到了在新冠肺炎疫情发生后，中国政府利用社交媒体进行的社会治理与疫情防控措施。Rong 等人认为，社交媒体在帮助中国政府传播防疫隔离举措方面起到了至关重要的作用，不仅仅是官方的声音，一些民间支持隔离防疫的声音也可以在社交媒体

①　Ebru Tekin Bilbil, "New Governance and Digital Platform Companies: The Case of Uber," *International Journal of Public Administration in the Digital Age* 2 (2019): 49 – 68.

②　Anne Helmond et al., "Facebook's Evolution: Development of a Platform-as-infrastructure," *Internet Histories* 2 (2019): 123 – 146.

③　Siobhan O'Mahony, Rebecca Karp, "From Proprietary to Collective Governance: How do Platform Participation Strategies Evolve," *Strategic Management Journal* Special Issue (2020): 1 – 33.

④　Fan J., Zhang A. X., Digital Juries, A Civics-oriented Approach to Platform Governance (paper represented at the Proceedings of the 2020 CHI Conference on Human Factors in Computing Systems, April 2020), pp. 25 – 30, 1 – 14.

上被放大，从而间接地推动了中国防疫措施的高效执行。另外，短视频平台的风靡为政府与民众提供了一个互通信息的桥梁，民众对政府的监督更加有效，也促使政府在制定政策时更多考虑普通民众的利益，并最终形成了良性互动。Rong 等人最后认为，政府与公民都应该充分利用好互联网平台这一工具，从而使社会治理水平不断得到提升。[①]

综上所述，近年来国内外学者均对多类型平台的治理进行了细致研究，表明如今的平台经济已经充分活跃起来。虽然国外学者的研究同样涉及了垄断型平台治理的内容，但是相比国内学界，则还是有所欠缺，国内的学者对于垄断型平台治理的研究较为全面多样，且更侧重于实际治理策略方面的探讨。而国外学者则有相当一部分从技术的角度分析了平台治理路径的可能选择，对业界有较大的指导意义。

二 实证分析

本报告将"网络传播平台的综合治理能力"概念具象化，根据不同类型的网络传播平台的传播特性，构建网络传播平台综合治理能力评价指标体系，并对该指标体系进行量化，多维度考量网络传播平台的综合治理能力。

（一）评价依据

评价依据为本书课题组 2017 年发布的网络传播平台综合治理能力评价指标体系及其权重排序。其中，针对不同类型的网络传播平台，使用网站平台、移动应用两套综合治理能力评价指标体系进行综合评价（见表1、表2）。

[①] Rong K. et al., "How Digital Platform Enables Social Governance：Containing COVID – 19 in China," https：//papers. ssrn. com/sol3/papers. cfm? abstract_ id = 3560879.

表 1 网站平台综合治理能力评价指标体系及其权重排序

一级指标	权重	二级指标	权重	排序
A1 内容把关力	0.2583	B1 正面信息引导	0.1851	1
		B2 负面信息控制	0.0732	5
A2 用户服务力	0.1788	B3 公共服务	0.0836	3
		B4 投诉处理	0.0952	2
A3 安全保障力	0.2587	B5 百度安全检测	0.0647	6
		B6 360 安全检测	0.0647	7
		B7 微信安全检测	0.0647	8
		B8 谷歌浏览器	0.0646	9
A4 性能表现力	0.1120	B9 下载时间	0.0378	12
		B10 首字节时间	0.0199	15
		B11 总时间	0.0291	13
		B12 解析时间	0.0252	14
A5 平台影响力	0.1922	B13 全球排名	0.0779	4
		B14 日均 PV	0.0535	11
		B15 日均 UV	0.0608	10

表 2 移动应用综合治理能力评价指标体系及其权重排序

一级指标	权重	二级指标	权重	排序
A1 内容把关力	0.2583	B1 正面信息引导	0.1851	1
		B2 负面信息控制	0.0732	6
A2 用户服务力	0.1788	B3 公共服务	0.0836	5
		B4 投诉处理	0.0952	3
A3 安全保障力	0.2588	B5 高危漏洞	0.1748	2
		B6 中危漏洞	0.0592	7
		B7 低危漏洞	0.0248	12
A4 性能表现力	0.1120	B8 启动耗时	0.0234	13
		B9 CPU 占用	0.0195	14
		B10 内存占用	0.0263	10
		B11 流量耗用	0.0260	11
		B12 安装耗时	0.0168	15
A5 平台影响力	0.1921	B13 应用市场评分	0.0564	8
		B14 下载量	0.0942	4
		B15 评论数	0.0415	9

从表1和表2中可以看出，网络传播平台综合治理能力的一级指标中，内容把关力占25.83%，用户服务力占17.88%，安全保障力占25.87%/25.88%，性能表现力占11.20%，平台影响力占19.22%/19.21%。影响因子中，B1正面信息引导、B4投诉处理、B3公共服务都占有较大比重，对网络传播平台综合治理能力提升有着重要的作用。此外，对于网站平台来说，B2负面信息控制、B5百度安全检测、B6 360安全检测、B7微信安全检测、B8谷歌浏览器、B13全球排名等占有较大比重；对于移动应用来说，B5高危漏洞、B14下载量等占有较大比重。

为了更简便直观地进行评价，将网络传播平台综合治理能力评价分为5个等级——好、较好、一般、较差、极差，并分别用绿、蓝、黄、橙、红5种颜色加以区分。根据综合分值大小确定其对应的区间，可得出治理能力级别，评估其治理状况，为改进平台治理提供参考。根据专家赋值后计算出的分数（分值区间为0~100分），最终确定网络传播平台综合治理能力评价等级（见表3）。

表3　网络传播平台综合治理能力评价等级

单位：分

Ⅰ级（绿）	Ⅱ级（蓝）	Ⅲ级（黄）	Ⅳ级（橙）	Ⅴ级（红）
好	较好	一般	较差	极差
81~100	61~80	41~60	21~40	0~20

（二）样本选择

1. 确定样本对象

从衡量网络传播平台的综合治理能力入手，样本的选择应考虑平台性能的安全性和稳定性、内容的信息传播力和公共服务力，以及平台的市场影响力。因此，在平台大范围中，课题组最终确定了5个类别："省级新闻网站""移动新闻客户端""视频网站""短视频客户端""网络直播客户端"。

"省级新闻网站"指的是提供综合信息资源和政务资讯的省级行政区域新闻网站。"移动新闻客户端"不仅包括基于大数据技术和智能算法的新闻聚合推荐产品，还包括由门户网站、主流媒体打造的移动资讯类新闻客户端。其他三大类别的网络传播平台的样本产品选取，以综合实力、影响力和可监测性为主要标尺。五大类别各选 30 个样本，进行跟踪监测，最后共得到有效样本 146 个。

2. 样本筛选结果

综合以上标准，筛选的 146 个有效样本平台分别如下。

省级新闻网站：千龙网、红网、中国甘肃网、山西新闻网、浙江在线、大众网、南海网、中国江苏网、中安在线、广西新闻网、东北新闻网、大河网、荆楚网、南方网、四川在线、华龙网、北方网、宁夏新闻网、中国吉林网、中国江西网、云南网、东北网、东方网、长城网、中国西藏网、东南网、西部网、多彩贵州网、内蒙古新闻网、青海新闻网。

移动新闻客户端：今日十大新闻、新华社、澎湃新闻、凤凰新闻、一点资讯、网易新闻、淘新闻、ZAKER 新闻、搜狐新闻、东方头条、UC 头条、人民日报、实况时报、有料看看、海报新闻、央视新闻、时刻新闻、360 新闻、闪电新闻、触电新闻、封面新闻、江西新闻、今日头条、看点快报、荔枝新闻、趣头条、腾讯新闻、新浪新闻、浙江新闻、中国新闻网。

视频网站：爱奇艺、腾讯视频、优酷视频、芒果 TV、哔哩哔哩、搜狐视频、搜狗影视、暴风影音、乐视视频、PPTV 聚力、百度视频、1234影视大全、凤凰视频、中国网视频、56 网、酷 6 网、风行网、环球视频、新浪视频、新华视频、央视网、人民电视、第一放映室、Mtime 时光网、360 影视、和讯视频、1905 电影网、播视网、爱剧情、酷米网。

短视频客户端：波波视频、好兔视频、梨视频、秒拍、美拍、土豆视频、最右、开眼、抖音火山版、快手、抖音短视频、西瓜视频、咪咕视频、好看视频、全民小视频、小咖秀、看点视频、想看视频、彩视、凤凰视频、Vue Vlog、人人视频、小影、皮皮虾、火锅视频、央视频、微视、闪咖、网易戏精、皮皮搞笑。

网络直播客户端：KK 直播、喵播美女直播、火星直播、石榴直播、嗨够直播、么么直播美女视频、快狐直播、甜橙直播、酷米直播、优艺直播、YY 直播、映客、一直播、触手直播、NOW 直播、虎牙直播、斗鱼直播、企鹅电竞、龙珠直播、花椒直播、战旗直播、UP 直播、酷狗直播、火猫直播、网易 CC 直播、来疯。

（三）样本数据统计

本报告对选取的样本对象展开了连续监测，时间跨度为 2019 年 11 月 12 日至 2019 年 12 月 21 日。在内容把关力和用户服务力方面，以"日"为观测单位，以首页信息为切入点滚动翻阅，每周二、周四、周六的12：00～24：00 选取任意时间段记录内容传播情况。在安全保障力、性能表现力和平台影响力方面，依托第三方监测工具的大数据支持完成观测。网站平台方面，使用站长安全检测工具（https：//tool. chinaz. com/webscan？ host = www. zjol. com. cn）评价安全保障力，使用 17ce 网站（https：//www. 17ce. com）评价性能表现力，使用 Alexa 网站（http：//www. alexa. cn）评价平台影响力。移动应用方面，使用 360 天御测试工具（https：//tianyu. 360. cn/product/compliance. html）获取性能指数从而评价性能表现力，使用腾讯云（https：//cloud. tencent. com/product/sct/pricing）测试安全保障力，使用前三大市场应用（应用宝、百度手机助手、360 手机助手）评价平台影响力。全部二级指标评价采用正向赋分法。每个二级指标评价时，以某平台在该指标上的最佳表现为基准划定相对赋值区间，经统一培训过的三位研究者同时打分，取其均值作为该指标的最终得分（各项得分同比扩大100），最终获得各类平台样本的综合治理能力得分（见表4～8）。

表4　省级新闻网站平台综合治理能力评分

单位：分

平台	内容把关力	用户服务力	安全保障力	性能表现力	平台影响力	总分
东北新闻网	17. 28	14. 88	31. 04	5. 10	0. 00	68. 30
大河网	17. 92	8. 58	15. 53	5. 70	6. 07	53. 80
荆楚网	16. 63	15. 43	23. 29	7. 49	2. 75	65. 59
南方网	20. 69	6. 58	23. 28	0. 84	10. 68	62. 07
四川在线	14. 70	15. 16	23. 28	7. 49	15. 30	75. 93

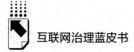

续表

平台	内容把关力	用户服务力	安全保障力	性能表现力	平台影响力	总分
华龙网	19.75	4.30	23.28	6.18	2.75	56.26
北方网	20.63	16.88	31.04	7.49	2.75	78.79
宁夏新闻网	32.47	8.58	31.04	3.08	0.00	75.17
中国吉林网	17.15	6.58	31.04	3.53	0.00	58.30
中国江西网	15.31	8.58	15.53	6.31	2.75	48.48
云南网	13.48	13.43	23.29	4.40	1.28	55.88
东北网	14.71	13.43	23.28	3.74	4.61	59.77
东方网	13.22	19.45	23.28	6.88	15.12	77.95
长城网	13.22	15.43	23.28	4.13	7.36	63.42
中国西藏网	14.95	15.16	23.28	5.58	1.87	60.84
东南网	13.48	21.46	23.28	6.88	1.28	66.38
西部网	13.48	15.43	23.28	2.75	2.75	57.69
多彩贵州网	13.22	17.45	15.53	5.70	0.00	51.90
内蒙古新闻网	13.97	13.43	15.53	6.18	5.89	55.00
青海新闻网	13.22	21.46	17.32	6.18	0.00	58.18
千龙网	24.83	21.46	32.83	6.88	4.61	90.61
红网	30.01	21.46	25.07	6.18	15.12	97.84
中国甘肃网	30.01	15.43	17.32	6.18	0.00	68.94
山西新闻网	24.58	13.43	25.07	5.10	0.00	68.18
浙江在线	30.74	13.43	25.07	3.92	7.36	80.52
大众网	25.81	19.45	17.32	5.70	7.36	75.64
南海网	24.58	21.46	17.32	4.50	5.89	73.75
中国江苏网	30.01	19.18	17.32	6.88	4.61	78.00
中安在线	28.28	17.45	25.07	6.79	5.89	83.48
广西新闻网	22.85	15.43	17.32	6.18	5.89	67.67

表5　移动新闻客户端平台综合治理能力评分

单位：分

平台	内容把关力	用户服务力	安全保障力	性能表现力	平台影响力	总分
新华社	31.00	8.30	29.04	3.65	8.22	80.21
澎湃新闻	27.29	7.44	20.65	3.86	5.05	64.29
凤凰新闻	17.27	6.58	20.65	7.48	11.84	63.82
一点资讯	9.89	9.59	20.65	3.00	10.93	54.06
网易新闻	12.92	8.72	20.65	6.85	13.66	62.80
淘新闻	1.24	0.00	24.84	3.82	8.68	38.58

续表

平台	内容把关力	用户服务力	安全保障力	性能表现力	平台影响力	总分
ZAKER 新闻	14.44	5.44	20.65	3.88	5.96	50.37
搜狐新闻	18.68	5.57	20.65	5.76	11.84	62.50
东方头条	9.08	8.86	20.65	5.00	7.32	50.91
UC 头条	10.45	7.72	20.65	8.32	1.00	48.14
人民日报	21.86	9.44	29.04	7.33	8.22	75.89
实况时报	17.87	3.29	24.84	8.51	2.26	56.77
有料看看	7.72	2.28	20.65	5.36	4.97	40.98
海报新闻	15.94	14.60	24.84	5.53	9.67	70.58
央视新闻	22.12	4.30	29.04	2.08	8.32	65.86
时刻新闻	20.53	14.60	24.84	4.84	7.32	72.13
360 新闻	15.90	3.29	20.65	10.75	3.25	53.84
闪电新闻	18.31	10.31	29.04	4.28	3.25	65.19
触电新闻	12.11	13.46	29.04	7.40	12.92	74.93
今日十大新闻	7.57	3.29	20.65	8.03	5.96	45.50
封面新闻	27.12	4.30	24.84	7.33	8.68	72.27
江西新闻	29.88	12.31	24.84	8.51	3.25	78.79
今日头条	9.85	4.30	24.84	5.36	20.34	64.69
看点快报	6.32	2.28	20.65	5.53	16.36	51.14
荔枝新闻	18.47	10.31	24.84	2.08	10.93	66.63
趣头条	4.44	2.00	20.65	4.84	11.04	42.97
腾讯新闻	9.74	0.00	20.65	10.75	16.36	57.50
新浪新闻	4.99	4.30	20.65	4.28	6.88	41.10
浙江新闻	31.00	12.31	20.65	7.40	8.68	80.04
中国新闻网	25.22	2.28	20.65	8.03	13.19	69.37

表6 视频网站平台综合治理能力评分

单位：分

平台	内容把关力	用户服务力	安全保障力	性能表现力	平台影响力	总分
爱奇艺	12.78	6.58	31.04	7.22	15.12	72.74
腾讯视频	10.79	6.58	23.29	8.06	15.12	63.84
优酷视频	9.67	6.58	15.53	8.27	13.84	53.89
芒果 TV	13.22	6.58	29.50	10.75	10.51	70.56
哔哩哔哩	8.78	6.58	15.53	6.62	19.74	57.25
搜狐视频	10.12	6.58	23.29	9.67	11.96	61.62

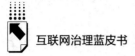

续表

平台	内容把关力	用户服务力	安全保障力	性能表现力	平台影响力	总分
搜狗影视	10.56	4.30	15.52	9.54	7.36	47.28
暴风影音	22.12	4.30	0.00	0.00	7.36	33.78
乐视视频	11.89	6.58	18.62	10.75	5.89	53.73
PPTV 聚力	8.78	6.58	15.53	8.98	10.51	50.38
百度视频	8.78	6.58	0.00	8.98	10.51	34.85
1234 影视大全	8.78	6.58	15.52	6.59	9.23	46.70
凤凰视频	11.89	6.58	15.53	9.44	9.23	52.67
中国网视频	25.22	4.30	15.52	9.44	5.89	60.37
56 网	9.52	4.30	29.50	8.98	4.61	56.91
酷6 网	29.24	13.43	23.29	10.75	2.75	79.46
风行网	14.90	13.43	23.28	8.36	5.89	65.86
环球视频	25.81	13.43	15.52	10.06	19.74	84.56
新浪视频	28.99	6.58	15.53	8.27	21.19	80.56
新华视频	27.29	4.30	23.28	9.44	5.89	70.20
央视网	24.34	8.86	15.52	7.54	10.51	66.77
人民电视	31.00	4.30	23.29	8.36	10.51	77.46
第一放映室	7.03	4.30	23.28	2.99	0.00	37.60
Mtime 时光网	7.52	11.15	15.53	6.62	10.51	51.33
360 影视	14.42	6.58	23.28	9.44	9.23	62.95
和讯视频	17.66	8.86	15.53	8.36	10.51	60.92
1905 电影网	17.92	6.58	23.28	9.14	5.89	62.81
播视网	8.78	8.86	18.62	10.15	5.89	52.30
爱剧情	9.04	4.30	23.28	5.71	2.75	45.08
酷米网	17.66	6.58	23.28	7.76	5.89	61.17

表7　短视频客户端平台综合治理能力评分

单位：分

平台	内容把关力	用户服务力	安全保障力	性能表现力	平台影响力	总分
波波视频	3.64	8.86	24.84	7.34	10.49	55.17
好兔视频	10.22	4.30	24.84	4.28	10.93	54.57
梨视频	20.39	8.58	20.65	6.23	0.00	55.85
秒拍	14.09	10.87	20.65	5.78	12.92	64.31
美拍	9.80	10.87	24.84	6.07	15.10	66.68
土豆视频	8.66	8.58	20.65	3.08	17.00	57.97

续表

平台	内容把关力	用户服务力	安全保障力	性能表现力	平台影响力	总分
最右	11.10	15.16	20.65	4.94	11.84	63.69
开眼	17.57	6.58	20.65	7.90	6.41	59.11
抖音火山版	17.36	12.88	20.65	1.10	18.71	70.70
快手	14.14	19.18	24.84	2.76	21.70	82.62
抖音短视频	7.00	12.88	24.84	3.50	18.35	66.57
西瓜视频	11.15	14.88	24.84	5.16	16.01	72.04
咪咕视频	14.14	17.16	24.84	1.27	15.18	72.59
好看视频	14.14	12.88	20.65	1.91	14.18	63.76
全民小视频	26.26	10.87	20.65	3.32	14.18	75.28
小咖秀	15.85	6.58	0.00	5.72	11.75	39.90
看点视频	9.08	6.58	20.65	6.22	7.68	50.21
想看视频	9.88	13.15	20.65	4.39	0.00	48.07
彩视	9.53	10.87	20.65	8.24	7.68	56.97
凤凰视频	8.69	6.58	24.84	10.34	0.00	50.45
Vue Vlog	10.26	12.60	20.65	7.54	10.93	61.98
人人视频	9.83	12.60	20.65	6.12	8.58	57.78
小影	9.77	10.58	20.65	6.76	6.32	54.08
皮皮虾	9.08	8.86	24.84	6.06	9.94	58.78
火锅视频	8.59	8.58	20.65	6.82	12.92	57.56
央视频	8.78	6.58	20.65	10.75	0.00	46.76
微视	8.80	12.60	20.65	5.26	7.68	54.99
闪咖	9.31	6.58	18.55	6.12	4.97	45.53
网易戏精	11.46	8.58	20.65	6.12	0.00	46.81
皮皮搞笑	14.50	10.87	29.04	6.53	3.61	64.55

表8 网络直播客户端平台综合治理能力评分

单位：分

平台	内容把关力	用户服务力	安全保障力	性能表现力	平台影响力	总分
KK直播	9.77	4.57	20.65	6.72	12.66	54.37
喵播美女直播	2.02	2.28	20.65	4.62	8.40	37.97
火星直播	12.80	4.57	20.65	5.00	1.36	44.38
石榴直播	10.18	2.28	20.65	6.02	5.05	44.18
嗨够直播	4.84	2.28	24.84	4.28	0.00	36.24
么么直播美女视频	8.41	4.57	24.84	8.04	9.31	55.17
快狐直播	6.70	4.57	24.84	5.94	0.00	42.05

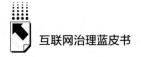

续表

平台	内容把关力	用户服务力	安全保障力	性能表现力	平台影响力	总分
甜橙直播	3.61	2.28	24.84	9.62	4.06	44.41
酷米直播	7.56	4.57	24.84	3.90	0.00	40.87
优艺直播	7.74	0.00	20.65	8.54	0.00	36.93
YY 直播	7.12	11.42	29.04	4.28	19.34	71.20
映客	7.03	11.42	29.04	2.24	11.57	61.30
一直播	8.78	11.42	20.65	4.13	9.04	54.02
触手直播	8.78	11.42	20.65	0.00	1.36	42.21
NOW 直播	8.17	6.85	20.65	7.10	7.22	49.99
虎牙直播	8.78	11.42	24.84	3.42	16.73	65.19
斗鱼直播	8.44	9.14	20.65	4.69	16.73	59.65
企鹅电竞	8.17	11.42	20.65	5.78	0.00	46.02
龙珠直播	8.17	11.42	20.65	5.00	3.35	48.59
花椒直播	6.94	11.42	20.65	5.00	11.57	55.58
战旗直播	7.64	4.57	20.65	3.88	5.05	41.79
UP 直播	2.46	0.00	20.65	8.75	0.00	31.86
酷狗直播	7.56	6.85	24.84	4.69	4.06	48.00
火猫直播	5.18	6.85	24.84	4.37	2.71	43.95
网易 CC 直播	2.81	2.28	20.65	4.03	4.06	33.83
来疯	2.38	2.28	20.65	4.36	2.71	32.38

　　将以上 5 个类别的网络传播平台的综合治理能力评分的平均值，对应网络传播平台综合治理能力评价等级（见表 3），可以直观地看出不同类型平台的综合治理水平。根据表 9 可以看出，不同类型网络传播平台的综合治理水平差距较大，省级新闻网站总体评分高，尤其体现在内容把关力、用户服务力等方面。其中省级新闻网站"红网"在 5 项指标的评分中均取得较高分数，总分高达 97.84 分，综合表现优于所有网络传播平台。网络直播客户端与短视频客户端的内容把关力相对较低，平台的把关力度亟待加大，其中网络直播客户端的内容生产以 UGC 模式为主，由于用户生产内容水平参差不齐，综合得分最低。省级新闻网站的平台影响力逐年下降，短视频客户端的平台影响力表现较好（分值为 10.93 分）。

表9　各类网络传播平台综合治理能力评价结果

单位：分

平台	内容把关力	用户服务力	安全保障力	性能表现力	平台影响力	总分
省级新闻网站	20.04	15.00	22.65	5.46	4.66	67.81
移动新闻客户端	15.97	6.72	23.17	5.99	8.88	60.73
视频网站	15.48	7.04	20.35	8.21	9.47	59.18
短视频客户端	11.77	10.56	22.17	5.59	10.93	59.06
网络直播客户端	7.00	6.24	22.58	5.17	6.01	47.01

三　研究发现

通过对网络传播平台样本在采样期中的内容收集，对照网络传播平台综合治理能力评价指标体系进行平台综合治理能力考核，可以发现，不同类型的平台在考核内容，即内容把关力、用户服务力、安全保障力、性能表现力、平台影响力等不同的评价指标上呈现出不同的特点。

（一）内容把关力

不同平台在内容把关力上的得分差距较大，因此，这一项指标也成为影响平台综合治理能力的决定性因素。

在所有平台之中，省级新闻网站的内容把关力得分情况"一骑绝尘"。30家省级新闻网站的主要版面中，绝大部分是正面内容和中立报道，负面新闻报道寥寥无几。与此同时，省级新闻网站在内容筛选和呈现方面具有极强的政治意识，首页头条头版位置主要关注、传递了政府政务活动、有关部门法令的执行情况和重要领导人讲话等内容。省级新闻网站由于所依附媒体多为综合性报纸，信息涵盖面广，但分类不精，网站定位模糊，更像是一个综合门户，而非新闻网站。例如，"四川在线""华龙网"等省级新闻网站以评论、娱乐、体育、汽车、房产等划分。也有一些省级新闻网站以地区划分新闻内容，例如，"南方网"首页将专题报道按地级市划分为广州、深

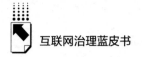

圳、珠海、汕头等 21 个专题。

算法技术已经广泛应用于网络传播平台，借助对用户的浏览内容和使用习惯的收集等来描绘大致的用户画像，从而精准推送用户偏好的信息。但这一做法显然容易使用户陷入信息茧房，并容易导致平台推荐内容低俗化甚至出现价值观缺失等问题。近几年，如雨后春笋般涌现的短视频平台则主打搞笑、美食、游戏、时尚、旅拍、科教和新闻等内容，但缺乏对内容把关的重视，对视频内容缺乏引导，部分短视频平台存在内容低俗、煽情、打色情擦边球等问题，少数短视频平台甚至缺乏对内容价值观的把控，对内容的整体控制力较小，如"美女主播""同城交友"等弹窗、板块，特别容易出现大打色情擦边球的内容。游戏直播和聊天歌舞直播占据网络直播软件的大部分内容，其中，在游戏直播里，负面信息一般为主播和观众的粗俗语言。聊天歌舞直播的问题较多，首先，许多首页推荐的直播的封面是衣着暴露的美女，通过打色情擦边球获取大量关注；其次，在直播过程中，有些主播也会有违规行为，如穿着暴露、语言粗俗、语言涉黄、性暗示等，有些直播间还会进行一些猎奇的游戏，打色情擦边球，如组织几位穿低胸装、超短裙的女生用身体压爆地上的气球。个别平台出现大量涉黄内容，在内容把关力中的负面信息控制方面得分仅为 0.1 分（满分 1 分）。除此之外，视频网站和移动新闻客户端这两个平台，也不同程度存在广告泛滥、标题党横行、内容猎奇甚至低俗恶俗等问题。

（二）用户服务力

在这一部分，省级新闻网站依然表现出了较好的服务意识和较高的服务水平，但其他平台对公共服务的重视程度明显不足，如移动新闻客户端和短视频客户端等平台。虽然这些平台上大多设计有投诉渠道，但反馈机制的设置不够明显、不够合理，亟待进一步优化和完善。在所有抽样平台中，网络直播客户端平台的用户服务力得分最低，存在严重的缺陷。

省级新闻网站较为重视用户服务，主要体现在公共服务和投诉处理两方面。总体来看，新闻网站表现比较均衡，虽然各网站评分情况有所差异，但是省级新闻网站在公共服务与投诉处理两方面都表现出相对优势，包括天气、交通、公益、社会活动等方面，各地能够结合本地优势在省级新闻网站平台进行一定程度的文化宣传、旅游宣传，具有浓厚的文化氛围。比如，千龙网作为以北京市新闻为主的新闻网站经常对老北京文化和北京著名文化景观如故宫等地进行相关专题报道，并在千龙图库以图片的方式呈现。还有红网通过发布助农助贫相关信息，带动经济发展。

网络直播客户端的公共服务存在严重的缺陷，监测的 26 个有效平台样本公共服务得分均为 0 分。不同平台投诉反馈的渠道和处理速度各有不同，"YY 直播""映客""一直播""触手直播""虎牙直播""花椒直播""企鹅电竞""龙珠直播"表现不错，较快较好地对投诉进行了反馈，投诉处理获得了满分。然而，大部分直播平台表现得并不理想，投诉渠道少，反馈慢，甚至无反馈。在用户填写意见之后，大多数无法提供有效的反馈。此外，部分平台没有客服，部分平台的人工服务形同虚设。大部分平台的直播间设置了"举报"按钮，但个别平台存在未开设投诉反馈渠道的问题。

短视频客户端平台的社会责任感较差，严重缺乏公共服务内容，极少提供或涉及诸如便民服务、问政监督、新闻直播等线上线下公共服务。仅有"彩视""Vue Vlog""凤凰视频""小影""快手"等少数平台开设了"讲堂""阅读""教育"等栏目，为用户提供特殊的公共服务内容，供用户查找和学习。所有短视频客户端平台对待用户投诉建议和举报采取的处理方式高度类似，即提供了最基本的"举报"按钮供用户进行反馈。在此基础上，多数平台还提供了更加丰富的投诉建议反馈渠道，其中"快手""最右""看点视频""咪咕视频"提供的反馈形式最为多样化。用户在相应渠道进行内容举报或意见反馈之后，大部分能得到平台算法提供的自动回复或问题处理指引，但很难联系到实时在线接待解答的人工客服，后续也并未收到平台提供的其他反馈建议。因此，可以断言，大多数平台仍然缺乏有效的投诉处理反馈机制。

（三）安全保障力

在安全保障力方面，所有平台的表现都较为良好，绝大多数网络传播平

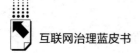

台处于安全的状态，安全保障力这一项指标的平均得分为22.18分，安全指数较高。

除个别网站在检测中发现了高危漏洞之外，不同类型的平台在安全保障的总体表现上相去无几，极少出现恶意篡改、恶意木马、网络漏洞等问题。

值得注意的是，尽管客户端很少存在操作漏洞，但仍存在不同程度的权限漏洞风险，如"活动（Activity）组件导出风险""内容提供商（Content Provider）组件导出风险""权限滥用（Misuse of Privileges）风险""服务（Service）组件导出风险""广播接收器（Broadcast Receiver）组件导出风险"等风险，静态漏洞风险也时有发生，如"SSL证书验证不当漏洞"或"Web View组件忽略SSL证书验证错误漏洞"等风险。以凤凰视频为例，这一短视频客户端平台中存在16个高风险漏洞、16个中风险漏洞和6个低风险漏洞，数据安全风险较大，不利于保证和维护平台及用户的信息安全。

（四）性能表现力

在对各样本平台的指标考核中，可以发现网站平台在性能表现力方面一般优于客户端平台，其中，视频网站平台的平均得分高达8.21分，表现十分抢眼。这或许与二者依托的中央服务器不同以及网站的调整灵活性更高有关。

虽然视频网站的性能表现力在各类网络传播平台中最为亮眼，但同类型平台的得分差异较大，部分视频网站存在明显的短板项目。数据最优秀的是酷6网、乐视视频和芒果TV。爱奇艺视频网站的下载时间以及解析时间性能较好，而首字节时间和总时间在测试中表现出使用时间较长的问题，成为该视频网站的性能短板。但各个视频网站在下载时间上均表现较好，有27个网站的下载时间低于0.4s。情况最差的是暴风影音，下载时间超过1s，远超平均下载水平。30个省级新闻网站性能表现力平均得分5.46分，其中下载时间平均得分为0.75分，首字节时间平均得分为0.65分，总时间平均得分为0.55分，解析时间平均得分为0.55分。其中，荆楚网、四川在线、北方网3家网站性能表现力得分在7分以上，表现相对突出，其余网站为3~7分，仅南方网、西部网性能表现力得分在3分以下。

虽然不同类型平台在性能表现力上体现出了较大的差距，但平台的总体性能表现也不至于太差。在启动耗时方面，360新闻的表现突出，启动仅耗时95ms，UC头条和看点快报次之，耗时均不超过1000ms，存在较大断层。其余客户端的启动耗时均在1000ms以上，新华社、央视新闻、澎湃新闻等传统主流媒体的启动耗时超过2000ms，ZAKER新闻的启动耗时最长，达到6600ms，严重影响用户体验。在CPU占用方面，360新闻最低，不足0.4%，而个别平台的CPU占用在抽样的应用中达到15.13%。在安装耗时方面，各客户端表现较好，仅一点资讯耗时达12835ms，其他客户端安装耗时皆在10000ms以内。

（五）平台影响力

通过对样本平台的采样和分析可以发现，短视频客户端和视频网站的平台影响力较其他平台更大。同时，不同类型的平台之间也存在很大差异。

在所有采样视频网站中，新浪视频的平台影响力最大，哔哩哔哩紧随其后，这两个平台在全球排名、PV、UV等方面的表现均优于其他网站。其他视频网站平台的影响力排名情况比较分散，从前100名到10万名以后不等。哔哩哔哩、新浪视频、环球视频的日均PV值并列被监测网站第一，新浪视频位居日均UV值第一。表现最差的第一放映室，日均PV值与日均UV值都不足1万次。省级新闻网站总体影响力较低，综合评分多分布在低分段。主要由于众多新闻发布平台中新闻网站在便捷性、个性化等方面市场竞争优势较弱。其中，影响力最高的3家网站为四川在线、东方网与红网，得分在15分以上，全球排名前1000。南方网评分10.68分，排名前10000。其余网站排名皆十分靠后。

近年来，短视频客户端平台迅猛发展，大部分平台影响力较好。但同时过大的基数也带来了更加激烈的竞争，使得各个平台的影响力存在极大差

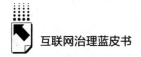

异，出现了少数平台吸纳大部分用户的"垄断"倾向。其中快手、抖音火山版、抖音短视频平台影响力最为突出，平均下载量超过6亿次。软件评分方面，平均在15分以上，但在下载总量、评论总数方面表现一般，没有达到平衡。下载总量上几大平台的表现差异不大。

四　研究建议

通过观测和分析，内容价值观把控不足、有效反馈机制缺乏、平台安全漏洞较多、性能表现不佳、平台影响力较弱等问题，不同程度地影响着各个网络传播平台的综合治理能力评价。面对日新月异的网络传播环境，网络传播平台应积极应对，掌握主动权，采取有效措施提升综合治理能力。

（一）多管齐下，全面提升内容品质

1. 明确自身定位，避免千端一面

在内容把关上，各个平台的表现不一，视频网站、短视频客户端和网络直播客户端仍存在较多低质内容，而大多数的移动新闻客户端和省级新闻网站则在网络监管的推动下加强了内容审查，标题党、低俗内容等吸睛现象明显减少，基本将负面信息控制到位。但是各移动新闻客户端的优质内容产出还不够突出，缺乏新闻精品。随着移动新闻客户端的升级与用户需求的转变，满足用户的新闻需求，呈现出独家的新闻精品，在新一轮的发展与竞争中更为重要。移动新闻客户端的内容生产不能仅停留于相互转载，更需要展现出各家媒体的"独门武器"，提高媒体影响力。与此同时，相比商业门户网站，传统媒体的人才队伍拥有更强的专业能力，而且大都有新闻采访权，能够在更短的时间内获得更为真实、准确的新闻资讯，能够保证省级新闻网站第一时间刊发权威报道。但是从目前监测的30个省级新闻网站来看，这一点其做得还不够。省级新闻网站不应只是传统媒体开疆拓土、复制粘贴的一个渠道，还应是拥有较强的互动性和开放性，了解读

者和市场对报纸的看法，及时调整报纸发展方向的平台。

2. 加强内容把关，注重正面引导

各个平台在内容把控上仍存在不同程度的不足，特别是网络直播客户端平台和短视频客户端平台，内容质量不高，同质化严重，内容的正面价值导向性不强。因此，为打造一个更为清朗的网络空间，首先，政府方面要严格要求，继续加强内容规范化管理，抵制传播淫秽色情低俗、血腥暴力恐怖迷信等不符合社会主义核心价值观的内容，用正面积极的信息吸引受众，并丰富内容类型，提供更多的正能量等有益社会的内容。其次，更为关键的是，平台本身需自律，加强对内容的把关和管理，建立违规用户黑名单，过滤低俗内容，鼓励高质量原创内容生产，持续提升特色内容生产力，不断优化平台的生态。再次，平台需要加强站内广告内容的审核把关，积极与广告商沟通协商，优化广告内容，创新推送方法。在保证平台基础盈利的同时，提升整体广告质量，优化用户观看体验。最后，平台要继续做好正能量板块，鼓励用户参与平台的正能量主题活动，建立各平台的正能量内容评价体系等，回归正确的价值导向。

3. 发挥自身优势，打造精品内容

技术革新促进新闻传播方式的多样化，催生出了短视频、直播等新的内容呈现形式，大多数新闻媒体在进行内容传播时不会仅停留在文字与图片上，还会向视频、短视频甚至智能语音播报发展。视听产品的转向满足了用户碎片化、场景化的需求，但传播方式的多样化并不必然意味着优化新闻体验，视听形式需要与新闻内容相匹配。文字、图片、音频、视频需要根据内容的需要进行组合，应为每一篇新闻找到最佳的呈现方式，提高内容与形式的契合度，优化用户新闻体验。另外，大多数省级新闻媒体虽然由传统媒体转型升级而来，但是很少能做好资源整合与媒体融合。从此次监测的情况来看，千龙网和东方网在报道上能够和当地的电视媒体通力合作，使网站报道形式更为多元，不仅以视频、图片、音频的方式呈现报道内容，还利用直播的形式让内容更具可看性。此外，省级新闻网站还可以通过建立数据库等方式，整合新闻资源，打造拳头产品。

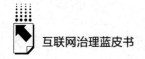

（二）重视公共服务，拓宽投诉渠道

1.借势发力，提升公共服务水平

不论到什么时候，用户和流量都是各平台争夺的对象，因此相应地提高服务意识、提升公共服务水平也是各平台需要重点发力的领域。但服务能力经常被各平台忽视，特别是网络直播客户端平台，用户服务意识弱。在算法和大数据技术的加持下，各平台更应借势发力，联动本地政务部门，为用户提供更多优质的本地服务，如查天气、查公交、查路况、查水电、挂号问诊等，同时，可以根据用户的浏览习惯，为用户推荐个性化的视频内容，从而增强用户的浏览体验感和黏性。在内容审核管理上，适当增加公益、学习课程、政务监督、党建及便民服务等栏目和频道，并积极倡导用户参与，健全和完善用户的举报渠道和机制，做到快速收集、及时反馈。

2.有问必答，提升投诉反馈效率

平台需积极转变用户服务态度，优化投诉处理渠道及相应界面设置，推出更多元化和个性化的服务，完善评价和反馈机制，提升用户的使用体验。对"意见反馈""人工客服""帮助与反馈"等投诉反馈入口给予显眼位置，并提供常见问题自助问询的解答文档，供用户进行参考，或提供关键词回复的功能。此外，人工客服应保证在线时间内均可沟通，不能出现空、假入口，对投诉与建议要及时处理并给予受众反馈。同时，及时回收用户的使用体验，可以帮助平台更好地从实际出发，改进更新版本，增强用户黏性。

（三）防范数据泄露，提升用户体验

监测数据显示，大多数网络传播平台存在不同程度的安全漏洞，随着新一代信息技术的不断发展、广泛普及，用户的个人数据安全和合法权益保护亟待加强。因此，平台更应当遵守法律、法规，尊重社会公德和伦理，遵守商业道德和职业道德，履行数据安全保护义务，做好防范工作，提升自身的

安全保障能力。一方面，平台应遵循国家安全防护要求，注重用户数据安全，完善信息防护机制，提高预防、抵御、修复等各环节的技术能力，优化平台细节，及时修复闪退、卡顿等漏洞，加快 App 响应速度，提升用户的使用体验；另一方面，针对目前比较突出的内存占用大、流量耗用多等问题，优化平台，降低用户的使用成本，提升用户的体验。产品的运营优化需要厚积薄发，平台要不断完善和更新产品，听取用户需求，积极解决用户提出的问题。在流量消耗方面，可以加强与三大运营商的合作，推出流量套餐。

探 索 篇
Exploration Reports

B.3
中国网络社会风险治理研究报告（2020）

杨卫娜　曲晓程　霍思铭*

摘　要： 本报告盘点了 2019 年 9 月 1 日至 2020 年 8 月 31 日中国互联网热点事件，并总结了网络社会治理的难点与潜在风险，其中难点主要有未成年人权益受侵害、网络暴力、网络谣言、信息泄露和新闻失真，而潜在风险则包括政府对网络直播的参与与监管会对政府形象产生影响、数字鸿沟将导致信息的不平等现象、圈层化传播加剧且文化传播乏力、新媒体内容侵权现象屡禁不止、与线上服务相关的消费者侵权行为频发以及网络黑灰产随信息技术的更新而迭代。为此，本报告建议探索全球治理的新路径，加强舆情风险预判新技术的应用，推动"科技向善"，强化主流意识形态传播和舆论引导，提升政府数字领导力，加快构建数字信任体

---

* 杨卫娜，人民网舆情数据中心新媒体智库研究部副主任、研究员，主要研究方向为网络社会、网络舆情；曲晓程，人民网舆情数据中心新媒体智库助理研究员，主要研究方向为网络舆情、网络治理；霍思铭，人民网舆情数据中心新媒体智库助理研究员，主要研究方向为网络传播、媒体与亚文化。

系，利用区块链赋能网络政务，全面提升全民媒介素养。

关键词： 网络社会治理　热点事件　网络舆情

一　网络社会治理现状基本面分析

人民网舆情数据中心梳理了 2019 年 9 月 1 日至 2020 年 8 月 31 日期间涉及网络治理的热点事件，通过热点事件在网络新闻、论坛、博客、报刊、微博、微信、App 七大平台上的新闻传播数量进行热度计算，选取了前 150 件热点事件作为研究对象。

本报告列出了时间范围内引发网络广泛讨论的前 15 件热点事件（见表 1），分析发现，涉及社会心态的事件较多，如网民由对离婚冷静期的争论延伸至婚姻观、性别平等等议题上；又如在腾讯与老干妈合同纠纷事件中，网友们由最开始的"吃瓜"到后来全民调侃"逗鹅冤"；等等。网络治理领域里的有关政策与举措也备受关注，如《网络信息内容生态治理规定》实施、"剑网 2020"专项行动、网络直播行业专项整治行动等。此外，保护未成年人网络健康也是 2020 年网络治理的重要发力点，全国 53 家主要网络直播和视频平台上线"青少年模式"等议题也被集中关注。

表 1　中国互联网热点事件 Top15

序号	事件	热度指数
1	《网络信息内容生态治理规定》实施	95.22
2	国家版权局等四部门启动"剑网 2020"专项行动	83.75
3	《民法典(草案)》拟引入离婚冷静期引发网民热议	70.66
4	美团"拒绝"支付宝事件吸引舆论聚焦	69.34
5	八部门集中开展网络直播行业专项整治行动	63.07
6	一加滤镜摄像头"透视"功能引发争议	62.16
7	腾讯与老干妈合同纠纷事件	60.11
8	丰巢智能柜保管费事件	59.45
9	县长直播带货	58.75

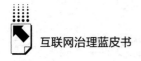

续表

序号	事件	热度指数
10	《关于规范互联网发布本市住房租赁信息的通知》发布	58.58
11	B 站青年宣传片《后浪》刷屏网络	57.99
12	日本"诗意"捐赠引发网络讨论	56.79
13	国内 53 家主要网络直播和视频平台上线"青少年模式"	55.19
14	粉丝举报 AO3	55.16
15	健康码引发舆论场反思老年人的权益保障	55.12

注：用对数法的归一化方法对舆情热度实现标准化，即将原始数据整理为 $[0,1]$ 的标准值，进而实现指标计量单位和数量级的差异，即舆情热度 = 网络新闻 ×0.2 + 论坛 ×0.1 + 博客 ×0.1 + 报刊 ×0.2 + 微博 ×0.15 + 微信 ×0.15 + App ×0.1。

资料来源：人民网舆情数据中心。

（一）社交媒体平台曝光率激增

本报告对中国互联网热点事件进行了地域划分（见图1），发现互联网空间的事件占据绝对的重要地位，具体包含信息安全、网络慈善、网络谣言等多个方面。值得注意的是，在梳理的热点事件中，部分事件原生于现实社会，不同于以往社会热点"触网"，如线下传销演变成线上传销，近年来的社会热点事件往往由自媒体或者网民个体通过微博、微信、短视频平台等曝光、发布，从而形成舆论声势，或是登上微博热搜榜，或是广泛流传于群聊，进而引起相关部门、媒体机构的重视与跟进。例如，北京 SKP 拒绝外卖员进入事件、甘肃支援湖北护士出征前集体剃发事件等。

从曝光源头来看，网络新闻依旧是主流，从占比来看，网络新闻占 51.66%，其他诸如微博、微信、短视频平台等也是热点事件的第一信息源。目前来看，贴吧、直播平台等的占比较少（见图2、图3），但随着社交媒体新闻性的进一步凸显，未来部分新兴社交平台很可能成为热点事件的曝光地与聚集地，长尾效应显著。

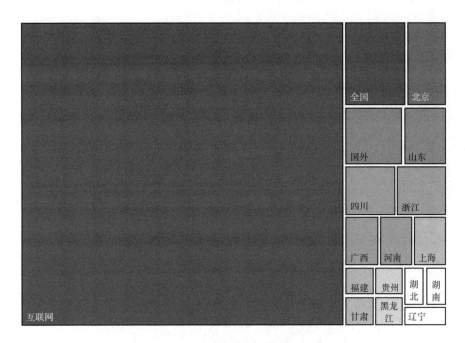

图1　中国互联网热点事件地域分布（n = 150）

资料来源：人民网舆情数据中心。

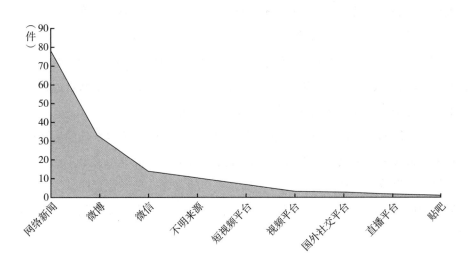

图2　中国互联网热点事件信息源分布（n = 150）

资料来源：人民网舆情数据中心。

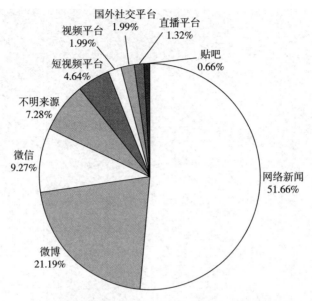

图3 中国互联网热点事件信息源占比（n=150）

资料来源：人民网舆情数据中心。

如果更进一步划分，信息来源可分为网民个体与自媒体。网民个体的曝光行为可分为"无目的"与"有目的"两个方面。前者体现为网民的日常生活分享被人指摘，如发微博、发朋友圈被其他网友指出含"逾矩"的成分。后者则是主动进行网络曝光，目的在于吸引网民的关注从而实现"申诉""曝光"等。如在"被辞退"系列事件中，多是由网友发帖自述受到的不公正待遇；又如有网民作为第三方曝光相关信息。

自媒体的曝光以文章与短视频为主。前者集中于对新闻事件的讲述以及相关政策文件的解读，但此类文章往往过于追求点击量与阅读量，从而以夸张的题目以及煽动性的写法去迎合部分受众的喜好，易产生歪曲事实、解读失焦的后果。后者则是在短视频平台、视频平台，过度声情并茂地讲述新闻事实。

（二）网络治理领域事件热度高

从事件类型来看，社会心态、企业舆情、网络治理领域的事件更容易受到舆论场的关注（见图4）。其中网络治理领域的事件热度最高，不仅包含媒体传播、解读相关政策法规类文件、相关网络治理专项行动，还包括微博热搜停更、苹果下架电子烟App、《庆余年》超前点播被判违法等事件。社会心态类事件，本报告将其定义为引发社会强烈反响、引发意识形态领域争议等热点事件，如舆论有关"离婚冷静期"的讨论、有关"后浪"的讨论，以及奶茶梗、化粪池警告梗在网络上走红等。

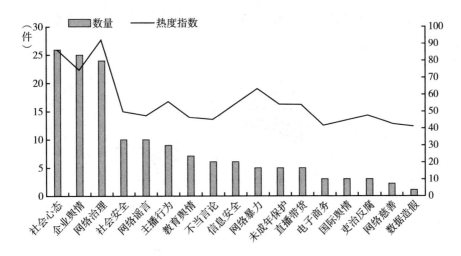

图4　中国互联网热点事件类型分布（n＝150）

资料来源：人民网舆情数据中心。

按照热度梳理，涉及网络暴力的事件在数量上占据较小的比重，但在舆论声量上产生了相当的影响。如在"粉丝举报AO3"事件中，人肉搜索、威胁、恐吓不时发生；在韩国明星自杀事件中，舆论场集中反思网络暴力所带来的危害；而在明星转发恶评、名人被质疑生活方式等事件中，网络暴力似乎无处不在。

此外，疫情发生初期全民隔离在家，直播产业复兴，政务公开、在线教育、直播带货等线上活动如火如荼地开展。本报告将涉及直播的热点事件分成了两大类型：直播带货与主播行为。前者聚焦直播场景下的多元生态，如"网红"县长搞直播、媒体发起公益直播等；后者主要聚焦主播行为所产生

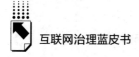

的影响，如有"网红"博主违规进入丹霞地貌、滴滴司机性侵直播事件、部分主播假吃浪费粮食等。

（三）微信平台成为主要传播渠道

从传播渠道来看，微信平台成为热点事件的主要传播阵地，网络新闻与App互为补充，二者总体传播量同微信平台相当。微博平台总体占比较少，但在部分事件中，尤其是引发网络强烈反响的事件中，微博发挥着重要的传播作用（见图5）。

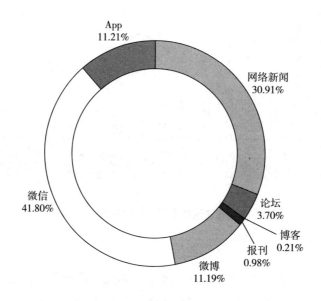

图5　中国互联网热点事件传播平台分布（n = 150）

资料来源：人民网舆情数据中心。

微信之所以占比较大，同疫情发生后人们接收信息方式的改变有关。人民网舆情数据中心同中山大学中国公共管理研究中心联合开展的调查研究显示，微信成为人们获取疫情信息最主要的来源。这种通过社交媒体获取信息的方式延续至今，甚至成为全球趋势，Global Web Index发布的第三季度社交媒体趋势报告证明了此种观点，社交媒体已成为数字新闻消费的基石。[①] 不过从公众的信任度出发，官方渠道仍是民众最信任的信息来源，这也是广播、电视、新闻网站等传统媒体依旧持有影响力的原因。

（四）网络新兴职业群体开始被关注

从涉事主体出发，企业依旧是被"围观"、被"吃瓜"的重点对象。老年人、未成年人、"网红"、县长等群体被提及的频次增多。留学生、大学生等学生群体，医生、护士、患者等医患群体持续成为舆论场关注的主要群体。此外，作者、主播、UP 主等 UGC 内容创作者也开始受到舆论场关注。

二 网络社会治理难点

（一）未成年人数字化生存时代已至

长期以来，未成年人权益保护问题是社会各界关注的重点。但相关工作在开展的同时也存在诸多难点。与此同时，在数字化社会的背景下，未成年人保护工作更是面临着新的难题与挑战。

综合来看，舆论场中的未成年人形象往往以两种相对立的角色出现，即施害者与受害者。前者聚焦未成年人的犯罪问题。近年来，犯罪低龄化的趋势日益凸显，基本上每次有 14 岁以下孩子发生犯罪行为，都会在互联网掀起一阵讨论，有降低刑事责任年龄的呼声，也有表示反对的声音。而《浙江省未成年人犯罪记录封存实施办法》出台所引发的争议，更是凸显了舆论场对未成年人犯罪问题的焦虑。

---

① 《社交媒体趋势调研报告：COVID－19 如何影响全球社交媒体平台发展趋势｜［芒种·报告］》，"腾讯媒体研究院"微信公众号，2020 年 8 月 27 日，https：//mp. weixin. qq. com/s? src = 11&timestamp = 1647414362&ver = 3679&signature = g4IDdoVnjbIVjWYzZ4R6ae9p9q ＊ dYaygEpECKat3o22qGSzfQU90bACXoeucPg481dyZTQO3 ＊ RD－－＊ Eru3i0WSwf34envOSohUJ GPfCLNGhO88 ＊ jST2wur－js－PZ1emW&new = 1。

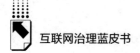

后者聚焦诸如网络沉迷、教育素养缺失等问题。在未成年人上网问题上，社会各界普遍戴着有色眼镜看待未成年人上网，认为这是"问题"，需要"解决"，尤其是在媒体报道出来的各种沉迷网络、应援打赏、有害信息等问题上，互联网宛如"洪水猛兽"。事实上，随着新一代"00后""10后"，甚至他们的祖父母一代开始用手机满足绝大多数生活所需，网络的存在已被大多数人视为"理所当然"。

《2019年全国未成年人互联网使用情况研究报告》（以下简称《报告》）显示，2019年我国未成年网民规模为1.75亿人，未成年人互联网普及率达到93.1%，一些年龄段的未成年人互联网普及率甚至高达99.0%。随着时间的推移，未成年人正在崛起为中国网民的"新势力"。

但《报告》也指出，46.0%的未成年网民曾在上网过程中遇到血腥暴力、赌博、吸毒、色情等违法不良信息，42.3%的未成年网民表示曾遭遇网络暴力，与此同时，还有20.8%的未成年网民不具备网上隐私的保护意识。2020年暑期，为了给广大未成年人营造健康的上网环境，国家网信办围绕影响青少年健康上网的7类突出问题，决定启动为期2个月的"清朗"未成年人暑期网络环境专项整治。

通过舆论反馈可以发现，给未成年人提供一个绿色有序的网络环境已成为社会共识。有媒体评论称，1.75亿名上网冲浪的未成年人，是将投身知识的网络海洋，尽情享用科技繁荣、文化繁茂、城市繁华的现代文明成果，还是深陷垃圾信息、网络暴戾、网络谣言的"无底洞"无法自拔，正是由一个个屏幕面前的大人决定的。① 维护未成年人上网权益，让他们更好地享受网络之福，而不是为网络所害，既符合互联网的发展规律，也符合社会公共利益。

---

① 《1.75亿未成年人上网冲浪，该紧张的不是"上网"而是"瞎浪"》，"成都商报红星新闻"百家号，2020年5月13日，https：//baijiahao.baidu.com/s？id＝1666569600475665776&wfr＝spider&for＝pc。

（二）"如刀网语"危害广度深度拓展

全球化社交媒体数字营销机构 We Are Social 联合 Hootsuite 发布的《2020 全球数字报告》显示，截至 2020 年 1 月，全球网民数量达到 45.4 亿人，其中社交媒体用户突破 38 亿人。这表明全球近 60% 的人口已经上网，趋势显示，到 2020 年中，全球总人口的一半以上将使用社交媒体。这意味着，网络世界和现实生活的交织将更为紧密、互动将更为频繁，网络问题带来的危害也更加真实。

衣则咨询研究报告显示，随着数字化媒介更加深入、全时全域地融入人们的日常生活，人和物都将被越来越广泛地链接。适应全面数字化的过程伴随着压力与焦虑，人们也发展出一些新的对抗方式，网络反思力量开始出现并不断壮大。[①] 2019 年 10 月 14 日，韩国女艺人被发现于家中去世，引发网民惋惜。虽然悲剧的真正原因并无定论，但许多人认为，生前所受到的网络暴力是给她带来困扰与痛苦的原因之一。"雪崩面前，没有一片雪花是无辜的"的说法被屡次提及，网民纷纷借此句表达对网络暴力的谴责。

虽然网民在不断反思网络暴力所产生的影响、带来的危害，但仍有部分网民将自己想象成制裁与审判者，如在"粉丝举报 AO3""德阳医生自杀""祖安文化""徐大 Sao 诈捐门"等事件中，网络暴力的身影无处不在。回顾热点事件发现，网络暴力的对象已经不再局限于艺人、博主等公众人物，居于社会热点中心的普通人都可能会遭到恶意的人肉与攻击，而话题上升到道德审判层面的情况也不少见。

目前来看，网络暴力的形式集中体现为三种类型，第一是带有攻击性与侮辱性的言论，第二是公开目标对象的隐私信息，第三是宣扬社会仇恨

---

① 《2020 大社交趋势观察报告 - 衣则咨询》，"互联网师资联盟"微信公众号，2020 年 9 月 17 日，https：//mp. weixin. qq. com/s？ src = 11&timestamp = 1647415118&ver = 3679&signature = i9po0wAjttz6ytMuuLZBj – IuCp9dw – DRB1soYXgKuUXWLjVgG – NHiy6tLA * JKaNrDfTcJT * n8lmqgzrWwo * 3AnJb0I * iD9h2B4zLZbbWRO8a48gaygZ7aCFgvxEsyR7m&new = 1。

与极端思想。三种类型层层递进，由单纯地线上行为延伸至线下，或发生骚扰、威胁、恐吓等实际暴力行为。有观点指出，网络空间应当充满人情味，需要成为法治与有序的空间，需要社会各方的协同努力：一是需要促进网民的理性参与与自身道德修养的培育；二是完善规制网络暴力的法律法规，促进网络安全立法；三是媒体需要进行客观的舆论引导与信息把关。①

（三）谣言治理更加考验处置的力与度

突发公共卫生事件等领域向来是谣言的重灾区。新冠肺炎疫情作为2020 年最为重大的突发公共卫生事件，其发生后，更是集中出现了大量的失实信息。北京师范大学教授张洪忠表示，同"非典"相比，这次谣言的传播有三个特点。第一，传播渠道不一样，2003 年"非典"主要是通过手机短信和论坛进行传播或是人际传播，这次则是以社交媒体为主。第二，部分谣言后期被证实有事实依据，存在较大的社会争议。第三，谣言信息更多分布在如何预防新冠肺炎疫情的层面上，反映出大众对疫情的重视。

从时间段出发，谣言的内容也在变化。疫情初期，涉及国内信息的谣言占比较高，随着国内疫情逐步得到控制，国外疫情日趋严峻，涉外谣言占比逐步增加。2020 年 3 月 23 日，中国互联网联合辟谣平台发布一周盘点，其中在分析疫情类相关谣言特点时指出，当前境外输入相关谣言比例攀升，如发布"X 地出现 X 例境外输入新冠肺炎病例""大量海外华人返国，下一个'毒王'就此诞生"等系列。

2020 年 2 月，最高人民法院、最高人民检察院、公安部、司法部四部门在《关于依法惩治妨害新型冠状病毒感染肺炎疫情防控违法犯罪的意见》中强调，要依法严惩造谣传谣犯罪。重庆大学新闻学院教授郭小安表示，作

---

① 《网络暴力——虚拟空间中的无形利刃》，搜狐网，2019 年 11 月 12 日，https：//m. sohu. com/a/353237597_ 114731/。

为"一种未经证实的消息"，谣言常歪曲或美化事实，极具传染力，其传播动机比较复杂：它有时是报复和泄愤的工具，夹杂着不可告人的目的；有时又是恐慌和焦虑下的一种集体求知，是"投石问路"的工具；还可能是公众对模糊事件所进行的集体解读和意义建构，承载着社会民意。[①] 因此，对谣言的治理，单纯依靠简单和单一手段难以奏效，应遵循差异化和复杂化原则，摒弃"一刀切"思维。

从新冠肺炎疫情的谣言治理中可以反思，社会的稳定有序发展，离不开对谣言的治理。但治理的前提是认识到疫情中的谣言传播本身也具有一定意义，如提高人们对疫情的警觉性和关注度，反映民众的某种社会心理情绪。[②] 这启示人们在未来的辟谣机制的建设与完善中，治理谣言不能仅通过AI的一键设定，而是需要对规范的衡量与对不同社会群体的关照才能从各个层面缓解人们的信息焦虑。

（四）信息泄露与技术风险正更新迭代

近年来，人们对于个人信息的安全愈加重视。疫情发生以来，出入社区、车站、道路设置卡口以及饭店、商超等公共场所，都要求扫码登记、填写个人信息，在大数据成为公共卫生预警响应机制重要引擎的同时，这些信息数据如何处理也为公众所关心。一项针对普通民众的调查显示，在被问及个人信息泄露后如何处理时，有52%的人选择通过法律保护个人权利。这也从侧面说明了公众对个人信息安全的态度及寄予的希望。但同时调查显示，有总数达到46%的受访者对"个人信息安全了解情况"表示"一般了解"和"不了解"甚至"没有"。

疫情防控期间，个人信息泄露的事件频发，如宁夏贺兰县违规泄露排查疫情信息案、湖南益阳市新冠肺炎患者隐私泄露案、山西临汾发生的私自转

---

① 《治理谣言应遵循差异化和复杂性原则》，人民周刊网，2020年3月19日，https：//www. peopleweekly. cn/html/2020/minsheng_ 0319/27131. html。

② 冯川：《从非典到新冠肺炎，社会谣言及其治理经历了哪些变化?》，金羊网，2020年2月1日，http：//news. ycwb. com/2020 – 02/01/content_ 30521785. htm。

发密切接触者名单的泄露事件等。据公安部 2020 年 4 月 15 日发布的统计数据，新冠肺炎疫情发生以来，全国公安机关对 1522 名网上传播涉疫情公民个人信息的违法人员进行了治安处罚。不过，对于采集信息如何保存、处理等问题目前还没有明确的规定和标准。

除个人信息泄露和滥用的隐忧之外，新技术也带来了新的风险和隐患。2019 年 9 月，一款名为"ZAO"的 AI 换脸软件在社交平台受到热捧。但软件从爆红到备受质疑经历了极短的时间，在业内人士看来，这反映出人们对 AI 换脸技术手段的担忧。在关于"ZAO"的讨论中，有一条观点备受网民的关注，即"我的照片如果泄露，会突破人脸识别技术吗？"这个观点在今天看来更像是一种预言。2020 年 7 月，"新华视点"记者调查发现，一些网络黑产从业者利用电商平台，批量倒卖非法获取的人脸等身份信息和"照片活化"网络工具及教程。而警方侦查发现，不法分子使用 AI 技术，绕开多个社交平台或系统的人脸认证机制，为违法集团提供虚假注册、刷脸支付等黑产服务。

《新京报》有评论称，AI 换脸软件所引发的争议表面上是围绕隐私保护，但在本质上却反映了一个全社会甚至全人类必须面对的新课题：人类技术在飞速进步，不断进入新的领域，不仅给人类带来更高品质的生活，也引发大量创造性破坏。这对人类现有制度体系、运行机制、法律规则和社会秩序等都造成前所未有的挑战。① 信息化浪潮下，数字化生存将成为历史必然，保护信息时代人们的合法权益，找到技术与权利的平衡点，打造可信赖的数字技术和信息监管机制，还需要社会各界的协调和努力。

（五）"后真相"加剧舆论失焦、干扰新闻真实

在新媒体营造的"后真相"时代，新闻反转加剧了舆论环境的动荡，

---

① 《AI 换脸惹争议，ZAO 们别太躁》，"人民日报社"百家号，2019 年 8 月 31 日，https：//baijiahao. baidu. com/s？id = 1643387055304469286&wfr = spider&for = pc。

传统新闻观念及伦理受到极大冲击。从"快递员下跪事件"等引发网络热议的新闻反转事件可以发现，形成新闻反转、舆论反转的核心因素在于信息的真假越来越难以分辨。

其中主要有两个方面的原因，一方面是真相的泛化，全媒体时代，人人都有发声的机会，不同程度的"真相"经由不同媒介平台发布；另一方面是真相的滞后，抢头条、抢首发势必会导致事件完整性的缺失与真实性的失实，而这种与真相之间的距离会滋生猜测的空间，加之舆论对议题的不断跟进与讨论会加剧对真相的想象与议论，从而形成所谓的"舆论真相"，"后真相"就此产生。

关于舆论场的一个客观真相是，没有经过新闻专业训练的网民数以亿计，他们在新媒体素养和法律意识方面有待提升，对新闻事实调查核实的意识和能力不强，同时网民的感性要大于理性，从而极易产生群体极化现象。

当然也必须要正视，在信息爆炸的今天，受媒体内外部环境共同作用的影响，受众对媒体的信任度降低，自媒体崛起后一味迎合市场和受众，会更加容易导致舆论被误导。

人民网曾有文章关注"舆论反转剧"带来的"思辨"，认为透明公开仍是舆论场最好的清醒剂。这句话即使在今天依然适用，严格来说，新闻反转、舆论反转都是信息未经充分核实的结果，也是假新闻或谣言的影响因素或直接体现。为了减少舆论反转和假新闻的出现，必须要加强快速透明的信息机制建设，提升媒体专业能力和职业操守。

三　网络社会治理中暗藏的风险

（一）网络直播与政府治理：监督与被监督

中国互联网络信息中心（CNNIC）数据显示，截至 2020 年 3 月我国网络直播用户已超网民总数六成。① 网络直播已由部分网民参与的娱乐产业，转变为兼容教育、电商等多种模式的崭新业态。在网络直播创造的新式公共空间中，政府既负责监督直播平台及其用户，同时其对直播的参与又受到大量网民的监督。一方面，从中央到地方对网络直播的多次整治均受到舆论的高度关注。另一方面，政府又成为网络直播的重要参与者，既可通过"庭审直播"等模式实现政务公开，又可利用直播带货为地方带来实实在在的收益。

然而这种复合模式的问题在于，直播的监管与参与都关系到政府的公共形象。政府在监督"吃播"等直播乱象时，须注意慎防相关后续政策流于形式或矫枉过正，导致次生舆情；更要防止网络平台整治变为"一刀切"式的封堵，引发公众与从业者的负面情绪，导致舆论失焦。同时，政府在积极参与到互联网新业态中时，有必要从细节入手，以维持更为健康的公共形象。从公职人员形象到视频中的货品，背后都有政府的公信力作为保障。但据"侠客岛"披露，"领导带货"背后经常出现企业埋单、数据造假等现象。② 而在"谭松韵母亲被撞案""盘锦检察官论'受贿不办事'"等舆情事件中，公职人员的能力和言行都受到舆论监督。部分公职人员在直播中的细节失误、在直播前后的违规行为都可能导致政府公信力受损。此外，直播内容可能被断章取义或恶意炒作，对政府公共形象造成不利影响。

（二）数字鸿沟："数字难民"的权益保障

无论是健康码、网课等疫情防控常态化时期的特殊措施，还是各地在此基础上推广的数字化新基建及各类公共数字服务，中国社会的整体数字化进程已因疫情影响大大加快。然而此次疫情也凸显出部分难以接入数字技术的人群在信息可及性层面遭遇了"数字鸿沟"。

---

① 中国互联网络信息中心：第45次《中国互联网络发展状况统计报告》，2020，第55～56页。
② 《侠客岛：隐秘的直播江湖》，"海外网"百家号，2020年9月8日，https：//baijiahao. baidu. com/s？ id =1677267626928519744&wfr = spider&for = pc。

目前"数字鸿沟"现象导致的社会问题主要包括：一是网络硬件设施落后影响城乡教育公平的"基建鸿沟"；二是由数字技术门槛造成老年人、儿童等群体的"使用鸿沟"。在疫情防控常态化时期曾多次出现"贫困学生'蹭网'上网课""老年人无健康码乘公交引争执"等舆情事件，这背后是不到半数的农村地区互联网普及率与占总网民比例仅6%的老年网民群体。尽管各级政府出台了一些推动乡村数字化基建、帮扶老年人实现智能生活的社会政策，但目前与政策实际落地生效仍有一定距离。如何兼顾"数字难民"群体的平等社会权益，以实现网络社会的精细化治理仍是现阶段的难点。

此外，数字技术应用还将导致先行者与后发者的"技术鸿沟"。落后地区保障"数字难民"群体的权益根本上是要发展数字经济，跟上数字化潮流。但随着数字技术的不断发展，先行地区与落后地区的技术差距面临继续扩大的风险，可能会导致一些基础的帮扶政策陷入治标不治本的窘境。

（三）境内外传播：圈层化加剧、文化传播乏力

疫情防控常态化时期，民众接收信息方式的改变，使以微信为代表的社交媒体成为主要传播渠道，以熟人社交、私密化等为特点的用户群圈层化倾向不断加剧。随着圈层不断固化，不同用户群形成了各自的话语体系，缺少相互认知，圈层内部与圈层间的分化、冲突现象日益严重。这一方面导致个别用户群体出现极端化、"饭圈化"的倾向，产生了"粉丝举报AO3"等舆情事件，导致不同互联网群体对立、互相谩骂乃至人肉搜索等行为屡次发生。北京互联网法院《"粉丝文化"与青少年网络言论失范问题研究报告》也指出，该院所审理的艺人诉网民侵犯名誉权案件多由"粉丝骂战"引起。[1] 另一方面，圈层化加剧还导致一些边缘群体的话语

---

[1] 《全文｜"粉丝文化"与青少年网络言论失范问题研究报告》，澎湃新闻网，2019年12月19日，https：//www.thepaper.cn/newsDetail_forward_5292496。

更加激烈，产生以低俗、叛逆为主要特征的网络亚文化。比如，曾在青年学生中盛行的"祖安文化"就诞生于竞技网游社区，本身带有浓厚的叛逆意识和非主流特征，在"出圈"之后与校园流行文化弥合，具有社会危害性。

同时受疫情影响，国际舆论环境整体呈恶化趋势，文化传播依然乏力。尽管有类似李子柒、中国网络文学等民间文化传播的成功案例，但这些案例也呈现以下特点：一是案例主要为民间个人或商业活动；二是相关作品对中国文化、中国故事的传播并无主动性，更多是无意识中通过互联网传播，或由海外受众发掘；三是以上案例成功传播具有偶然性，个案具有独特性，难以进行复制。总体而言，我国国际形象构建仍处于自发状态，主要由海外受众在接触我国民间优秀作品时自我感知，[①] 由媒体、政府传播的声音并未引起太多关注。而在近几年，因疫情而产生的中外矛盾更加激化，互联网上中外网民之间的割裂、冲突越发严重，可能将影响民间话语进一步传播。

（四）版权保护隐忧：轻量级侵权与碰瓷式维权

2020 年度新媒体产业乱象持续受到社会关注，但除了夸大事实、误导舆论等问题外，新媒体内容侵权现象屡禁不止，暗藏版权保护隐忧。北京互联网法院数据显示，自该院 2018 年成立至 2020 年 9 月，受理的案件中著作权案件近八成，其中摄影、文字、电影类侵权案件数量位居前三。[②] 相比较为容易暴露的热门影视剧、网络小说侵权，新媒体文章、短视频中的内容侵权主要有以下特点：一是侵权产品内容杂、数量多，广泛传播之后不容易追溯侵权源头，导致难以监管；二是侵权形式隐晦，"改编"与"抄袭"界限

---

① 杨卫娜：《中国网文海外走红拓展讲好中国故事新路径》，"金台资讯"百家号，2020 年 7 月 30 日，https：//baijiahao. baidu. com/s？ id = 1673541938576762136&wfr = spider&for = pc。

② 任惠颖、史兆欢：《"e 版权"共治促纠纷共解——北京互联网法院网络著作权纠纷诉源治理探索》，《人民法院报》2020 年 7 月 21 日，第 1 版，http：//rmfyb. chinacourt. org/paper/html/2020 – 07/21/content_ 170359. htm？ div = – 1。

模糊导致判定与维权较为困难；三是新媒体产品制作成本低、所涉利益链条短、产生整体利润少，这类轻量级侵权容易遭到忽视。

与此同时，"视觉中国'碰瓷'黑洞照片"等版权方过度维权的现象也应引起注意。"版权保护不力"与"碰瓷式维权"两种现象共存，长此以往，侵权行为将影响原创内容作品的流量与内容变现，打击创作者的积极性。而个别机构的过度维权又可能损害民众的观感。最终，创作者的流失与产品内容的同质化不但会破坏业内的健康生态，还将危害社会整体的版权保护意识。

（五）零工经济风险：消费者与劳工权益保障

疫情防控常态化时期的居家需求使得消费者改变了消费行为特征，加速了线上消费模式的普及和发展。然而，人民网舆情数据中心《消费维权认知及行为调查报告》指出，云经济的爆发式增长使得线上服务相关的消费者侵权案件陡然上升。而消费者在面对虚假宣传、自动续费等侵权行为进行维权时，容易遇到线上维权处理流程复杂①、线上消费难以取证等难题。此外新技术的运用也带来"大数据杀熟"等利用数据优势的侵权行为，平台方信息不透明导致消费者难以界定侵权。尽管文旅部发布《在线旅游经营服务管理暂行规定》对线上旅游平台进行规范，但其他网购平台仍未受到法规制约。

移动互联网发展还促进了零工经济的兴起，互联网平台催生包括网约车司机、外卖骑手、快递员、网络主播等大量新职业，为各地民生经济提供了重要的支撑。然而随之而来的是劳工权益保障的隐忧，首先，新业态从业者目前并未被纳入我国社保体系，可能导致他们缺乏基本的社会保障；其次，互联网就业平台作为中介，不会主动对从业者的薪资、安全等问题承担责任；最后，相关企业以新技术新平台优势加大从业者负担，仅考虑经济利益

---

① 《中消协发布〈"凝聚你我力量"消费维权认知及行为调查报告〉》，中国消费者协会网站，2020 年 3 月 15 日，http://www.cca.org.cn/zxsd/detail/29505.html。

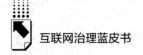

而忽略劳工权益保障。舆论热议的外卖骑手与系统的矛盾，已为新业态下劳工权益保障敲响警钟。

（六）互联网顽疾：旧问题以新形式迭代

网络涉黄信息、网络送养黑色产业链、网络地下代孕市场等互联网治理顽疾也在不断迭代升级，扎根于原有平台或依赖新平台新技术广泛发展。这些违法行为尽管涉及方方面面，但具有以下共性特征：一是违法人员话术不断迭代，通过以暗语等代替违规字眼、对内容进行打码模糊、快速发布和删除违规信息等手段规避平台方审核；二是违法人员活动范围广泛，高度依赖社交媒体、互联网论坛等多渠道进行传播，拥有大量小号防止遭到封禁；三是违法行为迭代为新形式，绕开原有审核机制，如网络涉黄信息扎根于广播、音频 App 进行传播，网络送养黑色产业链依赖知乎平台发布信息等；四是违法人员将互联网正规平台仅作为信息入口，最终诱导用户参与内部群聊、将用户引流至第三方网站、添加微信私下交易，甚至衍生至线下交易；五是随着境内互联网治理的不断完善，违法产业链开始依赖境外社交平台规避审查。尽管一些传统形式的违法行为目前已被有效治理，但随着互联网顽疾不断以新形式迭代，对违法信息的监管查处难度将大幅增加。

四 网络社会治理的发展趋势

（一）疫情防控阶段全球网络秩序变革，全球治理新路径需共同探索

从地域来看，网络治理越来越超出单独国家的范畴。2020 年 9 月 8 日，国务委员兼外长王毅代表中国政府发起《全球数据安全倡议》。他指出，数据安全风险与日俱增，攸关国家安全、公共利益和个人权利，对全球数字治理构成新的挑战。大量数据频繁跨境流动，在理念、立法、管理机制等方面考验政府的治理能力。各国法律法规标准不一，也在推高全球企业的合规成本。面对全球数字治理的赤字，各国亟须加强沟通、建立互信，密切协调、

深化合作。① 网络社会里，世界强国延伸为网络强国，个别国家滥用在网络社会中的技术、话语权优势。革新旧的网络秩序，建立共商共建共享共治的全球网络治理新秩序迫在眉睫。

与此同时，疫情导致"逆全球化"思潮泛起，个别发达国家政客试图借用"甩锅"改变抗疫不力的事实，甚至在全球网络治理中奉行"双重标准"。有观点指出，此次疫情引发了国际社会的不信任和相互指责，各主要经济体更加"内顾化"，全球化遭遇回头浪。全球多边治理机制进一步削弱，区域和双边机制更加重要，各国间处理国际公共事务将更加扁平化、分散化。② 疫情防控常态化时期，全球网络问题仍需全球合作解决，但是新形势下，网络治理秩序将加快重塑，新的合作路径仍然有待进一步调整和探索。

（二）新基建赋能社会治理，预判新技术应用舆情风险重要性提升

2020 年中央多次强调，要加快 5G、人工智能、大数据、物联网等领域新型基础设施建设。新基建的推进，深度赋能数字经济，推进我国社会治理向数字化治理转型，可以说，发展新基建已经成为社会共识。然而，技术是一把"双刃剑"，新技术、新产品在应用过程中也会暴露出新问题，管理不及时或者不当将会酿成不良社会后果，网络社会治理从事中、事后治理前置到事前预判式风险评估与管理的趋势成为必然。预判新技术应用的舆情风险，一方面，可以预防新基建推进中的"走样"，防止在出现问题后"孩子和洗澡水一起倒掉"，阻碍新技术的发展；另一方面，打破以往网络治理中的"头疼医头、脚疼医脚"的局限性，预判新技术在应用时可能引发的舆情风险，加速建立相应的治理体系。此外，探索对新基建推进的风险评估，考验管理者的治理智慧，需要加强各部门间的协作配合和协同共治，借鉴国际先进经验，为网络强国战略实施保驾护航。

---

① 《坚守多边主义　倡导公平正义　携手合作共赢》，"人民网"百家号，2020 年 9 月 8 日，
　　https：//baijiahao.baidu.com/s? id = 1677231562216116230&wfr = spider&for = pc。
② 陈昌盛等：《"十四五"时期经济社会发展十大趋势》，《领导文萃》2021 年第 1 期。

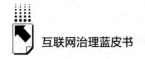
（三）算法伦理争议与"数字劳工"问题亟须解决，"科技向善"仍需制度保障

2020年9月，《人物》杂志一篇名为《外卖骑手，困在系统里》的文章，将智能算法系统所带来的社会伦理问题，摆在了公众眼前，甚至有人用"高科技与低生活"形容技术高速发展与现实社会生活的反差。近年来，"大数据杀熟""算法歧视""数据霸权"等问题愈演愈烈，隐秘的算法成为背后的推手，不少人担忧，算法在带来越来越方便的个性化服务的同时，会不会挑战既定的社会伦理和法律框架，又该如何合理规范算法的发展。与此同时，"数字劳工"问题也值得关注。清华大学新闻与传播学院教授彭兰以直播为例指出，站在风口上的视频直播不应被过度美化，平台权力滥用、社会圈层出现新的固化迹象、个人权利让渡以及"数字劳工"等问题仍然值得观察、探讨和思考。[①] 算法和网络平台发展背后的伦理议题，已经远超技术研发与应用层面，将道德模型与智能算法相结合，让"科技向善"理念在制度下健康发展、普惠社会，成为解决争议的重要着力点。

（四）防范与化解分化主流价值观风险，强化主流意识形态传播力

随着越来越多新型互联网社交平台的兴起，多元的信息获取渠道为网民带来更为丰富多样的选择，同时，信息传播的"去中心化"趋势随着新技术、新平台的兴起越发明显。伴随各类小众文化、小众平台不断"出圈与破解"，发声渠道越来越多，5G的到来也让各平台拥有更多的发展空间，沉浸式、强交互式传播模式巩固，个人被赋予越来越便捷的发声权，大大提升了人们施展话语权的影响力，造就了"人人中心"的传播环境。同时，"去中心化"增强也带来了发展问题。有观点指出，"去中心化"导致了意识形态话语权的解构与话语权传播力的下降，要保持社会共同的思想意识与

---

① 《"直播赋能新业态 数字经济新引擎"研讨会举行》，"人民网精选资讯"百家号，2020年8月7日，https://baijiahao.baidu.com/s? id=16743291996791153332&wfr=spider&for=pc。

价值观念就变得难上加难。舆论场中，制造焦虑、撕裂，拉低舆论场的文明阈值现象增加。网民以极大的热情参与叙事、表达观点，甚至情感超越了事实本身，焦点被模糊，真相被消解。政务机构和主流媒体应加强对主流价值观的引领，人民群众在哪里，党和政府的声音就在哪里，坚持创造内容更为优质、形式更为多样的信息，尤其是随着短视频、直播的兴起，要充分利用好新兴社交平台的传播优势，升级传播矩阵，强化主流意识形态传播，加强舆论引导，充分化解主流价值观被分化的舆论风险。

（五）政企"上云"进入深水区，提升数字领导力水平成为破题关键

在抗击疫情和促进复工复产、"停课不停学"过程中，数字科技的作用有目共睹。云办公、云问诊、云课堂等快速发展。疫情防控常态化时期，数字社会的治理考验数字领导力智慧。北京大学互联网研究院院长彭波提出，数字领导力是在数字科技时代，个人或组织带领他人、团队或整个组织充分发挥数字思维，运用数字洞察力、数字决策力、数字执行力、数字引导力确保其目标得以实现而应该具备的一种能力，是在数字科技支撑下有效实施国际治理、国家治理、社会治理和公司治理的一种能力。[①] 2020 年 4 月，国家发改委、中央网信办启动"上云用数赋智"行动，明确提出要大力培育数字经济新业态，深入推进企业数字化转型。数字化转型是一项长期而艰巨的任务，面临着方方面面的挑战。数字化转型是企业的一场深刻变革。同样，对于政府而言，如何保证自身在互联网发展中不脱节，如何用数字思维、数字治理方式治理互联网空间，亟须继续探索。领导干部"数字素养"能力的提升，不仅有利于将数字科技应用于社会治理与发展中，也有利于推动国家治理体系与治理能力现代化。

（六）构建智慧社会的新型信任关系，谨防智慧社会的"异化"

长期以来，App 侵犯个人信息成顽疾，"刷脸"带来个人信息保护问

---

① 彭波：《论数字领导力：数字科技时代的国家治理》，《人民论坛·学术前沿》2020 年第 15 期。

题，而疫情防控常态化时期的信息收集，更是加剧了人们对信息使用边界的担忧。《学习时报》文章分析提到，当今信息革命的一个直接后果，就是人们的社会行为和日常交往都在不断数字化，我们已不再是单一的"生物人类"，而是有了"数字人类"的新属性；人们每天、每时、每刻都会留下一串串的身份数据、关系数据、行为数据和言语数据，获得了新型的"生物—数字"二维面向。然而，人类的这种数字化面向也会带来一定的社会问题，它很容易侵蚀个人隐私，形成信息不对称和数据鸿沟，甚至还会出现利用"数据画像"的"监控社会"。这些问题浸润到智慧治理之中，带来的就不仅仅是民权民生保障问题，还很可能带来公权力的技术化延伸，从而造成智慧社会治理的异化，这也是未来法治建设所面临的全新挑战。[①] 智慧社会的构建，不仅要求数字技术的进一步发展，更应善用数据，实现技术善治。上海社会科学院互联网研究中心主任惠志斌指出，由于传统信任关系在数字时代的难以为继、新型信任关系的迟迟缺位，亟须构建数字信任体系，解决数字经济发展和智慧城市建设中的信任危机和安全问题。[②] 随着社会对个人数据隐私保护的重视，人们对个人隐私泄露的社会焦虑将不断加剧，引发数字化生存的信任危机。应通过约束数据使用的范围与程度，明确个人信息的公用价值实现与个体利益保护边界，加速完善数据安全保障体系。

（七）区块链创新应用被期待，智慧政务与数字版权保护生态有望再突破

区块链具有中心化、不可篡改、可追溯等特点，在"政务上链"和解决数字版权问题方面将大有作为。《人民日报》发文指出，出于安全、隐私等因素考虑，一些地方的数字政务仍然存在孤岛现象。"政务上链"既能保障数据流通的安全，消除共享的顾虑，又能搭建多方参与的信任网络，充当

---

① 《智慧社会治理的五大挑战》，光明网，2019 年 10 月 29 日，https：//dang jian. gmw. cn/2019 – 10/29/content_ 33274789. htm。

② 《网络安全治理　如何"从有到优"》，手机人民网，2020 年 9 月 17 日，http：//m. people. cn/n4/2020/0917/c3351 – 14427598. html。

信任中介，可以更好地释放政务数据潜能。从这点来看，区块链进一步促进了互联网与政务的深度融合，为数字政务再上台阶提供了新的方案。[①]

除此之外，区块链也成为版权保护利器。如何保护版权、维护作者权益，一直是互联网时代的一大难题。目前已经有不少区块链应用于版权保护的有益尝试。未来，区块链技术应用仍有很大的想象空间，在区块链技术的赋能下，数字版权保护生态也会越来越完善。

（八）重视信息"使用沟"问题，全民媒介素养需进一步提升

党的十九大报告为网络社会的治理指明了"打造共建共治共享的社会治理格局"这一方向。互联网社会的治理，应在明确参与主体责任的同时保护参与主体的权利，中国互联网发展迅速，确保网民的网络素养与网络共发展成为重中之重。

有观点指出，信息"新穷人"并不等同于未接入现代媒介系统的人，而是已拥有互联网接入设备，却长期处于信息匮乏、信息劣质状态下的人群。信息贫困与数字鸿沟这一问题相关，而近年来，随着"接入沟"的问题逐渐得到解决，对数字鸿沟的研究也开始转向对"使用沟"的研究。不良信息充斥社交平台，虚假信息误导舆论时有发生，网络暴力花样不断翻新，全民媒介素养仍然有待进一步提升，尤其是"一老一少"（中老年人和未成年人）使用互联网质量仍需改善。全民媒介素养的提升，离不开政府部门、社交平台、社会、家庭教育与学校教育的共同努力。

[①] 《打开"政务上链"应用场景（人民时评）》，"人民网"百家号，2020 年 8 月 28 日，https：//baijiahao. baidu. com/s？id = 1676219541226410237&wfr = spider&for = pc。

B.4
信息流行病的传染机理与协同治理

田琴琴　罗昕*

摘　要: 信息流行病是一种全球性流行病,是在以下三个因素的作用下产生的:不可靠信息来源多且传播速度更快;社交媒体的兴起与普及;个体媒介素养较低。信息流行病的传染机理包括信息不确定性引发情绪传染、信息重复暴露进一步强化错误认知、"过滤气泡"引发行为模仿。信息流行病的治理离不开各主体的参与,一是联合国要动员和整合全球力量,促成各方协同合作;二是政府要保持信息公开透明,及时澄清,加强风险沟通;三是科研机构要进行信息监测和预警,确保信息准确可靠;四是媒体要及时准确地向公众传递科学信息,做好信息把关;五是公众要加强媒介素养教育。

关键词: 信息流行病　传染机理　协同治理

在新媒体时代,信息传播不但速度快,而且影响范围广。在突发公共卫生事件中,面对信息大杂烩,人们很难辨别信息的真实性和有效性,这也导致虚假信息、错误信息、误导信息和恶意信息等不可靠信息流行,进而形成了具有流行性和传染性的"信息流行病"。这些不可靠信息不仅会误导公众,引发民众焦虑和恐慌等情绪,还会使公众对政府和公共卫生体系丧失信

---

* 田琴琴,暨南大学新闻与传播学院博士研究生,主要研究方向为互联网治理、网络舆情、媒体融合;罗昕,博士,暨南大学新闻与传播学院教授,主要研究方向为互联网治理、网络舆情、媒体融合。

心，进而影响国家和全球的经济、政治与安全。因此，只有正确认识和理解
"信息流行病"，深入挖掘"信息流行病"的传染机理，才能制定有效的治
理措施，进而提升国家治理能力。

一 信息流行病的概念

20 世纪 90 年代后期关于网络上卫生信息质量的讨论大多围绕着这样一
个问题，即网络上低质量的信息可能对公共卫生有害。① 正是在这种背景
下，2002 年，Gunther Eysenbach 在《美国医学杂志》（*The American Journal
of Medicine*）的一篇短评中创造了"信息流行病学"一词，将"信息流行病
学"定义为一种"新兴的研究学科和方法"，包括"研究健康信息和错误信
息的决定因素和分布情况——这可能有助于指导卫生专业人员和患者在互联
网上获得高质量的健康信息"。② 信息流行病学可以通过分析来自互联网搜
索引擎的查询以预测疾病（如流感）暴发；监测人们在 Twitter 等平台上的
状态更新，以便进行综合监测；发现和量化在卫生信息提供方面的差异；查
明和监测互联网上与公共卫生有关的出版物（也包括新闻或专家策划的疫
情报告）；自动化衡量信息传播和知识转化；跟踪保健营销活动的有效性；
此外，分析人们如何在互联网上搜索与健康有关的信息，以及他们如何交流
和分享这些信息，可以为人们与健康有关的行为提供有价值的见解等。③

信息流行病（Infodemic），该词由 Information（信息）与 Epidemic（流
行病）组成，这个术语最初出现在 2003 年 SARS 暴发期间卫生和危机传播
专家 David Rothkopf 的一篇报告中，他称"一些混杂着恐惧、猜测和谣言的

---

① Eysenbach G. et al. , "Empirical Studies Assessing the Quality of Health Information for Consumers
  on the World Wide Web: A Systematic Review," *Journal of the American Medical Association* 20
  (2000): 2691 – 2700.

② Eysenbach G. , "Infodemiology: The Epidemiology of (Mis) Information," *The American Journal
  of Medicine* 113 (2002): 763 – 765.

③ Eysenbach G. , "Infodemiology and Infoveillance Tracking Online Health Information and
  Cyberbehavior for Public Health," *American Journal of Preventive Medicine* 40 (2011): 154 – 158.

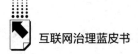

事实，被现代信息技术放大并迅速传播到全世界，以与根本现实完全不成比例的方式影响了国家和国际经济、政治甚至安全"。① 2009 年，Gunther Eysenbach 在一篇研究文章中将信息流行病定义为"关于某一问题的未过滤信息过多，导致解决问题变得更加困难，焦虑的公众很难区分基于证据的信息和广泛的不可靠的错误信息"。②

在 2020 年之前，信息流行病在学术文献中的使用并不多。③ 直到 2020 年新冠肺炎疫情突袭而至，信息流行病才成为国内外关注的焦点，并且主要关注的是由新冠肺炎疫情引起的信息流行病。意大利的布鲁诺·凯斯勒基金会（Bruno Kessler Foundation）进行的研究表明，2020 年 3 月，在 Twitter 上平均每天有 46000 个新帖子与新冠肺炎疫情大流行的误导性信息相关。④ 英国进行的一项调查（2020 年）显示，英国 46% 的成年人报告说，他们在线接触过有关危机的误导性信息。⑤ 这种信息流行病在疫情防控期间通过散布令人难以置信的谣言、夸张的新闻宣传语和耸人听闻的言论来制造恐惧和恐慌。⑥ 如疫情防控期间关于抽烟、喝酒、吃大蒜、涂芝麻油、饮用热水、燃烧香叶能预防病毒等谣言，以及新冠肺炎病毒是一种生物武器等不实言论。这些以大量的虚假信息以及负面的错误信息为特点的"社交媒体恐慌"比病毒本身传播得更快。⑦ 世界卫生组织把这种现象称为"信息流行病"，特

① Rothkopf D. J., "When the Buzz Bites Back," http：//www.udel.edu/globalagenda/2004/student/readings/infodemic.html.

② Eysenbach G., "Infodemiology and Infoveillance：Framework for an Emerging Set of Public Health Informatics Methods to Analyze Search, Communication and Publication Behavior on the Internet," *Journal of Medical Internet Research* 11（2009）.

③ Nielsen R. K. et al., "Navigating the 'Infodemic'：How People in Six Countries Access and Rate News and Information about Coronavirus," Reuters Institute report, 2021.

④ Hollowood E., Mostrous A., "Fake News in the Time of Covid – 19," https：//members.tortoisemedia.com/2020/03/23/the – infodemic – fake – news – coronavirus/content.html.

⑤ Bin Naeem S., Bhatti R., "The Covid – 19 'Infodemic'：A New Front for Information Professionals," *Health Information and Libraries Journal* 6（2020）.

⑥ Zarocostas J., "How to Fight an Infodemic," *The Lancet* 395（2020）：676.

⑦ Wang C. et al., "A Novel Coronavirus Outbreak of Global Health Concern," *The Lancet* 395（2020）：470 – 473.

指"信息过多——有些准确而有些不准确——使得人们在需要时难以找到可信赖的来源和可靠的指南，甚至可能对人们的健康产生危害"。[①] 它是为了将突发公共卫生事件中谣言、污名化和阴谋论的一些共同特征进行分类而被创造出来的。[②] 世界卫生组织和其他组织强调，信息流行病对公共卫生、公共行动、社会凝聚力和整个政治格局构成严重威胁。[③]

结合信息流行病的背景和概念，本报告认为信息流行病可以被定义为：在突发公共卫生事件中，网络上信息过多，其中的大量虚假信息、错误信息、恶意信息等不可靠信息，以类似流行病的方式，通过数字媒体和现代技术在人类之间传播，使得人们在需要信息时难以找到可信赖的来源和可靠的指南，甚至可能对人们的健康产生危害。

二 信息流行病的扩散过程

类似于流行病在宿主之间的感染，信息流行病的流行过程包括传染源、传播途径和易感人群三个基本环节。在现代网络社会，感染者使用媒体产生"信息病毒"，"信息病毒"散播于信息环境之后，易感人群通过网络社交接触后经历一段时间的潜伏期被感染从而成为感染者，进一步扩散和传播"信息病毒"。

（一）传染源方面，不可靠信息来源多且传播速度更快

自媒体时代，人人都是传播的主体，各种信息参差不齐，缺乏质量审查

---

① World Health Organization，"Coronavirus Disease 2019（COVID－19）Situation Report－86," https：//www. who. int/docs/default－source/coronaviruse/situation－reports/20200415－sitrep－86－covid－19. pdf？sfvrsn＝c615ea20＿6.

② World Health Organization，"Coronavirus Disease 2019（COVID－19）Situation Report－13," https：//www. who. int/docs/default－source/coronaviruse/situation－reports/20200202－sitrep－13－ncov－v3. pdf.

③ Brennen J. et al.，*Types，Sources，and Claims of COVID－19 Misinformation*（Oxford：Reuters Institute for the Study of Journalism，2020）.

机制。新冠肺炎疫情的错误信息围绕着病毒的起源、它如何传播以及如何治愈它而流传，除了网上各种平台传播的各种错误信息，还包括一些新闻机构发布的关于病毒的误导性信息，以及许多高层政治人物、名人和其他知名公众人物通过新闻发布会、官方渠道和社交媒体推送错误或误导性信息的例子。[①] 此外，研究发现，尽管由政府或专业人员制作的视频更可靠、更准确，但它们在 YouTube 上的数量远低于个人用户的视频，而个人用户发布的视频更有可能是不准确和不完整的。[②] 一项关于新冠肺炎疫情信息的信息流行病学研究发现，有用的视频在受欢迎程度上并没有超过误导性的视频，这表明外行人接触不准确信息的机会相当多。[③] 并且，研究表明假新闻的传播速度比真实新闻快 6 倍，同时能获得更多的观众互动。[④]

（二）传播途径方面，社交媒体的兴起与普及为信息流行病扩散提供了平台

随着新冠肺炎疫情的蔓延，媒体成为社交的重要工具，也成为寻找和分享有关该疾病信息的一种方式。疫情发生后，全球社交媒体的使用量增加了 20% ~ 87%。[⑤] 有研究发现，社交媒体会扩大有关健康问题的错误信息的传

---

① Brennen J. et al., *Types, Sources, and Claims of COVID – 19 Misinformation* (Oxford: Reuters Institute for the Study of Journalism, 2020).

② Li H. et al., "YouTube as a Source of Information on COVID – 19: A Pandemic of Misinformation?" *BMJ Global Health* 5 (2020): 2604. Madathil K. C. et al., "Healthcare Information on YouTube: A Systematic Review," *Health Informatics Journal* 21 (2015): 173 – 194. Singh A. G., Singh S., Singh P. P., "YouTube for Information on Rheumatoid Arthritis – A Wakeup Call?" *The Journal of Rheumatology* 39 (2012): 899 – 903.

③ Moon H., Lee G. H., "Evaluation of Korean Language COVID – 19 Related Medical Information on YouTube: Cross-Sectional Infodemiology Study," *Journal of Medical Internet Research* 22 (2020): 20775.

④ Burger P. et al., "The Reach of Commercially Motivated Junk News on Facebook," *PLOS ONE* 14 (2019): 220446. Vosoughi S., Roy D., Aral V. O. P., "The Spread of True and False News Online," *Science* 359 (2018): 1146 – 1151.

⑤ Naeem S. B., Bhatti R., Khan A., "An Exploration of How Fake News is Taking over Social Media and Putting Public Health at Risk," *Health Information and Libraries Journal* 38 (2020): 143 – 149.

播范围。① 一项针对 18～35 岁社交媒体用户的研究显示，社交媒体使用和与疫情有关的恐慌传播之间存在显著的正相关关系。②

（三）易感人群方面，个体媒介素养较低

信息处理能力低，缺乏辨别能力，普通受众对于一些需要专业背景知识才能辨别真伪的谣言缺乏鉴定手段。2020 年 9 月 29 日，中国互联网络信息中心（CNNIC）在京发布第 46 次《中国互联网络发展状况统计报告》（以下简称《报告》），《报告》显示，截至 2020 年 6 月，我国网民规模达 9.4 亿人，其中受过大学专科及以上教育的网民群体占比仅为 18.8%。这意味着超八成网民的学历偏低，而学历较低的人媒介信息处理能力普遍也较低，对媒介信息的辨识能力不足。同时，教育水平低的人更可能依赖社交媒体和信息应用程序，③ 这意味着他们接触不可靠信息的概率很大。

三　信息流行病的传染机理

易感人群接触"信息病毒"后，并不是都会被感染，而是需要经过一定的传染机理才会成为感染者，而感染者通过一定的干预可以恢复健康成为健康者。信息流行病的传染机理主要是情绪传染、认知强化和行为模仿。面对信息不确定，个体会产生负面情绪，负面情绪会影响认知判断，而错误认知会进一步强化负面情绪，负面情绪和错误认知都可能会引发非理性行为，致使"信息病毒"进一步扩散。

---

① Dalrymple K. E., Young R., Tully M., "Facts, Not Fear," *Science Communication* 38 (2016): 442-467.

② Ahmad A. R., Murad H. R., "The Impact of Social Media on Panic During the COVID-19 Pandemic in Iraqi Kurdistan: Online Questionnaire Study," *Journal of Medical Internet Research* 22 (2020): 19556.

③ Nielsen R. K. et al., "Navigating the 'Infodemic': How People in Six Countries Access and Rate News and Information about Coronavirus," *Reuters Institute report*, 2021.

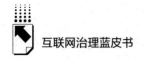

（一）信息不确定性引发情绪传染

面对突发公共卫生事件，尤其是涉及生命健康和安全的事件，个体会想掌握更多的信息，以确保自己、家人和周身环境的安全。可是互联网时代，面对信息泛滥、信息不确定与信息不对称，个体容易产生恐慌、焦虑等负面情绪，而负面情绪会减少个体的思维行动资源，从而使个体更加专注于即时的境况，迅速做出决定并采取行动，以求得生存。① 追求确定性是人类的本能，面对信息不确定性，理性思维会受到情绪的威胁，会产生认知和情感压力。② 也就是说，面对不确定，个体会产生一定的焦虑或恐慌，为了缓解自己的负面情绪，个体会采取一些不理智的行动，如在网络上寻求"抱团取暖"，情绪性发泄，不断搜索、发帖、提问等，导致负面情绪蔓延。个体还会偏向某种可以给自己解释安慰的说法，如阴谋论之所以有效，是因为它们在不确定性和焦虑时期提供了一种解释的安慰，可以减轻恐惧。③ 并且，在"后真相"时代，公众可能会相信那些迎合他们情感和个人信仰的信息，而不是那些被认为是事实和客观的信息。此外，为了确认信息的可靠性，或者说为了证实自己的想法，会通过社交媒体采取搜索、发帖、提问等行为去寻求认同，这将使"信息病毒"进一步扩散。

（二）信息重复暴露进一步强化错误认知

许多心理学家发现，信息处理的难度会影响个人对其准确性的评估。具体而言，他们发现，人们将自己对于回忆或处理新信息有多么容易的感觉作

① Fredrickson B. L. , "The Role of Positive Emotions in Positive Psychology," *American Psychologist* 3 (2001)：218 – 226.

② Greco V. , Roger D. , "Uncertainty, Stress, and Health," *Personality and Individual Differences* 34 (2003)：1057 – 1068.

③ Stephens M. , "A Geospatial Infodemic：Mapping Twitter Conspiracy Theories of COVID – 19," *Dialogues in Human Geography* 10 (2020)：276 – 281.

为信息真实性的一个信号。[①] 例如，经常出现的信息对民众来说更为熟悉，因此，不管实际内容如何，该信息更有可能被接受为事实。[②] 任何试图明确否定谎言的行为都可能使事情变得更糟，因为直接反驳谣言就意味着重复谣言。仅仅提到谣言就可以增加其流畅性，从而提高其感知的准确性。[③] 因为正如Berinsky 发现的那样，即使错误信息被揭穿，纠正通常也会提升其曝光率，增强回忆和信念。[④] Pennycook 等认为，重复暴露虚假信息可以增加其准确性。[⑤]Nyhan 和 Reifler 进行了一些实验，他们纠正了有关伊拉克战争和奥巴马宗教等话题的错误陈述。他们发现，让民众了解真相有时会适得其反，加深现有的错误认识。例如，收到关于伊拉克没有大规模毁灭性武器信息的保守派比没有收到正确信息的答复者更有可能相信伊拉克拥有这些武器。[⑥] Schwarz 等人利用疾病控制中心（CDC）制作的信息传单来教授病人关于流感疫苗的知识，结果发现，试图揭穿流感疫苗注射的"神话"，反而会潜意识地加深受访者对这些"神话"的认识，从而产生进一步传播不实信息的效果。[⑦]

（三）"过滤气泡"引发行为模仿

媒体上算法推荐技术制造了"过滤气泡"，引发回音室效应，导致行为模仿和"群体极化"，使信息进一步"病毒式传播"。许多人从他们的社交

---

① Schwarz N. , "Metacognitive Experiences in Consumer Judgment and Decision Making," *Journal of Consumer Psychology* 14（2004）：332 –348.

② Gilbert D. T. , Tafarodi R. W. , Malone P. S. , "You Can't Believe Everything You Read," *Journal of Personality and Social Psychology* 65（1993）：221 –233.

③ Nyhan B. , Reifler J. , "The Effect of Semantics and Social Desirability in Correcting the Obama Muslim Myth," working paper, 2009.

④ Berinsky A. , "Rumors and Health Care Reform：Experiments in Political Misinformation," *British Journal of Political Science* 1（2015）：1 –22.

⑤ Pennycook G. , Cannon T. D. , Rand D. G. , "Prior Exposure Increases Perceived Accuracy of Fake News," *Journal of Experimental Psychology：General* 12（2018）：1865 –1880.

⑥ Nyhan B. , Reifler J. , "When Corrections Fail：The Persistence of Political Misperceptions," *Political Behavior* 2（2010）：303 –330.

⑦ Schwarz N. et al. , "Metacognitive Experiences and the Intricacies of Setting People Straight：Implications for Debiasing and Public Information Campaigns," *Advances in Experimental Social Psychology* 39（2007）：127 –161.

媒体订阅中获取的新闻，是由算法推荐的，这种过滤的信息使用户更少地暴露于对立的观点中，并将他们隔离在自己的气泡中，[①] 使得错误信息不断重复，进一步加深用户对错误信息的认同。此外，回音室效应意味着人们更喜欢阅读那些确认和巩固他们原有观点的文章，用户也更喜欢与志同道合的人互动，这样就有更多的机会让错误信息像病毒一样传播开来。当错误信息与回音室的观点产生共鸣时，回音室可以作为一个初始平台，错误信息从这里可以通过弱关系在全球范围内进行扩散。[②] 那些接触但是没有被感染的潜伏者，在大家讨论、转发、分享和评论过程中可能会产生行为模仿，形成"群体极化"，引发群体行为，进而加快信息传播速度，促使更多的易感人群成为感染者。

四　信息流行病的协同治理

面对新冠肺炎疫情防控常态化时期的信息流行病，世界卫生组织举行了一次技术协商会议，制定了突发公共卫生事件中信息流行病管理框架，包括5个方面：扫描和核实证据；解释科学；扩大信息的覆盖面；衡量信息流行、评估趋势和影响；协调和治理。[③] 首次提出"信息流行病学"概念的学者 Gunther Eysenbach 提出了信息流行病治理的四大支柱：信息监测；形成电子健康素养和科学素养能力；鼓励知识提炼和质量改进过程，如事实核查和同行评议；准确和及时的知识翻译（知识从一个层面转化为另一个层面），尽量减少政治或商业影响等扭曲因素。[④]

[①] Pariser E. , *The Filter Bubble*：*How the New Personalized Web is Changing What We Read and How We Think* (London：Penguin, 2011).

[②] Törnberg P. , "Echo Chambers and Viral Misinformation：Modeling Fake News as Complex Contagion," *PLOS ONE* 9 (2018)：203958.

[③] Tangcharoensathien V. et al. , "Framework for Managing the COVID－19 Infodemic：Methods and Results of an Online, Crowdsourced WHO Technical Consultation," *Journal of Medical Internet Research* 6 (2020)：19659.

[④] Eysenbach G. , "How to Fight an Infodemic：The Four Pillars of Infodemic Management," *Journal of Medical Internet Research* 6 (2020).

总的来说，对信息流行病的治理，首先，要确保信息可靠；其次，在不可靠信息散播后，应该采取一定的措施，减少传染和流行；再次，应立即采取措施帮助感染者康复；最后，做好信息监测，做好预防和预警，防止下一次的大流行。信息流行病是一种全球性的疾病，单靠政府是无法治理的，需要多个主体协同参与信息流行病的治理。

（一）联合国：动员和整合全球力量，促成各方协同合作

作为全球公共卫生治理领域的重要行为体，联合国在抗击信息流行病中扮演着不可或缺的角色。一方面，全面动员和整合全球力量，加强信息共享和资源协调，呼吁各个利益相关方协同合作，及时传播准确信息。如在新冠肺炎疫情发生后，为了抗击信息流行病，联合国成立了一个快速反应小组，通过传播事实和科学知识，阻止错误信息的广泛传播。此外，世卫组织还建立了流行病信息网络，多个技术团队和社交媒体团队通过该网络紧密合作，跟踪并应对错误信息、传言和谣言，为相关行动提供专门的信息及证据。[①]另一方面，制定并实施政策举措，敦促成员预防和打击信息流行病，协调沟通，促成全球协作。如为凝聚全球力量，联合国推出了一项信息传播新倡议，基于科学、解决方案与团结，与错误信息作斗争。

（二）政府：保持信息公开透明，及时澄清，加强风险沟通

首先，政府自身要做好信息公开和合理开展行政监管，加快建立高效、权威、透明、严谨的疫情信息发布机制，切实保障公众的知情权，保持信息公开透明，及时澄清。其次，善于运用法律、技术、经济和文化等软硬手段，加强社交媒体管理，对各类有害信息打击治理，加大"捉谣"力度。对恶意散布有害信息内容的个人、组织，要施以严厉惩罚，不断压缩"信息流行病"的生存空间。再次，保持风险沟通，开放和协同新闻媒体、社

---

① 《对抗"错误信息疫情"的五种途径》，联合国网站，https：//www.un.org/zh/coronavirus/five‐ways‐united‐nations‐fighting‐infodemic‐misinformation。

交媒体、专业人员和广大公众等多主体力量参与，加强对信息影响的分析。及时了解专业信息及公众的需求，做好舆情引导。最后，进一步完善信息流行病管理办法，以支持备灾等应对工作，为减轻风险提供信息，并通过数据科学、社会行为等研究予以加强。同时加强国际沟通与合作，以促进相互学习信息流行病特征以及有效的控制措施，以便及早采取应对措施。

（三）科研机构：进行信息监测和预警，确保信息准确可靠

一方面，进行信息流行病学研究，加强信息监测和信息预警。面对信息流行病，了解关于健康威胁的重要信息如何传播以及公众如何处理和应对这些信息至关重要。[1] 这将进一步为政府风险通报和出台适当的官方指导方针提供信息。[2] 信息监测可以提供实时、纵向和动态的数据来捕捉公众意识、谣言和行为反应，它可以成为评估公众对信息流行病和谣言反应的有效手段。

另一方面，确保信息准确可靠，提供基于证据的信息。同行评审或专家认可可以提高医学信息的可靠性。[3] 在新冠肺炎疫情防控常态化时期，虽然信息流行病主要是基于主流新闻和社交媒体传播的错误信息，但其中大部分信息来自科学界——所有出版物中近 2/3 是关于该主题的评论或叙述性评论。[4] 例如，一篇预先印刷的文章提出了 SARS-CoV-2 和人类免疫缺陷病毒（HIV）的病毒特性之间的相似之处，这引发了有关生物工程的阴谋论。

（四）媒体：及时准确地向公众传递科学信息，做好信息把关

媒体是公众寻找准确信息、科学事实，以及政府决策的窗口，在获取准

---

[1] Lin L. et al., "What Have We Learned about Communication Inequalities during the H1N1 Pandemic: A Systematic Review of the Literature," *BMC Public Health* 14 (2014): 484.

[2] Betsch C., Wieler L. H., Habersaat K., "Monitoring Behavioural Insights Related to COVID-19," *The Lancet* 395 (2020): 1255-1256.

[3] Bezner S. K. et al., "Pediatric Surgery on YouTube™: Is the Truth out There?" *Journal of Pediatric Surgery* 4 (2014): 586-589.

[4] Ilyas U., "Infodemic vs Pandemic: Role of Social Media," *Rawal Medical Journal* 3 (2020): 500-501.

确和最新信息以及向恐惧和焦虑的公众提供信息方面发挥着关键作用。一方面，传统媒体与社交媒体应协同向公众传递准确信息。传统媒体在向公众提供循证信息方面发挥着关键作用，而这些信息又可以在社交媒体上得到迅速传播。世界卫生组织和世界各地的卫生当局目前正在与 Facebook、Google、Twitter 和 YouTube 等社交媒体平台密切合作，向公众提供基于证据的信息，努力积极应对正在流传的错误信息。①

另一方面，媒体要做好信息把关，做好平台监督，采取措施阻止不可靠信息的进一步扩散。新冠肺炎疫情防控常态化时期，社交媒体上错误信息和谣言泛滥成灾，包括阴谋论、消毒剂中毒等。如果平台能及时发现，采取措施，可以避免不可靠信息进一步扩散。例如 YouTube 封锁了包括 David Icke 频道在内的几个持阴谋论的频道，Facebook 下架了"对伪科学感兴趣"的广告。②

（五）公众：加强媒介素养教育

已有研究表明，良好的媒介素养，能激发公众对健康类虚假信息的怀疑和批判，③ 能够显著提升个人的政治知识水平与社会参与水平。④ 一方面，加强个人媒介素养教育，提升信息处理能力，可以增强公众对信息流行病的免疫能力。在信息时代，用户承担着选择和过滤可信赖的健康信息的大部分责任，信息流行病的治理涉及的重要的一方面就是要提升公众电子健康素养和科学素养。一项针对英国新闻分享者的研究发现，与那些故意分享错误信息的人相比，更多的人在社交媒体上分享了他们后来发现的错误信息（也

① Zarocostas J. , "How to Fight an Infodemic," *The Lancet* 395 （2020）：676.

② Naeem S. B. , Bhatti R. , Khan A. , "An Exploration of How Fake News is Taking over Social Media and Putting Public Health at Risk," *Health Information and Libraries Journal* 38 （2020）：143 – 149.

③ Tully M. , Vraga E. K. , Bode L. , "Designing and Testing News Literacy Messages for Social Media," *Mass Communication & Society* 1 （2019）：22 – 46.

④ Ashley S. , Maksl A. , Craft S. , "News Media Literacy and Political Engagement：What's the Connection？" *The Journal of Media Literacy Education* 1 （2017）：79 – 98.

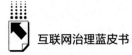

就是说，他们认为这是真的）。① 因此，增强个人的信息辨别能力，可能会减少错误信息的流行。另一方面，提升个人媒介素养，可以唤醒自身的责任意识，不分享误导性信息，自觉地关注和遵守媒体道德要求与法律规范，考量自身媒介行为的社会影响力，做一名权威观点的使用者、优质内容的传播者和正面信息的创造者。

① Chadwick A., Vaccari C., Loughlin B., "Do Tabloids Poison the Well of Social Media? Explaining Democratically Dysfunctional News Sharing," *New Media & Society* 11 (2018): 4255 – 4274.

B.5

中国短视频 App 的自律治理

——对 9 款短视频 App 用户服务协议的文本分析

徐敬宏　侯彤童　沈晓霞　杨波*

摘　要： 短视频 App 作为近年来异常火爆的新媒体形态，在收获流量和经济效益的同时，也成为互联网生态治理的一大重点。然而，现阶段对于短视频 App 的治理，仍以我国相关部门出台治理政策为主，以短视频行业的自律为辅。本报告通过对 9 款短视频 App 的用户服务协议进行文本分析，探究短视频 App 在短视频治理中扮演着何种自律角色。研究发现主动提示、服务条款方面的具体内容和表述差异相对较大，而隐私政策、内部管理规范方面的内容表述具有较高的一致性，短视频 App 的平台与用户的权利和义务存在一定程度的不平衡。本报告认为应强化短视频 App 提示用户服务协议的自主性，完善平台与用户间的权责机制，在具体内容和表述中结合平台优势强化内容特色，完善我国短视频 App 的自律治理，维护网络生态环境的良性循环发展。

关键词： 短视频 App　网络治理　用户服务协议　自律治理

---

* 徐敬宏，北京师范大学新闻传播学院教授、博士生导师，主要研究方向为新媒体与互联网治理；侯彤童，北京师范大学新闻传播学院博士研究生，主要研究方向为新媒体与互联网治理；沈晓霞，北京师范大学新闻传播学院硕士研究生，主要研究方向为新媒体与互联网治理；杨波，北京师范大学新闻传播学院硕士研究生，主要研究方向为新媒体与互联网治理。

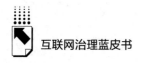
一 引言

中国互联网络信息中心（CNNIC）发布的第 46 次《中国互联网络发展状况统计报告》显示：截至 2020 年 12 月，我国网民规模达 9.89 亿人，较 2020 年 3 月增长 8540 万人，互联网普及率达 70.4%，其中手机网民规模达 9.86 亿人，网民通过手机接入互联网的比例高达 99.7%。该报告同时显示，我国短视频用户规模达 8.73 亿人，用户使用率高达 88.3%。由该报告可以看出，随着 4G 技术的快速普及和发展，几乎所有网民都在使用移动网络，成为"掌上一族"，而其中，大多数手机网民在通过不同的 App 使用短视频功能，可以说 2018 年是短视频发展呈现"井喷"态势的一年。可以预见，在即将到来的全民 5G 时代，在互联网速度与质量的双重加持下，短视频这一兼具记录生活与艺术表现功能的移动互联网表达形式将会呈现更加火爆的"井喷"式发展趋势。

然而，与短视频的快速发展不相匹配的是我国短视频治理的相对迟缓。我国传统的互联网管理采取分权、多主体模式，以平衡、协调的互联网管理为目标，各网站受原信息产业部与原国家广播电影电视总局的联合管理。[①]我国目前的短视频治理也仍以政府主导为主，主要表现为出台相关的法律法规，对非经营性互联网信息服务采用备案管理制度，同时辅以内容审查、年检制度和公众监督举报制度的管理办法，[②]对违反相关规定的短视频 App 采取整改或下架等处理措施，在这一治理过程中企业和用户仍较多扮演被动参与的角色。其中，"多利益相关方"模式被认为是目前相对科学且符合当下传播规律的互联网治理模式，该模式强调由政府、企业和用户共同应对互联网社会中遇到的问题，即政府、企业、用户三方共同参与互联网的治理。[③]

---

① 毛勇、黄本一：《建立面向媒介融合的互联网管理体系——我国视频网站的管理及效果研究》，《新闻界》2009 年第 2 期。

② 关萍萍：《政府－平台－用户：构建一体两翼短视频优化治理体系》，《中国出版》2019 年第 13 期。

③ 刘锐、徐敬宏：《网络视频直播的共同治理：基于政策网络分析的视角》，《国际新闻界》2018 年第 12 期。

在这一模式中，企业的参与在互联网治理过程中必不可少。

但是目前我国互联网企业主动参与治理的方式较为缺乏，其中企业有两种较为明显的参与方式：一是各互联网企业自发成立和加入自律联盟，自觉检视和整改 App 的服务和运营情况；二是各互联网企业为旗下 App 产品制定用户服务协议。其中第二种参与治理的方式在整个互联网治理环境中是更为直观的，尤其是对于短视频 App 的用户来说。因此，对于用户服务协议的研究也就成为企业自律维度下互联网治理研究必不可少的一部分。用户服务协议即网络用户为获得网络平台服务，与该网络运营商构建的合同关系，该合同由运营商单方拟定。① 用户服务协议具有单向性和不可更改性。单向性即该协议仅由企业单方面起草；不可更改性即用户不可更改合同内容，只能选择同意与否。虽然用户也能通过反馈或邮件联系的方式对合同内容提出疑问或修改意见，但从即时性而言，用户仍旧不能在较短时间内影响合同内容，用户只有同意该协议才能完成注册，若不同意则不能完成注册过程，无法享受 App 提供的全部功能。由此，用户服务协议也就成为规制短视频制作者的"第一道门槛"，它直接且大范围地影响短视频内容的创作、生产和传播。短视频 App 的用户服务协议正是企业主动参与治理的直接体现，也可以说是企业参与治理的最终结果。同时，虽然用户服务协议看似只是企业与用户间的权利与义务关系，但这一协议最终是受政府相关法律法规所管辖，因此在某种程度上也可以将其看作一个政府、企业、用户三方在互联网治理过程中共同协商的对话空间。

因此，分析短视频 App 的用户服务协议可以较为直观地掌握短视频企业参与互联网治理的状况，为今后短视频企业更新用户服务协议提供意见，同时为政府相关部门在政策制定方面提供一定的参考，也为保障用户使用权益、规范其使用行为提供支持。

---

① 杨祥瑞：《网络用户协议中个人信息保护的合同法研究——以〈淘宝平台服务协议〉为例》，《吉林工商学院学报》2019 年第 3 期。

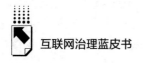

二 文献综述

关于短视频，目前学界并没有统一的定义。王晓红等人认为移动短视频是指利用智能手机拍摄 5～15 秒的视频，可以快速编辑或美化并用于社交分享的手机应用。[①] 刘姿麟认为短视频主要指的是一种基于互联网的内容生成与传播方式，在互联网新媒体上进行传播，时长在 5 分钟以内的视频传播内容。[②] 本报告基本同意这一定义，此定义指出了短视频的生产过程（基于互联网内容的生成与传播）、传播渠道（在互联网新媒体上传播）以及内容时长（5 分钟以内）。但本报告对内容时长这一要素有不同看法，虽然早期短视频的确以时长简短而获得此名，但现今的短视频内容许多均已超出 5 分钟，尤其是"vlog"这一风格鲜明的短视频形式时间通常在 10 分钟左右甚至更长，因此本报告认为关于时长的定义不应拘泥于 5 分钟，即区别于一般视频的时长均可列入短视频时长的定义范围。而短视频 App，不难理解即拥有短视频生产、传播功能的在移动互联网上使用的应用。

美国的 Viddy 被认为是首款短视频应用，它于 2011 年 4 月 11 日问世，以制作 30 秒以内的短视频为亮点，短短一年便吸引 1000 万名用户注册；而新浪公司于 2013 年 8 月 18 日出品的秒拍被普遍认为是国内首款短视频应用。[③] 随着技术的不断发展，短视频应用也依据其自身特色不断细化，有学者认为目前短视频 App 可分为三种类型：以微视为代表的社交型、以美拍为代表的工具型、以 Vine 为代表的媒体型。[④] 也有学者根据生产、传播过程将其分为以《人民日报》为代表的内容类 App、以今日头条为代表的平台类 App、以梨视频为代表的"内容＋平台"类 App、以小咖秀为代表的工具

① 王晓红、包圆圆、吕强：《移动短视频的发展现状及趋势观察》，《中国编辑》2015 年第 3 期。
② 刘姿麟：《中国短视频行业的现状分析》，《电影评介》2018 年第 10 期。
③ 华金香：《移动短视频社交应用现状及未来发展探析》，《出版广角》2018 年第 14 期。
④ 王晓红、包圆圆、吕强：《移动短视频的发展现状及趋势观察》，《中国编辑》2015 年第 3 期。

类 App。① 然而，随着短视频技术的飞速发展，如今的短视频 App 已呈现出交叉的局面，不能简单将某一短视频 App 概括为某种独立的功能属性。因此，本报告认为可将短视频 App 分为以下三类：以西瓜视频为代表的平台型 App、以梨视频为代表的内容型 App、以 VUE 为代表的工具型 App。

目前新闻传播学界关于短视频的研究大多集中于对特定主题的内容研究及其传播机制研究上。其中政务类短视频、主流媒体类短视频因其内容较为新潮、传播范围较广、传播效果显著而受到较多学者的关注。例如，有学者对《人民日报》抖音号的用户参与度进行实证分析，发现虽然部分趣味性短视频有较多的用户参与，但仍需继续探索主流媒体如何在遵循新闻客观性的前提下，适应新型社交平台的传播特性，创新视听语言。② 此外，乡村类短视频也因内容新颖、受众较多引起了学者们的研究兴趣。

然而，尽管对短视频的研究已成为近年来学界研究的热点，但学界目前对于短视频治理的研究还较为匮乏。仅有的研究多从宏观上进行概述性分析或是经验性分析，③ 缺少较为具体的实证类研究。同时，现有对于短视频治理的研究也多从政策制定角度出发，对短视频的内容以及侵害版权、隐私权等不良行为进行治理研究，④ 缺少对企业自律维度的考量。因此，对于短视频 App 用户服务协议的研究可以说是少有从企业平台方出发的实证类研究，而此类研究意义重大。

三 研究设计

（一）数据来源

根据易观《2019 年最新移动 App TOP1000》（2019 年 4 月移动 App

① 汪文斌：《以短见长——国内短视频发展现状及趋势分析》，《电视研究》2017 年第 5 期。
② 杨凤娇、孙雨婷：《主流媒体抖音号短视频用户参与度研究——基于〈人民日报〉抖音号的实证分析》，《现代传播（中国传媒大学学报）》2019 年第 5 期。
③ 陈晔：《2018 年我国短视频监管与治理》，《新闻爱好者》2019 年第 6 期；武志强：《网络短视频治理工作刻不容缓》，《中国报业》2019 年第 4 期。
④ 王媛：《探析自媒体短视频广告的监管与治理》，《传媒论坛》2020 年第 2 期。张伯娜：《短视频版权保护与合理使用判断标准探究》，《出版发行研究》2019 年第 3 期。

TOP1000 排行榜）的报告，排名前 200 的应用中有 11 款是短视频 App。[①] 本报告从中筛选出 9 款短视频 App，在手机市场中进行下载，并对这些 App 的用户服务协议进行研究，它们分别是：快手（版本号为 6.5.7，下同）、抖音（6.9.0）、火山小视频（6.6.3）、西瓜视频（3.6.8）、好看视频（4.15.0.11）、微视（5.8.6）、全民小视频（1.17.1.10）、波波视频（4.0.2）、美拍（8.2.12）。其中哔哩哔哩和土豆视频虽然也包含有许多短视频内容且排名前 200，但因短视频并不属于该两款应用的主要使用功能，所以暂未将这两款 App 的用户服务协议纳入研究范围。同时，上述 9 款短视频 App 的月活跃人数均在 1460 万人以上，其中排名靠前的快手 App 的月活跃人数更是超过 3.4 亿人，因此本报告认为这些短视频 App 的用户服务协议在短视频领域具有较强的代表性，特选择这 9 款短视频 App 的用户服务协议作为本报告的研究样本。

（二）研究方法

本报告采用文本分析法对上述 9 款短视频 App 的用户服务协议进行研究。通过阅读文献发现，用户服务协议在外文文献中通常不被作为一项独立的内容进行研究，而是被分为两个部分进行独立或综合分析，即将用户服务协议分为服务条款（Terms of Use）和隐私政策（Privacy Policy）两部分。[②] 然而本报告在对我国短视频 App 的用户服务协议进行浏览后发现，我国短视频 App 用户服务协议的内容划分有些混乱。例如，快手 App 的用户服务协议被统称为"法律条款"，其中又包括"用户服务协议""隐私保护政策""主

---

① 《短视频内容搭建，是稳定留存的神药吗？｜2019 年最新移动 AppTop1000》，易观网，2019 年 5 月 16 日，https：//www.analysys.cn/article/detail/20019331。

② Moallem A.，Do You Really Trust "Privacy Policy" or "Terms of Use" Agreements without Reading Them，International Conference on Applied Human Factors and Ergonomics，2017：290 – 295. Taverner J. et al，Image Analysis for Privacy Assessment in Social Networks，International Symposium on Distributed Computing and Artificial Intelligence，2018：1 – 4. Obar J. A.，Oeldorf - Hirsch A.，"The Biggest Lie on the Internet：Ignoring the Privacy Policies and Terms of Service Policies of Social Networking Services," *Information*，*Communication & Society* 23，1（2020）：128 – 147.

播注册条款""快手社区管理规定（试行）"四部分；但是抖音 App 并未有条款总名称，而是在"设置"中分别下设"社区自律公约""用户协议""隐私政策"三部分。但总览后发现，虽然 9 款短视频 App 用户服务协议的内容划分各有不同，但其具体内容与国际惯例并无较大出入，依旧包含有服务条款和隐私政策两大部分。此外，由于许多网络平台希望以自我规制的方式既响应政府的号召和管理，又能保有一定的发展空间，因此会通过制定内部的管理规范来达到平台自治的目的。[①] 虽然"内部管理规范"有时分散于服务条款中，有时独立成篇并名为"社区管理规定"或"社区自律公约"，但由于其具有高度的平台自治属性，是企业参与短视频治理的重要体现，因此本报告也将对"内部管理规范"进行单独分析。

因此，本报告根据刘琼等人[②]和徐敬宏等人[③]关于用户协议和隐私政策的内容划分，并结合 9 款短视频 App 用户服务协议的具体内容，从主动提示内容、服务条款、隐私政策、内部管理规范四方面对短视频 App 的用户服务协议进行文本分析。其中，对服务条款的分析细分为服务内容，账号使用，知识产权，未成年人使用条款，服务变更、中断或终止，免责声明六项内容；对隐私政策的分析细分为用户个人信息收集与存储及用户个人信息分享两项内容。

四　研究发现

由于火山小视频与西瓜视频同属字节跳动公司旗下的短视频产品，而好看视频、全民小视频同属百度公司旗下，因此它们在服务条款、隐私政策、内部管理规范方面的内容均带有各自公司鲜明的特点，在具体表述上也与同公司产品具有高度一致性。

[①] 刘锐、徐敬宏：《网络视频直播的共同治理：基于政策网络分析的视角》，《国际新闻界》2018 年第 12 期。

[②] 刘琼、黄世威：《网络视频直播平台管理规章的取向——基于 8 个移动直播平台用户协议的文本分析》，《当代传播》2019 年第 2 期。

[③] 徐敬宏等：《七家网站隐私声明的文本分析与比较研究》，《国际新闻界》2017 年第 7 期。

（一）主动提示内容

本报告对于主动提示内容的分析有两点，一是是否在短视频 App 下载安装后打开使用的初次就自动向用户弹出服务协议和隐私政策，提示用户关注或同意该两款具体协议内容；二是若短视频 App 并未做到第一点，则是否在用户初次点击注册或登录时就自动向用户弹出该两款协议内容。如表 1 所示，经过分析后发现：只有美拍 1 款 App 做到了第一点，即初次打开使用时就弹出协议提醒。同时，有抖音、微视、波波视频 3 款 App 做到了上述第二点，即在注册或登录时弹出协议提醒，其中微视采取的是默认同意无须用户点击同意的提示做法，抖音、波波视频采用的则是需用户自行点击同意的提示做法。此外，快手、火山小视频、西瓜视频、好看视频、全民小视频 5 款 App 均需要自行查找用户服务协议，短视频 App 不会主动提示用户进行关注。

表1 9 款短视频 App 主动提示内容的分析结果

App 名称	版本号	是否初次打开使用时就弹出协议提醒	是否在注册或登录时弹出协议提醒	是否需要自行查找用户服务协议
快手	6.5.7	否	否	是
抖音	6.9.0	否	是(需用户自行点击同意)	否
火山小视频	6.6.3	否	否	是
西瓜视频	3.6.8	否	否	是
好看视频	4.15.0.11	否	否	是
微视	5.8.6	否	是(默认同意协议)	否
波波视频	4.0.2	否	是(需用户自行点击同意)	否
全民小视频	1.17.1.10	否	否	是
美拍	8.2.12	是	否	否

注：该分析结果基于 2019 年 9 月 10 日首次打开 App 时的情况。

（二）服务条款

1. 服务内容

9 款 App 中，除了快手和美拍，其余 7 款 App 均在用户服务协议中表明了平台所提供的服务内容。其中字节跳动旗下的火山小视频和西瓜视频，以及百度旗下的好看视频和全民小视频在内容表述上最为明了和详细；美拍在服务内容的表述上最为模糊，仅表述为"旨在为您提供本协议内免费、非独占和全球范围内的软件使用许可及技术服务，实现用户内容的发布"。

但在 9 款 App 中，只有美拍在服务内容中明确向用户提供了 3 种联系方式，以应对用户可能产生的与协议有关的疑问或建议，分别是电话、邮箱和客服 QQ。微视仅提及"请与腾讯客户服务部门联系"。而快手、西瓜视频、全民小视频 3 款 App 未在服务内容中提及反馈渠道。

2. 账号使用

经过分析本报告发现，账号使用部分主要涉及账号注册方式、账号安全、账号信息变更三方面。

在账号注册方式方面，仅美拍要求用户必须注册或者登录才能使用 App，而其余 8 款 App 用户均可以游客的身份立即浏览、使用部分功能，但涉及评论、转发、搜索等个人行为功能时仍需用户注册登录才能正常使用。同时，仅腾讯公司旗下的微视要求用户必须使用 QQ 账号或者微信账号登录，不接受其他形式的账号注册及登录，而其余 8 款 App 均接受手机号注册登录及第三方账户授权登录。其中，百度公司旗下的好看视频和全民小视频用户服务协议中提及"为任何用户自动登录到百度账户代理身份验证凭据"，即若用户已经拥有百度公司账号或手机已安装有百度旗下的其他产品如百度网盘并登录，则好看视频和全民小视频将自动识别该账号并进行登录。

在账号安全方面，除快手外，其余 8 款 App 均在协议中对账号安全及其归责做出明确说明。虽然 8 款 App 对此表述不一、有详有略，但表达主

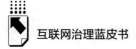

旨大致相同，即平台只允许账号由用户本人使用，账号用户名、密码等登录信息由用户个人自行保管，账号安全也由用户个人负责，其中波波视频还明确指出"账户因遭受他人攻击、诈骗等行为导致的损失及后果，均由您自行承担"。

在账号信息变更方面，9 款 App 的用户服务协议均表示用户有权对账号名称、年龄等个人资料信息进行修改。关于账号信息变更，除好看视频、全民小视频、美拍 3 款 App 未提及此项外，快手、微视明确表示不赞同用户以出借、赠予、出租、转让、售卖或其他方式变更账号使用主体，而抖音、火山小视频、西瓜视频、波波视频、美拍 5 款 App 则在协议中表示可在公司同意的情况下进行账号转让。同时，部分 App 还在协议中对用户长时间未登录所采取的行为进行了说明，抖音、火山小视频、西瓜视频明确表示"用户连续超过二个月未登录账号，公司有权收回账号，且该账号下的使用信息不可恢复"，波波视频则将这一时间界定为 5 年，快手则表示"当账户 6 个月以上停止使用时，快手将对该账户暂停使用，直至用户本人再次登录、使用"，其中并未提及使用信息不可恢复。

3. 知识产权

在知识产权方面，9 款 App 的用户服务协议均有所涉及，虽然表述的具体内容有所不同，但总体来说除波波视频、美拍两款 App 外其他均包含以下两个重点。

第一，用户通过平台所上传的内容，包括但不限于文字、图片、视频、音频等各种形式的内容及其中包含的音乐、声音、台词、视觉设计等所有组成部分均由用户原创或已取得合法授权，上传作品的知识产权归用户个人或原始著作权人所有。

第二，用户在该平台发布的信息已默认对该平台授权，如好看视频的协议表述中详细说明了包括"在全世界范围内，永久性地、不可撤销地、免费地授予我方及其关联方的全部产品或服务对该内容的存储、使用"等在内的五大项权利的概括内容及数十项权利的具体内容，同时授予平台可以代理用户对其知识产权的侵权行为进行维权的权利。

如表 2 所示，其中波波视频和美拍对于知识产权的说明均只包含第一点关于用户方知识产权的内容，并未提及关于平台方知识产权即第二点的内容。

表2　9 款短视频 App 知识产权的分析结果

App 名称	是否涉及用户方知识产权	是否涉及平台方知识产权
快手	√	√
抖音	√	√
火山小视频	√	√
西瓜视频	√	√
好看视频	√	√
全民小视频	√	√
微视	√	√
波波视频	√	×
美拍	√	×

4. 未成年人使用条款

未成年人使用条款方面大致包含以下三项主要内容：一是是否明确且告知未成年人的行为责任方；二是是否倡导未成年人自觉遵守《全国青少年网络文明公约》（以下简称《公约》）；三是是否提醒用户谨慎发布包含未成年人影像的内容。

如表 3 所示，在 9 款短视频 App 中，抖音、火山小视频、西瓜视频 3 款 App 均在未成年人使用条款部分包含了以上三个方面的内容；快手和微视两款 App 包含了第二、三项内容，未明确且告知未成年人的行为责任方；而好看视频、全民小视频、波波视频和美拍 4 款 App 在这方面包含内容最少，未涉及上述第二、三项内容，只提及"未成年人应在监护人的监督下使用"，也并未明确对未成年人的行为责任方做出界定。

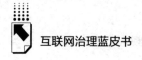

表3　9款短视频App未成年人使用条款的分析结果

App 名称	是否明确且告知未成年人的行为责任方	是否倡导未成年人自觉遵守《公约》	是否提醒用户谨慎发布包含未成年人影像的内容
快手	×	√	√
抖音	√	√	√
火山小视频	√	√	√
西瓜视频	√	√	√
好看视频	×	×	×
全民小视频	×	×	×
微视	×	√	√
波波视频	×	×	×
美拍	×	×	×

5.服务变更、中断或终止

这一方面主要包含以下三项内容：一是是否明确表示平台有权变更、中断或终止软件及相关服务；二是当平台不定期对软件及相关服务进行更新或改变时，用户可否自行选择是否更新相应版本；三是在软件及相关服务部分或全部更新后，平台是否将以适当方式（包括系统提示、公告、站内信等形式）提示用户。9款短视频App中，快手、美拍两款App并未在用户服务协议中提及"服务变更、中断或终止"的相关内容。4款App均包含上述第一、三项内容。对于第二项内容，仅抖音、火山小视频、西瓜视频明确表示，"用户可自行选择是否更新"；波波视频则表示"若用户不同意更新，请停止、拒绝、取消，否则视为用户同意"，间接暗示用户没有选择是否更新的权利，只有同意和停止使用两种选择。好看视频、全民小视频、微视3款App对于第三项内容并未明确表示，只提醒用户若不进行更新，可能会影响部分功能的使用，用户仍拥有一定程度的更新选择权。

6.免责声明

在免责声明这一方面，9款短视频App的用户服务协议相关内容有详有略，大部分App尽可能将内容表述得更加具体，波波视频和美拍表述得相对简短。但总体来说，其内容大致包含以下两个方面：一是对服务内容的免责声明，具体表现为由各种不可抗力因素造成的服务中断、改变，进而引起的用户相关行为的受影响程度及损失结果，平台不承担相关责任；二是平台依照相关法律法规制定用户服务协议并做出判断，但并不保证与司法机关的判断完全一致，由此产生的后果由用户自行承担。也就是说，平台尽可能地将自然发生的结果、由不可抗力因素造成的结果，以及由用户自主行为或是平台漏洞缺陷造成的任何可能影响软件使用、服务提供的结果和责任，通过免责声明的形式，免除平台方的相关责任。其中，尽管抖音、火山小视频两款 App 提到了因此可能产生的赔偿，即"公司对您承担的全部责任，无论因何种原因或何种行为，始终不超过您因使用抖音（火山小视频）软件及相关服务而支付给公司的费用（如有）"，但因该两款 App 绝大部分的使用行为均为免费行为，也间接免除了平台可能产生的赔偿事宜。

（三）隐私政策

研究发现，除波波视频的隐私政策没有明确单独显示（隐藏在波波视频用户服务协议中）外，其余 8 款 App 均将隐私政策独立显示出来，利于用户的查找和阅读。

1. 用户个人信息收集与存储

用户个人信息收集与存储可细分为三项说明内容，分别是信息收集说明、信息存储安全说明、Cookies 说明。其中，信息收集说明包含信息收集的主要内容以及信息收集的主要途径等内容；信息存储安全说明包含网站所收集信息的存储时长以及是否提供了具体的存储技术保障等内容；Cookies 说明是指网站是否向用户清楚地介绍了 Cookies 或者其他类似相关技术的使用方法及用途。

如表 4 所示，除微视没有在隐私政策中提及 Cookies 说明以外，其余 8 款短视频 App 均在隐私政策中提及了上述三项说明内容。

表4　9款短视频App用户个人信息收集与存储的分析结果

App 名称	信息收集说明	信息存储安全说明	Cookies 说明
快手	√	√	√
抖音	√	√	√
火山小视频	√	√	√
西瓜视频	√	√	√
好看视频	√	√	√
全民小视频	√	√	√
微视	√	√	×
波波视频	√	√	√
美拍	√	√	√

在信息收集说明一项中，除百度公司旗下的好看视频和全民小视频无须收集任何信息即可使用基本浏览功能，以及腾讯公司旗下的微视仅需用户提供 QQ 号或者微信号这一基本个人信息外，其余 App 均需收集包括用户的手机号、密码、邮箱账号等在内的基本个人信息；同时各款 App 均不同程度地鼓励用户提供尽可能多的其他个人信息，以更好地提供个性化服务，如性别、头像、昵称、星座、出生年月、兴趣爱好等。

在信息存储安全说明一项中，9 款短视频 App 的描述具有较高的一致性，均涉及信息存储的期限、地点以及为保障信息存储安全提供的措施。其中，9 款短视频 App 均提供包括技术和管理在内的两方面的安全措施。此外，好看视频、全民小视频、微视 3 款短视频 App 还较为详细地表述了发生信息安全问题后的处理和处置措施。

在 Cookies 说明一项中，仅微视 1 款短视频 App 未涉及此项内容，其余 8 款 App 在对此项的说明中也具有较高的一致性。除波波视频外，其余 7 款均提及使用 Cookies 的目的、Cookies 的功能作用以及如何清除 Cookies。波波视频仅提及了使用 Cookies 的目的、Cookies 的功能作用，没有说明如何清除 Cookies。

2. 用户个人信息分享

信息分享也可细分为三方面，分别是：共享个人信息，即该平台在何种情况下会将用户的个人信息与第三方或其他平台共享，或以何种方式进行共享；转让个人信息，即该平台在何时会将用户个人信息进行转让；公开披露用户个人信息，即该平台会在何种情况下对用户的个人信息进行公开披露。9 款短视频 App 的隐私政策均涉及上述三项具体内容，尽管在具体内容表述上有详有略，但内容还是具有较高的一致性。

在共享个人信息方面，除微视的表述非常简单，仅提及"平台会在用户同意的情况下，将用户的个人信息共享至第三方"以外，其余 8 款短视频 App 的隐私政策以两种表述方式对信息共享进行描述：一是以快手为代表，直接明确可能会将用户信息提供给的共享方，如法律法规要求的共享方、平台的关联方、平台的授权合作伙伴、司法或行政执法机构、第三方软件或技术等；二是以抖音为代表，描述因用户使用行为而可能产生的信息共享，如实现功能或服务的共享信息、实现广告相关的共享信息、实现安全与分析统计的共享行为、帮助用户参加营销推广活动等。

在转让个人信息方面，9 款短视频 App 拥有高度相似的表述，大致内容为平台仅在两种情况下进行信息转让：一是在明确获得用户的同意后，平台会向其他方转让用户信息；二是在涉及合并、收购或破产清算时，平台会要求新公司继续受此隐私政策约束，或要求新公司重新征得用户的授权。

在公开披露用户个人信息方面，9 款短视频 App 的具体内容均包含以下两方面：一是解释可能需要公开披露信息的情况，二是解释无须征得用户即可披露个人信息的情况。在对第一种情况的解释中，除微视的表述最为简单，只提及"如有需要会征得用户同意"以外，其余 8 款 App 均表示会在用户同意以及法律法规强制要求下进行信息披露。9 款 App 均对第二种情况做出了较为详细的解释，即根据相关法律法规无须征得用户同意的情况，并且具体表述较为一致。

此外，9 款短视频 App 的隐私政策除包含用户个人信息收集与存储、用户个人信息分享两方面内容外，还均包含用户权利、青少年隐私保护等方面的内容，因其具体表述内容具有高度相似性，且相当一部分内容与服务条款有所交叉，故本报告暂不将这些分析结果一一罗列。

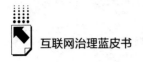

（四）内部管理规范

9 款短视频 App 均在"服务条款"中制定了详细程度不一的管理规范，对用户的行为规范、信息内容规范、投诉及举报渠道等做出了较为完善的管理和规定。此外，快手、抖音、全民小视频、美拍 4 款短视频 App 还专门将更为详细的内部管理规范独立显示出来，其名称和主要内容可见表 5。这些管理规范不仅从用户的使用行为、发布行为、纠纷处理等方面做出较为详细的表述和规定，还从更为宏观的思想层面对快手和抖音内部管理规范进行了提议倡导。这些内部管理规范与我国相关法律法规的内容密切相关，均未脱离我国关于互联网信息管理规范的具体法律法规。其中，美拍还将用户需要遵循的我国相关法律法规及其具体内容罗列出来，具体有《计算机信息网络国际联网安全保护管理办法》《互联网信息服务管理办法》《互联网电子公告服务管理规定》《全国人民代表大会常务委员会关于维护互联网安全的决定》《互联网新闻信息服务管理规定》《网络表演经营活动管理办法》等法律法规。

表 5 独立显示内部管理规范的 4 款短视频 App

App 名称	协议名称	主要内容
快手	《快手社区管理规定（试行）》	基本原则、违法违规、恶意行为、用户纠纷、社区管理
抖音	《社区自律公约》	价值观、行为准则、保护未成年人的社会责任
全民小视频	《社区公约》	违法违规、恶意行为、用户纠纷、社区管理
美拍	《美拍社区管理规则》	用户行为规范、处理原则及反馈渠道

五 结论与讨论

通过上述分析可以发现，9 款短视频 App 在主动提示内容、服务条款方面的具体内容和表述差异相对较大，而在隐私政策、内部管理规范方面的内容表述具有较高的一致性。本报告认为需要从以下几方面对短视频 App 的用户服务协议做出优化和改善，做到企业与用户均权责清晰。

（一）强化短视频 App 提示用户服务协议的自主性

根据前述分析结果可知，在用户服务协议的主动提示内容方面，仅有 1 款短视频 App 在初次使用时就弹出用户服务协议，提示用户进行查阅。其次，当用户进行初次注册或登录时，也仅有 3 款短视频 App 主动弹出用户服务协议，提示用户进行查阅。超过一半的短视频 App 需要用户自行在软件中查找和阅览。尽管近年来用户对用户服务协议的关注度有所提高，尤以异常火爆的短视频 App ZAO 为代表，该款 App 因 AI 换脸技术而引发了用户对于用户服务协议中服务条款和隐私政策相关内容的火热讨论，并因此登上新浪微博热搜榜。但是大部分的软件并未引起用户对用户服务协议的主动、刻意关注和讨论。因此，本报告认为在用户权利意识仍较为淡薄的现阶段，短视频 App 非常有必要主动提示用户查阅相关用户服务协议，一方面可以提前明确及告知用户双方的权利和责任，引导用户正确、合理使用短视频 App，另一方面也可以规避可能发生的潜在风险，维护企业权利。

（二）完善平台与用户间的权责机制

本报告认为在前述 9 款短视频 App 用户服务协议的服务条款内容中，平台与用户的权利和义务存在很大程度的不平衡，平台有夸大用户责任的嫌疑。例如 9 款短视频 App 均在服务条款部分提及用户授予平台对于用户上传作品"全球范围内的、永久的、不可撤销的、免费试用的"使用及推广权利；并且平台还通过免责声明的形式事先将企业自身的责任尽可能降低。此外，考虑到大部分短视频 App 并未做到主动提示用户查看用户服务协议的情况，服务条款的内容和措辞将在用户不知情的状况下具有更大的诱导性和迷惑性，无形中提高了用户承担使用行为责任和风险的可能性和程度。短期来看，将企业本应承担的责任和风险过渡给用户似乎可以给企业带来更多

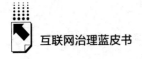

盈利，但长此以往，互联网的生态环境将受到破坏和威胁。平衡用户和平台的权责对于我国互联网生态环境的长期可持续发展具有至关重要的意义。

（三）结合平台优势强化内容特色

短视频 App 作为当下短视频传播形态的特定平台，不同平台之间的产品具有较高的同质性。同时通过本报告前述的分析可以看出，各平台的用户服务协议在具体内容和表述上具有相当高的重复性，尤其是在隐私政策和内部管理规范部分。虽然短视频 App 在功能和使用上并未呈现较大的差异，但各平台的视频内容和运营理念仍有不同特色，如抖音主打城市青年的"潮生活"，而快手则宣扬百姓平凡生活的精彩。因此不同平台的用户服务协议仍可以结合本平台的具体情况制定更加合理且规范的具体政策。尤其是内部管理规范，目前仍有超过一半的短视频 App 仅将其包含在服务条款中，并未如快手、抖音等 App 一样制定本平台内部管理规范、价值观或基本原则。因此短视频 App 应制定更符合平台特色、突出平台优势的内部管理规范。

总体来说，用户服务协议是我国短视频 App 积极通过自律的形式参与网络治理的重要途径和方式，但现阶段看来仍有许多不足，尤其是在保障用户权利方面存在权责不清的问题，甚至有夸大用户责任的倾向。用户服务协议作为一种由企业经营者单方预先拟定的"定型化契约"，应严格遵守《消费者权益保护法》对于"定型化契约"中"意思合致原则"以及"互惠平等原则"的规定，主动明示或以其他合理的方式告知用户该协议的存在及其内容，同时积极检视自身管理政策，保障用户既能享受短视频 App 提供的优质服务，又能保障用户与企业间的权利平等，并依据平台自身状况不断修改、完善用户服务协议，努力从企业角度完善多利益相关方的互联网治理模式。

广州区级融媒体中心建设现状与对策[*]

罗　昕　蔡雨婷[**]

摘　要： 本报告运用问卷调查、实地访谈等方法，对广州市 10 家区级融媒体中心展开调研。研究发现，广州区级融媒体中心面临的问题有身份定位模糊导致发展通道不畅、考评方式不灵活导致人员积极性缺乏、行政色彩较浓影响新闻业务、资源有限难以服务社会、人员转型困难等。对此，本报告提出推进广州区级融媒体中心建设的建议：加强顶层统筹，明确媒体资质，打通事业发展通道；分类推进薪酬绩效改革，优化考评体系；立足本地，加强新媒体内容生产运营；整合各方资源，创新基层社会治理；建设人才队伍，培养配备专业力量。

关键词： 区级融媒体中心　体制机制改革　资源整合　广州

在我国媒体融合格局中，县区级融媒体中心处于传播的"最后一公里"，扮演着主流舆论阵地、综合服务平台和社区信息枢纽等重要角色，是基层治国理政的新抓手。对于市域下的区级融媒体，无论是政策安排、业界交流还是学界研究，都倾向于将其放置在县级融媒体中心建设的框架之中。然而，在基层媒体的共性之下，二者实则存在不可忽视的个性差异，这种差

———————————

[*] 本报告资料与数据截至2020年9月。本报告为南风窗传媒智库委托课题"广州市区级融媒体建设现状与发展对策"的研究成果。

[**] 罗昕，博士，暨南大学新闻与传播学院教授，主要研究方向为互联网治理、网络舆情、媒体融合；蔡雨婷，暨南大学新闻与传播学院博士研究生，主要研究方向为互联网治理、网络舆情、媒体融合。

异与二者的历史来源、资源条件、外部行政环境及社会环境等因素密切相关。近年来，学界、业界从建设现状、实践经验及发展策略等方面对县级融媒体进行了研究。相较之下，聚焦于区级融媒体中心建设的研究尚不多见。若以城乡二元结构审视，县级融媒体更多面向"乡"，而区级融媒体更多面向"城"，因此，区级融媒体中心建设对于新时代的城市发展、城市治理具有独特意义。对城市区级融媒体中心的研究，也应成为一个不可忽视的课题。

本报告以我国广东省广州市的区级融媒体中心为研究对象。广州是我国超大城市的代表，具有悠久的媒体传统。随着媒体融合向县级融媒体推进，2019 年，全市 11 家区级融媒体中心相继挂牌运行。现阶段，广州各区融媒体中心在平台搭建、内容生产、体制机制改革等方面的情况如何？遇到何种问题与障碍？如何克服？2020 年 8 月 25 日至 9 月 30 日，研究者先后赴广州市各区融媒体中心进行调研。在实地参观之外，以座谈形式对各中心 3 ~ 5 名中高层领导进行半结构化访谈。同时，向该市 11 家区级融媒体中心发送调研问卷，收回 10 家问卷。本报告数据主要来源于对上述 10 家融媒体中心的调研。总之，本报告针对广州市区级融媒体中心进行考察，期冀为我国城市区级融媒体中心的建设与研究提供启发。

一　广州区级融媒体中心建设的基本现状分析

广州 10 家区级融媒体中心在 2019 年 7 ~ 10 月陆续挂牌成立。从单位性质看，大部分为公益一类（8 家），少数为公益二类（2 家）。各区融媒体中心主要依靠全额或差额财政拨款运行。在融合力量上，荔湾、海珠、越秀等老城区融媒体中心的组建基础多为隶属区委宣传部的电视新闻中心等科级事业单位，而番禺、增城等经历撤市设区的市辖区，其融媒体中心往往由报社、广播电视台等媒体机构整合组建而来（见表 1）。

在现行媒体管理政策下，单位性质与媒体资源对区级融媒体中心的初期建设产生一定影响。因此，可将广州区级融媒体中心分为三类：一是有媒体机构基础、属公益二类的，如番禺区、增城区；二是有媒体机构基础、属公益一类的，如从化区；三是无媒体机构基础、属公益一类的，如荔湾区、海珠区。如今，各区融媒体中心均进行了机构、人员合并，搭建了线上线下传播平台，并在体制机制改革、基础设施建设、内容生产运营、人员队伍优化等方面进行探索，推进从"相加"到"相融"。

表1　广州10区融媒体中心组建情况

单位：人

名称	成立时间	单位性质（公益一类/二类事业单位）	前身（媒体资源）	行政区划历史	职工人数（含在编与非编）
荔湾区融媒体中心	2019年10月	一类	荔湾区电视新闻中心（一类）	1950年设区	5
海珠区融媒体中心	2019年9月	一类	海珠区电视新闻中心（一类）	1959年设区	9
越秀区融媒体中心	2019年9月	一类	越秀区互联网新闻舆情中心（一类）	1950年设区	12
天河区融媒体中心	2019年9月	一类	天河报社（《天河新时代》内刊）（一类）天河区有线电视中心（一类）	1985年设区	18
南沙区融媒体中心	2019年7月	一类	南沙区新闻中心（《南沙新区报》、《南沙新闻》电视节目）（一类）	2005年由旧辖区调整设立	35
黄埔区融媒体中心	2019年8月	一类	黄埔区新闻中心（《黄埔新时代》、《黄埔新生活》内刊、区电视中心等）（一类）	2014年由旧辖区调整设立	50
白云区融媒体中心	2019年9月	一类	白云通讯社（一类）白云有线电视新闻中心新闻部（三类）	1951年设区	60
番禺区融媒体中心	2019年7月	二类	番禺日报社（二类）番禺区广播电视台（二类）	2000年撤市设区	211
从化区融媒体中心	2019年10月	一类	从化区广播电视台（二类）从化新闻社（《今日CH》内刊）（一类）	2014年撤市设区	234
增城区融媒体中心	2019年9月	二类	增城区广播电视台（二类）增城日报社（二类）	2014年撤市设区	441

资料来源：作者整理。

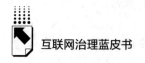

（一）体制机制改革情况

推进媒体深度融合，体制机制改革是关键。在涉及新闻生产、组织架构、员工管理、人才培养、外部合作等方面的 11 个项目中，广州市大部分区级融媒体中心进行了 4～8 个方面的体制机制改革。其中，荔湾区、番禺区、白云区的改革较为全面，海珠区、越秀区、天河区、从化区的改革涉及面较窄（见表 2）。各区普遍已实现的改革内容包括单位组织架构调整以及侧重于生产流程的新闻报道发布机制、新闻素材共享机制、新闻内容把关机制，而外部合作、人才管理优化、新闻产品评估等相关机制则涉及较少。

表 2　广州 10 区融媒体中心体制机制改革情况

辖区	新闻报道发布机制	新闻素材共享机制	新闻内容把关机制	新闻产品评估机制	单位组织架构调整	员工业务培训机制	员工绩效考核机制	人才引进激励机制	周边县区融媒体中心合作机制	互联网平台（如 BAT）合作机制	政府部门联动合作机制
荔湾区	√	√	√	√	√	√	√	√	√	√	√
海珠区		√	√		√						
越秀区	√									√	
天河区			√		√	√					√
南沙区	√		√		√			√			
黄埔区											
白云区	√	√	√		√	√	√				
番禺区	√	√	√	√	√		√	√			√
从化区	√	√	√		√						
增城区	√		√		√			√			√

资料来源：作者整理。

一些融媒体中心在挂牌后，积极在组织架构、绩效考核、生产流程再造等方面改革机制。白云区调整内部管理架构，整合原纸媒与电视的采编人员，组建了新闻采访部、编辑制作部，统一调度采编力量。同时，统一原先的两套考评体系，调动了人员积极性。番禺区融媒体中心作为公益二类事业单位，改革了薪酬体制，增加了在职在编人员"奖励性绩效工资"，收入超过同级别公务员水平。在生产机制上，对新闻报道的"策、采、编、发、存、评"进行流程再造和优化，推动采编流程集约化、数字化改造。

（二）基础设施建设情况

媒体融合以先进技术为支撑。现有经验表明，重技术配置和资金投入是媒体融合前期的突出特征。融媒体中心的基础设施一般包括办公场地、技术设备等硬性基础设施，以及融媒体技术平台、传播平台等软性基础设施。

传播平台方面，除了荔湾、海珠、越秀三区缺乏传统媒体平台外，其他各区均拥有报纸（公开发行或内刊）和电视节目，部分拥有电台。番禺、增城、从化等郊区的传统媒体渠道较为丰富。各区融媒体中心搭建了覆盖度不一的新媒体矩阵，大部分区的传播阵地以两微（微博、微信）、一网（新闻网站）、两号（学习强国号、新花城 App 媒体号，分别由中共中央宣传部、广州市委宣传部打造）为主。在此之外，番禺、增城、南沙、黄埔等区还推出了新闻客户端，并开设了抖音号、头条号等其他第三方平台媒体号。在平台影响力上，各区融媒体中心在区内外群众中的吸引力尚待提升。以微信公众号为例，各区融媒体中心主要微信公众号粉丝数均未超过 25 万人，低的则只有 5 万~8 万人，在相应区的常住人口中覆盖率较低（见表3）。

表3　广州 10 区融媒体中心主要微信公众号粉丝数

单位：人

微信公众号	粉丝数	微信公众号	粉丝数
广州番禺发布	241951	白云融媒	104404
增城日报	207552	广州海珠发布	100000
广州黄埔发布	199001	广州天河发布	76451
广州南沙发布	164645	广州从化发布	72208
广州越秀发布	123705	广州荔湾发布	57761

资料来源：作者整理。

技术方面，各区在中央、省市等的媒体单位支持下，均建成了包括可视化大屏在内的融媒云平台。平台系统功能基本涵盖指挥调度、移动采编、资源共享、多端分发等，部分区的舆情监测与数据分析功能尚未完善（见表4）。如黄埔区打造了面积达1500平方米的融媒体中心功能用房，包括新闻发布厅、视频播出室、演播室、技术用房等，形成集内容管理、网络宣传、舆情监测、新闻资讯汇总等多功能于一体的融媒体指挥平台。[1] 白云区则借助融媒云平台和融媒内容管理系统，从"策、采、编、发、存、评"等六方面实现全流程管理。

表4　广州10区融媒体中心系统功能情况

辖区	融媒体中心系统功能					
	指挥调度	移动采编	资源共享	多端分发	舆情监测	数据分析
荔湾区	√	√	√	√		
海珠区	√	√	√	√	√	√
越秀区	√	√	√	√	√	√
天河区	√		√	√		
南沙区	√	√	√	√		√
黄埔区	√	√	√	√		√
白云区	√	√	√	√		√
番禺区	√	√	√	√		√
从化区	√	√	√	√	√	
增城区	√	√	√	√		

资料来源：作者整理。

各区融媒体中心在建成之后，都注意完善硬件配备，以技术赋能生产力。如海珠区融媒体中心购置更换了无人机、编辑机、摄像机等设备。从资金投入（2018年以来）看，番禺区技术设备资金投入最多，高达600多万元，白云区、增城区、南沙区投入超200万元（见表5）。

---

[1] 《广州黄埔融媒体中心正式投入运行》，广东新闻网，2019年8月31日，http：//www. gd. chinanews. com/2019/2019 – 08 – 31/404664. shtml。

表5　广州10区融媒体中心技术设备资金投入（2018年以来）

单位：元

辖区	资金投入	辖区	资金投入
番禺区	6485918	天河区	800000
白云区	2755100	越秀区	292400
增城区	2477325	荔湾区	220000
南沙区	2350000	从化区	—
海珠区	1500000	黄埔区	—

资料来源：作者整理。

（三）内容生产运营情况

媒体融合，内容建设为根本。广州区级融媒体中心的内容生产较为丰富，党政动态、新闻资讯、社会民生、便民服务、文化娱乐等领域均有涉及。总体而言，新闻资讯、社会民生、党政动态是内容生产的重心，便民服务其次，文化娱乐内容较少。不少区级融媒体中心充分发挥基层媒体优势，下沉本地，推出了许多接地气的报道。如白云区融媒体中心坚持关注民生，记者能下沉至基层，充分保证民生报道的数量，相关稿件常被学习强国平台采用。一些融媒体中心充分利用本地旅游、文化等特色资源进行宣传。如荔湾区融媒体中心借助传统岭南特色老街永庆坊，制作短视频等新媒体产品展现其风貌，频频登上《人民日报》、中央电视台等平台。在立足本地的同时，许多融媒体中心不断拓宽视野，提升内容品质。例如，黄埔区融媒体中心与《人民日报》麻辣财经工作室合作，采写出展现黄埔区"中小企业在这里也能办大事"的报道，刊发在《人民日报》上。

疫情防控期间，各区融媒体中心积极投入"媒体战疫"行动中，通过宣传报道、活动策划等助力疫情防控、复工复产工作。例如，番禺区融媒体中心积极进行疫情报道和防疫宣传，自2020年1月23日至5月18日，线上线下端口累计发稿2.6万余篇，阅读量达2.6亿人次，"10万+"推文18篇，阅读量"150万+"推文3篇。同时，策划多场"区长带货"直播活

159

动，首场直播在线观看总人数 880 多万人次，商品订单数 10041 单，其中汽车认购 2875 辆。2020 年 3 月，白云区融媒体中心策划了"善待湖北农副产品进白云"活动，得到中央及省市各大媒体的关注与响应，此后全国掀起"为湖北拼单"的第一波高潮。

在参与社会治理层面，一些融媒体中心已经开始进行有益尝试。2020年 9 月，黄埔区融媒体中心与黄埔区委政法委联合成立黄埔区政法融媒体中心，并发布了"黄埔平安指数"，成为政法宣传和社会治安管理的创新举措。然而，广州大部分区级融媒体中心尚未深入探索参与社会治理，在提供政务服务、民生服务、商务服务等方面仍存在不足。

从新媒体手段使用情况来看，广州大部分区级融媒体中心能经常使用短视频、网络直播两种形式进行传播。黄埔、海珠等几个区运用新媒体手段较丰富、频率较高（见表 6）。

表 6 广州 10 区融媒体中心新媒体手段使用情况

辖区	经常使用	偶尔使用	很少使用	从不使用
荔湾区	短视频	H5、歌曲 MV、网络直播、人工智能	动漫动画、AR/VR	大数据可视化、区块链
海珠区	动漫动画、H5、大数据可视化、歌曲 MV、短视频、网络直播	无	AR/VR、人工智能、区块链	无
越秀区	动漫动画、短视频	歌曲 MV	H5、大数据可视化、网络直播	AR/VR、人工智能、区块链
天河区	动漫动画、大数据可视化、短视频	H5	无	无
南沙区	无	动漫动画、H5、大数据可视化、歌曲 MV	无	AR/VR、网络直播、人工智能、区块链
黄埔区	H5、大数据可视化、短视频、网络直播	动漫动画、AR/VR	歌曲 MV	人工智能、区块链
白云区	短视频	H5、歌曲 MV、网络直播	AR/VR	人工智能、区块链

辖区	经常使用	偶尔使用	很少使用	从不使用
番禺区	短视频、网络直播	动漫动画、H5、大数据可视化	歌曲 MV、AR/VR	人工智能、区块链
从化区	短视频	动漫动画	网络直播	无
增城区	短视频、网络直播	H5	大数据可视化、歌曲 MV	人工智能、区块链

资料来源：作者整理。

从内容发布平台来看，广州区级融媒体中心都注重多渠道传播、多账号发布，包括网站、微信公众号、学习强国、新花城 App、南方+、微博、人民号、今日头条、抖音等。

从发布频率看，网页与"两微一端"为主要发布平台。几家融媒体中心拥有报纸、电视、广播，这些传统媒体平台的发布频率往往比新媒体平台低。

（四）人员队伍优化情况

从员工数量看，调研范围内的广州 10 家区级融媒体中心共有 1075 名从业人员。各区之间的员工数量差异巨大，最多的几个区为增城（441 人）、从化（234 人）、番禺（211 人），最少的几个区为荔湾（5 人）、海珠（9 人）、越秀（12 人）、天河（18 人），其余区人员数量为 35～60 人。人员数量反映出各区融媒体中心的发展规模存在较大差异。从性别比例看，番禺、增城、荔湾、从化各区的男性占比较大，南沙、白云、越秀、天河各区则反之，海珠区、黄埔区男女比例平衡。从平均年龄看，大多数区级融媒体中心人员平均年龄为 30～40 岁，最低的区为海珠（32 岁），较高的区有从化（45 岁）、天河（40.9 岁）、增城（39.6 岁）、番禺（39 岁）。可见，有传统媒体基础的融媒体中心，其员工平均年龄往往偏高，面临着人员老化的问题。从学历结构看，大部分融媒体中心的员工学历集中在本科。硕士及以上学历占比较高的有荔湾、越秀、南沙、海珠四区。从化区高中及以下学历占

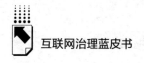
比最高，达 38.89%，硕士及以上学历员工占比最低。增城区也有 16.55% 的员工学历为高中及以下（见表 7）。

表 7　广州 10 区融媒体中心从业人员学历结构

单位：%

学历	荔湾区 5 人	海珠区 9 人	越秀区 12 人	天河区 18 人	南沙区 35 人	黄埔区 50 人	白云区 60 人	番禺区 211 人	从化区 234 人	增城区 441 人
高中及以下	0.00	0.00	0.00	5.56	2.86	—	0.00	6.16	38.89	16.55
专科	0.00	0.00	11.11	11.11	0.00	—	10.00	18.96	25.21	38.55
本科	0.00	83.33	66.67	72.22	74.29	—	80.00	68.25	35.47	43.76
硕士及以上	100.00	16.67	22.22	11.11	22.86	—	10.00	6.64	0.43	1.13

资料来源：作者整理。

从人员性质看，主要由正式在编全职人员、非正式在编人员（合同工、临时工等）两部分组成。番禺、增城、白云、从化等区非在编人员数量远多于在编人员，南沙、海珠、越秀、天河等区则相反，其中海珠、越秀两区全部为在编人员。从工作人员岗位分布情况看，各区级融媒体中心的主力军是采编岗人员，其次为管理岗人员，技术、经营岗人员相对较少。个别区无采编岗或技术岗人员。从人员专业看，新闻传播占比 16.57%，行政管理占比 15.46%，经济管理占比 11.65%，计算机占比 8.13%，中文占比 7.53%，艺术占比 3.11%，其他占比 37.55%。整体而言，以与采编岗、管理岗专业对口的新闻传播/中文、经济管理/行政管理为主。面对新技术、新形式、新手段不断涌现的信息传播生态，一些区级融媒体中心加强了对新媒体专业人才的引入，如黄埔区融媒体中心招聘了 1 位专业美编、2 位专业动画师。

二　广州区级融媒体中心建设的主要问题

2018 年以来，我国媒体融合战略进一步下沉，县区级融媒体中心成为新的建设重点之一。自挂牌成立以来，广州市部分区级融媒体中心积极探索，取得了一定成效。例如，番禺区融媒体中心获评 2020 年广东省广播电视媒体融合先进典型；黄埔区融媒体中心作品入选《人民日报》全国党媒平台"全国县级融媒体抗疫宣传创新优秀案例"。

然而，广州区级融媒体中心建设仍面临着较大压力和挑战。相较于北京等地，广州区级融媒体中心建设的时间整体滞后，各区级融媒体中心的基础资源、建设规模、转型融合程度也不一。由于行政区划调整，部分区级融媒体中心的前身为市级报社、广播电视台，基础较好，技术设备完善、人才较为齐备，媒体力量强；而另外一部分融媒体中心则由原有区级新闻中心改制而来，基础较薄弱，软件、硬件各方面并不齐全。在这样的发展形态下，广州区级融媒体中心面临着两个主要课题：一是如何实现传统媒体融合转型，二是如何从准行政部门转变为专业化新闻机构。在融媒体中心建设面临的共性问题之下，各区又面临着一些个性问题。

（一）身份定位模糊，事业发展通道未打通

与县级融媒体相比，区级融媒体有其特殊性，原因之一在于其身份问题。对于社会系统中的组织而言，身份定位影响着其发展方向、目标实现和与其他组织间的关系。不少区级融媒体中心的前身是区级新闻中心，行政色彩较浓，并非专业化的媒体机构。一些区级融媒体中心的身份定位较模糊。不具备电视台、报社基础的区级融媒体中心是专业的媒体机构还是政府部门？人员身份是政府人员还是媒体人员？区级融媒体中心是否具有媒体资质？由于身份定位模糊，区级融媒体中心在体制机制上面临着许多结构性困境，给个人职业发展与组织事业发展造成障碍。

首先，新闻采编和信息传播业务受影响。采编人员无法申领记者证，面临着身份尴尬："记者证跟工资没有太大关系，但这是一个身份的鼓励，也是对工作的肯定。出去采访起码可以说'我是个记者'，这不一样的，不然人家不知道融媒体中心是干什么的……有时填写职业，写干部还是写记者编辑？记者编辑不对，如果写干部，又不是公务员。"[1] 一些区级融媒体中心

---

① 访谈对象：广州市 B 区融媒体中心主任。访谈时间：2020 年 8 月 25 日。

无法获得从事网络新闻传播活动所需的各种许可证件，如互联网新闻信息服务许可、广播电视播出机构许可、信息网络传播视听节目服务许可等，继而影响了新闻App上线、新闻账号开设等新闻类业务的顺利开展。例如，白云区融媒体中心在应用商店上线App时遇到了困难，微信公众号也无法以其办了多年的内刊《白云时事》为账号名称，这折损了融媒体的品牌影响力。于是，一些融媒体中心便设法通过"借壳"的曲线方式，与省市媒体合作以取得报纸刊号或成为地方分版。

其次，人员职称评定与职业晋升通道受阻。区级融媒体中心一般分专业技术岗与行政辅助岗两类。对于采编人员而言，其职业晋升通道应对标媒体从业人员，为专业技术岗路线，通过职称评定来实现上升，如高级记者、高级编辑。然而，对于区级采编人员而言，职称评定通道是极其狭窄的，因为其核心条件往往在于获得省级以上新闻奖项。一方面，非新闻机构、非正式记者可能不具备参评资格。广东省的省级新闻奖参评对象范围限定在新闻机构之内，一些缺乏媒体资质的城区融媒体中心由此被拒之门外。另一方面，即使具备参评资格，在与省市媒体同台竞争的情况下，区级媒体获奖的机会也十分渺茫。

再次，岗位错位与职业轨道产生偏离。按照许多地方的政府雇员管理办法，专业技术岗政府雇员需要具备专业技术职称，无职称只能认定为行政辅助岗。"后续衍生出一些问题：大家觉得职称无望，怎么办？只能转管理岗。但管理岗就那么多人，何时能晋升？"[1] 这一突出问题，直接影响着采编队伍的稳定和发展。

最后，机构性质影响人员编制。有融媒体中心反映，若参照党政机关编制，副高职称设置比例较小；若为新闻机构，这一比例则可提升。有的融媒体中心在申请编制时，即遭遇质问"融媒体中心是媒体吗"，不得不据理力争以获设相应的编制名额。

（二）单位性质框定，绩效考核不灵活，降低人员积极性

广州区级融媒体中心大多数为公益一类事业单位，财政全额拨款，不开

---

[1] 访谈对象：广州市E区融媒体中心主任。访谈时间：2020年9月16日。

展经营活动。这一单位性质的好处是解决了融媒体中心的生存问题，使其能够专注于新闻舆论工作与公共文化服务。然而，它也带来突出问题：一方面，单位工资总额有限，个人薪酬存在"天花板"；另一方面，绩效考核的灵活度受限，缺乏有效的激励机制，集体面临着"吃大锅饭""干多干少一个样"的困境。

目前，公益一类区级融媒体中心人员一般由在编人员、政府雇员与临聘人员或服务外包人员组成。无论是在编人员还是政府雇员，其工资结构主要为"基本工资＋绩效工资"。一些区级融媒体中心的底薪高、绩效低，如绩效工资只占工资总额的 5%～10%，难以真正调动起工作人员的积极性。另一些单位即使绩效工资占比提升，也由于工资总额有限而使员工收入难以大幅度提升。此外，在编人员与政府雇员存在一定的薪酬差距，部分融媒体中心政府雇员的绩效工资比在编人员低。

公益一类融媒体中心绩效考核的限制影响了人员积极性。一些员工工作出色，作品获得突出成就，单位却往往无法对其进行奖励。公益一类融媒体中心也难以形成造血机制，使人员在面对一些市场或政府项目时无法完全施展拳脚。若为公益二类事业单位，融媒体中心可开展经营，将收益用于绩效发放，激励人员。然而对于公益一类的融媒体中心，这一路径不复存在。"现在许多政府部门有经费，有信息服务需求，我们也可以提供服务，但收到经费后如何发放绩效是一个问题。"① 融媒体中心依赖政府财政支持，人员缺乏有效的激励，难以激发组织活力，难以形成发展的内生动力，使中心面临可持续发展方面的问题。

（三）科室色彩较浓，降低新闻业务专注度

区级融媒体中心是各区委宣传部的下属事业单位。由于媒体身份的模糊，许多区委宣传部未转变传统思维，仍沿用旧有管理方式，将融媒体中心视为下属科室来对待，融媒体中心缺乏足够的自主权和独立性。这种特征突

---

① 访谈对象：广州市 I 区融媒体中心主任。访谈时间：2020 年 8 月 28 日。

出地表现在老城区融媒体中心上。这些老城区缺乏媒体机构基础，即使有办报与电视制播经验也是来源于内刊性报纸或电视新闻中心。

身处行政系统中，政府科室而非媒体机构的管理模式使一些区级融媒体中心的新闻业务开展受到牵掣。首先是内容生产上的宣传色彩突出。一些区的领导及各个政府部门将融媒体中心视作政府内部宣传部门，赋予其过重的党政宣传任务或过高的期许，导致融媒体中心的时政新闻多，民生新闻不足。由于融媒体中心汇集了区内宣传平台，许多部门希望自身宣传稿件能得到刊发。在新闻来源上，由于采编人员忙于各类任务，难以外出采写新闻，因此很多时候依靠职能单位和镇街通讯员供稿。至于舆论监督，则很大程度上被淡化了。其次是行政事务缠身。上级部门将融媒体中心作为一个行政科室来管理，将大量琐碎的行政事务分配给融媒体中心。"交材料、写总结等，其他科室要做什么，也要求我们做什么。"① 一些区以政府机关模式来管理采编人员的日常行为，如实行打卡制，忽略了新闻采访活动的灵活机动性。最后是资源与人员配备的问题。资源方面，当被视作科室时，融媒体中心的办公场地、物资采购都有可能受统一标准的行政限制，如只能购置一台不高于8000元的相机。人员方面，区级政府科室人员规模一般较小。若将融媒体中心同等视之，则可能人为限制了其发展规模。一些融媒体中心的招聘指标和岗位设置都有限。

（四）行动资源有限，难以整合服务社会

引导群众、服务群众是县区级融媒体中心的两大基本功能。目前，广州各区融媒体中心已经通过不断加强内容建设以提升引导能力，然而大多数在服务群众、参与社会治理方面尚处于初级阶段。部分融媒体中心在其新闻客户端上线了民生服务、天气查询、公交查询等便民服务，但这些服务的广度、深度、精准度并不高。真正做好政务服务、公共服务，需要倾注大量人力、资金，整合各方资源，广州各区融媒体中心在这方面遇到了一系列

---

① 访谈对象：广州市G区融媒体中心主任。访谈时间：2020年9月21日。

问题。

一是公益一类单位因制度限制难以开展服务。公益二类融媒体中心可通过市场化手段承办政府及企业的项目等开展服务，而公益一类融媒体中心则缺少市场许可去促使其提供更多服务，盈利能力、服务能力相互促进的模式难以实现。

二是人、财、物、项目等资源有限。如人力资源方面，许多区级融媒体中心目前主要开展新闻舆论引导和思想文化宣传工作，缺乏足够的人员开展专业化、精准化的服务工作。"要建设综合服务平台，除了物力还要人力，而现在人力是最宝贵的。"[①] 数据资源方面，社会治理大部分数据掌握在不同政府部门手中，而各单位之间数据尚未完全打通，融媒体中心要获取数据更是困难。部分区级融媒体中心正与区政务服务数据管理局沟通，以打通数据孤岛，更好对接服务。在更广泛的层面上，融媒体中心走向市场、开展服务需要各类资源保障，尤其是来自政府的支持，目前这种支持还有待加强。"（承担治国理政的功能）这个赋予融媒体中心它就可以做到吗？需要各方面资源的倾斜，需要党委、政府真正把所有的资源向融媒体倾斜，把所有大数据、所有相关的内容整合起来，才能做得到……像我们从来没有搞过经营的突然面向市场，就要给搭配相应的专业人才进来，要配置很多资源。"[②]

三是与其他主体存在服务竞争关系。这些主体包括市场企业、各级媒体等。企业方面，一些互联网公司已经将业务延伸至城市服务的许多领域。"腾讯、阿里依托支付宝和粤政务、粤省事，已经形成了强垄断性的入口。它们的后台能力非常强，跟公安的数据库都打通了。"[③] 媒体方面，广州日报报业集团旗下《信息时报》多年来在广州市内深耕社区、街道，已经形成了先发优势，获得许多服务项目。对于中心城区，还存在一个特殊情况：地理位置降低了居民使用区级融媒体中心的意愿。"中心城区有一个特点，比如，办婚姻登记，在广州民政局就可以办。我们这种市区融媒体，可能不

---

① 访谈对象：广州市 E 区融媒体中心主任。访谈时间：2020 年 9 月 16 日。
② 访谈对象：广州市 F 区融媒体中心主任。访谈时间：2020 年 9 月 16 日。
③ 访谈对象：广州市 F 区融媒体中心编辑。访谈时间：2020 年 9 月 30 日。

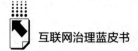

需要提供太多服务。把服务入口链接到我们的平台上就可以了，没有必要自己重复建设去做服务端口。"① 区级融媒体中心如何结合实际，利用自身优势做好服务，仍需要加以探索。

（五）人员转型困难，存在人才流失风险

广州许多区级融媒体中心面临着传统媒体转型问题。其中，人员转型往往是重点也是难点。目前，许多区的媒体人员转型较慢，缺乏新媒体、全媒体人才和技术人才。

第一，技术能力与知识结构落后。短视频、网络直播、航拍、大数据可视化等新传播手段和社交媒体、短视频平台等新传播平台不断涌现，要求融媒体记者编辑掌握新媒体写作、视频制作、社交媒体运营、出镜播报等多种技能。然而，许多区级融媒体中心人员年龄偏大，在学习新知识新技能上存在困难。"原来报社的一些老记者，拍照片、拍视频根本不会，只能拿录音笔、笔记本去采访。"②

第二，难以转变传统思维与习惯。经过多年传统媒体工作的浸润，许多记者并不能理解和适应新媒体信息传播的逻辑与规律。"老的一拨人在做新的平台。他们已经形成一定的惯性思维，不可能一下子转变过来。就像人走了一辈子路，姿态是很难改变的。"③ "新媒体运营是我们的弱项。人家打趣我们，说广电的人不会做抖音，越传统的人越做不出新媒体的味道。"④

第三，学习培训机会少。目前，广州市各区融媒体中心人员得到的来自区、省市或外界的学习培训机会都较少，各区之间的联系交流也不多。一些融媒体中心要求员工学习新知识新技能，却没有渠道、资源、经费组织员工培训。

融媒体中心还存在优秀人才流失的风险。处于基层的区级融媒体中心，

---

① 访谈对象：广州市 A 区融媒体中心编辑。访谈时间：2020 年 8 月 27 日。
② 访谈对象：广州市 H 区融媒体中心主任。访谈时间：2020 年 9 月 18 日。
③ 访谈对象：广州市 D 区融媒体中心主任。访谈时间：2020 年 9 月 30 日。
④ 访谈对象：广州市 I 区融媒体中心主任。访谈时间：2020 年 8 月 28 日。

由于平台小、收入不高、缺乏激励，一些优秀的人才在此学习成长后，会选择到更大的平台工作。"我们培养的拔尖人才很多往省市媒体走，我们这成了记者培训基地。"①

三　广州区级融媒体中心建设的对策

县区级融媒体肩负着巩固基层舆论阵地、服务基层人民生活与地方经济社会发展的使命，其建设是一项系统工程。当前，广州区级融媒体中心处于建设初期，既需要加强顶层统筹、破除结构性障碍，也需要各区根据实际情况探索创新，把握建设重点，充分利用自身优势与特点，更好引导群众、服务群众。2018年中央全面深化改革委员会第五次会议提出，组建县区级融媒体中心，要深化机构、人事、财政、薪酬等方面改革，调整优化媒体布局，推进融合发展。当前区级融媒体中心建设迫切需要将上述精神落地，推进体制机制改革创新，向改革要动力，解决发展中的现实问题。

（一）加强顶层统筹，明确媒体资质，打通事业发展通道

当前，区级融媒体中心发展的许多困境来源于媒体身份模糊：采编人员的激励机制缺失，职业道路偏离；一些融媒体中心无法融入媒体队伍，影响其专业建制。只有明确融媒体中心的媒体资质身份，才能打通个人与集体的事业发展通道。为此，需要加强顶层统筹，使融媒体中心在新闻媒体记者队伍中"入场"。"既然已经明确县区级融媒体是党的基层新闻宣传事业的重要抓手，就应该把区级融媒体的记者正儿八经地纳入新闻战线中，给他们职称评定的通道，让他们有记者证、有职业荣誉感。"②

第一，相关主管部门应出台相关文件，明确区级融媒体中心的新闻机构身份，或在出版许可、播出许可、信息服务许可上提供资质支持。基于

---

① 访谈对象：广州市G区融媒体中心主任。访谈时间：2020年9月21日。
② 访谈对象：广州市F区融媒体中心编辑。访谈时间：2020年9月30日。

《新闻记者证管理办法》相关规定，融媒体中心作为从事新闻采编业务的单位，理应被认定为新闻机构，其编制内或者经正式聘用的采编人员理应有资格申办记者证。同样，融媒体中心作为新闻宣传部门主管的单位，其申请互联网新闻信息采编发布服务许可的资格已得到《互联网新闻信息服务管理规定》的确认。目前，不少地区已经在资质上给予区级融媒体中心支持，如上海市 16 家区级融媒体中心已获颁"互联网新闻信息服务许可证"。

第二，为了畅通人才成长通道，应进行必要的职称制度改革，充分考虑各区级融媒体中心的业务实际情况，打破区级融媒体中心的职称"天花板"。例如，在各级新闻奖评选上给予区级融媒体中心一定的空间。

（二）分类推进薪酬绩效改革，优化考评体系

薪酬绩效改革有利于直接调动员工积极性。受区级融媒体中心的公益属性限制，其事业编制人员的薪酬管理严格，工资结构及发放金额都有详细的政策依据和财政预算。在现有条件下，宜将在编人员与编外人员薪酬分类管理，先行解决编外人员的薪酬激励问题。对于编外人员，可适当提高其工资绩效占比。例如，南沙区融媒体中心的编外人员绩效方案打通报刊、广电等业务领域，实现不同岗位劳动"所劳即所得"。

公益一类、公益二类融媒体中心也存在不同的激励方式。对于公益一类融媒体中心，可探索通过成立独立公司、企事分开运作的方式激发活力。例如，江西分宜县融媒体中心作为全额拨款公益类事业单位，同时成立一家独立核算、自主经营、自收自支的传媒公司，负责媒体平台的经营创收。中心和公司在人员岗位、业务流程、财务安排、考核评价等方面实行彻底的两分开。① 如此一来，可将经费用以提高融媒体中心编外人员的绩效，在保持采编业务相对独立性的同时又提升了整体活力。

而对于公益二类单位，由于具备经营创收能力，故其薪酬改革重点应在

---

① 李建艳：《江西分宜：重构县级媒体建设与运行机制》，《中国广播电视学刊》2018 年第 11 期。

于打破"大锅饭",提升干事创业的成员的收益。例如,番禺区融媒体中心将采编与经营分开,经营人员的薪资构成为"底薪+业务提成",而采编人员的薪资构成为"底薪+稿费+单位年终绩效"。如此一来,形成了灵活弹性、不设限的薪酬方式,各种性质的员工都能得到激励。

除此之外,还应探索建立科学合理的考核评价体系。推动员工由身份管理向岗位管理转变,做到"同岗同责、同工同酬、优劳优酬"。对于新闻采编和内容生产,采取量、质结合的评价方式,既要考虑生产力(如稿件量),也要考虑影响力(如爆款作品、获奖作品)。对于业务能力突出的人才,给予配套奖励。

(三)立足本地,加强新媒体内容生产运营

立足本地、下沉基层的同时又具备主流权威性,是县区级融媒体区别于中央、省市及商业媒体最大的优势。深耕本地,生产接地气和群众喜闻乐见的内容,是县区级融媒体提升传播力、引导力、影响力、公信力的核心。为此,区级融媒体中心的记者需要减少行政色彩,增强新闻专业性,下沉至基层,生产鲜活的新闻。在渠道上,打造新媒体平台传播主阵地。

立足本地,区级融媒体中心在内容生产上应重点关注三方面内容。一是群众关心的公共话题,如教育、市政建设、公共卫生、当地热点事件等。对于这些话题,区级融媒体中心应及时关注、有效引导。二是贴近群众的内容。美国的社区报中有许多关注街区动态、社区活动,反映普通居民生活的"冰箱新闻",这些新闻广受欢迎。这说明,对于区级融媒体中心建设,区域化、社区化、本土化的内容大有可为。三是具有本地特色的内容。充分开发利用本地旅游、文化、历史等特色资源,提升本土认同感,传播地域形象。许多地方自媒体利用本地语言、饮食、城市气质、民俗等特征特色,创作出富有趣味、人情味的内容,吸引了大量粉丝。区级融媒体中心应加以学习,更好凝聚社区共同体意识。

基层融媒体在本地做好新媒体内容运营,要加强与用户的融合。2020年《关于加快推进媒体深度融合发展的意见》指出,要走好全媒体时代群

众路线，强化媒体与受众的连接，以开放平台吸引广大用户参与信息生产传播，生产群众更喜爱的内容，建构群众离不开的渠道。在全员媒体、用户能动、开放互动、社群认同的全媒体时代，新闻生产与信息传播不再是闭门造车、线性传递的过程，强调用户参与、生产、协作、共创的"参与式文化""参与式传播""协作新闻"将对融媒体拉近与受众的距离具有更积极的意义。为此，区级融媒体中心应注重粉丝、用户运营，增强互动性、回应性、开放性，以发起话题、征集作品、汇聚意见等方式助力内容生产。

（四）整合各方资源，创新基层社会治理

区级融媒体中心要真正发挥治国理政功能、成为名副其实的"主流舆论阵地、综合服务平台、社区信息枢纽"，单靠自身力量难以实现，需要依靠资源的倾斜、社会系统中各种渠道的打通与各方的联动合作，使融媒体中心借势借力，发挥出最大的力量。正如习近平总书记所指出的："做好宣传思想工作必须全党动手，树立大宣传的工作理念，动员各条战线各个部门一起来做。"① 媒体融合发展需要全国一盘棋，形成立体多样、融合发展的现代传播体系。

学者支庭荣认为，媒体融合存在内部生产系统与外部终端建设的"内外相通"、云平台和融媒体中心的"上下相应"、媒体行业与外部组织机构之间的"左右相接"三个焦点问题。② 对于区级融媒体中心建设而言，目前迫切需要加强各级媒体的上下联通、各区融媒体中心之间的左右联动、媒体内部与外界组织机构的内外联系，整合资源、形成合力。

加强各级媒体的上下联通，形成全国融媒体一盘棋。各级媒体各有所长，互为补充。加强上下联通后，不仅有价值的基层新闻可以第一时间上达省市或中央媒体，面对新冠肺炎疫情等突发公共卫生事件时，全国上下媒体

---

① 《做好宣传思想工作必须全党动手》，中国共产党新闻网，2013 年 9 月 9 日，http：//theory. people. com. cn/n/2013/0909/c40531 – 22850023. html。

② 支庭荣：《我国媒体融合发展的内在逻辑与焦点问题》，《人民论坛·学术前沿》2019 年第3 期。

也能协同行动，打好"组合拳"，奏响"交响乐"，增强舆论引导效果。

加强各区融媒体之间的左右联动。各区融媒体中心作为兄弟单位，应加强交流学习与合作，互促互进。例如，在某区承办大型活动、赛事时，其他区可在人员、设备等方面进行支持，发挥"多兵作战"的优势，提高媒体资源配置效率。省市级主管部门应加强顶层设计与统筹，支持各区融媒体中心的业务往来合作，为组织间的学习创造有利条件。

加强媒体内部与外界组织机构的内外联系。这些组织机构至少来自三大领域：一是通信、互联网等信息技术行业；二是交通、教育、医疗等城市发展的各行各业；三是党政、司法系统。① 内外部之间应信息相接、数据相接、技术相接，实现紧密协作。例如，在新冠肺炎疫情中，政府与媒体需要在宣传防控工作方面合作，医疗系统与媒体需要在科普健康知识方面合作，互联网平台与媒体需要在重要信息推荐分发方面合作。

区级融媒体中心需要在积极引导群众、服务群众、沟通群众中创新社会治理、基层治理。为此，媒体要强化动员者、沟通者、组织者、服务者的角色，以更主动的姿态介入社会治理中，发挥推动或引领的作用。例如，对于城市治理的公共基础设施建设等议题，区级融媒体中心可发起商议话题，搭建开放讨论平台，让市民、政府官员、专家学者等多方主体参与其中。

（五）建设人才队伍，培养配备专业力量

媒体融合发展，人才是关键。全媒体时代，区级融媒体中心不仅需要传统意义上的好记者、好编辑，也需要全媒体人才、技术人才、经营管理人才等。区级融媒体中心应从选、用、育、留全过程发力，加强人才队伍建设。

建立专业的新媒体运营团队。融媒体中心可从两方面优化队伍：一是原有采编人员转型为新媒体、全媒体人才，成为运用现代传媒新手段新方法的行家里手；二是另行组建新媒体团队，对个体不追求"全"而追求"专"，

---

① 支庭荣：《我国媒体融合发展的内在逻辑与焦点问题》，《人民论坛·学术前沿》2019 年第 3 期。

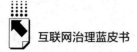
如美编、动画师、大数据人才等。对于一些区而言，在原有人员老化、转型较难的情况下，后一种方法不失为可行选择。

稳定人才队伍。要建立薪酬激励、成就激励和机会激励三位一体的激励机制，优化人才管理制度。特别是采编人员，要深化人事管理制度改革，解决好其身份问题，不断增强其事业心、归属感、忠诚性。

定期组织培训，提升能力水平。通过集中培训、外出考察学习、职业进修、双向挂职锻炼等方法推动员工学习新知识新技能。省市级主管部门可以统一组织，定期为各区融媒体中心人员提供培训机会。此外，还可探索竞争激励机制，如举行区级融媒体中心先进工作者评选活动。

与高校建立人才合作机制。可探索与高校共建实习基地，吸引年轻学生作为储备人才力量，实现产教融合、产学共赢。融媒体中心与高校还可共同组织学界、业界人员讲座授课，加强理论与实践对接结合，推动媒体融合事业发展。

疫情冲击下的网格化管理探究

——以东莞市常平镇为例

王长江*

摘　要： 新冠肺炎疫情发生以来，东莞市常平镇通过网格化管理，抓实抓牢网格化疫情防控，为人民群众筑牢疫情防控的"铜墙铁壁"，其真诚奉献得到了党委、政府、社会各界及辖区群众的一致好评。但在网格化管理意识、网格员队伍、群众参与程度、出租屋管理等方面还有所欠缺，需要采取相关对策特别是网络化新技术加以提升。

关键词： 网格化管理　群防群治　基层治理

2020年2月，中央政法委印发《关于进一步发挥基层综治中心和网格员作用筑牢疫情防控第一道防线的通知》，要求各级党委政法委和乡镇（街道）政法委统筹协调，充分运用"综治中心＋网格化＋信息化"体系，服务疫情防控整体工作。新冠肺炎疫情发生以来，东莞市常平镇约250名网格员坚决听从党委、政府的号召和指挥，取消休假、全员上岗、逆行冲锋，充分发挥网格员队伍的人力资源优势和扎根基层优势，深入出租屋、企业工厂等，开展卡口查验、人员排查、"莞e申报"、居家隔离服务、复工复产以及疫情科普宣传等工作，抓实抓牢网格化疫情防控，为人民群众筑牢疫情防控的"铜墙铁壁"，他们的真诚奉献得到了党委、政

---

* 王长江，东莞市常平镇政法办公室副主任。

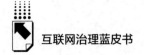

府、社会各界及辖区群众的一致好评。全镇智网指挥调度工作站共收到了群众致谢锦旗16面，常平镇网格管理中心也被常平镇推荐为东莞市疫情防控先进单位。

一 常平镇网格化疫情防控措施

自疫情防控工作开展以来，常平镇紧紧依托前期的群防群治基础，严格按照"属地管辖"原则，以全镇108个网格为单位，层层压实网格员、出租屋房东、市场主体经营者、工厂企业管理者等人员的主体责任，将疫情防控抓手延伸至一栋一户，确保不漏一户一人。

（一）极速动员，全面开启战"疫"模式

2020年1月22日，在接到疫情防控工作通知的第二天，全镇200多名网格员取消休假、全员开展防疫工作。一是以派发宣传单和利用"微信群"推送防疫知识的方式，引导人民群众树立疫情可防可控的正确观念，全面普及科学防疫知识，增强群众自主防范意识；二是根据公安分局提供的"二标四实"数据，通过电话联系和上门走访的方式，对异地务工流动人员进行排查登记，密切留意他们的健康状况及去向，并将排查登记数据汇总整理转交至镇疫情防控指挥部。

（二）群防群治，延伸疫情防控工作抓手

在疫情防控前期工作中，网格员通过微信、电话、实地走访等形式发动出租屋房东、市场主体经营者等近万名群众共同开展防疫知识宣传、出租屋底数排查，落实出租屋日常消毒、检测体温等防疫工作，对涉疫重点人群实施"早发现、早报告、早诊断、早隔离"的"四早"措施。其间，网格员与出租屋房东签订《出租屋疫情防控安全责任书》2.6万余份，在智网系统上报各类涉疫隐患线索2869条。

（三）主动担当，筑牢"外防输入"工作防线

常平镇作为京九交通枢纽，人流量大，为进一步做好疫情防控工作，网格员全力配合公安分局、交通分局在高速路口日夜值守，对过往车辆司乘人员进行体温检测和排查登记，切实把好疫情防控"镇级防护圈"；同时，全镇其他网格员还积极协助各村（社区）在入村（社区）主要路口进行设卡检"疫"，严把"入村（社区）关"。

（四）勇挑重担，全力开展重点人群网格化排查管控工作

为做好企业复工后人群大量回归后疫情防控工作，国家、省、市紧急部署"重点人群网格化排查管控工作"。全镇网格员勇挑重担，不畏风险，成立了200个以网格员为主体的"排查组"，积极承接镇防疫指挥部"落地查人"指令，对全镇近14天内到过重点地区的返莞人员进行"落地查人"、签订责任书及采取居家隔离等措施，全面掌握重点地区返莞人员信息，并建立重点监控人员名单，定期开展体温检测，确保重点人群得到有效管控，确保不漏一人一户。在疫情防控最紧张的时间里，网格员每天清晨含泪话别家人，身着全套的防护装备，逆行敲开每一户家门，耐心地向重点人员宣讲政策，争取他们的理解。

（五）刻不容缓，积极开展"莞e申报"工作

为全面掌握疫情防控期间在莞人员信息及健康状况，东莞市委、市政府在全市紧急部署"莞e申报"工作。在防疫任务面前，常平镇网格员主动作为，利用前期采集的智网系统数据，协同村（社区）和警务区工作人员"捆绑"作业，在一天时间内完成了全镇近6万栋（间）出租屋及市场主体的授权工作；同时积极利用楼栋长机制，采取以电话、微信联系为主，以上门宣教为辅的工作方式全面开展"莞e申报"工作，协同公安民警共完成全镇"莞e申报"58万余人。

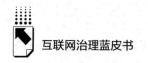

（六）媒体融合，以多种"战术"营造防疫宣传浓厚氛围

自防疫工作开展以来，常平镇网格管理中心采取线上线下相结合的宣传方式，全方位、立体化开展防疫宣传和舆情引导工作，将媒体融合发展理念运用到这场看不见硝烟的战"疫"之中。一是制作短视频。通过《他们有话想对家人说》短视频宣扬网格员和优秀工作站的防疫工作先进事迹，鼓舞团队士气。通过《居家隔离指南》短视频，展现居家隔离期间的日常生活与防疫工作者的悉心照顾，引导居家隔离人员不恐慌，不抗拒居家隔离措施。二是每日推送微信软文。通过东莞阳光网、南方＋、东莞政法、莞香花开等多家媒体平台，积极推送防疫宣传文章30多篇，积极做好舆情引导工作。三是制作宣传海报。以网格为单位，在各村（社区）明显的位置张贴防疫宣传海报3万余份，每份海报上都附有辖区网格员的联系方式，群众可直接与网格员联系报告相关情况。四是创新宣传模式。出动智能无人机加上"土味"常平话喊话宣传防控知识，实时监测地面情况，提醒市民少出门，注意个人卫生，极大提升了防疫宣传工作效率。

二 疫情冲击下常平镇网格化管理存在的问题

（一）网格化管理意识有待加强

网格化管理是通过大数据技术，将基层村（社区）划分为若干个网格，并通过地理信息系统、无线通信技术将网格中实时发生的各种情况传输到相关部门，是提升社会治理水平最直接最有力的手段。但在实际工作中少数部门及村（社区）领导存在传统管理的惯性思维，没有认识到网格化管理对基层治理的重要性，对网格员不够重视，不支持其工作，甚至有些村（社区）领导认为网格员上报隐患线索是在给他们"找麻烦"，对于隐患处置工作敷衍推诿，导致责任虚置，部分社会隐患存在处置不及时的现象。

（二）网格员队伍战斗力有待提升

一是协作意识淡薄。个别网格员的集体荣誉感不强，不善于与他人合作沟通，也不配合他人开展工作，喜欢吃"独食"、自己干。二是纪律作风有待改进。个别网格员工作拖沓、应付了事，甚至还存在为应付考核工作而虚假上报线索的现象。三是联动性较差。工作组之间缺乏横向交流沟通，致使一些好的工作做法与管理措施不能迅速传导并得到贯彻实施，这些现象都影响了网格员队伍的整体战斗力。

（三）群众参与程度有待提升

为营建"共建共治共享"的社会治理格局，东莞市"智网工程"建设工作努力向"全民网格"跃进。群众在"智网人人拍"App上报隐患线索即可获取"随机红包"奖励，这种模式进一步激发了人民群众参与社会治理的动力。同时，由于隐患线索需要网格员线下核实反馈，实际上增加了网格员的工作量，加之信息传导链条过长，人民群众体验感不够强，需要进一步完善以增强人民群众的参与动力。

（四）出租屋管理力度有待加大

2020年新冠肺炎疫情防控的过程中，也暴露了出租屋管理的一些问题，部分出租屋管理者主体职责不清、思想认识不到位，导致防疫工作机制难以落实；出租屋列管率低，存在"登记不违法，违法不登记"的现象，给重点人群排查以及"莞e申报"工作带来极大不便，甚至存在危房出租、违规住人、违规安放热水器等众多安全隐患问题。

三 常平镇网格化管理对策探究

（一）强化网格员队伍建设工作

紧紧围绕平安建设和常态化疫情防控的总体要求，抓紧补短板、堵漏

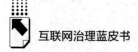

洞、强弱项，以更大决心更强举措推进网格员队伍规范化建设，开创网格化服务管理新局面。

1. 把好思想政治关，充分认识网格员队伍建设的重要性

党的十九届四中全会提出，要推进国家治理体系和治理能力现代化。网格员是实施社区网格化管理中直接面对群众的基层服务人员，强化网格员队伍建设是顺应社会主要矛盾变化的客观需要，是市域社会治理体系和治理能力现代化的必然要求。要将网格员队伍建设作为"网格化管理、组团式服务"工作落地落实的关键点，加强统筹协调，科学推动管理重心下移，整合优化社会各类服务资源，为群众提供面对面、点对点、个性化、精细化的优质服务，不断提高群众的满意度和获得感。

2. 把好制度建设关，抓好队伍规范化管理

一是规范日常管理机制。要进一步明确网格员的主要职责任务，同时规范网格员日常管理制度，对网格员作业流程、服务登记和后勤保障等做详细规定。二是重建晋升机制。抓紧落实按考试、民主测评、积分制等模式建立的晋升机制和实施方案，实行级别与薪资待遇挂钩制度，增强网格员的主观能动性和职业认同感。三是建立轮岗培训机制。对工作表现不理想、责任网格内发生典型案事件的网格员进行调整轮岗，强化业务指导培训，全面、快速提升网格员的综合素质，使网格员真正成为基层治理的生力军。四是实行跨片区作业常态化机制。把网格员划分到片区进行统筹调配，推行网格员跨片区交叉巡查制度，防止网格员因上报敏感线索受到打击报复或在同一网格内工作时间过长形成利益关系。

3. 把好业务督导关，改进网格员纪律作风

一是强化"线上＋线下"双向督导机制。突出系统数据质量督导，对于网格员日常上报的线索数据要进行线上抽查，将短时间内同类信息重复上报、现场照片同质化等线索列为"异常数据"进行重点排查；同时，每周实施线下实地抽查督导，落实工作要求，压实相关人员责任，强化履职担当，确保每个工单都能及时优质完成，以督查倒逼网格员"上紧发条"，形成履职尽责的自觉。二是建立健全研判机制。严格落实"自上而下管理用

数据说话，自下而上反馈用问题说话"的工作原则，定期召开分析研判会、组长月例会，及时通报系统数据质量问题，并将网格员在实际工作中遇到的问题进行分析研判，有效改变问题积压现状，不断提升组长的组织和沟通协调能力。三是强化纪律作风建设。要教育网格员切实提高责任意识，自觉增强遵纪守法的自觉性和坚定性，筑牢拒腐防变的思想防线。

4. 把好教育培训关，提升网格员专业素养

网格员日常承载着众多的入格事项，是基层政府与人民群众的沟通桥梁，因此网格员的专业素养直接影响着基层服务群众水平与政策执行效率。一是建立网格员线上学习平台。注重收集涉及网格员能力素质的影像教学资料，并分门别类地将之挂到网格员学习平台，让网格员能够随时随地学习；在平台上建立学习积分制，规定每阅读一篇影像资料给予相应积分，同时设置网格员可以在平台上选择任意对手进行 PK，获胜的一方能够获得较多的积分奖励。二是定期对网格员进行考试。推行网格员执业资格考试，规定只有在学习平台积分达到一定要求的网格员才可以参加网格员执业资格初级、中级、高级考试，通过考试的网格员可以拿到相应的资格证书。三是将考试结果与晋升级别挂钩。规定只有获得了初级职业资格证书的网格员才能晋升为一级网格员，只有获得了中级职业资格证书的网格员才能晋升为二级网格员，只有获得了高级职业资格证书的网格员才能晋升为三级网格员。由此，不断提升网格员自主学习的动力，营造全员学习氛围。

（二）提高群众参与治理程度

完善"智网人人拍"群众参与平台建设，建设人人有责、人人尽责、人人享有的社会治理共同体。

1. 建立"线上 + 线下"的运营模式，增强群众体验感

一是对参与群众实施"红包"与积分双向奖励。规定群众每上报一条线索，进行随机"红包"奖励，同时给予一定的积分奖励。二是强化线下应用体验。赋予积分累计达到一定分值的群众以"兼职网格员"资格，并让网格员开辟线下"爱心门店"，为"兼职网格员"争取到"爱心门店"

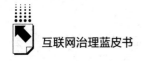

消费享有最大优惠。这样既增强了群众的体验感，又使"智网人人拍"有了线下的宣传阵地。

2. 将游戏思维融入系统，激发群众参与动力

一是实施爱心晋级制度。根据人民群众参与社会治理的程度，也就是获得积分的累计值，相应设置初级至五级"兼职网格员"等不同的头衔。规定头衔越高的群众每上报一条有效线索获得的积分越多，从而有效激发群众反复参与社会治理的积极性。二是建立即时反馈机制。尽最大努力缩短群众上报线索的反馈时间，并设置进度条，让群众实时知道自己的累计积分及晋升下一级别的差距。三是丰富线索上报模式。通过推广日常任务抢单、小组竞技比赛、排行榜、特定任务闯关等游戏形式，让群众在最舒服、最轻松、最高效的状态下参与到社会治理中来。

3. 与宣传工作结合，提高群众参与成效

一是将"智网人人拍"的推广应用与网格员的工作绩效挂钩，让网格员在网格内积极发动并组织群众进行隐患上报。二是由网格员对"兼职网格员"进行管理，引导"兼职网格员"报送重要的隐患线索。三是将"智网人人拍"与宣传工作建立在一个平台上，让群众能够实时感知"智网资讯"，既有利于增强其上报的积极性，又有利于其学习智网案例，提升上报隐患线索的能力。

（三）提升视频监控应用效率

近几年，各级政府投入巨资建设"雪亮工程"，城市的视频监控设备逐年增多，在一定程度上促使社会治安防控形势总体向好发展，路面双抢案件几近绝迹，但在社会治理的其他方面视频监控的利用率乏善可陈，这本身与视频智能识别技术还处于成长阶段且人力识别能力不足有关。因此，整合资源、实现"人机互动"对社会面管控工作大有裨益。

1. 将社会视频纳入公共管理体系当中

社会视频数量相当于公安视频的几百倍之多，且伸展到大街小巷、小区楼宇、工厂企业等与人民群众生活息息相关的每一个角落。如果能够将社会视频资源同公安视频进行联网应用，将其纳入公共管理体系当中，无疑将极大节约社会管理成本，延伸社会管理触角。

2. 组建视频管理员队伍

以工厂企业、居民楼宇、商铺门市为单位，通过让渡部分公共视频的管理权限给企业主、小区物业、商铺老板，以换取其所拥有的社会视频与公共视频成片融合。在企业保安、物业保安、商铺老板中组建视频管理员队伍，拓展视频巡查人力资源并定期组织培训，提升视频管理员队伍对于各种隐患线索的监控能力。

3. 建立层级管理机制

完善视频管理员的组织架构，实行"网格 + 警长 + N"的管理原则，以网格为单位，实现警长指导网格员，网格员管理若干个视频管理员的模式，实行上下双向融通管理。一是自上而下的任务下达，每遇有重点工作或重大案件发生时，由政府下达任务至网格员，再由网格员分派任务至视频管理员，以达到迅速集约视频信息资源的目的；二是自下而上的线索上报，当视频管理员发现各类线索后，可通过微信或微信群等信息渠道联系网格员，网格员要根据线索的紧急程度，适时将隐患线索上报到各个部门处置。

（四）创新出租屋管理工作模式

针对出租屋管理既要重申国家公权力，明确"鸿沟"及"底线"，又要满足人民群众对美好生活的向往，建立有效的"引导渠道"。

1. 创建房屋租赁平台，实现三方共赢

出租屋管理的真正难点在于人民群众不愿意配合政府部门登记出租屋及租住人员信息，其原因是配合政府部门登记信息的成本大于收益，因此要从源头上解决出租屋管理问题就要扭转这种成本与收益的逆差，引进"共享经济"的理念，创建房屋租赁平台，免费为出租人及承租人提供房屋租赁信息。如果这样，出租屋房东就会因为能够在平台上实时找到租客而实现出租屋收益最大化；租客也能够货比三家而找到自己满意的房源；政府则由于出租屋房东及租客主动在平台上登记了出租屋及租住人员的信息，实现了对

出租屋的管理目的。

2. 建立星级评价机制，创新监管模式

由公安、消防、住建、房管等管理主体对出租屋实行星级评价机制，将楼龄、消防安全系数、卫生环境、装修情况、案件发生率和房东管理力度等因素纳入星级评价范围，由相关部门按照一定的分数比例，对本部门负责的管理领域进行赋分，根据分数标准设定五类星级等次（一星重点户、二星关注户、三星普通户、四星放心户和五星示范户）。在为承租人提供一个信任度高、安全卫生良好的出租屋的同时，促使出租屋房东主动配合检查，加大管理力度，从而提升房屋租赁效益。

3. 实行分类管理机制，优化人居环境

按照星级评价标准对出租屋实行分类管理，对不同的星级设定不同的巡查周期和巡查内容，如对五星出租屋实行每半年巡查一次，并在平台中适当提升其租金指导价格。而对于持续发生治安或刑事案件、存在安全隐患的一星重点出租屋，实行每星期巡查一次，并对该出租屋开展联合执法整治。如果出租屋因管理不当出现火灾伤亡等事故，则对出租屋实行"断崖式"降星方法，直接降为一星，并要求出租屋房东限期整改。通过星级评价和分类管理的双重机制，对出租屋实行优胜劣汰，从而引导出租屋房东主动改善租住环境及条件，从而促使人居环境优化，提升城市品质。

4. 实施信息数据共享，提升管理效能

对"房屋租赁平台"与"智网系统"、"数字城管"、"莞e申报"、"新莞人信息服务管理平台"，以及管理水、电、煤气等的职能部门平台实行数据共享，强化数据对比分析，堵塞数据漏洞。促使房东和租客在享受平台服务的同时，通过自主申报出租信息、自主缴纳税费，主动接受政府管理，从而将政府的"服务"和"管理"有效连接起来，在节约政府管理成本的同时让人口数据更加鲜活，为政府决策提供更具价值的真实数据。同时，结合本次"莞e申报"和防疫工作的优秀经验，在房屋租赁平台设立"务工人员电子身份证"，监管出租屋租客的在莞信息、离莞信息、准备返莞信息等，从而有效提升基层治理精度。

B.8
南都智库参与数字经济
治理报告（2020）

蒋　琳*

摘　要： 本报告从南都个人信息保护研究中心的缘起、发展历程、研究成果和未来规划四个方面，梳理数字经济时代赋予传统媒体的新使命。建立于 2017 年的南都个人信息保护研究中心经历了 2017～2018 年的破题、2018～2019 年的纵深发展以及 2019～2020 年的扩大关注范围等三个发展阶段，2019～2020 年南都个人信息保护研究中心主要通过发布权威研究报告以及进行热点报道的形式在个人信息保护、人工智能伦理、反垄断与不正当竞争以及未成年人网络保护等四大领域发力，不仅呈现出了各领域的问题和现状，还为问题的解决积极贡献方案。在未来，《南方都市报》将继续立足媒体第三方公信力的检测评价，发挥自身优势助力社会治理并强化用户优先，构建南都的用户社群生态。

关键词： 智库转型　个人信息保护　人工智能伦理　数字经济治理

2020 年，突如其来的新冠肺炎疫情加速了各行各业数字化转型的步伐，大数据、云计算、人工智能等新技术应用在其中起到了重要的支撑作用。从"健康码"到"人工智能影像诊断"，在新技术的辅助下，政府部门、医疗

---

* 蒋琳，硕士，《南方都市报》记者、北京新闻中心智库研发部内容总监，主要研究方向为个人信息保护。

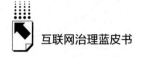

机构、企业平台得以精准、高效地开展疫情监测分析、病毒溯源、患者追踪、社区管理、复工复产等工作。

与此同时，个人信息泄露、不正当竞争、生物识别技术滥用等一直受到社会广泛关注的问题进一步凸显。早在 2017 年，《南方都市报》就成立了南都个人信息保护研究中心，作为南都智库转型的现行团队，其率先关注数据安全和隐私保护。随着对数字生态的深入研究，南都个人信息保护研究中心将反垄断与不正当竞争、人工智能伦理、未成年人网络保护等数字经济时代的前沿课题纳入了研究范围。

本报告将从南都个人信息保护研究中心的缘起、发展历程、研究成果和未来规划四个方面，梳理数字经济时代赋予传统媒体的新使命，总结南都个人信息保护研究中心年度治理的成果、措施和经验。此外，本报告也将借由南都个人信息保护研究中心的数字经济治理经验，从侧面反映《南方都市报》智库转型的成果和方向。

一 南都个人信息保护研究中心的缘起

（一）传统媒体的困局

互联网在中国的极速发展彻底改变了国内媒体的面貌。从 2012 年开始，传统媒体遭遇了史无前例的冲击。不只是新媒体在传播形式上对传统媒体的替代，费时费力的长篇深度报道也被短平快且善于鼓动情绪的图文视频全方位打败。

严肃内容就要被抛弃了吗？除了娱乐、情绪与围观，其他的资讯与内容往何处去？有没有一条出路，可以让媒体不仅能保证优质新闻内容，维护新闻机构公信力，还能为社会发展提供推动作用？

传统媒体普遍面临的发展困境，同样困扰着曾创下辉煌纪录的《南方都市报》。面对这种局面，传统媒体做了很多的探索，如中央厨房、移动优先、智媒等。但由于每家媒体的资源禀赋、历史负担、区域坐标不同，面临的实际问题千差万别，甚至讨论的根本就不是同一回事。中央媒体和地方媒体不一样，机关报与都市报更是不同。所以，媒体融合转型没有统一模式可以复制。

（二）探索转型路径

经历剧烈震荡后，《南方都市报》对新时代背景下的媒体格局和走向，有了更清晰的价值判断和认知：任何一家媒体都做不到包打天下，都追不尽天下的热点。

这种情况下，保持定力，不忘初心，有舍有得，做出特色，可能才是一条现实的道路。也就是说，需要结合自身实际，重新定义内容，重新给自己打标签。即便对《南方都市报》这样的市场化大众媒体而言，也要追求特色化标签、垂直型生产。自此，《南方都市报》的转型之路已见雏形，而一次极为传统的新闻调查进一步为转型创造了契机。

2016 年底，《南方都市报》通过深入调查发现，个人信息泄露已经到了十分严峻的程度——只要花 700 元就能买到同事的个人信息，包括开房记录、银行存款和实时定位等。《恐怖！南都记者 700 元就买到同事行踪，包括乘机、开房、上网吧等 11 项记录》的报道一经推出，就迅速掀起公众舆论，最终阅读量过亿次。高阅读量的背后，是一个与这个时代紧密捆绑的普遍焦虑：网络技术发展迅速，对个人生活的侵入也越来越肆无忌惮，获取内容和服务看似越来越方便廉价，但人们正在付出另一种不菲的代价——个人隐私泄露。

针对这些问题，《南方都市报》当然可以像过去那样，通过调查报道、持续追踪给予关注。但在移动阅读占主导的时代里，这些传统的方式已经很难持续吸引大众的关注。在信息过载的时代，如何找到连接的用户和意义所在？答案是提供独特价值。

因此，唯一的出路是升级产品，做别人做不了但又是时代需要的东西。比如，对于互联网时代隐私保护话题，大众和行业需要知道的不仅是发生了什么，更重要的是问题在哪里、怎么办。

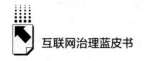

彼时法律法规尚未配套、安全防范技术普及欠缺、个人信息安全意识淡薄、互联网黑产屡禁不止。虽然国家已经出台相关规范措施，但缺乏一个第三方的、有公信力的、专业的组织，来对互联网信息安全现状做出监督和测评，并及时督促相关方做出改善，以维护普通公众的利益。

创刊于1997年的《南方都市报》一直保持着良好的社会声誉与媒体公信力，20年间积累了众多专业人士资源，包括学者、律师、公司技术人员、行业协会专家等。通过对专业人士的采访与意见汇集，《南方都市报》可以形成个人信息保护领域的最广泛平台。更为重要的是，作为媒体，《南方都市报》独立于政府、公司、研究机构之外，具有独立客观性。

在这样的背景之下，2017年初，南都个人信息保护研究中心成立，旨在充分利用媒体基因，用数据和测评报告展现隐藏于现象之下的真相与趋势，承担起推动政策、行业与公众在互联网时代重视隐私、保护个人信息的责任。

二　南都个人信息保护研究中心的发展历程

（一）2017~2018年：破题

2017年3月，时值全国两会期间，南都个人信息保护研究中心针对50家头部网站和App，推出互联网隐私政策调查——《网站、App信息收集范围很宽，有的没商量就与第三方共享》，发现仅有7家"及格"，企业的个人信息保护意识不容乐观。

时任十二届全国人大五次会议新闻发言人的傅莹在新闻发布会上也对《南方都市报》关于"个人信息保护"的问题做出了回应，称将在多部法律中关注和强化对个人信息的保护。此后，南都个人信息保护研究中心基于前述调查结果进行了深度分析，并发布了50家网站和App的隐私政策透明度排行榜。

这组报道一经发布，便引起广泛讨论。但是，如果想要全面反映网站和App个人信息保护现状，就必须拓展测评对象的范围。于是，南都个人信息保护研究中心决定在 2017 年 6 月 1 日，也就是《网络安全法》实施当天，正式发布第一份隐私政策透明度测评报告。这一次，测评对象将扩展至十大行业的 1000 家网站和 App。而此前，个人信息保护领域没有成熟的行业标准，也没有任何一家第三方机构在该领域深耕。

在咨询业内专家的基础上，南都个人信息保护研究中心深入研究了国内外相关的法律法规、行业标准，以及十几个业界完善的隐私政策实例，并与国内从事互联网法务的顶尖律师事务所合作，反复修改制定，力求最终的测评标准在架构设计、条款、内容等方面尽可能客观、全面、可操作。测评过程中，还运用了录屏、截图、文本复制、交叉打分等取证方法，对企业关于如何收集、使用、共享和保存个人信息的说明做出测评和打分。

最终，涵盖 1000 家网站和 App 的《互联网企业隐私政策透明度报告》以及相关新闻报道如期发布。3 个整版的报道很快引起了公众、业界甚至主管部门的注意。不久，南都个人信息保护研究中心的代表即被邀请成为 2017 年 8 月四部委隐私政策联合测评的专家组成员，中心成为最早一批参与一线政策讨论与案例研究的专业机构之一。

此后，南都个人信息保护研究中心继续以调查报道为导向，先后推出了安卓应用市场黑灰产、借贷行业信用信息爬取产业链、暴力催收行业的产业逻辑、企业"内鬼"、互联网广告等多篇调查报道，并随报道推出相关领域的测评报告。

除了以调查报道驱动测评外，南都个人信息保护研究中心还体现了媒体反应快、回应热点的鲜明属性。例如，网友吐槽注销难，便迅速推出 20 款常用 App 的注销难易度测评报告；Wi-Fi 钥匙类 App 被曝出可能窃取密码，便迅速推出该类 App 安全度测评报告。这些报告在国内的媒体与学术机构中都属首份。

（二）2018～2019年：纵深发展

2017 年，南都个人信息保护研究中心刚成立时，我国《网络安全法》刚刚生效，公众对个人信息保护的认识尚处于萌芽阶段。出乎大多数人意料

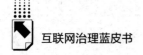

的是，自这一年起，个人信息保护的热度不断上升，从国外的 Facebook 数据共享丑闻，到国内动辄上亿条信息泄露的安全事件，从道高一尺魔高一丈的黑客攻击，到禁而不止的个人信息贩卖黑灰产业链……全球无不处在一种对于个人隐私安全的担忧之中。

与此同时，另一股力量也在逐渐壮大中。欧盟与美国两大经济体接连推出严格的数据保护法规，中国也在《网络安全法》框架下频繁推出多部个人信息保护国家标准与规范；此外，企业基于用户信任与合法合规要求，也逐渐将数据收集使用有度作为一个重要理念纳入发展战略中；不能忽视的是，媒体与第三方组织的报道与监督也在个人信息规范使用形成共识中扮演了重要角色。

截至 2019 年，南都个人信息保护研究中心已经连续三年发布十大行业的年度个人信息安全测评报告，完成了对 2000 余家网站和 App 的测评，测评维度包括隐私政策透明度、默认同意合规度、敏感权限获取合规度、注销难易度、SDK（Software Development Kit，软件开发工具包）收集合规度等，并针对旅游、求职、购物等不同行业与不同主题推出了 10 余份测评报告，累积了近 20 万条数据。所有测评数据、新闻报道以及智库报告都已经录入"南都个人信息保护研究中心网站"，供搜索查询。

通过不断的实践，南都个人信息保护研究中心摸索出了一个数据测评与新闻报道相互反哺的方式：既能够通过采访获得最新的事实，在此基础上进行数据收集与分析，最终形成报告与解决方案，又能够在测评后发现新的数据事实与现象背后的规律，从而推出深度的分析性新闻报道，找出其他媒体无法发现的角度，扩大影响力。

测评报告发布之后，被中央电视台、新华社、《人民日报》等国内权威媒体引用报道，也获得了政府相关部门和企业的关注——监管机构需要客观的测评数据作为日常工作的参考，企业则对有公信力的测评结果十分看重，而研究中心恰好可以为二者提供一个沟通交流的平台。

因此，南都个人信息保护研究中心通过举办内部研讨会的方式，邀请相关行业、政府、学者与律师研讨测评结果与该行业存在的问题，并形成内部报告，递送相关部委与行业专家参考，涉及领域包括医疗、求职、旅游、移动金融、购物等。

自 2017 年成立以来，南都个人信息保护研究中心每年年底都会举办年度大会，邀请相关部委领导、行业内知名专家学者律师、企业个人信息保护领域负责人共同对个人信息保护方面的问题进行探讨，并发布年度报告。2018 年首次以 TED 演讲的形式举办年度大会，邀请到"花总"等公众知名人士分享他们的隐私故事，报道转发量破亿次。

通过打通政府、学界与行业，让南都个人信息保护研究中心能做到对行业最核心、争议最大的问题及时跟进，同时为不同企业之间、企业和监管机构之间的交流提供一个随时随地的平台，促进行业共治。

积累了足够的案例和数据之后，2018 年 12 月，南都个人信息保护研究中心将历次测评发现的问题集结成《互联网企业隐私政策研究与实例》一书。这本书集互联网企业的案例分析、2017 年 3 月至 2018 年 3 月的历次测评结果、专家的隐私政策合规建议于一体，是国内首次由媒体型智库编著的隐私政策研究专著。

（三）2019 ~2020年：扩大关注范围

随着对数字生态的深入研究，除了个人信息保护和数据安全以外，人工智能、大数据应用中凸显的问题也开始出现在南都个人信息保护研究中心的视野中。人脸识别技术滥用、大数据杀熟、数据垄断、未成年人网络保护……这些都是数字经济时代最受关注的话题。

为此，南都个人信息保护研究中心进一步扩大了关注范围，组建了专门聚焦反垄断与不正当竞争、人工智能伦理和未成年人网络保护的团队。尽管有些课题暂时还略显"小众"，但它们无疑都是互联网治理不可或缺的一部分或未来的重点课题。

大数据时代，个人信息保护与数据利用的平衡显得尤为重要，这也是南都创立个人信息保护研究中心时所坚持的初衷——尊重每一位个体的权利，也期待社会各界用数据创造更多价值，推动数字经济蓬勃发展。

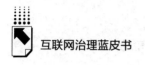
三 南都智库参与数字经济治理的研究成果

（一）个人信息保护

2018 年 3 月，Facebook 的"剑桥分析"事件把用户隐私保护话题推上了风口浪尖，两个月后生效的欧盟《通用数据保护条例》则释放了全球个人信息保护标准趋严的信号。而在 2019 年之前南都个人信息保护研究中心发布的测评结果中，国内网站和 App 的隐私保护机制普遍存在没有提供隐私政策、暗藏霸王条款等弊病，大多数企业甚至尚未建立任何用户个人信息保护机制。

2019 年，中央网信办、工信部、公安部、国家市场监管总局等四部门联合发布《关于开展 App 违法违规收集使用个人信息专项治理的公告》，正式拉开了中央对个人信息收集与使用强监管之年的序幕。

1. 研究报告

在众多行业当中，移动金融行业因收集大量个人敏感信息而显得尤为特殊。尤其近年来"野蛮生长"的网贷平台频频"爆雷"，有的涉嫌非法集资，有的负责人跑路，平台收集的大量用户身份信息、财产信息等也随之不知去向。一旦发生用户个人信息泄露事件，移动金融类 App 必将成为重灾区。

2019 年 3 月，南都个人信息保护研究中心发布《移动金融用户个人信息安全测评报告》，对 100 款常用的移动金融类 App 进行测评。

测评结果并不乐观。尽管无论从透明度高的 App 数量还是平均分来看，2019 年移动金融类 App 的表现都优于 2018 年，但隐私政策透明度平均仅有 40.42 分，近八成不及格；逾六成 App 未披露个人敏感信息收集规则，远远没有达到监管要求；"一揽子"强制授权、过度收集用户个人信息、强制要求与不明第三方共享用户个人敏感信息的现象十分严重。

除了 App，不少移动互联网中的新业态也被南都个人信息保护研究中心敏锐地关注到，如 SDK 和小程序。SDK 自身存在的安全漏洞，以及未经允许收集用户个人信息的行为，已经造成了十分严重的影响。

南都个人信息保护研究中心分析了 60 款用户量较大的 App 使用 SDK 的情况，对市面上使用率较高的 SDK 进行了测评后，于 2019 年 7 月发布了《常用第三方 SDK 收集使用个人信息测评报告》。结果显示，有的 SDK 会收集环境或通话录音等信息、获取地理位置，但未在隐私政策里告知；有的 SDK 则能够通过代码收集超出其声明权限范围的个人信息，可能存在隐瞒收集用户个人信息的情况；还有少数 SDK 会向自己的服务器传输未经加密的用户个人信息，增加了个人信息泄露、滥用的风险。

此外，小程序作为常用互联网服务入口，已全面渗透用户生活，成为数字化时代不可或缺的一部分。2020 年新冠肺炎疫情发生以来，小程序成为政府机关、医疗机构、企事业单位、社区学校疫情防控的重要工具，进一步推动其快速发展。然而，小程序在汇聚大量用户个人信息的同时也暴露了一些用户个人信息收集与使用方面的风险隐患。

南都个人信息保护研究中心对微信、支付宝、百度、今日头条四大主流小程序平台的 52 款常用小程序进行测评后发现，只有 38.5% 的小程序提供了独立的隐私政策，且部分小程序存在超范围收集个人信息、明文传输个人信息、未告知用户关闭权限路径或删除渠道、默认共享用户个人信息等问题。

上述两份报告发布后，得到了来自企业和业界专家的大量反馈和关注——此前没有第三方机构专门针对这两个话题发布过报告。报告发布后不久，新一轮 App 违法违规收集使用个人信息治理工作启动。在 App 的基础上，工作组将 SDK 和小程序纳为了深度评估对象，并透露将制定发布 SDK、手机操作系统个人信息安全评估要点。

在多方治理下，南都个人信息保护研究中心 2019 年底发布的《2019个人信息安全报告》显示，App 的隐私政策透明度较 2018 年有巨幅提升，2019 年隐私政策透明度高及较高的 App 占比相比上一年增加了 42.5 个百分点；注销难和过度申请权限等问题也有明显改善。App 专项治理工作组发布的《App 违法违规收集使用个人信息专项治理报告（2019）》也显示，一年来专项治理工作成效显著，App 无隐私政策、强制索权、无法注销等普遍问题明显改善，"一次性打开多个授权"问题在常用 App 中趋近于零。此外，万份调查问卷表明过半受访者认为 App 个人信息安全状况有所好转。

2. 热点报道

2017 年 7 月，南都个人信息保护研究中心创建微信公众号"隐私护卫队"，日常刊发个人信息保护相关报道，聚焦池子诉中信银行侵犯隐私、身份信息认证黑灰产、健康码"善后"、多地大学生信息被冒用等社会热点事件。

以个性化展示为例。刚刚和朋友聊完旅游，随即就有平台推送机票广告；浏览资讯时，文章中插入的广告恰好是自己想买的商品……随着技术的发展，"千人千面"的个性化展示早已成为商家营销的手段。但精准的个性化展示也引发了"偷听"的质疑——如果不是，为什么我说什么它就给我推什么？

公众对于个性化展示的疑惑和担忧存在已久。南都个人信息保护研究中心从用户的反馈中挖掘出这一选题，并进行了深入调查，连续发布《你和朋友聊旅游，手机转眼就跳出机票广告！背后原来是这波操作》《还用偷听你说话？App 根据喜好推广告，连"看"都不用"看"》《"惊"准广告？报告实测 App 个性化展示：仅两成对用户友好》等稿件，通过描述个性化展示背后的算法和逻辑，分析"偷听"的可行性和必要性，并最终形成了《个性化展示安全与合规报告（2020）》。

2020 年 6 月，苹果公司透露，将把设备的"广告标识符"分享功能由默认开启的状态变为默认关闭——用户必须明确点击同意，App 才能使用这个唯一标识符推送个性化广告。国内相关部门出台的《数据安全管理办法（征求意见稿）》《信息安全技术　个人信息安全规范》等也已对个性化展示做出了规范。

（二）人工智能伦理

近年来，"人工智能"成为热词，人脸识别、自动驾驶、脑机接口等应用遍地开花。尤其疫情防控期间，人脸识别被办公楼、小区等场景广泛使用。与此同时，依赖海量数据的特性让人工智能时时面临数据来源不合规、数据污染、隐私泄露等问题。为此，南都个人信息保护研究中心成立了人工智能伦理课题组。

1. 研究报告

得益于国内深度学习算法的发展和海量数据的累积，人脸识别应用在近年来呈现出加速落地的态势。大到智慧城市建设，小到手机客户端的登录解锁。

正如所有新技术一样，增加便利性的同时，人脸识别也在隐私、安全等方面引发争议。一些企业因安全措施不到位而导致用户的人脸、行踪轨迹等个人敏感信息泄露，更有媒体曝出黑色产业链，5000多张人脸照片均仅标价10元。

2019年12月，南都个人信息保护研究中心人工智能伦理课题组发布《人脸识别落地场景观察报告（2019）》，展示了公众使用人脸识别时遇到的问题与担忧。与传统方式相比，不愿意使用人脸识别和更愿意使用的受访者占比分别为39%和41%，二者占比基本持平；73.76%的受访者希望能自主选择使用人脸识别还是传统方式。报告显示，在个人信息泄露频发的态势下，超过七成的民众对网络运营者的安全保障能力存有疑问，担心人脸数据泄露。

2020年，人工智能伦理课题组联合App专项治理工作组发布了《人脸识别应用公众调研报告（2020）》。这份基于两万份问卷形成的报告，通过对十类人脸识别场景的调查，全面反映了国内公众对人脸识别技术应用现状的看法。报告发现，当前人脸识别技术普及率高，但仍存在强制使用等问题，六成受访者认为人脸识别技术有被滥用的趋势。此外，针对目前几类较有争议的人脸识别应用场景，受访者最不能接受的是商城使用人脸识别收集

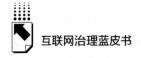

顾客的行为数据。

由于国内相关法律、技术标准相对滞后，监管部门面临着一些法律规范的适用难题，为应对人脸识别技术与应用中可能存在的违法违规行为和灰色地带，加快相关标准与法律法规的研究制定势在必行。

2.热点报道

2019 年 4 月，南都个人信息保护研究中心创建微信公众号"AI 前哨站"，日常关注人脸识别、深度伪造（Deepfake）、算法等话题。其中，人脸识别话题最受公众关注。

2019 年 8 月，AI 换脸 App"ZAO"一夜爆红。在这里，用户可以换脸成为各种影视剧主角，过足戏瘾。然而，因为在用户协议中要求获得用户人脸照片"完全免费、不可撤销、永久、可转授权和可再许可的权利"，ZAO 被指存在隐私与安全风险。类似的，深度伪造技术也被用在色情产业中。

南都个人信息保护研究中心人工智能伦理课题组连续发布《交出人脸永久权才能用？AI 换脸软件 ZAO 疯传，隐私风险惹争议》《AI 换脸应用 ZAO 发声：工作失误导致其条款被误读，后续将优化》《换脸应用 ZAO 疑现漏洞：真人验证失效，当事人遭朋友持续恶搞》等五篇稿件，全面剖析了事件中涉及的各方面问题。此外，人工智能伦理课题组还跟踪报道了国内人脸识别第一案等热点事件。

2020 年通过的《民法典》第 1019 条规定，任何组织或者个人不得以丑化、污损，或者利用信息技术手段伪造等方式侵害他人的肖像权。7 月，新一轮 App 违法违规收集使用个人信息治理工作会议也提出，工作组将针对面部特征等生物特征信息收集使用不规范问题开展专题研究和深度检测。

（三）反垄断与不正当竞争

2020 年初，国家市场监管总局发布《反垄断法》将首次迎来修订的重磅消息。这部法律将走向何方，备受各界关注。与此同时，一场史无前例的科技反垄断热潮正在全球范围内掀起——谷歌、苹果、Facebook、亚马逊遭遇了从美国联邦政府到州一级联合体的各方审查压力。不难发现，当前如何破解数字经济竞争难题已成为全球关切，这背后，是一场未来竞争秩序话语权的争夺战。

1. 研究报告

2020 年 1 月，南都个人信息保护研究中心反垄断课题组发布《十余年反垄断案例分析报告》，对 309 起垄断纠纷诉讼案和 490 份行政处罚书进行了梳理分析，旨在了解这部法律在实践中的适用情况及存在的问题。

报告显示，各地反垄断执法力度不同，从案件数量看，浙江、山东、湖南等地披露的反垄断案件较多，各地罚款数额差异很大；从查处的案件类型看，垄断协议的案件数量较多，其次是滥用市场支配地位，后者的罚款数额相对较高。不过，迄今未有一起互联网领域的反垄断执法案件，这反映了执法部门对新兴产业监督包容审慎的态度。

2020 年 8 月，反垄断课题组发布《科技反垄断浪潮观察报告》，关注国外反垄断执法，并重磅推出"反垄断前沿"查询工具。报告指出，科技巨头的反垄断合规意识增强，尝试摆脱垄断者形象；数字经济监管成为全球关切，各国不断创新监管方式；为应对数字经济挑战，反垄断修法成为趋势；各国在数字竞争领域动作不断，背后则是有意争夺规则的话语权。

国内反垄断执法部门对以互联网为代表的新经济领域竞争问题一直较为关注，有针对性地对相关问题进行了分析和研究。2020 年初，国家市场监管总局公布的《〈反垄断法〉修订草案（公开征求意见稿）》中，新增互联网领域的反垄断条款，明确认定互联网领域经营者具有市场支配地位还应当考虑网络效应、规模经济、锁定效应、掌握和处理相关数据的能力等因素。

2. 热点报道

2019 年 4 月，南都个人信息保护研究中心创建微信公众号"反垄断前沿"，日常关注反垄断与不正当竞争等话题。

比如，2019 年 3 月，有用户直指某知名在线旅游网站利用大数据杀熟，故意抬高航班价格，引发众多网友共鸣。反垄断课题组连续推出《不堪"大数据杀熟"困扰：有人改在官网订票，有人故意包装成新客》《大

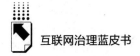

数据杀熟背后是垄断？专家谈数据垄断治理：相关市场界定是难题》《9个账号网购同一双鞋出现7个价格！大数据杀熟真的存在吗?》等稿件，通过采访用户、商家和专家，理性客观地展现了大数据杀熟背后的原因和改进方向。

近年来，视频平台兴起的超前点播模式也频频引发争议。从2019年12月开始，反垄断课题组就从现象入手，推出《〈庆余年〉超前点播惹争议：会员再交50元多看6集，广告免不了》《爱奇艺超前点播〈庆余年〉输了官司背后：切割会员完整权益》《专家谈爱奇艺超前点播案：会员服务"缩水"致违约未否定点播》，完整地分析了超前点播背后的法律逻辑，为这一社会现象提供了新的视角。

（四）未成年人网络保护

如今，手机成了人们不可或缺的日常标配。现在未成年人学习和生活都在智能手机与移动互联网的陪伴下展开，从社交到娱乐，从阅读到学习，当下互联网的海量资讯和多元内容为他们提供了认知世界的便捷入口与低成本途径。但与此同时，未成年人沉迷手机，在网络上遭遇暴力、色情内容，甚至遇到欺凌、诈骗等情况开始频繁见诸报端，引发社会普遍担忧。于是，家长焦虑，社会呼吁加强监管，互联网平台纷纷推出青少年保护模式。

但这就是问题的全貌了吗？为了更深层次探究这一问题，南都大数据研究院在全国范围内发起问卷调查，并赴五省进行个案收集，撰写发布《未成年人移动互联网使用现状调研报告》。报告显示，有21.25%的受访学生表示在使用手机时遇到过色情或暴力信息。一些小说阅读平台没有未成年人限制模式，"虐待杀人""乱伦"等小说点击即看。一些游戏周边App也成为不良信息传播的温床。

2020年7月，国家网信办、全国"扫黄打非"办等部门针对网络直播行业及未成年人暑期网络环境启动了专项整治。在此背景下，南都个人信息保护研究中心对30款网络直播App进行测评，发布《网络直播App未成年人保护报告》。结果显示，绝大多数被测App无法有效识别未成年人并征得家长同意；46.7%的被测 App 存在不适宜未成年人接触的内容且没有明显提示，其中尤以软色情内容最为突出，多款 App 内有女主播穿着低胸装进行表演，并做出挑逗性动作。

南都个人信息保护研究中心认为，平台应进一步落实主播实名制，并在日常管理中加强内容审核；结合技术手段，常态化更新"青少年模式"下的内容；提高充值打赏门槛，完善未成年人退款机制，并建立专门的未成年人投诉机制。

四　南都智库参与数字经济治理的未来规划

南都个人信息保护研究中心是《南方都市报》设立较早的课题组之一，它从无到有再到成熟运营的探索，给后来的课题组提供了发展方向，也为《南方都市报》的智媒转型奠定了坚实的基础。

2018 年，《南方都市报》在"办中国最好报纸"的基础上提出"做中国一流智库媒体"的愿景。南都大数据研究院正式成立，以数据生产为核心、以智能技术为驱动、以行业标准制定为抓手，让数据充分发挥量化、测评、监督、服务作用，致力于成为区域和行业公共治理链条上的一环。

2018 年，《南方都市报》建立了 30 个垂直数据库、110 个数据模型，储存处理了 30 亿条存量数据。2019 年以来，南都大数据研究院同步推进的课题项目有 50 余个，已经发布研究报告和测评榜单 310 余份（个）。

比如，在城市治理领域，连续发布 7 年的广州城市治理榜在 2019 年获得北京大学举办的首届中国城市治理创新优胜奖，是 300 多个参评案例中唯一来自媒体的创新案例。在基层治理领域，南都的舆论监督报道品牌栏目"周一见""马上办"不断升级强化，以"记者帮"的产品形态打造民生帮办新闻的平台和阵地，在收集民生线索报料、协调推动问题解决、评价问题解决力度和效果方面持续发挥作用，成为民生帮手和协同治理新力量。在行业治理领域，南都个人信息保护研究和新经济企业声誉榜项目，建立起垂直领域的专业数据库，聚焦新经济新业态领域发展面临的行业痛点，充分发挥

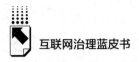

数据监测的决策辅助作用，通过课题报告深度融入行业治理，参与建立有助于市场健康发展的行业规范。

南都智媒在协同治理方面的创新经验正在被国内多个省份和研究机构关注和借鉴。南都在这个过程中，不仅是传播者和观察者，还是测评者和共建者：行业企业正在根据南都研究成果进行有针对性的改进，来自智媒的课题研究和评测已经成为政府部门推进工作的治理工具。

接下来，《南方都市报》将把内容重点放在以下方面：以深度调查、增量热点为代表的优质原创；以解决民众生活难题为目的的民生帮办，助力基层治理；立足媒体第三方公信力的检测评价；致力于发挥媒体优势，助力协同共治的治理类产品；围绕教育、健康等领域，结合媒体优势，开发有特色的垂直产品；开发以音频、视频、直播、动漫等新形态为代表的创意传播类产品。

《南方都市报》还将强化用户优先，强力补齐用户优先的短板，并争取让其成为新的增长极：建立会员体系，为会员提供增值服务；通过用户标签，互动运营，构建南都的用户社群生态；推出南都记者编辑研究员的工作社交产品，建立其个人小圈，带动私域流量，激活高质量用户。通过技术推动生产流程的变革、传播方式的创新、组织架构的优化、传播理念的升级。

B.9
佛山市禅城区共享社区建设现状报告

中共佛山市禅城区委组织部课题组

摘　要： 共享社区，有助于健全以党组织为核心的社区治理体系，营造共建共治共享社会治理格局。禅城区共享社区通过党建引领、资源对接、建立贡献与服务挂钩机制、健全互信机制、嵌入区块链技术以及拓展群众参与基层治理的广度来实现物品共享、技能共享和活动共享。但共享社区仍存在一定的不足，如整体性系统性推进的体制机制尚未形成，督促指导的方式方法还不够科学有效，社区党组织和党员作用发挥还不够。为推动共享社区进一步发展，禅城区将进一步发挥社区党组织的"头雁效应"，发挥物业公司的抓手作用，制定科学的评分标准，建立兼职队伍，开发共享社区小程序并加大对共享社区的宣传力度。

关键词： 共享社区　社区治理　基层党建

共享经济已颠覆和重构了人们的生活方式。把共享理念引入基层治理，在全国社会治理方面案例不多。禅城区共享社区建设，填补了全省范围内"共享＋基层治理"领域的空白，曾获评"全国社会治理创新最佳案例"，具有一定的实践意义。

共享社区这项贯穿党组织凝聚力的基层社会治理创新，以城市小区为载体，以服务居民为目标，运用大数据、区块链等现代信息技术共享"物品、技能、活动"，让党员发挥先锋模范带头作用，带动群众打造"熟人社区"，

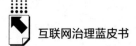

正是遵循了习近平总书记提出的"民心是最大的政治"的要求,① 得到了社会各界的肯定和群众的普遍认可。

本课题组通过资料查阅、座谈交流、实地调研、个别访谈等多种形式,就"强化督促指导 加快推进共享社区建设 推动营造共建共治共享社会治理格局"这一专题进行了深入调研。其中,共到 2 个社区开展调研,召开 4 次专题座谈会,共收集有关意见建议 17 条。在此基础上,形成本报告。

一 共享社区的概念内涵

共享社区是以社区党组织为核心,以城市小区为载体,以服务居民为目标,由党员引领参与,通过物品、技能和活动共享,引导居民互帮互助,重构社会信任机制,打造共建共治共享社会治理格局的基层治理新模式。

其概念内涵主要体现在两方面。一方面,以提升组织力为重点,健全以党组织为核心的社区治理体系。在依托区域化党建"1 + N + X"、非户籍常住人口参与基层治理试点改革的基础上,充分发挥社区党委政治引领功能,统筹凝聚社区内外其他党组织和社会组织的力量,激发社区中党员群体的"领头雁"作用,把社区全员纳入社区治理,构建党组织统一领导、社区群众广泛参与的基层治理体系。另一方面,构建新时代的"熟人社区",营造共建共治共享社会治理格局。借助新一代信息技术手段,构建共享互信机制,打通共享路径,推进社区居民资源共享和技能互助,冲破人与人之间的冷漠和隔阂,营造信任、合作的社会氛围,催化社区"熟人社会"温情回归,构建"我为人人、人人为我"的共享社区。

---

① 《民心是最大的政治》,人民网,2017 年 8 月 18 日,http://theory.people.com.cn/n1/2017/0818/c40531 - 29479885.html。

二 禅城区社区治理的改革背景

（一）中央有要求

党的十九大报告强调，要以提升组织力为重点，把基层党组织建设成为宣传党的主张、贯彻党的决定、领导基层治理、团结动员群众、推动改革发展的坚强战斗堡垒。习近平总书记在参加十三届全国人大一次会议广东代表团审议时的重要讲话指出，"广东要在营造共建共治共享社会治理格局上走在全国前列"。[①] 2018 年 10 月 22 日至 25 日，习近平总书记视察广东时指出，要把更多资源、服务、管理放到社区，为居民提供精准化、精细化服务，切实把群众大大小小的事办好。[②] 建设共享社区，既是贯彻落实习近平总书记重要讲话精神和党的十九大报告精神的生动实践，也是基层治理的有益探索，应通过形成有效的社会治理体系和良好的社会秩序，不断增强群众的获得感、幸福感、安全感，赢得群众对党组织的信任和拥护。

（二）禅城有基础

2014 年以来，禅城区积极响应党中央吹响的全面深化改革号角，率先拿起信息化"武器"，创新推动大数据、云计算、区块链等新一代信息技术与"放管服"改革、社会综合治理、公共服务、基层党建等深度融合，一年一改革，一步一风景，以基层党建创新为基础，以一门式改革、社会综合治理改革为两翼，三边相互支撑、闭合稳定，共同托起禅城区现代治理新格局。共享社区建设是信息化建设与基层党建进行深度融合的一次主动尝试，是禅城区基层党建项目的重大创新。禅城区将共享社区平台与一门式改革、社会综合治理改革的成果

---

① 马媛、程宏毅：《当好新时代改革开放排头兵——习近平总书记在参加广东代表团审议时的重要讲话引起热烈反响》，中国共产党新闻网，2018 年 3 月 8 日，http://cpc.people.com.cn/n1/2018/0308/c64387-29855586.html。

② 施冰冰：《深圳坚持以人民为中心打造幸福标杆》，深圳新闻网，2020 年 10 月 13 日，http://www.sznews.com/news/content/2020-10/13/content_23628970.htm。

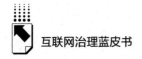

进行深入对接，将其中的一些数据、功能复制到共享社区平台上来，更好地为群众提供服务，更好地发挥基层党组织的作用，夯实基层党建的根基。

（三）改革有需求

一是城市基层党组织组织力弱化、虚化、边缘化。当前，城市基层党组织组织力弱化、虚化、边缘化问题较为严峻，有的基层党组织党建工作方法简单陈旧，缺乏有效抓手对党员进行监督管理，有的基层党员先锋模范作用发挥不够，把自己混同于普通群众，党员身份的荣誉感、责任感有所下降，服务意识和群众观念有待加强，严重影响着党员队伍的生机活力、影响着基层党组织在群众中的形象和威信，削弱了党的创造力、凝聚力、战斗力。二是"陌生人社区""彼此不信任"的社会现象较为突出。改革开放40多年来，随着我国社会体制转型和经济体制变革，社会管理模式从单位制转变为社区制，禅城区面临"熟人社会"向"陌生人社区"的转变，同时人民日益增长的美好生活需要和不平衡不充分的发展之间的矛盾加剧，社会治理问题逐步凸显。与此同时，传统的"熟人社会"发生了很大变化。城市的楼房越建越高，小区越建越漂亮，人与人之间却筑起一道道"心墙"，"远亲不如近邻"似乎成了过去式，社区融合度较低、线下真实身份难辨、网络诈骗令人处处设防等问题，成为当下城市治理共同的"痛点"。三是传统机械式、灌输式、说教式的宣贯方式不适应新时代党建工作要求。随着网络时代的到来和新媒体的兴起普及，受众个体的自我意识不断强化，传统的党建宣传"循规蹈矩"，容易出现宣传方式"千篇一律"、宣传内容"不接地气"等问题，缺少吸引力和感染力，无法满足新时代党建宣传工作的需求，难以达到大幅度提高群众对各级党组织和党员认可度的目的，亟待改进和优化。

三　禅城区共享社区建设的基本情况

2018年1月，禅城区开始探索共享社区建设。2月，在祖庙街道7个社区开展试点。7月，推出共享社区App，依托"IMI"（我是我）平台进行身份认证。在总结祖庙街道 7 个试点社区工作的基础上，在全区全面铺开。

2019 年 4 月，推进"共享小屋"物理空间标准化扩面工作。6 月，印发《佛山市禅城区关于深化城市基层党的建设工作实施方案》，明确构建以共享社区为核心的"一核五体系"城市基层党建工作新格局。8 月，印发《禅城区共享社区工作指引》，对共享社区进行规范化、标准化建设。10 月，迭代开发完成"和谐共享社区"小程序，向社会公开发布。

2020 年 4 月，在"和谐共享社区"小程序首页设置"在职党员到社区报到"端口，全面推进佛山市直机关、禅城区在职党员通过小程序进行线上报到。5 月，小程序"积分商城"板块正式上线。6 月底，举办"共享社区"两周年暨小区党支部授牌仪式，发布新版小程序，评选出一批"最具人气共享小屋""共享达人"等。

截至 2020 年，线上平台注册人数达 15.6 万人，线下建成标准化共享小屋 158 个，举办共享活动 4000 余场次，超 12 万人次小区党员、群众参与，提供共享物品近 19 万件。

四　禅城区共享社区建设的工作重点

禅城区共享社区的建设，重点要解决好两大方面的问题。

（一）共享什么

一是物品共享。倡导共享创造价值的新理念，鼓励居民利用线上平台发布可共享的物品信息或需求信息，将居民家闲置的物品重新利用起来，在实现社区居民之间物品的互通有无、节约社会资源的同时，不断拉近社区居民之间的距离，为重建"熟人社会"提供便利。

二是技能共享。居民在线上平台或线下空间发布自己的技能需求服务信息，相关技能共享人提供技能服务，获取爱心积分并将其存入爱心银行，需要其他服务时即可利用爱心积分进行兑换，在让居民互帮互助的同时，也让技能共享人实现自我价值。

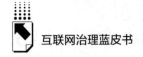

三是活动共享。通过系统平台发布各类公益活动信息，倡导居民利用业余时间积极参与，有效纾解社区居民日常养老看护、儿童助托等难题，针对多元化的居民需求，提供必要的有益的补充，不断健全完善公共服务体系。

（二）怎样实现共享

实现共享重点要处理好以下"五对关系"。

一是党建引领与群众参与的关系。良好的党群关系是共享社区建设的基石。禅城区主要以党建引领为抓手，立足于社区党委，发挥小区党员群体的先锋模范作用，由党员先亮身份、先亮技能、先提供服务，活跃小区共享氛围，广泛带动一批社区群众积极参与，并逐步发挥群众在社区共享中的主力军作用，有效解决共享社区建设的持续性动力问题。

二是需求发布与资源对接的关系。资源与需求的精准对接是共享社区建设的核心。主要通过搭建社区共享互助平台，"线上""线下"互融互通，实现了社区居民间需求和资源的精准有效对接，加强了社区邻里间的相互交流、互通有无。在线上共享社区 App，居民群众可以将共享的资源、所需的服务信息进行发布，"需求清单"和"服务清单"得以精准对接，共享行为简化为"掌上动作"，实现"随时点击、对接需求"；在线下开辟"共享小屋"等物理空间，发布可共享的物品、技能和活动信息，让社区居民"各取所需、互通有无"，实现面对面、零距离交流。

三是贡献资源与享受服务的关系。主要通过引入"积分银行"，对共享服务实行"积分制"管理。社区居民在成功提供物品或技能后，获取爱心积分并将其存入爱心银行，在自己需要他人的物品或技能时，支取爱心积分即可兑换所需物品或技能，实现了"服务得积分、积分享爱心"的良性循环，形成"人人参与、人人尽力、人人共享"的氛围，让社区居民在共享资源的同时，也享受到其他居民的帮助。

四是安全与互信的关系。安全的互信机制是共享社区建设的保障。在共享社区项目中嵌入区块链技术，让真实个人与虚拟身份产生关联，通过身份认证，确认真实的数字身份、信用记录、活动痕迹等，让陌生人之间放心地施以帮助和接受帮助，确保共享服务互信、持久，构建起安全互信的保障机制。接下来，还将引入"诚信银行"，载入"诚信档案"，即在共享社区建设中对诚信者加分、赋荣誉，对失信者扣分、列入黑名单，营造"人人参与、人人互信"的社区信用氛围，有效解决社区群众的信任危机。

五是内涵与外延的关系。内涵在于以物品共享、技能共享、活动共享等方式，强化社区居民之间的互通有无，实现构建和谐社区居民关系的目的；在此基础上，进一步深化共享社区的内涵，推动其向更高层次、更广领域延伸，如在充分激发、调动群众的公共意识、参与意识的基础上，进一步链接、整合社区资源，将群众参与社会治理的阵地拓展到社区微服务中心、家庭综合服务中心等多个阵地，最大限度凝聚社会力量参与基层治理。

五　禅城区共享社区建设的主要特点

（一）突出"标准＋建设"

印发的《禅城区共享社区建设工作指引》，从共享小屋建设、共享活动流程等方面予以规范，促进项目标准化、规范化、品牌化建设。一是明确建设标准。提出选址上明确"两个要求"，定位上打造"三个阵地"，硬件上明确"六个一""六个有"，既强调标配又突出因地制宜。二是注重分类指导、分步实施。针对不同类型、不同居住群体的小区，制定开展共享活动三个阶段九大步骤，以流程图的形式让社区一目了然、按图索骥。三是明确每月要有活动安排表。规定小区每月开展共享活动不少于两次，明确每月活动安排表要在共享小屋显眼位置张贴，推动开展共享活动常态化。

（二）突出"线上"与"线下"互动

开辟"物品、技能、活动"共享三条路径，激活小区潜在资源，改变传统的"拥有""产权"等观念，有效对接群众需求，形成信任、共享、互助的良好氛围。线上开发共享社区App和小程序，群众需求和共享资源通过平台精准对接，实现"云端共享"，有效提升小区居民的获得感。

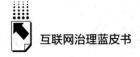

（三）突出提质增效

一是扩大党组织覆盖范围，社区党组织能够指导物业公司、业委会、热心党员共同搭建共享小屋党组织架构。二是分片指导，组建"三支队伍"。通过统一购买社工服务的方式，以分片指导协调社区党组织开展各项共享社区活动。解决社区工作烦琐、人手不够的问题后，通过组织亲子、趣味等居民参与度高的小区活动，在活动中培育建设居民朋友圈，逐步发现并联络一批热心党员群众。要求小区在每次活动中均设置"党员亮身份""人才报技能""志愿者签到"等环节，逐步建立起小区党（团）员库、技能人才库、志愿者库三支队伍。三是突出党员自发。持续充实"三支队伍"后，推动小区无职党员设岗定责，逐步培养居民自我教育、管理与服务的意识，活动组织由社区党组织牵头逐渐过渡到小区技能达人自发组织。如小区技能达人结合自身技能和资源，自发在共享小屋举办艺术课、剪纸等活动。各乡镇（街道）示范性共享小屋实行小区党员志愿者值班管理制度，逐步推动小区党员自治。

（四）开创"线上报到"新模式，为基层减负

按照佛山市统一的在职党员到社区报到工作安排，充分发挥共享社区小程序平台优势，开设党员线上报到功能板块，实现党员线上报名、线上签到、线上公布活动实况等全链条监管，有效加强对党员"8 小时之外"精细化管理。近 2 万名在职党员到禅城区报到，开展各种志愿服务活动 900 多场次，其中超九成党员通过线上全流程完成，让基层党组织免去线下报到急需大量人力、物力、精力的负累。截至 2020 年 6 月 30 日，党员到禅城社区报到超 300 人的社区 23 个，超 600 人报到的社区 7 个，线上报到党员一键完成，极大地为社区基层减负。

六 禅城区共享社区建设的成效

两年来，禅城区大力推进共享社区建设，破解了"单位制"向"社区

制"转变的基层治理难题，重构了"熟人社区"信任机制，同时打破了数据壁垒，解决了如何运用碎片化时间开展党建工作的难题。

（一）党员"领头雁"作用，提升了基层党组织组织力

共享社区建设，直接改变了以往社区治理单纯依靠物业公司、业主委员会或社会组织来推动的被动局面，构建由社区党组织整合各方力量的基层治理格局。同时注重发挥党员的先锋模范作用，通过党员发挥先锋模范作用，借助线上线下共享社区平台，帮小区居民解决了一些长期想解决但未解决的问题，切实让群众得实惠，让干部得口碑，让党组织得民心。如位于塔坡社区的鸿业新天地小区，C座第一台电梯需要更换，从征得全居民楼数十户居民的同意到走申报程序、最后更换，耗时两年；该小区B座第二台电梯需要更换，从民意表决到最终通过，时间缩减到5个月；第三台需要更新的电梯，借助共享社区项目得以快速通过，最终用时两个月，创下了解决社区公共事务的"塔坡速度"。如位于北江社区的九鼎国际城小区，需要启动维修基金维护公共设施设备。工作前期，由于业主之间互不熟悉、不信任，维修基金启用一直停滞不前。共享社区建设促进了居民之间的交流，再加上社区党组织的推动，后来超2/3（800多户）业主参与了投票，顺利启动18万元维修基金，九鼎国际城成为佛山市首个大范围启动维修基金的小区。

（二）标准化建设，形成可复制推广的党建引领基层治理"禅城经验"

共享社区建设得以在全区92个社区全覆盖推广，得益于标准化建设。印发的共享社区建设工作指引，从共享小屋建设、共享活动流程等方面进行明确规范，促进项目标准化、规范化、品牌化建设。如在选址上明确"两个要求"、硬件上明确"六个一""六个有"，制定开展共享活动三个阶段九大步骤等。项目得到了佛山市委书记鲁毅的充分肯定，他指出"打造共享社区是基层党员群众干部邻里相亲、守望相助、引领村（社区）发展的充分体现，是佛山营造共建共治共享社会治理格局的鲜活案例，这种基层党建

好做法、好经验要总结提炼，形成可复制、可推广、有影响的党建品牌"。①
中央党校、中国人民大学、广东省委党校等单位组成专家观察团，实地调研
共享社区，并给予一致好评。项目得到了《人民日报》、新华社、《中国组
织人事报》、《南方日报》等媒体的专题报道，受邀参加第三届中国社区治
理论坛、高交会智慧城市成果公益性展示等，不断在全国推介禅城共享社区
建设经验。先后获评2018年"改革开放40年地方改革创新40案例"、2018
年"全国社会治理创新最佳案例"、第四届"互联网+政务"优秀实践案例
50强、2019年"广东城市基层党建十佳创新案例奖"等，得到了《人民日
报》《中国组织人事报》《南方日报》等的专题报道。

七　禅城区共享社区建设的不足

项目运行一年多以来，让基层党组织得民心、获口碑。与此同时，也凸
显了一些新情况、新问题。

（一）整体性系统性推进的体制机制尚未形成

一是社区党组织抓共享社区主业意识还不够。调研中发现，仍有部分社
区党组织对共享社区建设的政治站位不高。具体表现在工作中没有将共享社
区党建项目放在重要的位置，同时对共享理念理解不透彻、开展共享活动定
位和活动人群依然不清晰，一定程度上出现"偏差、落差"等情况。二是
制度考核上还不够完善。虽然在2018年度绩效考核中，机关党员干部参与
共享社区建设已被纳入考核范畴，但从目前推进情况来看，App注册基本已
经覆盖了，只是App使用率依然不高，在考核体系上有待进一步完善。另
外，在共享小屋的职责职能、经费保障等方面仍需健全常态化制度化的保障
机制。

---

① 《佛山市委书记鲁毅赴禅城区调研党建工作》，人民网，2018年10月10日，http：//
m. people. cn/n4/2018/1010/c3522－11714181. html。

（二）督促指导的方式方法还不够科学有效

共享社区建设主要依靠运营方做好督促指导工作，其间也存在一些问题。一是线上 App 仍需把好审核关口。自运营以来，对物品审核43204 条、技能审核6987 条、活动审核1123 条，虽然注重加强对物品、技能、活动审核中敏感信息的过滤，从源头上把控共享资源的政治性和方向性，但依然梳理出共性问题13 条。在信息稿件上，前期大多从"社区"角度切入，活动未能明确在小区内或活动理念有偏差，但在加强督促指导后，特别是发布工作指引以来，开展共享活动的数量、质量均在稳步提升。二是线下走访尚未实现全覆盖。通过"线上交流＋线下实地走访"，线上提供指导意见547 条，线下走访调研了59 个共享小屋，但在指导上还没做到有效覆盖。比如，运营方为石湾镇街道开展了《禅城区共享社区工作指引》宣传培训，资讯审核通过率上升了15 个百分点，但其余3 个乡镇（街道）仍没全面推进、全员培训。三是宣传力度还不够大。一年多来，虽然提炼了11 条共享社区建设口号，派发宣传单5 万多份，在户外大型 LED 屏幕滚动播放共享短视频1 万余次，但在营造共享社区宣传氛围上还不够持续，利用住宅小区电梯间、宣传栏等宣传覆盖面还不够广。

禅城区2020 年2～8 月资讯发布数量见图1。

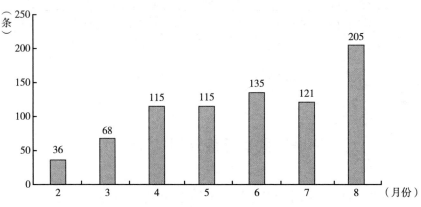

图1　禅城区2020 年2～8 月资讯发布数量

（三）社区党组织和党员作用发挥还不够

一是部分社区党组织组织力还较弱，具体表现在组织动员党员群众参与共享活动还不够，开展活动主要还是靠"老党员""老面孔"。二是各方互联互动还不够。镇街、社区、社工机构、物业公司、业委会等沟通联系还不够密切，由于缺乏利益关系作为抓手，难以产生"化学作用"，多方联动没有制度化常态化。三是党员积极参与的内生动力还不强。党员群众自我监督、自我组织、自我管理能力还没充分释放，参与共享社区建设持续性内生动力还不强。在积分后台，最高积分为4192分，在31～40岁年龄段（见图2），说明共享社区App有一定的用户关注度和热度，但在如何促进积分流通、积分均衡化方面仍需探索行之有效的办法。

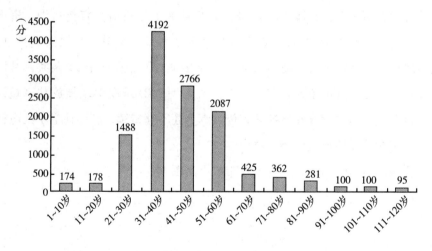

图2　共享社区 App 不同年龄段积分分布情况

八　禅城区共享社区建设的下一步方向

下一步，要不断优化以共享社区为核心的特色城市基层党建品牌，推动营造共建共治共享社会治理格局。

（一）巩固一个核心，发挥社区党组织的"头雁效应"

严格落实社区减负要求，社区党组织书记要将共享社区建设纳入重要议事日程，把社区党组织总揽全局、协调各方的领导核心作用发挥出来，增强抓好共享社区建设的职业荣誉感、责任感和使命感。要选优配强社区党组织书记，发挥"头雁效应"，更好发动小区群众、引导群众参与共享社区建设，让共享社区建设沿着正确方向持续推进。

（二）用好一个抓手，发挥物业公司的抓手作用

实践证明，共享社区建设开展得好的小区，物业支持力度很大。只有让小区物业积极参与，共享活动才有持续开展的基础保障。一是要纳入物业考核范畴。对大力支持共享社区建设或单独组建党组织的物业公司，由房地产主管部门予以诚信加分。探索将共享社区建设纳入小区物业考核范围，作为物业服务评星定级的重要依据。对支持党建工作、组建党组织的物业公司，每年给予党建工作经费保障，并使其享受党建工作经费税前列支政策。探索对共享社区建设成效突出的物业公司予以表彰，探索评选"最美物管"等。二是建立物业参与的联动机制。定期组织召开共享社区联席会议，由物业公司汇报小区开展共享社区建设的情况。探索在小程序中增设"小区公共服务资讯发布"，由物业公司专人管理，实行无缝对接。

（三）制定一套评分标准，解决参与内生动力问题

要紧抓用户兴趣点，结合用户的黏性，制定一套可量化的评分标准，设置"服务得积分、积分享爱心"管理机制，引入"积分银行"，对共享服务进行"积分制"管理。要注重针对不同人群，对积分进行分类设置。针对机关党员干部，积分可作为年底绩效考核、评优评分的重要参考依据；针对小区的党员群众，探索积分入学、兑换党建书籍等。通过共享积分可量化、可流通，增强党员群众参与的获得感、认同感。

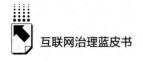
（四）建立一支兼职队伍，给热心党员群众提供平台

探索制定禅城区党建指导员兼职队伍建设方案，建立兼职党员队伍，并给予一定的经费补贴，让热心的离退休党员群众在开展共享社区建设过程中有所作为。突出党员自发，持续充实"三支队伍"，推动小区无职党员设岗定责，实现小区党员志愿者自发组织活动，持续唤醒居民自治意识。做好选育管用，加大对小区技能人才、党员志愿者、党员楼长的培育和激励力度。规范公职党员到社区报到的流程，对公职党员的特长技能进行建册入档。

（五）搭建一个平台，用好用活共享社区小程序

进一步完善用户社交生态圈，推出共享社区小程序，实现"账号绑定、参与活动、求助互助"等功能一体化，注重用户黏性，强调轻量化、便捷化运行。明确共享社区是党建项目，具有鲜明的政治属性。明确机关党员干部双重身份的性质——除了本身具备的小区居民身份之外，还是所在党支部的党员，确保机关党员干部深入小区参与共享活动有抓手、易考核。

（六）营造一种氛围，加大对共享社区的宣传力度

加大宣传力度，是做好共享社区建设工作的前提。小区内，在加强活动宣传的同时，要充分利用住宅小区电梯间、宣传栏等，特别要整合小区内传媒广告资源，多采取小视频、宣传单、微信群等形式，打破时间、空间的界限。要开展物业全员培训，对共享理念学懂悟透。小区外，继续在户外大型LED屏幕滚动播放共享短视频，编印群众喜闻乐见的"口袋书"，抓住学生、教师、公安、医生等群体，开展共享社区"大讲堂"巡回宣讲。

平 台 篇
Platform Reports

B. 10

抖音直播平台的自律与价值

北京字节跳动平台责任研究中心课题组

摘　要： 抖音直播平台高度重视自律，对直播内容质量优化的流程与机制不断完善，构建积极向上的直播内容生态。同时，抖音直播平台在经济价值层面，可以助力疫情防控期间企业恢复经营，带动传统产业实现"云销售"，助力脱贫攻坚；在社会文化价值层面，可以促进就业、教育创新与公平、科普宣传、文化艺术普及。抖音未来在价值挖掘、平台自律等方面会更好地践行以人为本的理念。

关键词： 网络直播　抖音　平台自律　平台价值

随着移动互联网的广泛普及、数字经济的快速发展，网络直播行业呈现蓬勃发展的态势。第 47 次《中国互联网络发展状况统计报告》显示，截至 2020 年 12 月，我国网络直播用户规模达到 6.17 亿人，占全体网民的 62.4%。① 网络直播行业也从最早的以 YY 语音为代表的直播平台中逐步衍生出丰富的垂直内容，并随着短视频平台崛起且推出直播功能后，进入了直播 3.0 时代，与传统行业全面融合。疫情防控期间，直播平台在经济价值和社会文化价值方面都发挥了独特的作用。

近年来，北京字节跳动科技有限公司旗下产品今日头条、抖音、西瓜视频和火山小视频均上线直播功能。其中，截至 2020 年 8 月，包含抖音火山版在内，抖音的日活跃用户已超过 6 亿人，较 2020 年 1 月增长约 2 亿人。本报告将以抖音为例，介绍在面对用户高速增长、网络直播行业快速发展的同时，抖音直播平台如何实践平台自律并发挥正向价值。

一　抖音直播平台的自律

平台自律是指直播平台作为直播运营方，需要严格遵守《中华人民共和国网络安全法》《网络信息内容生态治理规定》《互联网文化管理暂行规定》《互联网信息服务管理办法》《网络音视频信息服务管理规定》《互联网新闻信息服务管理规定》《网络表演（直播）内容百不宜》等相关法律法规制度，落实企业主体责任，严格主播资质管理，健全内部管理制度，强化审核队伍建设，加强从业人员培训，不断夯实自律基础。直播平台积极运用先进技术提升管理能力；积极接受社会监督，畅通举报渠道，健全受理流程，提升监督效果。

北京字节跳动科技有限公司旗下抖音、西瓜视频等平台高度重视平台自律，对直播内容质量优化的流程与机制不断完善，积极构建健康的直播内容生态，希望能够促进网络直播行业的健康发展。

（一）不断完善直播内容质量优化的流程与机制

建立完整的内容质量优化流程与机制，发现并防范直播各环节产生的内容风险是平台自律的坚实基础。抖音的直播平台从主播注册、直播内容质量优化、

---

① 《CNNIC 发布第 47 次〈中国互联网络发展状况统计报告〉》，中华人民共和国中央人民政府网站，2021 年 2 月 3 日，http：//www.gov.cn/xinwen/2021-02/03/content_5584518.htm。

未成年人用户保护到用户举报监督处理，层层重视，环环相扣，不断完善。

1. 主播实名注册

根据《互联网直播服务管理规定》第12条的规定，互联网直播服务提供者应当按照"后台实名，前台自愿"的原则，对互联网直播用户进行基于移动电话号码等方式的真实身份信息认证。抖音直播平台认真执行上述规定，落实主播实名注册事宜。此外，抖音等直播平台依据相关法律法规制度制定了《直播间行为规范》，并将此作为《直播主播签约协议》的一部分，各主播须在开播前签署。

2. 直播内容质量优化的流程与机制

抖音采用多种模型，将可能违规的内容推给专业审核员，由人工判断该内容是否符合社区规则并进行相应处理。专业审核人员的把关，保障了抖音直播平台上的内容安全。

3. 未成年人用户保护机制

平台会严格过滤违法违规、不合公序良俗等内容。在平台过滤基础上，还增加了青少年过滤模式，进一步严格把关内容，重点推荐对未成年人成长有益的正向内容，如知识科普、传统文化、兴趣技能等；禁止不适合未成年人观看的负面内容放出，如成人化内容、含危险模仿动作和含不良价值观导向内容等。针对可能对未成年人造成伤害的内容采取顶格惩罚，永久封禁账号和对应设备。

在青少年模式下，未成年人用户无法使用打赏、充值、提现、直播等功能，"搜索""同城"等入口也被隐藏。另外，抖音还为家长提供亲子平台，家长可通过亲子平台为未成年子女开启抖音青少年模式及设置使用时长，对孩子抖音账号的健康使用进行管理。用户进入青少年模式后，当每天观看时长累计达到自行设定的时间（40/60/90/120分钟）后，需密码解锁才能继续观看。青少年模式下，时间锁默认设置为40分钟，且使用时间只能在每日早6时至晚10时之间。若用户错过了青少年模式弹窗提醒或者没有选择青少年模式，直播平台也会通过多种方法识别未成年人用户，自动开启青少年模式。

2021年6月起，抖音未成年人保护措施进行升级并陆续实施，对14岁以下实名用户,将为其直接开启青少年模式,且进入后无法退出。该模式内只出现由平台精选、适宜青少年观看的内容,无法观看直播或充值、打赏。对14~18岁实名用户,抖音将在内容推荐、社交、搜索等方面提供更多安全保护,如禁止对陌生人显示除头像和昵称以外的个人信息。

此外,抖音还通过设立青少年守护客服专线、上线亲子平台周报功能、在社区自律公约中新增《未成年人内容管理规范》等多种方式保护青少年健康成长(见图1)。其中,《未成年人内容管理规范》对涉及未成年人信息、行为、价值观的相关内容进行严格限制,明确创作者对未成年人内容的责任与义务,倡导平台所有创作者共同守护未成年人安全。抖音还推出"萌知计划",鼓励创作者生产更多适合青少年人群学习的知识内容。还联合学术机构、媒体发起

图1 抖音未成年人用户保护机制

资料来源:抖音截图。

"未成年人网络权益保护专线"专项行动，探索建立一套多方有效协同的工作机制，共同营造有利于未成年人发展的网络生态，保障未成年人安全健康用网。[①]

4. 用户举报监督处理

除了严格遵守相关法律法规、落实平台主体责任，接受用户和社会公众的监督也是促进直播平台健康发展的有效途径。抖音的直播平台在 App、官网页面都设置了投诉举报入口，并设有专门的运营人员处理投诉举报，98%的举报将在 12 小时内受理，并会定期将一些自查结果进行公示。

（二）致力于构建积极向上的直播内容生态

直播平台要想长远、健康发展，还应该主动构建直播内容生态，帮助主播提升核心竞争力，产出更多高质量内容。

抖音、今日头条等直播平台联合中国传媒大学，结合中国演出行业协会的指导，制定相关培训方案，致力于提升平台主播产出优质内容的能力。2019 年 5 月，直播培训班在黑龙江省牡丹江市启动第一期，活动分为线下和线上，邀请了中国传媒大学的教师为主播讲解表演知识，请头部主播分享了实践经验，由平台方工作人员讲解直播间行为规范，最后以牡丹江特色旅游景点为试点，组织百名主播在牡丹江各景点直播，开展"文旅直播"，在实践中探索打造网红景点的路径和方法。培养优质主播的同时，助力了城市形象建设和当地文旅产业发展。

二 抖音直播平台的价值发挥

（一）直播的经济价值

国务院发展研究中心中国经济年鉴社课题组在《价值正"直播"——疫情背景下直播经济与生态报告》中估算，2020 年 1 ~ 6 月的直播经济市场

---

① 《国内首家！抖音宣布 14 岁以下实名用户将直接进入青少年模式》，"青岛晚报"百家号，2021 年 5 月 27 日，https://baijiahao.baidu.com/s? id = 1700875418923464938&wfr = spider&for = pc。

规模达 5630 亿元，直播刺激的消费规模达 2833 亿元，预测 2020 年直播经济市场规模将达 11259 亿元，其中直播电商市场规模约占 82%，对直播经济有着重要的拉动作用（见图 2、图 3）。

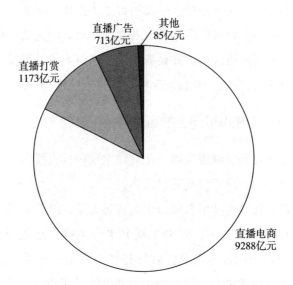

图 2　2020 年直播经济市场规模（预测值）

资料来源：《价值正"直播"——疫情背景下直播经济与生态报告》，"国研网"微信公众号，2020 年 8 月 29 日，https://mp.weixin.qq.com/s/OO79SUSzoYLuF4Z2FoGMfw。

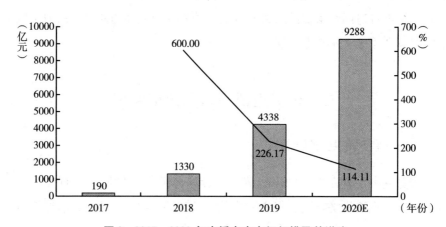

图 3　2017～2020 年直播电商市场规模及其增速

资料来源：《价值正"直播"——疫情背景下直播经济与生态报告》，"国研网"微信公众号，2020 年 8 月 29 日，https://mp.weixin.qq.com/s/OO79SUSzoYLuF4Z2FoGMfw。

1. 直播助力企业恢复经营

受疫情影响，经济一度停摆，企业承受巨大的经营压力，但许多企业通过抖音直播的方式，探索出了新的业务模式、获得了新的用户。直播电商、直播带货在疫情困难时期，为企业带去新的可能。例如，2020 年 2 月 28 日，株洲王府井百货首次通过抖音直播带货获得 83 万人观看，直播 11 个小时，获赞数超 7 万人次，增粉 6 万人，商品总销量超 3000 件，销售额超 240 万元。2020 年 3 月 23 日，携程董事长梁建章变身"带货主播"完成抖音"超级 BOSS 直播日"首秀，吸引 51 万名网友前来观看，直至直播结束，携程旅游产品订单数高达 6710 单，总销售额达 1025 万元。随着企业逐步复工、复产，直播对企业的业务经营、创新发展仍然有着助力作用，并拓展出新的业务生态。

2. 直播带动传统产业实现"云销售"

直播平台有效融合了传统产业，为其搭建全新的供应链，有助于实体经济的数字化转型。直播带动房产、汽车等行业实现了"云销售"，如保利发起的"229 美 Miao 节"抖音直播，开启了地产界抖音全时段商业化直播的先河，半小时销售 102 套房源，认购额破 2 亿元。[①] 2020 年 3 月 18 日的《抖音春日经济观察》显示，近 5000 家经销商在抖音和懂车帝开通直播，借助直播的方式，各车企和经销商高意向用户评论增长了 4.7 倍。

3. 直播助力脱贫攻坚

2020 年 3 月 16 日的《抖音春日经济观察》显示，在 2 月下旬，多位平台的创作者通过抖音、西瓜视频进行直播活动，帮助各地售出的农产品数量高达 55 万件，销售额超 2100 万元，有效地帮助部分地区解决了疫情防控期间农产品滞销问题。通过"直播 + 农产品""直播 + 特色手工"等形式，推动了农村电商的发展，为传统的乡村生活注入了数字技术，打造出特色农村品牌，助力脱贫攻坚。

---

① 《"云看房"来袭看房企如何半小时实现认购额破 2 亿》，中国新闻网，2020 年 3 月 11 日，https：//www.chinanews.com.cn/business/2020/03 - 11/9121086.shtml。

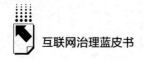

（二）直播的社会文化价值

直播行业经过逐年的发展，内容生态日益丰富，一方面可以满足用户对不同内容的需求，另一方面也为社会的发展创造价值。疫情的发生，不仅体现出丰富多样的直播内容陪伴大家度过抗疫时期的特殊作用，也挖掘出了更多的直播内容，以及在社会文化价值方面有待创造的可能性。

《2020 抖音直播数据图谱》统计了 2020 年 2 月抖音直播内容分布（见图 4），直播场数 TOP5 的内容依次为文化教育、剧情、游戏、才艺和时尚；直播场数增长率 TOP5 的内容依次为公共媒体与机构、娱乐、校园、亲子和泛生活。统计中发现，用户不仅关注娱乐化的内容，对多元化的直播内容也有所青睐。

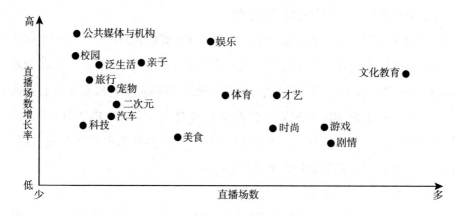

图 4　2020 年 2 月抖音直播内容分布

资料来源：《2020 抖音直播数据图谱》。

1．直播促进就业

直播产业的蓬勃发展，创造了新就业机会，催生了新就业形态，有效推动了"六稳"中的"稳就业"方针落实。中国人民大学国家发展与战略研究院课题组发布的《灵工时代：抖音平台促进就业研究报告》对 2019 年 8 月至 2020 年 8 月抖音平台促进就业的数据进行了统计分析，结果显示通过抖音平台从事创作、直播、电商等工作直接获取收入的人数达到 2097 万。

截至 2020 年 7 月，在抖音开通企业号功能的企业超过 400 万家，且抖音平台的就业主力军是中小企业。企业号的主要行业分布为零售、服装配饰、家居建材等。围绕主播形成的创业团队，衍生出五大类 20 余种职业。综合评估，抖音平台共计创造直接就业岗位达 3561 万个，间接带动直播设备制造产业相关就业达 56 万个。[①]

2020 年春招正好赶上疫情特殊时期，企业到各大高校线下巡回宣讲的形式无法实现，直播平台开启的"云招聘"帮助企业和高校解决人才就业难题。抖音与高校、行业龙头企业进行联动，发起"直播宣讲会"，以线上直播的方式进行春招宣讲和干货分享，合作高校共计 37 所。2020 年 3 ~ 5 月，共有 213 家企业在抖音上开展超过 1 次企业宣讲会，包括世界 500 强企业 20 家，有企业在抖音上 1 小时收到 381 份简历（同比上升约 662%，即抖音开播日和前一日所收简历对比）。此外，教育部新职网、共青团中央、人力资源和社会保障部全国人才流动中心在抖音上面向大学生开展求职就业指导公开课超 30 场，共计获得 214 万名大学生关注。

2. 直播促进教育创新与公平

受新冠肺炎疫情的影响，中小学、高校不得不延期开学，直播为"停课不停学"提供了良好的教学平台，也为传统教育创新提供了新的契机。2020 年 2 月，共计 23 所国内高校在抖音进行线上授课，其中北京大学、清华大学、北京师范大学位列累计在线人数 TOP3。清华大学课程以其丰富性成为上榜累计在线人数 TOP50 的课程；北京大学光华管理学院 2 次上榜累计在线人数 TOP50。[②]

巨量算数对比了 2020 年 2 月与 2019 年 12 月的直播数据，发现教育类直播观看次数增长率 550%、直播次数增长率 200%。2020 年 3 月 16 日起，

① 《灵工时代：抖音平台促进就业研究报告》，搜狐网，2020 年 9 月 15 日，https：//www.sohu.com/a/418629202_665157。

② 《2020 抖音直播数据图谱》，腾讯网，2020 年 4 月 29 日，https：//new.qq.com/omn/20200429/20200429A0I83300。

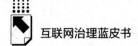
北京市教委组织名师录制优质课程，在抖音等平台开通"空中课堂"，共享北京市优质教育资源，全国中小学生均可免费在线观看。[①] 可见，直播教学在疫情防控期间发挥了重要作用。

3.直播促进科普宣传

疫情防控期间，抖音、今日头条邀请来自北京协和医院、北京市儿科研究所、四川华西医院、武汉协和医院等顶尖医疗机构的专家直播抗疫相关信息。2020年5月23～24日，中国科学院第十六届公众科学日的主题是"云游中科院 畅想新生活"，共有65家中科院科研院所入驻今日头条和抖音，开展上百场科普直播活动，直播累计观看次数超过500万次。通过直播、短视频的形式进行防疫科普，内容深入浅出，公众接受度也较高，传播效果良好。

4.直播促进文化艺术普及

疫情的发生，让很多线下的文娱演出走入了直播平台，通过云演出的方式，获取了更多的观众，同时推动了文化艺术更广泛的普及，也开辟了传播传统文化的新方式，被大众所关注。2020年2月，传统文化类直播在抖音直播中掀起热潮。其中书法/国画、曲艺类内容直播次数最多，民族乐器类内容平均每场直播获最多人观看。与2019年12月相比，传统文化类开播主播人数增长率达到82%，传统文化类直播观看次数增长率高达129%。[②]

2020年4月3～6日，抖音举办"国韵潮声"线上非遗音乐会活动，吸引数十万名网友观看，互动评论超过3万条。2020年6月9～13日，抖音推出"非遗市集"直播活动。有不少艺术家做客大师直播间。此外，苏绣代表性传承人等知名非遗创作者也亲临直播间介绍他们亲手制作的非遗作品。截至2020年5月31日，抖音的国家级非遗项目达到1318项，涵盖率高达96%。国家级非遗项目相关视频数量超4800万条，播放量超2000亿次，点

---

① 《北京市教委联合今日头条、抖音提供公益课程，助初三高三学生复习备考》，网易网，2020年3月20日，https://www.163.com/dy/article/F85IH3DS0514R9KE.html。
② 《2020抖音直播数据图谱》，腾讯网，2020年4月29日，https://new.qq.com/omn/20200429/20200429A0I83300。

赞量超 64.8 亿次。①

可见，抖音已成为大众交流文化艺术的重要平台，通过分享，带动年轻人对传统文化、非物质文化遗产加深了解，从而挖掘出文化艺术的价值，使之被更多人看见、传承。

三　抖音直播平台以人为本

直播和短视频一样，已成为一种主流的媒介形态。随着移动互联网用户规模的扩大，直播从最早的语音秀场直播中逐渐衍生出丰富的垂直内容，如游戏、体育、社交、音乐等，也为市场拓展留下了诸多可能。伴随着直播电商的发展，短视频快速崛起并推出直播功能，直播产业被挖掘出了更大的经济价值和社会文化价值。疫情的发生，更是刺激了直播产业的发展，直播产业在经济、社会、文化等方面找到了更多可能性，让人们更好地体会到现实生活与数字生活结合带来的美好价值。

直播产业与传统产业的深度融合，促进了"直播＋行业"的新业态产生和发展，实现了传统产业升级和转型。直播基地和直播产业园的兴起与发展，未来也将对区域经济的协调发展起到推动作用。直播产业对人才的需求猛增，创造了新就业机会，催生了新就业模式，在稳就业、保民生、保市场主体方面都起着积极的作用。直播打造的"双创"空间，也为商业模式、管理模式、营销模式等方面的创新带来无限可能。在一定程度上，对构建以国内大循环为主体、国内国际双循环相互促进的新发展格局有着推动作用。直播与扶贫领域的结合，打开了农产品等的销路，打造了本地特色品牌，带动贫困地区旅游产业等的发展，为致富打开了一扇大门。

直播平台自律是直播产业发展的重要保障。帮助主播提升核心竞争力、产出优质内容，引导用户科学合理地使用直播平台是平台方的义务。在直播

---

① 《非遗正流行！数十万人抖音直播看非遗　三万多评论为中国文化点赞》，光明网，2020 年 4 月 10 日，https：//it. gmw. cn/2020 - 04/10/content_ 33730739. htm。

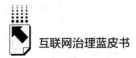

产业快速发展的今天，直播平台自律也会面临诸多挑战，抖音作为其中的一员，正在努力践行对直播平台内容质量的优化，对未成年人用户保护机制的不断更新和完善，为主播提供技能、媒介素养等方面提升的平台，主动承担主体责任和义务。北京字节跳动科技有限公司 CEO 张楠在 2020 抖音创作者大会上提到，人是抖音的核心，抖音的功能和服务都应以人为核心展开。直播作为抖音的功能之一，相信未来在平台价值挖掘、平台自律等方面，也会更好地践行这一点，为直播行业发展寻找更多可能。

B.11

网络信息内容黑灰产现状及影响分析

张沅*

摘 要: 网络信息内容黑灰产已经成为行业通病,不仅影响平台声誉、扰乱市场环境,还为网络生态建设带来明显的负面影响。本报告结合《网络信息内容生态治理规定》,将网络信息内容黑灰产定义为:通过人工或者技术手段实施搬运洗稿、恶意营销、撰写黑稿,并通过黑账号、刷粉刷量、推广作弊等行为操纵网络信息内容,获得违法利益、破坏网络生态秩序的相关产业。基于旗下自媒体平台大鱼号和新闻客户端UC的内容治理实践,本报告发现网络信息内容黑灰产主要集中于"散布淫秽、色情、赌博""使用夸张标题""带有性暗示、性挑逗""宣扬低俗、庸俗、媚俗"。另外,可以从标题特征、正文特征以及生产流程上对网络信息内容黑灰产进行识别。网络信息内容黑灰产分类细、变异快、传播广、危害大,因此,开展治理是平台所需、行业共识、监管所向。

关键词: 网络信息内容黑灰产 网络内容生态 自媒体

2020年3月1日起正式实施的《网络信息内容生态治理规定》旨在营造良好网络生态,保障公民、法人和其他组织的合法权益,维护国家安全和公共利益。其中,第二十四条规定:"网络信息内容服务使用者和网络信息

---

* 张沅,阿里巴巴UC副总编。

内容生产者、网络信息内容服务平台不得通过人工方式或者技术手段实施流量造假、流量劫持以及虚假注册账号、非法交易账号、操纵用户账号等行为，破坏网络生态秩序。"这一条款首次提出了与网络信息内容黑灰产治理相关的规定。自此，网络平台治理信息内容黑灰产有了法律依据。

一 网络黑灰产分类及现状

网络黑灰产的说法仅是行业实践中的称呼，法律层面并无黑灰产明确定义。实践中，"黑产"是黑色产业的简称，是涉及直接触犯国家法律的网络犯罪行为的产业；"灰产"则是游走在法律边缘、没有明确法律规定的灰色产业。总的来说，网络黑灰产以信息内容黑灰产和技术方向黑灰产为主。

信息内容黑灰产包括：一是搬运洗稿类，指未经授权，将他人图文、音视频改编或拼凑后发布，如搬运文章、机器洗稿、文章拼凑、伪原创、抄袭盗版；二是恶意营销类，指在舆论场上制造污染、挑起事端、进行不正当竞争，如散布谣言、夸大标题、宣扬三俗、炒作丑闻、不当评述、诱导分享；三是撰写黑稿类，指将信息传播作为不正当商业竞争的"武器"，以宣传话题、炒作事件、获得利益为目的，如黑公关、写差评、做种子稿件；四是黑账号类，指各平台出现账号恶意注册并专门倒卖的现象，形成一条成熟的产号、养号、卖号的产业链，如恶意注册、虚假认证、盗号、收号、养号、租号、卖号；五是刷粉刷量类，指通过作弊手段提高粉丝数量、互动数量，依靠流量产生利润，形成刷流量产业，如虚假评论、虚假点赞、刷榜吸睛、话题引流；六是推广作弊类，指在广告投放等推广环节，通过购买作弊服务实现预期的推广效果，如展示作弊、点击作弊、安装作弊、伪造激活。前三类简称"内容三黑"，后三类简称"运营三黑"。

技术方向黑灰产既包括黑客勒索、木马病毒、钓鱼网站、假冒 App、探针盒子、流量劫持、伪基站等传统方式，也包括深度伪造、换脸换声、窃取指纹面容声音生物信息、撞库攻击等新型方式。除此之外，网络黑灰产往往与电信诈骗、人肉搜索、交易欺诈、活动作弊、非法生成器相关。

本报告集中研究网络信息内容黑灰产，也即"内容三黑""运营三黑"。本报告尝试在《网络信息内容生态治理规定》的指引下，探索信息内容黑灰产的定义。网络信息内容黑灰产指通过人工或者技术手段实施搬运洗稿、恶意营销、撰写黑稿，并通过黑账号、刷粉刷量、推广作弊等行为操纵网络信息内容，获得违法利益、破坏网络生态秩序的相关产业。网络信息内容黑灰产治理指在重视法律规制的基础上，对从事信息内容建设的企业和个人给予监管保护，促使网络产业发展形成良性循环。

二 网络信息内容黑灰产特征识别及生产流程

首先是标题特征。网络信息内容黑灰产的标题特征表现为文字格式、标点符号、表情符号、字符、字数、常用词、语义等方面的不良应用。具体特征包括：标题字间多空格；标题中包括多个感叹号；标题多含省略号；标题中标点符号类型多；标题中含表情符号；标题中含较多字符；标题字数较多，超过 50 字；标题中有"免费关注""点击蓝色关注"等字样；标题中含重复汉字；标题语义和正文语义明显不同（见图 1）。

其次是正文特征。网络信息内容黑灰产的正文特征表现为视频、外链、提示内容、字号、二维码等方面的不良应用。具体特征包括：正文内容仅有 1 个视频；正文由较多外链组成，如拼多多 App、游戏 App、游戏小程序、算命小程序、视频广告等；正文含"漫画 1~3 天就会删除""请务必收藏好原文链接或二维码哦"；正文内容是语义混淆、无逻辑的文字堆砌；正文字号较大；正文中含"帮忙点一下视频右下角"；正文中含"加入群聊"等引导内容；正文中含"手相报告""点击'阅读原文'立即探索你的手相秘密"；正文中包括多个二维码；正文内容与账号领域明显不同（见图 2）。

以疑似机器发稿的特征为例，特征主要有：发稿时间多为 0 点 0 分、文字高度重复、图片高度重复、账号昵称类似。

序号	疑似涉黑灰产的标题特征	特征的类型	常见不良生态类型
1	标题字间多空格	文字格式	• 散布淫秽、色情、赌博等
2	标题中包括多个感叹号	标点符号	• 使用夸张标题等
3	标题多含省略号	标点符号	• 展现血腥、惊悚等
4	标题中标点符号类型多	标点符号	• 散布谣言、扰乱经济秩序等 • 直播低俗、庸俗、媚俗等
5	标题中含表情符号，比如"💋 🔞 👉 📣"	表情符号	多类
6	标题中含较多字符，比如"→ ▲"	字符	多类
7	标题字数较多，超过50字	字数	多类
8	标题中有"免费关注""点击蓝色关注"等字样	常用词	多类
9	标题中含重复汉字，比如"哈哈哈哈"	常用词	• 直播低俗、庸俗、媚俗等
10	标题语义和正文语义明显不同	语义	多类

图 1　网络信息内容黑灰产的标题特征

资料来源：笔者统计整理。

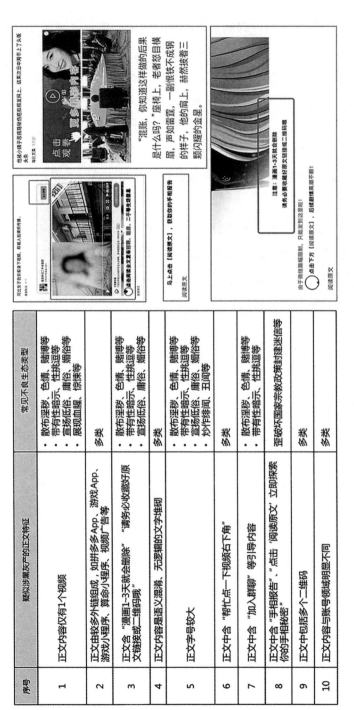

序号	疑似涉黑灰产的正文特征	常见不良生态类型
1	正文内容仅有1个视频	• 散布淫秽、色情、赌博等 • 带有性暗示、性挑逗等 • 宣扬低俗、庸俗、媚俗等 • 展现血腥、惊悚等
2	正文由较多外链组成，如拼多多App、游戏小程序、算命小程序等	• 多类
3	正文含"漫画1-3天就会删除" "请务必收藏好原文章接截或一维码哦"	• 散布淫秽、色情、赌博等 • 带有性暗示、性挑逗等 • 宣扬低俗、庸俗、媚俗等
4	正文内容是语义混淆、无逻辑的文字堆砌	• 多类
5	正文字号较大	• 散布淫秽、色情、赌博等 • 带有性暗示、性挑逗等 • 宣扬低俗、庸俗、媚俗等 • 炒作绯闻、丑闻等
6	正文中含"帮忙点一下视频右下角"	• 多类
7	正文中含"加入群聊"等引导内容	• 散布淫秽、色情、赌博等 • 带有性暗示、性挑逗等
8	正文中含"手相报告"，"点击'阅读原文'立即探索你的手相秘密"	• 歪曲破坏国家宗教政策封建迷信等
9	正文中包括多个二维码	• 多类
10	正文内容与账号领域明显不同	• 多类

图 2　网络信息内容黑灰产的正文特征

资料来源：笔者统计整理。

231

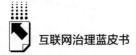

此外，介绍一下网络信息内容黑灰产的生产流程。电信诈骗经过曝光，其生产流程已经被大家熟知，先是联系目标受害人，进而以各种理由骗取银行信息，之后诈骗获利。相较于电信诈骗，搬运洗稿、恶意营销、撰写黑稿等内容黑灰产的生产流程也类似，基于"瞄准、攻击、获利"这三个步骤。比如，搬运洗稿三步骤是"寻稿—洗稿—供稿"，对应的操作方法是先在爆文网站或其他平台寻找爆文，再替换近义词、打乱顺序、跨平台拼凑，最后通过微信群、QQ 群、贴吧等渠道供稿；恶意营销三步骤是"找话题—渲染情绪—收割流量"。

综上所述，网络信息内容黑灰产分类细、变异快、传播广、危害大，开展治理已是平台所需、行业共识、监管所向。阿里巴巴大鱼号希望站在行业发展角度，与其他内容平台一起探索黑灰产治理的方案，为内容黑灰产治理提供监管建议，带头参与建立政府指导、平台参与、行业共治、学界联动的综合治理体系。

B.12
三七互娱网络游戏内容治理实践

程　琳*

摘　要： 伴随着互联网技术的升级，移动终端发展跨进全新的阶段，大众休闲娱乐手段呈现出多元化的态势，网络游戏成为一种非常重要的网上休闲娱乐形式。近年来，网络游戏用户爆发式增长，其中未成年人不在少数。因此，保证网络游戏生态良性循环，提升政府监管能力与游戏企业行业自律能力尤为重要。本报告总结了三七互娱在网络游戏内容治理方面的经验，包括守护未成年人成长、捍卫用户隐私、保护知识产权、信息化抗疫、传承传统文化、参与社会治理等方面，为推动中国游戏行业健康可持续发展做出贡献。

关键词： 网络游戏　未成年人保护　用户隐私　内容审核　知识产权保护

伴随着我国经济的腾飞，以及社会发展从"产品经济时代""服务经济时代"进入"体验经济时代"，网络游戏行业迎来史无前例的发展机遇，一举成为我国最具发展潜力的新兴产业之一。2019 年中国游戏产业整体保持稳中向好、稳中有升的良好态势。中国游戏产业收入持续保持增长，实际销售收入达到 2308.8 亿元人民币，较 2018 年增长了 164.4 亿元。中国游戏用户规模也持续扩大，达到了 6.4 亿人，较 2018 年增长了 2.5%。[①]

---

* 程琳，三七互娱副总裁，毕业于湖南大学国际金融专业，并获得中山大学岭南学院 EMBA。
① 《2019 中国游戏产业年度报告首发（深度）》，雪球网，2019 年 12 月 20 日，https://xueqiu.com/6677862831/137715609。

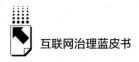

网络生态治理是一项系统工程，想要营造一个健康的网络环境，离不开多方的共同努力。一方面，职能部门主动作为、积极履职，进一步加大网络执法力度，并形成常态化的监管机制；另一方面，企业作为责任主体，有义务扮演好守门人的角色，将网络信息的审核把关做扎实，不断总结有效措施和有益经验。同时，每一位网民和社会各界都要积极参与到监督和治理中去，守护网络安全。

三七互娱，是国家文化出口重点企业、国内 A 股优秀的综合型文创上市企业（股票代码：002555）。三七互娱总部设在广州，并在我国北京、上海、安徽、湖北、海南、江苏、四川、香港以及欧美、日韩、东南亚等设有子公司或办事处等分支机构。公司涵盖游戏、在线教育等业务板块，同时积极布局影视、音乐、艺人经纪、动漫、泛文娱媒体、VR/AR、文化健康、社交等文化创意领域。

三七互娱发布的《2020 年半年度业绩报告》显示，2020 年上半年，公司营业收入达 79.89 亿元，同比增长 31.59%；归属于上市公司股东净利润 17 亿元，同比增长 64.53%，实现超预期增长。公司上半年营收居 A 股游戏公司首位。随着业绩稳健提升，市值在 2020 年一度突破千亿元，三七互娱已成为"游戏核心资产"。

一　强化社会责任　守护未成年人成长

未成年人代表着希望和未来，为他们营造健康绿色的游戏环境，是三七互娱践行社会责任的重要体现。同时，三七互娱积极投入人力、物力建立健全未成年人保护体系，践行企业社会责任。三七互娱是行业内最早推出实名认证体系和防沉迷系统的游戏企业之一。公司对未成年人用户进行了年龄分层管理，通过游戏账号使用时长、游戏消费、隐私保护及家长监护等措施对未成年人进行管理与关爱。

（一）严格落实实名认证，限制未成年人游戏消费

2019 年 11 月，国家新闻出版署发布《关于防止未成年人沉迷网络游戏

的通知》（以下简称《通知》），三七互娱积极响应，全面升级公司游戏实名认证体系和防沉迷系统，严格落实《通知》各项要求，进一步加强和完善对未成年人身心健康的保护。公司运营的所有游戏均已严格控制未成年人游戏时段、时长，严格限制未成年人充值消费，并在游戏显著位置标明适龄提示。

1. 严格落实实名认证体系

三七互娱实名认证体系包括两个方面。一是实名注册：用户必须使用真实有效的中华人民共和国居民身份证号码以及真实姓名进行游戏账号注册，使用伪造身份信息无法注册账号。二是游客体验模式：游戏登录界面加入适龄提示，未进行实名认证的用户将进入 1 小时游客体验模式，且同一设备同一账号在同一游戏中 15 天内不可重复体验，1 小时游客体验模式结束后，游戏将强制弹窗要求用户完成实名认证，如用户拒绝，游戏将强制下线。

2. 限制未成年人游戏时长和时段

对未成年人，每日 22 时至次日 8 时，禁止进入游戏。法定节假日（根据每年国务院通知的假期安排），每日累计在线时长不得超过 3 小时，3 小时后游戏强制下线；夜间时间段强制下线并禁止登录。其他时间（除法定节假日外的工作日及周末 8：01～21：59），每日累计在线时长不得超过 1.5 小时，1.5 小时后游戏强制下线；夜间时间段强制下线并禁止登录。

3. 限制未成年人游戏消费

对未成年人的游戏消费采取分年龄段限制管理，引导未成年人适度娱乐和理性消费。其中，未满 8 周岁禁止充值；8 周岁及以上且未满 16 周岁，单次充值金额不得超过 50 元人民币，同时，每月（自然月）充值金额累计不得超过 200 元人民币；16 周岁及以上且未满 18 周岁，单次充值金额不得超过 100 元人民币，同时，每月（自然月）充值金额累计不得超过 400 元人民币。

（二）保护未成年人个人信息安全与加强家长监护功能

三七互娱深知个人信息对未成年人及其监护人的重要性，并尽全力保护

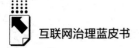

未成年人及其监护人的个人信息安全。为此，公司在原有《三七互娱隐私政策》的基础上，针对不满 14 周岁的未成年人及其监护人的使用特点，于 2019 年 11 月专门出台了《三七互娱隐私政策（儿童适用）》。

收集、使用、转移、披露儿童个人信息前，将通过儿童监护人为儿童注册账号时留存的联系方式提前通知儿童监护人，并只有获得其同意后才对儿童信息进行收集、使用、转移、披露。

儿童监护人代表儿童行使《三七互娱隐私政策（儿童适用）》下儿童本人享有的一切权利，包括《三七互娱隐私政策（儿童适用）》第五条规定的访问、控制、删除儿童个人信息和改变儿童信息授权同意的范围。

三七互娱家长监护系统协助家长共同消灭未成年人沉迷游戏的不良现象。公司尤为注重对未成年人个人信息的保护，仅会在法律允许、监护人明确同意或保护未成年人所必要的情况下使用、公开披露此信息。

（三）行业推动共建健康游戏生态

2019 年 6 月，三七互娱参与了由人民网联合腾讯等国内知名游戏企业发起的《游戏适龄提示倡议》。1 个月后，"游戏适龄提示"平台上线。该平台根据现行法律规定和青少年成长过程中的生理特征、认知能力、道德水平等因素，划分出 6 + 、12 + 、16 + 、18 + 四个适龄范围等级。同时，根据游戏适龄提示体系标准设立了游戏类型和游戏系统作为适龄参考，旨在为未成年人及其监护人正确选择适合的游戏产品提供详细参考标准。

以三七互娱为代表的首批 8 家游戏企业共计 21 款游戏产品参与到游戏适龄提示之中，旨在帮助青少年远离不良内容，合理把控游戏时间，营造健康绿色的游戏环境。三七互娱用心打造健康游戏生态，为推动行业健康发展贡献自己的力量，得到了游戏行业内的公认。近年来，三七互娱荣获了一系列重要奖项及殊荣，在 2019 互联网企业社会责任指数排名中位列网络游戏行业第一；在 2019 中国金指尖奖中获得最具社会责任感企业/品牌奖；入选人民网 2019 游戏责任论坛"社会责任综合评估十佳企业"；在 2019 第四届中国企业公民责任品牌峰会中入选"中国企业公民责任品牌 60 强"。

二 创新技术运用 捍卫用户隐私

互联网时代，数据是一把"达摩克利斯之剑"，既能带来创新与变革的力量，也能让科技、商业伦理边界与定义不断变化，从而隐含风险。要驾驭大数据创新之力必须回归责任初心。作为全球 TOP25、中国排名第三的上市游戏企业，三七互娱有着基数庞大的用户群体与由此带来的海量数据。公司以严谨的管理制度与流程体系为基础，采用行业领先技术对标国际标准，严控信息安全风险，确保数据安全。

（一）顶层承诺，恪守原则

三七互娱在采集与管理用户隐私信息方面制定了 6 项原则，在整个业务经营过程中都严格遵从。

合法性：用户隐私信息的采集与管理符合相关法律法规、行业规范准则等要求。

权责一致：采取必要的技术手段保障用户隐私安全，并在对用户相关合法权益造成损害时采取补救措施，承担相应责任。

最少够用：用户隐私信息的采集遵从最少够用原则，并与采集所实现的目的有直接关联。

个人同意：向用户明示个人信息处理的目的、方式、范围、规则，征求授权同意。

用户参与：用户有权利和有渠道查询、修改、更正、删除个人信息，注销个人账号。

确保安全：提供足够的技术手段确保信息的保密性、完整性、可用性。

在公司领导层的重视与严谨的信息管理原则基础上，公司技术中心配备了优秀的管理团队和技术工程师，他们具备丰富的网络安全实战经验，可防范各种数据安全隐患，为保护数据安全与用户隐私筑起坚固的防火墙。

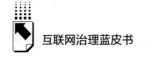

（二）系统管理信息安全

三七互娱依据《信息技术 安全技术 信息安全管理体系要求》（ISO/IEC 27001：2013）、《信息安全技术 个人信息安全规范》（GB/T 35273—2020）标准的要求，建立、实施、运行、监视、评审、保持和改进信息安全管理体系，以实现信息的机密性（Confidentiality）、完整性（Integrity）、可用性（Availability）、真实性（Authenticity）和有效性（Utility），最终保障以用户隐私为核心的数据安全。

信息安全管理体系采用 PDCA 循环管理模式，制定了完备的数据安全管理流程制度，全方位完善与隐私和数据安全相关的政策、措施、绩效。

范围与目标：公司的信息安全管理体系覆盖 37 网游、37 手游、37Games 三大游戏平台，并将平台所有的服务供应商也纳入整个体系之中进行管理，确保了体系的完整性，降低了体系之外的潜在风险。

规划：公司制定了《信息安全风险评估控制程序》，识别信息资产、威胁与脆弱性，识别保密性、完整性和可用性损失可能对资产造成的影响，进一步分析并评估风险，判定风险是否可接受或是否制定相应措施予以应对。

支持：公司技术中心面向信息安全管理体系的操作人员实施《人力资源控制程序》《员工聘用管理程序》《员工离职管理程序》《员工培训管理程序》，对聘用、在岗、离职各个环节实施严格把控，2019 年，公司共组织开展安全法律法规及信息安全管理培训 10 次，技术中心全体员工 150 人全部参加。

访问控制：公司制定了《用户访问管理程序》《口令策略》，为用户鉴别机制制定创造、分发、保护、终止以及收回的规则，并 7×24 小时检测信息系统运行。

数据资产保护：公司对数据资产的存储与传输全程加密，密钥加密采用具有抗强碰撞能力的 SHA256/AES 加密算法，能抵御生日攻击、彩虹表攻击、差分攻击等常见的 Hash 函数攻击，并在此基础上进行加盐处理，以增强额外的安全性。

物理和环境安全、操作安全、通信安全：物理和环境安全方面，公司制定了《物理访问策略》，以防止对组织场所和信息的未授权物理访问、损坏和干扰；操作安全方面，公司推出《恶意软件管理程序》《信息备份安全策略》《重要信息备份管理程序》《日志管理策略》《软件开发管理程序》，全方位确保运行系统的安全性与完整性；通信安全方面，公司制定了《通信安全管理程序》，用以确保网络中的信息安全并保护支持性信息处理设施。

系统获取、开发和维护：公司制定了《信息系统安全要求》《公共网络应用服务安全要求》《应用服务交易安全要求》，防止欺骗行为、合同纠纷、未授权泄露和修改，保护涉及应用服务交易的信息。

信息安全事件管理：公司采用前瞻性信息安全事件预防措施，如《信息安全事件管理规范》《预防措施控制程序》《事故事件薄弱点与故障管理程序》《信息安全奖惩管理程序》等，以备意外事件发生后恢复系统之需。

信息安全事件响应与调查机制：为有效和及时应对信息安全事件，公司建立了 24 小时值班制度、1 小时处突机制与信息安全事件调查处理机制，并对用户数据严格遵照《信息安全技术　网络安全等级保护基本要求》（GB/T 22239—2019）中的第三级安全要求标准执行与管理。

（三）注重保护个人可识别信息

公司历来注重用户信息安全，出台了《三七互娱隐私政策》，并于 2019 年 11 月专门发布了《三七互娱隐私政策（儿童适用）》，以强化对未成年人的保护。

适用范围：除某些特定产品和服务外，公司所有的产品和服务均适用《三七互娱隐私政策》，这些特定产品和服务将适用特定的隐私政策。

个人可识别信息加密与保护：公司为保护用户个人信息采取合理可行的安全措施，公司对数据传输使用 TLS/SSL 加密技术，对存储的敏感数据采取了 SHA256/AES 加密算法以实现敏感数据的匿名化与不可逆，保证其安

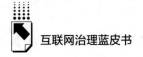

全性，此外，公司会定期对安全策略和数据保护措施采取风险评估，确保产品和服务不会受到数据泄露或侵犯隐私等风险的威胁。

用户权利：用户有权访问、管理、修改个人信息，有权要求公司删除或更正个人信息，并可通过登录后进入"客服中心"，在"自助服务"功能项下选择"注销账号"，《三七互娱隐私政策》也规定了依据法律法规和公司政策可以响应用户请求和无法响应用户请求的若干情况。

个人信息的共享、转让与公开披露：《三七互娱隐私政策》规定，在获得用户明确同意下，公司将在确保数据接收方无法重新识别个人信息主体的前提下，通过共享的方式提供给第三方，以便为用户提供更好的服务，根据法律法规，或按行政主管部门的强制性要求，公司会向相关政府部门共享个人信息，公司不会向任何第三方转让个人信息，但按照法律法规要求必须转让的除外。

泄露应对：在不幸发生个人信息安全事件后，公司将启动应急预案等，以阻止安全事件扩大，并以推送通知、公告等形式告知用户。

技术利用：公司积极采用去识别化技术、TLS/SSL加密技术，以提高用户隐私保护的成效。

（四）加强网络文化建设，营造清朗网络空间

为贯彻落实党中央、国务院关于建设网络强国的战略部署，三七互娱第一时间响应《推进互联网协议第六版（IPv6）规模部署行动计划》。按照IPv6国家专委会的部署要求，三七互娱官网及部分游戏已实现全面支持IPv6。公司旗下移动游戏明星产品《永恒纪元》是第一批通过国家IPv6支持度评定的TOP100移动互联网应用，以综合评定总分第三的优秀成绩通过检测。这标志着公司顺利完成2019年国家部署的IPv6支持计划。

公司也在继续推动其他游戏的升级改造工作，并积极推进下游供应商进行IPv6升级改造，为IPv6大规模商业应用打好基础。网络文化建设方面，公司以社会主义核心价值观作为文化安全导向，始终坚持社会主义主流意识

形态的正确方向，高度重视互联网产品的内容导向，确保积极健康的网络文化产品面向大众。2019 年，公司的网络文化建设工作获得了政府相关主管部门的高度认可，为营造清朗的网络空间贡献了一份力量。

网络安全方面，公司与网安部门建立联动机制，在配合网安部门政企工作基础上，特别设立了企业警务工作室，确保有足够的力量应对网络安全突发事件。

三　保护知识产权　促进公平竞争

三七互娱始终秉承对侵权行为的零容忍态度，进一步加大维权力度，完善知识产权保护机制，保护能力有效提升，保护体系更加完善。同时，通过不断拓宽民事诉讼、行政投诉和刑事检举等多种维权渠道，知识产权维权力度加大。

（一）完善知识产权维权机制

公司已与以苹果 App Store 平台为代表的各大渠道平台制定了运作良好的投诉及下架程序，提高了知识产权的维权效率。2019 年整体维权项目数量较 2018 年继续上升，针对少数不法分子恶意侵犯三七互娱知识产权、扰乱游戏运营秩序等行为（如网络攻击、游戏外挂），三七互娱主动出击，向公安机关报案，并配合公安机关的案件侦查及证据收集等工作，协助推进案件的侦破，最终相关侵权人均受到刑事处罚。

（二）积极参与行业协会知识产权保护

公司积极投身游戏行业协会建设，成为中国版权协会常务理事单位、广东省版权保护联合会会员单位，同时积极参与广东省版权保护联合会游戏专业委员会成立工作。

公司通过自身行动，保护知识产权，推进行业自律创新，与委员会成员企业协同发力，进一步营造更加良好的营商环境，更好地满足用户对网络游

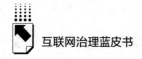
戏行业高质量发展的需求。

公司还积极参与游戏行业知识产权保护治理活动，参与中国音像与数字出版协会反盗版工作委员会关于《游戏版权侵权投诉处理规范》团体标准的制定，为行业知识产权保护提供了力量。

（三）合法守规自主创新，完善自身知识产权体系

公司积极履行并自觉遵守知识产权法律法规，在积极维护自身权利的同时，尊重他人合法权益。三七互娱通过自主研发、购买正版 IP 授权、合理布局商标注册、申请游戏专利等方式继续加大在知识产权方面的投入力度，使知识产权储备进一步充实，完善自身知识产权体系，切实履行企业自主创新的社会责任。

作为游戏行业的头部企业，三七互娱一直非常注重版权保护工作，公司建立了一体化的版权资产管理制度和完整的决策、组织、监控、评价的管理机制，为公司发展提供内生动力。同时，三七互娱不断完善企业内部奖惩机制，注重对内部员工的法制教育。2020 年，公司在广州、芜湖等地举办了 5次关于互联网企业内部员工常见违法违规案件的培训讲座，累计 400 余名员工参加。通过案例讲解，分析违法违规员工需承担的法律责任，使内部员工对相关违法违规行为的形式及后果有充分的认识，加强内部员工的守法意识。

四　信息化抗疫　三七互娱在行动

2020 年，突如其来的新冠肺炎疫情牵动人心。关键时刻，更需彰显企业责任与担当。疫情就是命令，三七互娱第一时间做出响应，公司党委统筹全局、靠前指挥，全体党员积极带头，通过驰援一线捐款捐物、发挥优势开展公众防护教育以及加强员工健康安全保障三大板块的行动，助力抗疫工作有序高效开展。疫情防控期间，公司及员工捐款捐物价值总额超过1000 万元。

（一）急一线所急，高效捐赠

1.第一时间响应，紧急捐赠价值超20万元的防护口罩

早在疫情发生之时，三七互娱就第一时间购买防护口罩，价值超过 20 万元，并通过武汉红十字会向武汉当地及南方医科大学南方医院赴武汉的医疗队、广州市公安局交警支队进行捐赠。

2.支援疫区抗击疫情，一次性捐款600万元

为支援疫区工作，共同抗击疫情，三七互娱以集团的名义捐赠了 600 万元资金以及紧缺物资。其中，捐赠 500 万元至中山大学附属第一医院；另外捐赠 100 万元至广州市慈善会，通过广州市慈善会转赠于湖北省慈善总会、湖北省红十字基金会及武汉市慈善总会、武汉市红十字基金会等慈善机构统筹使用。

3.持续关注疫情，再捐赠价值26.8万元的防护服、100支额温枪等物资

作为三七互娱的运营中心所在地，广州市乃至广东省的新冠肺炎疫情亦不容小觑。为进一步支持广州市抗击疫情，公司向中山大学附属第一医院再次捐赠 980 套医用紧缺防护服，价值 26.8 万元，让一线医务人员的安全得到保障。此外，三七互娱还向广州市海珠区慈善会捐赠 100 支额温枪等物资，用于疫情防控。

（二）发挥自身优势，主动担当作为

1.制作场景 H5，传播科学防护知识

在抗击疫情的关键时刻，三七互娱党委第一时间响应，党员志愿小组在人年初三开始制作"预防新型冠状病毒"温馨提醒 H5，并与广东省网络文化协会联合发布，通过多种渠道面向社会公众投放，为抗击疫情、传播科学防护知识做出了积极贡献。2020 年 3 月 9 日，由广州市文明办指导，三七互娱、《广州日报》联合制作的《消毒大作战》H5 小游戏上线。小游戏设置有多个家庭场景，玩家可寻找消毒用品对隐藏了"病毒"的居家用品进行消毒。每次正确消毒后，都会出现根据广东省疾控中心专家的专业回答整

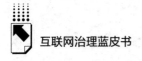

理而成的消毒小贴士，告知市民消毒的方法以及注意事项。

2. 提供免费在线编程课程，充实学生居家生活

三七互娱旗下"妙小程"青少年在线编程教育平台面向因疫情而延期开学的中小学生推出了免费的在线编程课程，让学生们足不出户即可充实居家生活，也免除了父母对孩子在家无事可干的担忧。

（三）联动平台，宣传防疫知识

1. 携手平台，防疫大数据一目了然

为对流动人员中的新冠肺炎确诊患者进行有效溯源，三七互娱联合"去哪儿旅行"推出了"新型肺炎确认同行程查询"H5，用户仅需输入乘坐的交通班次信息，就可了解同行程中是否包含确诊患者。该查询 H5 已在37 手游官网、37 网游官网两大平台上线，帮助平台用户及时查询过往行程是否有确诊患者，更好地保护自己和家人。

2. 推出战"疫"特别节目，科普抗疫知识

三七互娱与上海教育电视台《健康大不同》栏目共同推出战"疫"特别节目，邀请相关领域专家多维度科普抗疫知识。《健康大不同》战"疫"特别节目共策划 10 期，从 2020 年 3 月 7 日起上线，每周六 20：15 在上海教育电视台以及优酷视频平台同步播出。

五　布局功能小游戏　积极履行社会责任

三七互娱一直都在发挥行业优势和自身特长，通过专业性、创新性的方式，将社会责任和企业自身的经营战略相结合，在提升商业价值的同时，积极履行社会责任。未来，三七互娱也将继续"玩出"公益，开发功能游戏，引导游戏正能量，把履行社会责任放在商业决策和经营战略中，做好可持续性的发展，实现企业和社会的共赢。

（一）传承中华优秀传统文化

文化自信是一个民族的精神脊梁。关于如何培养文化自觉、坚定文化自

信，三七互娱一直在探索一条特别的道路——以互联网技术推动中华优秀传统文化的创造性转化、发展及传承。三七互娱始终坚信，每一步的努力，都让人民群众能够从丰富的文化中汲取养分，让中华文明在新的时代里继续蓬勃发展。

2019 年的端午节，三七互娱开发了《守护龙舟》功能游戏，这是三七互娱旗下首款糅合传统文化的 H5 小游戏。游戏紧扣传统龙舟文化，以鲜为人知的龙舟仪式文化为主题，通过深入浅出的知识传递方式，寓教于乐。游戏整体采用传统插画的设计风格，与醇厚的传统文化底蕴相得益彰。将非物质文化遗产"赛龙舟"融合进旗下热门游戏，推出了"一水同舟"活动，玩家每完成相应的任务，便能获得龙舟材料，并能与全服玩家一同打造"描金龙舟"，让玩家详尽地了解赛龙舟中"起龙船""采青""赛龙"等步骤。公司还与广州市车陂龙舟文化促进会合作，邀请部分玩家参与国际龙舟节，亲身体验这一延绵千年的传统文化。

为了庆贺 2020 年春节的到来，三七互娱制作的一款名为《唤醒春节"仪式感"》的互动 H5 游戏通过传统年俗的互动展示，让大家重温"年味"，更让年轻人进一步了解了春节的传统文化。三七互娱将 10 个春节传统习俗按先后顺序串做成一个 H5 游戏，并使用轻度互动的方式，让大家感受那经千余年沉淀下来的"年味"。游戏中的场景也以颇为巧妙的方式进行结合，如放鞭炮后跳转舞狮，红色喜气的舞狮从画面最右边跳出，点击蓄力，狮子就能一节节跳上梅花桩，并在最高处通过跳跃拉下绣球，从而弹出"万事如意"的祝福语。欢快的新年音乐，以红色为主调的图片，在还原中国"年味"的同时，也将整个 H5 游戏想传递的"仪式感"表现得淋漓尽致。

未来的三七互娱还将充分发挥平台和技术优势，以文化为核心，宣传倡导"文化自信"与"文化出海"，为广府文化的传承与发展贡献出自己的一份力量。

（二）积极参与基层社会治理

三七互娱积极履行社会责任，参与基层社会治理。携手基层党组织开展

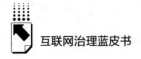
党建工作，维护公序良俗，普及规范秩序，为建成美好的社会主义社会贡献自己的一份力量。

2019 年，三七互娱党委发挥业务优势，通过与广州市员村街道深度合作，组织党员兴趣小组在工作之余运营"乐学员村"微信公众号，探索出"党建＋功能游戏"文明实践新模式。党员兴趣小组主导开发了《乐学达人》答题游戏，践行"不忘初心、牢记使命"学习教育。《乐学达人》采用答题闯关模式，题库包含党史国史、员村街道本地历史文化小知识，通过在员村街道党群间举行答题比赛，让党员、群众更深入地了解建党以及新中国成立以来的知识，更好地开展"不忘初心、牢记使命"学习教育工作。

春运期间，地铁有客流密集、包裹行李多、风险隐患大的特点。为了支持春运期间平安出行引导工作，2020 年 1 月 9 日，三七互娱联合广州市公安局公共交通分局开发制作的平安出行情景 H5 上线，并在广州市地铁天河公园站举办的"春运安保"启动仪式上对外发布。在这款名为《公交警方之地铁一日游》的情景 H5 游戏中，三七互娱官方吉祥物"洋葱头"化身归家旅客，跟着公交警方一同经历进站、安检、候车等流程，通过一个个场景探索，了解地铁搭乘过程中的规范秩序。该 H5 还设置了"不当行为提点"和"突发情况应对"两个模块，以案例形式展示地铁内不文明行为可能触犯的法律规定，以及遇到踩踏、着火等情况应有的防范措施。

（三）加强公共卫生健康知识宣传

公共卫生是关系人民大众健康的公共事业。对公共卫生的监督管制、相关宣传、健康教育等都属于典型的公共卫生职能范畴。三七互娱积极响应国家号召，加强公共卫生健康知识的宣传，一心肩负国民健康之责。

2019 年，三七互娱积极响应国家政策，借助自身的研发优势，根据垃圾分类的法律法规，研发了兼具趣味性、公益性、知识性和地域政策特点的《这是什么垃圾》小游戏，玩家需要在 60 秒的时间内将屏幕掉落的垃圾分入正确的垃圾箱,在玩乐中学习了解垃圾分类知识,以便在生活中更好地实践。2020 年 1 月 1 日,在以"5G 赋能·争先下沉"为主题的《新快报》新动力·2019 年 3C 大奖评选中,垃圾分类小游戏《这是什么垃圾》H5 荣获创新产品奖。

在成功研发的基础上,公司对《这是什么垃圾》小游戏进行了重点宣传推广。公司与员村街道合作,通过宣传海报、互动游戏等形式,让垃圾分类宣传走进辖区内各小区、校园、单位及其他公共场所等。公司还与天河区宣传部、《广州日报》合作,利用两个版面宣传垃圾分类知识。《这是什么垃圾》小游戏已累计获得 30 万人次点击量,并收到了许多玩家的积极反馈。

小游戏《细胞大作战》是以人体内的免疫细胞以及细菌、病毒等微生物为原型,以人体的大致免疫过程作为世界观与基础,糅合 MOBA(多人对战)、即时策略等多种元素的功能游戏,让用户可以在刺激的对战过程中体会到细胞和微生物的特性,了解人体免疫的过程。

(四)助力生态文明建设

建设美丽中国,生态文明建设必不可少。特别是疫情发生以来,野生动物的保护工作更是备受瞩目。三七互娱研发拯救野生动物的 H5 小游戏,寓教于乐,为达成人与自然和谐相处、走可持续发展道路的目标添砖加瓦。

2020 年 5 月 20 日,在"520 社会责任日""522 生物多样性日"来临之际,为宣传禁止野生动物违规交易、加大野生动物保护力度,《集结拯救野生动物》H5 游戏应运而生。该游戏通过操控躲避障碍拯救动物得分的方式,鼓励玩家亲自拯救动物,强化玩家保护野生动物的正向认知。值得注意的是,在游戏过程中,除了设置富有挑战性的障碍躲避来激发玩家的兴趣,还在多个场景中融入野生动物保护的倡议标语,让整个过程兼具可玩性与倡导性。该游戏的推行不仅彰显了三七互娱积极参与生物多样性保护、共担守护生物安全的社会责任,更对推动其他企业加入野生动物保护具有引领作用

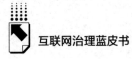

和示范效果，同时，这也是对中央提出把生物安全纳入国家安全体系的一种有力响应。该游戏邀请到享誉全球的国际野生生物保护学会（WCS）作为科学顾问，得到了欧盟 Partners Against Wildlife Crime 项目的大力支持，在宣传野生动物保护的同时保证了扎实的理论支持，体现了三七互娱关注生物安全、紧跟国家政策、坚持可持续发展的信念。

B.13
信息技术助力社会治理的机遇与挑战

——科技战"疫"的启示

赵玉现*

摘　要： 党的十九届四中全会首次将"科技支撑"作为社会治理体系的重要组成部分。作为新一代信息技术的代表，大数据、区块链、云计算、人工智能等得到广泛关注和充分发展，为社会治理提供关键"科技支撑"，这在新冠肺炎疫情防控中得以全面体现，技术助力凝聚社会治理共识，提升社会治理系统化和精细化水平。但也应对技术保持清醒认识，科技手段应用面临着数字公平、隐私保护、科技伦理等新的社会挑战。本报告旨在指导社会治理实践，均衡科技手段应用的利弊，为更好地应用科技、构建共建共治共享的社会治理格局提供决策建议。

关键词： 信息技术　社会治理　科技战"疫"　科技伦理

随着移动互联网全面普及，人工智能、云计算、大数据、区块链等技术广泛应用，科技逐步深入交通、物流、商品交易、灾害预警、社区管理、城市治理等经济社会生活的方方面面，成为社会治理的有力支撑，也是社会治理现代化不可或缺的标志。党的十九届四中全会强调要建设社会治理共同

* 赵玉现，腾讯公司安全战略研究高级研究员，主要研究方向为互联网治理、网络安全。

体，"坚持和完善共建共治共享的社会治理制度"，① 科技支撑尤为重要，其在促进社会治理协同、提高社会治理精细化水平、凝聚社会治理共识等方面表现突出，这在新冠肺炎疫情防控中得以全面体现。在新冠肺炎疫情防控工作中，以人工智能、5G、云计算等为代表的创新科技在疾病筛查、药物筛选、医疗秩序保障、复工复产、人员流动等生产生活的方方面面发挥了不可替代的作用，这也是第一次全方位、系统地向人们展示科技的力量，其大大提高了疫情防控工作效率、效果，为我国科学防疫提供了切实有效的支撑。这是在特殊时期对我国社会治理能力的一次检阅和助力，对综合运用科技持续完善社会治理体系、提升社会治理能力具有重要的启示意义。

一　信息技术在疫情防控中的应用

突如其来的新冠肺炎疫情，是一场全人类的灾难，给人们的生活健康和经济社会带来严峻的威胁和挑战，影响了无数个家庭，改变了人们的生活轨迹，也给国家和社会带来巨大的损失和深远的影响。在抗击疫情过程中，党和国家充分认识到科技力量在抗疫、防疫中的重要作用，习近平总书记指出："纵观人类发展史，人类同疾病较量最有力的武器就是科学技术，人类战胜大灾大疫离不开科学发展和技术创新。"② 以人工智能、5G、云计算、大数据等为代表的新一代信息技术得到了广泛的应用，在抗疫、防疫两个方面均发挥了重要作用，成为抗疫防疫的"利器"。如在抗疫方面，科技在病毒检测、药物筛查等方面均有应用。在防疫方面，科技助力信息公开及谣言治理，保障人员流动，促进社区管理和复工复产复学，助力我国防疫工作快速、有效推进，取得良好成效，在全球范围内开创了"中国模式"（见图1）。

---

① 《党的十九届四中全会〈决定〉（全文）》，环球网，2019年11月5日，https：//china. huanqiu. com/article/9CaKrnKnC4J。

② 《习近平：为打赢疫情防控阻击战提供强大科技支撑》，新华网，2020年3月15日，http：//www. xinhuanet. com/politics/leaders/2020 - 03/15/c_ 1125715397. htm。

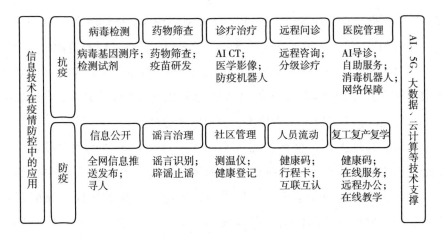

图1　信息技术在疫情防控中的应用模型

在疫情信息发布方面，疫情发生后，国内外科研院所及互联网企业利用自身的产品和技术优势，依托国家卫生健康部门、世界卫生组织等政府部门和国际组织的权威数据，参考权威媒体发布的信息，借助大数据、云计算、人工智能等技术"加持"，积极发布了"疫情动态地图""发热门诊地图""疫情数据分析报告"等，提供疫情实时动态、权威信息等，为人们及时了解疫情信息、科学防疫提供了有力支撑，在疫情防范中发挥了重要作用。以腾讯公司为例，2020年1月23日，腾讯推出"抗击肺炎，我在行动"疫情实时追踪图，在微信"搜一搜"搜索"肺炎动态"，即可看到全国各个地区的新冠肺炎疫情实时动态，搜索"肺炎疫情"还可观看专家解读。腾讯新闻上线"疫情实时追踪"小程序，时刻更新疫情地图、公布最新进展、辟谣虚假信息及发布医疗信息。同时，腾讯联合国家卫健委上线"新型冠状病毒感染的肺炎医疗救治定点医院和发热门诊地图"，该地图覆盖全国各省、自治区、直辖市及新疆生产建设兵团的363个城市。

在智能辅诊服务方面，疫情初期由于检测设施设备不足，新型冠状病毒感染确诊、排除疑似病例主要依赖于胸部CT影像，而每一次胸部CT检查会产生300多张影像，需要花费医生5~15分钟的时间查看，由于人员众多，医生负担很大。2020年2月，"腾讯觅影"的AI系统对新冠肺炎的影

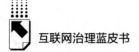

像识别模型做了针对性优化，在患者 CT 检查后最快 2 秒就能完成 AI 模式识别，1 分钟内即可为医生提供辅助诊断参考，相关设备及时驰援武汉。上海市公共卫生临床中心联合依图科技开发上线的"新型冠状病毒性肺炎智能影像评价系统"，在胸部 CT 智能 4D 影像系统的基础上快速升级，能够在极短时间内完成肺炎筛查、定量评价，提醒医生尽早关注患者病情。

在医院管理方面，疫情机器人利用虚拟墙、虚拟轨道软件技术，更好地获取周围环境信息、理解环境中的逻辑概念，在医院管理中得到很好的应用，极大地减少了医护人员暴露在病毒环境中的风险，保障医护人员安全。例如，消毒机器人可以根据实际情况，多模式地对所需环境进行自动化消毒，全面、彻底、高效减轻工作人员负担及减少可能受到的病毒威胁。配送机器人在院区内实现了"最后一公里"的物品、餐食"无接触"配送，保障隔离区内人员的日常生活，并可代替医护人员进入感染区进行药物配送。问诊机器人可自助实现病人分诊、智能引导及基本的血压、脉搏、体温测量等，部分代替医护人员工作，从源头上减少医护人员的感染风险，也减少防护物资的消耗，甚至可实现远程问诊和病人病情的数据监测。

在疫苗研发方面，人工智能、云超算等技术在设计 mRNA 疫苗结构序列、分析病毒序列、定位细胞靶标等方面提供了很好的支持，大大提高了疫苗研发的效率和准确性，国内外科技企业纷纷助力疫苗研发机构，加快疫苗研发进程。例如，2020 年 2 月，腾讯云组建应急工作小组，利用自身 CPU 及 GPU 算力调度能力，免费开放云超算能力，帮助加速疫苗研发和新药筛查，助力中山大学药学院罗海彬教授团队进行抵抗新型冠状病毒的药物筛选和病毒突变预测。2020 年 5 月，百度研究院推出全球首个 mRNA 疫苗基因序列设计算法，该算法专门用于优化 mRNA 序列设计，能在 16 分钟内大大提升新型冠状病毒 mRNA 疫苗设计的稳定性和蛋白质表达水平，从而有效解决了 mRNA 疫苗稳定性问题，加速疫苗研发。

在保障复工复产方面，国内各地陆续上线"健康码"服务，直观展示公民健康状况，并探索出一种新的经济模式——"码上经济"，助力于疫情防控常态化时期的城市智能化治理。上海"一网通办"依托移动端"随申办",为上海市民打造"随申码"。作为上海市民的生活服务码,赋予"随申码"健康出行、防控管理的相关信息,方便市民工作、生活、出行等,在线下园区、街镇等多个场景试点应用。腾讯"健康码"使用二维码的方式取代手动的信息登记,避免接触和隐私泄露,并用二维码来展示健康状况,自 2020 年 2 月推出后,迅速在全国范围内铺开,为国家部委、各地政府提供了 100 多个疫情服务平台项目和产品,覆盖北京、上海、广州、天津、武汉等地的 400 多个县(区、市),如广州"穗康码"、深圳"深 i 您"、重庆"渝康码"、上海"随申码"等健康码,服务近 10 亿人口,成为科技抗疫的重要利器之一。

上述诸多方面,充分表明新一代信息技术在应对突发疫情中均有效率、有效果的显著优势,在提高防疫、抗疫水平方面表现突出,不仅有助于社会治理方式的创新,提高社会治理的专业化、智能化水平,也能为全民参与、社会协同提供途径和基础,凝聚社会共识,为普通人理解、参与防疫工作保驾护航,有助于建设人人有责、人人尽责、人人享有的社会治理共同体。

二　信息技术助力社会治理的机遇

当前,人工智能、大数据、云计算、5G、物联网等一系列软硬件信息技术获得突破,并相互交汇与融合,产生极大的爆发力,推动人类社会进入技术新时代,也为社会治理提供科技支撑。新冠肺炎疫情防控工作中科技力量的应用,是一次社会治理的"检阅",让人们对加强科技应用以提升社会治理水平充满信心。科技打破了社会治理主体互动的时空限制,降低了互动成本,也为人民参与社会治理提供了新的可能,这不仅是社会治理的辅助手段,也成为构建新型治理关系的载体。

(一)信息技术助力凝聚社会治理共识

习近平总书记曾指出:"凝聚共识工作不容易做,大家要共同努力。为了实现我们的目标，网上网下要形成同心圆。"① 共建共治共享的社会治理共同体的建设，必须在人民、政府、企事业单位等共同体成员间形成广泛认识。科技力量的应用为凝聚社会共识创造了可能。

近年来，依托我国互联网和信息技术的普及发展，各级政府部门积极加强与社会各方的交流互动，搭建和有效运用电子政务平台，提升政府服务效率、效果。特别是在疫情防控期间，不见面、在线办更是成为一种"风尚"，获得社会各界认可，有利于快速发现社会治理中的突出问题，及时向人民传递信息，消除部门间推诿和拖延现象，提升社会事务管理的效率和对社会风险的管控能力，形成多种主体参与社会治理的良好机制，也为提升人们生活体验奠定了基础，进一步凝聚了社会共识。如为方便人们出行，同时全面保障科学防疫，在相关部门指导下，我国互联网等科技企业迅速开发了"健康码"应用，汇集人们的出行信息、健康信息等，获得全面的社会认同，全国人民积极参与、主动申报，在保障生产生活秩序的同时，提升了防疫应急、处突水平。

（二）信息技术助力全面系统化推进治理创新

社会治理从不是一件容易的事，特别是我国正处于社会发展、改革的重要阶段，新生事物层出不穷、发展非常迅猛，社会治理面临的问题呈现出多源头、层次性的特点，科技力量的应用为社会治理创新提供了新的手段和思路，有助于有效利用、综合各方资源，全面增强社会治理系统化推进能力。

一方面，科技应用有助于构建共建共治共享的社会治理共同体。由于多元主体参与，在构建过程中容易产生信息不匹配、沟通不及时等现实问题，从而降低治理效率。因此，加强科技应用，有助于加强各主体间的协调互动，打破沟通障碍和信息壁垒，在较短时间内完成问题收集、信息分析、科学决策，提升治理手段的技术性和创新性，如各地政府积极开发上线的网格

---

① 《习近平：网上网下要形成同心圆》，中国新闻网，2017 年 4 月 18 日，http：//www. chinanews. com/gn/2017/04 - 18/8202088. shtml。

化管理工具，利用新技术和网格单元间的协同机制，实现要素整合，及时发现、解决问题。

另一方面，科技应用有助于打破社会治理信息的碎片化状态，整合多部门资源，积极应对社会治理的新挑战、新问题。随着互联网与信息科技的普及发展，社会信息呈现出碎片化特点且传播速度极快，增加了社会治理工作的难度，往往打破固有的部门分工，呈现发现难、治理难的特点，如网络犯罪活动，往往涉及社会生活的不同方面，需要多部门联合开展打击才能取得良好的治理效果。这就需要加强社会治理系统化推进，综合运用大数据、人工智能、云计算等新兴技术，去伪存真，提高资源利用率，协同各职能部门，更好、更有效地处理相关事务。

（三）信息技术助力提升社会治理精细化水平

信息技术手段的应用，有助于社会治理从事中干预、事后响应向事前预警、超前预判转变，从网格化向块数据、区块链升级，从条块分割、孤岛林立向条块融合、数据开放深化。① 这种对数据、技术的应用，可以实现科学化、精细化决策，提高社会治理精细化水平。例如，在环境保护方面，部分企业过往偷排污水、废气等现象较为普遍，普通的人力监管模式无法对其进行实时监管，监管效果不佳。近些年，各地创新应用遥感技术、智能识别、视频监控进行环保监测，效果显著。如在大气环境监测方面，可以利用卫星图像分析工厂的烟尘污染，用于大气污染调查，避免大气污染时空易变性所产生的误差，便于动态监测；在违法排污监测方面，山西某地利用智能卡口、电子围栏等，有效杜绝了罐车偷倒污水行为。② 科技手段的应用，实现了从结果监测到过程监测、从人防到技防的创新，提升了新时代社会治理的精细化水平和效能，为社会治理创新注入了内在动力。

---

① 程铁军：《科技赋能社会治理创新》，《安徽日报》2020 年 1 月 7 日，第 6 版。
② 《科技手段助推生态环境保护实现精细化监管》，海外网，2019 年 9 月 19 日，http：// m. haiwainet. cn/middle/457132/2019/0919/content_ 31631747_ 1. html。

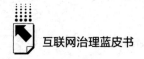

三 信息技术在社会治理中的创新实践

为创新社会治理方式，提高社会治理效能，全球各国政府积极拥抱新技术，出台了许多促进政策以支持新技术在社会治理中的应用，并基于人工智能、大数据、物联网等进行了广泛尝试。除新冠肺炎疫情防控外，科技在社会治理中的城市治理、社区治理、网络治理等方面亦涌现出许多典型实践，这些社会治理科技实践为各国建立起了层层安全保障，为人类解决社会治理问题、保障公共安全提供了强大的支撑。

（一）信息技术在城市治理中的创新实践

2020年4月，习近平总书记在浙江考察时指出，推进国家治理体系和治理能力现代化，必须抓好城市治理体系和治理能力现代化，让城市更聪明一些、更智慧一些，是推动城市治理体系和治理能力现代化的必由之路。[①] 这对重视科技赋能、提升城市治理水平提出了要求。各级政府、科技企业积极尝试运用大数据、云计算、人工智能等前沿技术推动城市治理手段、模式、理念创新，在治理交通拥堵、人员管理等诸多方面取得了成绩。

以城市交通拥堵治理为例，数据表明，30%的拥堵问题由停车难造成，腾讯云从政府、运营方、用户三方面入手，推出智慧停车解决方案，覆盖路边停车、室内外停车场、立体车库等多个停车场景，组成实时运转的"交通大脑"，实现城市级的智慧停车全流程服务，减少交通拥堵。腾讯"乘车码"依托微信开展服务，乘客无须购买、携带实体公交卡和车票即可乘车，极大地便利了地铁、公交等公共交通乘车，促进大众绿色出行。

---

① 《让城市更聪明更智慧——习近平总书记浙江考察为推进城市治理体系和治理能力现代化提供重要遵循》，中华人民共和国中央人民政府网站，2020年4月4日，http://www.gov.cn/xinwen/2020-04/04/content_5499045.htm。

人员管理方面，新冠肺炎疫情防控期间，"健康码"创新应用促进科学防疫，便于政府部门及时了解疫情信息，也有利于园区场所安全开放。而在各地大型群众活动，如灯会、跨年等活动中，人员管理面临巨大的挑战，部分地方政府利用"互联网＋"的创新方式，通过人群热力图，预测人员密集区域的人流量，合理、科学部署安全保障工作，为现场调度、快速响应、管制措施调配提供决策依据。

（二）信息技术在社区治理中的创新实践

社区是社会治理的基本单元，是距离老百姓最近的地方，社区治理质量事关人民群众的切身利益，事关城乡和谐稳定，也事关党和国家大政方针的贯彻落实。社区治理创新强调积极加强科技应用，在全国范围内进行了许多有益的尝试，并取得了良好成效。

物业服务管理是社区治理的重要环节，腾讯云"未来社区"平台与太原市迎泽区合作，在该辖区全面引入社区治理，成功实现了物业管理平台、政府管理平台以及社区治理平台的全量上线，通过提高物业公司服务效率和服务能力，促进资源整合，降低社会成本，增强了业主的安全感、获得感、幸福感。截至 2020 年 5 月，物业服务管理覆盖辖区内 1255 个小区，实现全区 60 万人口的直接覆盖。

在社区村务公开方面，腾讯"为村"依托微信公众平台建立了社区村务公开、政策宣传的互通平台，山东菏泽郓城县盛平社区利用"为村"积极发布拆迁进度、回迁房建设等事宜，在"书记信箱"中认真查阅居民的有关诉求，针对不同群体的不同需要"因人制宜"开展工作，获得辖区居民的广泛好评。同时，通过开设党建和便民服务板块，[①] 该辖区不断创新社区治理、提升服务水平，密切了党群干群关系，使"为村"成为社区党群工作的"红色引擎"。

---

① 《郓城盛平社区："为村"＋社区治理让社区真盛平》，"菏泽日报"百家号，2018 年 8 月 16 日，https：//baijiahao. baidu. com/s？id = 1608919584635654333&wfr = spider&for = pc。

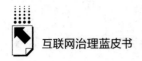

在完善社区自助、智能服务方面，早在 2018 年深圳福永街道就开启了社区 24 小时自助、智能服务建设，为居民提供便捷、高效的"不打烊"政务服务，解决群众办事时间受限难题。社区自助服务区可提供政务服务、公共服务、便民服务、金融服务 4 类服务，涉及卫生、民政、文体、社保、国土资源、公安、税务、住房公积金等 102 项自助服务事项，极大地方便了辖区居民办事，实现政务服务普惠服务，深受人们青睐。

（三）信息技术在网络治理中的创新实践

互联网在我国发展十分迅速。截至 2020 年 6 月，我国网民规模达 9.4 亿人，互联网普及率达 67%。网络普及极大地方便了人们的衣食住行，与交通、教育、娱乐、文化、社交、交易等各行各业密切结合，开辟了全新的生活空间。但相应的，网络中出现的虚假信息、不良行为也极大地冲击了人们的生产生活秩序，电信网络诈骗给人们带来巨大的经济财产损失，网络虚假信息冲击正常的信息传播秩序，传统的治理方式对此捉襟见肘。

随着人工智能、大数据等技术的发展，利用技术手段予以规制，以技术对抗技术取得了良好成效。例如，在网络谣言治理方面，传统的治理方式存在发现难、举证难、认定难、易反复等问题，在网络信息量和移动端用户量剧增的情况下，治理模式亟须升级。在人工智能时代，依托全网优质数据资源，通过自然语言技术识别，应用人工智能技术不断完善算法模型，为此提供了新的技术解决路径，通过技术分析谣言特性、建立算法模型，获得与事件相关的谣言与非谣言数据训练集，再运用分类算法对测试集进行分析，之后采取人机结合方式通过权威机构或平台发布专业辟谣信息，取得了比传统治理方式更显著的效果。

电信网络诈骗方面，将人工智能、机器学习等技术运用于打击诈骗信息和欺诈行为，也取得显著的效果。例如，腾讯公司基于黑产对抗经验技术和反欺诈 AI 模型建造能力，打造反诈骗防控系统。该系统通过机器学习和大数据分析能力，自主提取作案手法、通信行为、网络特征、资金流向等特点规律，实现智能运算、预警，在诈骗事前、事中、事后等环节起到预警、分析作用。自该系统投入使用以来，全国重点区域诈骗号码数量大幅下降，降幅接近70%，有效遏制了诈骗态势蔓延。

信息技术在社会治理中的应用远不止于此。例如，在提供政务服务方面，通过构建政务服务平台，降低服务成本，提高政务服务效率，提升政务服务体验，极大地节约了社会资源；在智慧党建方面，采用网格化管理模式，建立健全党群服务中心、城市基层党组织等，广泛吸纳企事业单位等主体参与，提高资源利用率，助力社区治理；在帮扶残疾人等特殊群体方面，通过燃气火灾报警器、远红外监测系统、SOS报警器等智能终端应用，将互联网思维应用于养老助残工作中，提升对特殊群体的关爱和帮扶能力；等等。这些创新实践无不说明了信息技术对社会治理的助力，坚定了人们建设共建共治共享的社会治理共同体的信念，也为创造更高质量的社会生活奠定了技术基础。

四　信息技术助力社会治理面临的挑战

大数据、云计算、人工智能、物联网、区块链等新兴技术在社会治理中均有明显优势，已得到人们的普遍认可和接受，但正如一个硬币的两面，这些"黑科技"也具有典型的"双刃剑"效应，在为社会治理提质增效之时，也面临着数字公平、隐私保护、科技伦理等方面的挑战，会引发结构性失业、阶层分化、资源分配不平衡等新的社会问题。因此，人们应在加强科技应用的同时，保持头脑清醒和认知正确。

（一）数字公平的挑战

我国网民众多，增长较快，互联网普及率逐年提升，人们已逐渐接受科技手段的应用，并在互联网领域形成了社会促进氛围。相应地，应注意的是，我国仍有超过4亿人没有触网，其未触网的原因虽略有不同，但缺少上网条件、缺乏上网知识、经济收入水平低下等是主要原因。在发展网络服务、加强科技应用的同时，也应关注到这部分人群的需要，避免其因不具备科技应用技能、条件而为自身生活带来不便，避免因"数字鸿沟"而造成数字不公平现象。例如，新冠肺炎疫情防控初期，"健康码"横空出世，作为社会管理的创新手段得到重视，许多地方将之作为出行的必备元素，纷纷建立了相应的应用制度。但老年群体因无智能手机、不熟悉网络应用而无法申领"健康码"，个别地方甚至产生了管理矛盾，为老年群体的出行、生活带来了困扰。前些年，个别地区出现了商家因使用第三方支付平台收付款而拒绝现金交易的现象，其实这是一种新的不公平现象，发展数字经济、加强科技应用、创新社会治理应对此予以关注考量，积极应对数字公平的挑战。

（二）隐私保护的挑战

随着全球数字经济发展秩序日益稳定，各国对隐私保护日渐重视，我国也逐步完善了个人信息、隐私保护方面的法律法规、行业标准，为个人信息应用提供了参考。人工智能、大数据、算法推荐等技术的应用，无一离得开数据应用，隐私和个人信息保护方面的需求也随之增长，并为人们所重视。社会治理事关人们的切身利益，与之相关的数据、个人信息十分重要，对隐私保护的关注更应被列为重中之重，但遗憾的是，实践中出现了许多为了提高治理水平而忽视隐私保护的现象。例如，有的地方政府部门使用人脸识别设备，监测到交通违法人员后随意公开其真实姓名和身份证号；疫情防控期间，个别地方将外地返乡人员的姓名、身份证号、家庭住址等详细信息在网络上公布并传播，虽然公布行踪路线的初衷是好的，应该予以肯定和鼓励，但其具体做法忽视了相关人员的隐私，对个人工作生活造成了不好的影响。

（三）科技伦理的挑战

科技伦理是指在科技手段应用过程中应该遵循的价值观念和行为规范。在生物、生殖、生命、医学等自然学科领域颇受人们关注。人工智能、大数据、算法推荐、人脸识别等新一代信息技术全面、广泛应用的同时，忽视了对科技伦理的关注，出现了必要性、审慎性等伦理危机，而这些并非法律法规所能妥善解决的。

疫情防控期间，"健康码"作为"信息化抗疫"的创新产品横空出世，受到了大众广泛认可，对抗击疫情发挥了重要作用。因感受到"码"的力量，某地推出"文明码"，将交通行为、志愿行为纳入对市民的文明程度评估。人脸识别技术方面，经过数年发展，该技术已广泛应用在学校、商圈、园区、院区、厂区、社区等许多的场景中，而其部署过程、部署决策缺少监督，必要性无从评估，从而出现滥用趋势。

过度收集、使用人脸信息（生物特征信息），相关数据一旦泄露，后果非常严重，将给人们的人身财产安全带来极大的挑战，若人脸信息大规模泄露，甚至可能危及国家安全。社会治理更应注重塑造公平环境，在引入科技手段的同时，应积极进行相应的伦理评估，重视伦理规范，营造公平有益的生活环境，保障人们的隐私、安全权益，不能以牺牲个人某些方面的权益来为人民提供服务。

（四）新的社会问题治理的挑战

生产力变革带来社会生产、生活方式的改变，伴随着新一轮科技革命和产业变革的兴起，整个社会发生了翻天覆地的变化，"互联网＋"、工业互联网、产业互联网、新零售、智能制造等一系列概念推出和推进，产业机构不断变化升级，数字经济也展现出蓬勃发展的新局面。但与此同时，社会发展不平衡、不协调的问题突出，出现了许多新的社会问题。例如，网络犯罪日渐泛滥，威胁社会安定和人们正常的生产、生活秩序；智能技术应用带来结构性失业；数字鸿沟、数据孤岛现象凸显，经济社会收益悬殊，社会阶层分化；科技大规模应用，社会资源配置不均衡。这些无一不带来新的社会问题，为社会治理带来新的挑战。

五　提升信息技术助力社会治理能力的建议

信息技术手段在城市治理、社区治理、网络治理等社会生活的方方面面获得了广泛应用，在凝聚社会治理共识、促进系统化实施、提高精细化治理水平方面表现突出，成为社会治理创新、治理能力提升不可缺少的关键力量。但信息技术"双刃剑"效应也不应忽视，隐私保护、数据公平等也是人民群众密切关注的要事。如何在信息技术日新月异、普及发展的今天，转变治理思维和治理理念，真正利用好科技力量，打造社会治理创新标杆，有效应对社会生活中的各类风险和问题，已成为当前我国乃至世界各国社会治理体系和治理能力现代化的重要议题。

（一）加强顶层设计，强化分级统筹指导和引导

当前社会治理对信息技术手段的应用，出现各自为政、分散治理的苗头，不仅存在重复建设现象，也造成极大的资源浪费。社会治理是事关国家治理体系和治理能力现代化的核心组成部分，非一朝一夕、一城一地之事，要加强科技手段的应用，应加强顶层设计，实现中央、省级、市级等层面分级统筹，科学规划，吸取软件系统时期各职能部门、各地方政府分散建设，形成一个个系统孤岛的经验教训，在社会需求基础上，按照"统一规划、统一部署、以统促建、以统促用"原则，打造共建共享、互联互通、综合应用的统一政务平台。这不仅能够杜绝重复建设、无效建设，也有利于明确各级协同责任，进一步厘清管理责任，发挥决策、智慧和协调作用，实现规模效益，切实推动社会治理创新，提高政务服务体验，建设人民群众满意的社会治理模式。

（二）加强科技素养普及，推动社会治理普惠

政务服务属于公共服务，负有营造公平社会环境的责任，社会治理事关人们的福祉，是最能够体现社会公平、与人民群众联系密切的事项，在全面推进社会治理、应用科技手段创新治理模式的同时，应积极关注老年人、未成年人、残疾人等特殊群体，关注经济欠发达地区的人们，加强科技素养普及，开展普惠治理，这本身也是技术手段应用的优势之一。一方面，针对老年人、残疾人等网络技能缺乏的问题，发挥社会力量积极开展科技应用普及活动，提高全社会范围内的科技素养，消除数字鸿沟；另一方面，注重城乡

均衡，推动农村地区网络基础设施建设，因地制宜，根据农村发展需要应用科技手段，使数字经济发展、科技应用能够惠及更多人。

（三）破除技术"迷信"，科学决策，防止唯技术论

科技手段极大地便利了人们的生产、生活，开辟了全新的文化生活空间，提高了人民福祉，技术手段应用越来越受到人们的青睐和关注。但技术本身有其局限性，也会带来隐私保护、数据公平等新的社会问题。实践中应对此保有清醒认知，不能认为技术万能，迷信技术，应坚持科学决策，防止唯技术论，真正用好科技力量，让技术服务于人们的生活，辅助于社会治理。例如，当区块链技术应用在司法实践中，就有法律界人士表示，"在技术层面，要利用区块链防止原始篡改、算法攻击等破坏行为，但在司法实务中，需保持审慎态度，综合当事人质证意见、系统的核验结果、科学的审查规则做好裁判"。这样既能提升司法效率，又能坚守司法中立性原则，促进社会治理和我国数字经济的发展。

（四）完善技术服务评估，保障网络与数据安全

随着国家发展数字经济、大数据、人工智能战略的实施推进，新兴技术创新及其在社会治理中的应用日渐活跃，产生和聚集了丰富多样、应用价值高的实践，成为社会治理能力提升、数字经济发展的生产要素。但相应地，数据过度采集使用导致用户数据泄露风险也日益凸显，特别是社会治理系统开发者众多，其网络安全保护和防范能力不一，这些年多地出现社保、教育等信息系统被入侵和数据泄露问题。社会治理事关国家治理体系，在某种程度上也关系到国家安全和人民群众的切身利益，应将相关安全问题作为工作的重中之重。可完善社会治理系统技术提供者服务评估体系，健全技术提供者开发资质认证，全面引入技术实力强、网络安全能力有保障的企业，保障社会治理中的网络与数据安全。

国际借鉴篇

International Reference Reports

B.14
全球互联网治理年度发展状况
（2019 ~ 2020）

赖凯声　林蓉蓉　邝木子*

摘　要： 回顾 2019 年下半年至 2020 年下半年全球互联网治理发展状况，
网络基础设施资源治理方面，以 ICANN、ITU 为代表的国际组
织，W3C、ISOC 等技术社群以及美、欧、日等国家和地区多行
为主体，在继续围绕保障网络安全工作开展的同时，也着眼于数
字经济、无障碍通信等方面的创新开拓工作。网络安全方面，北
约、ITU、ICANN 及重要国家和地区通过制定出台战略政策、组
织安全演习、发布报告提升自身网络安全能力，同时，新冠肺炎
疫情防控期间的网络安全也是各国关注的重点。联合国框架内治
理方面，ITU、WSIS、IGF 继续在"2030 年可持续发展目标"的

---

* 赖凯声，暨南大学新闻与传播学院教授，主要研究方向为网络社会治理、传播心理学、大数
据舆情；林蓉蓉，暨南大学新闻与传播学院硕士研究生，主要研究方向为媒体融合与网络社
会治理；邝木子，暨南大学新闻与传播学院硕士研究生，主要研究方向为媒体融合与网络社
会治理。

框架下推动互联网治理，并积极探寻抗击疫情的相关对策。互联网（数字）经济与社会方面，5G 技术的发展和应用受到 WTO、WEF、EU、OECD、G20 主要国际组织的持续关注，而疫情对全球数字化进程的冲击及其应对也是上述国际组织关注的重要议题。

关键词： 互联网治理　网络基础设施　网络安全　数字经济

一　全球网络基础设施资源治理进展

加强和完善通信网络基础设施建设，是实现信息化社会的关键，对全球网络空间和数字经济的发展而言至关重要。2019 年下半年至 2020 年下半年，以互联网名称与数字地址分配机构（ICANN）、国际电信联盟（ITU）为代表的国际组织，W3C、ISOC 等技术社群以及美、欧、日等国家和地区多行为主体，在继续围绕保障网络安全工作开展的同时，也着眼于数字经济、无障碍通信等方面的创新开拓工作。

（一）ICANN

ICANN 的工作涵盖了互联网协议（IP）地址的空间分配、协议标识符的指派、通用顶级域名（gTLD）以及国家和地区顶级域名（ccTLD）系统的管理、根服务器系统的管理。2019 年下半年至 2020 年下半年，互联网名称与 ICANN 在以下方面推进了全球网络基础设施特别是数据开放平台方面的治理。

1. 宣布出版第一版《域名市场指标》（*Domain Name Marketplace Indicators*）

作为互联网域名领域的最高管理机构，ICANN 在 2019 年制定了一系列相关标准。2019 年 4 月 17 日，ICANN 宣布出版第一版《域名市场指标》，其中囊括了 gTLD 和 ccTLD 的统计数据，扩大了数据范围。未来，ICANN 计划扩大有限指标的数据范围，同时每两年发布一次这类统计数据，用于跟踪目标实现进度，促进域名市场强健、稳定和可靠发展。2020 年 12 月 9 日，ICANN 发布了最新行业衡量标准，这一标准是《域名市场指标》的组成部分，能够在域名市场发展过程中提高信息透明度。①

2. 上线开放数据平台（Open Data Platform）

ICANN 的使命在于确保全球互联网的稳定、安全与统一。ICANN 于 2020 年 3 月 13 日宣布上线开放数据平台，这一平台是由首席运营官办公室负责运营的 ICANN 开放数据项目的组成部分，旨在向 ICANN 社群提供公共可用数据的访问权限。在这一平台上，用户可以搜索、浏览和下载可用数据，并运用分析和可视化工具。②

3. 保障根服务器系统稳定运行

根服务器系统是全球网络的中枢神经系统，其运行状况直接影响着全球网络的安全状况，因此 ICANN 一直十分关注根服务器系统的运行状况。为进一步保障根服务器系统稳定运行，ICANN 于 2019 年提出建立一个新的概念模型，该模型基于 RSSAC037 文件模型，将 RSSAC037 文件模型中的三个职能具化为三个机构，分别是根服务器系统治理委员会、根服务器系统常务委员会、根服务器系统运行机构审核小组。③

（二）ITU

1. 发布《数字技能评估指南》（*Digital Skills Assessment Guidebook*）

2019 年 11 月 21 日，国际电信联盟推出信息通信技术（ICT）基础设施

---

① ICANN, "ICANN Publishes Updated Domain Name Marketplace Indicators," April 19, 2019, https：//www. icann. org/news/announcement－2019－04－19－zh.

② ICANN, "ICANN's Open Data Platform Now Live," March 13, 2020, https：//www.icann. org/news/announcement－2020－03－11－en.

③ 嵇叶楠、郭丰、黄满怡：《全球互联网域名行业发展现状及态势》，《信息通信技术与政策》2019 年第 12 期。

业务规划工具包，该工具包为监管机构和政策制定者提供了一种清晰而实用的方法，来对拟议的宽带基础设施安装和部署计划进行准确的经济可行性评估。该工具包旨在为致力于扩展宽频网络部署的规管者和决策者提供实用手册；提供成功实施信息通信技术基础设施业务规划的关键要素；介绍和解释宽带基础设施安装和部署计划的最佳做法，以及对其进行经济可行性评估，以支持决策；提供搜索最多项目的定量例子，如光纤骨干建设、无线宽带网络（包括4G）和光纤到户（FTTH）接入网项目。2020年5月28日，国际电联发布了《数字技能评估指南》。该指南借鉴补充了2018年推出的国际电联数字技能工具包，旨在帮助ITU各成员国确定现有的国家数字技能供应，评估相关技能需求，以确定技能差距，并制定出满足未来数字技能需求的政策。此外，该指南还能供企业、非政府组织和学界的专家等与决策相关的主体使用。①

2. 推进无障碍获取信息通信技术

ITU在聚焦新兴技术、推动现代通信发展的同时，还在推进无障碍获取信息通信技术中发挥重要作用，以确保弱势群体的参与。2019年12月，国际电联在美洲区域和欧洲区域举办了两场重大活动，以致力于在这两个区域推进ICT的无障碍获取，其主要成果包括强调并促进利用人工智能和设计提高残疾人生活质量的创新型数字化解决方案。2019年11月20~22日在厄瓜多尔基多举办的"实现无障碍获取的美洲"活动，强调了人工智能在推动残疾人无障碍获取ICT方面发挥的作用，同时与会者还确定了无障碍获取ICT的最佳做法，以便无歧视地帮助提高残疾人的生活质量。2019年12月4~6日于马耳他圣朱利安举办的"实现无障碍获取的欧洲"活动上，与会者们谈到了未来无障碍获取ICT对于减少不平等现象的作用，并且针对推进欧洲区域无障碍获取ICT议程的方式展开讨论。以上两场活动均有助于实施在2017年世界电信发展大会上通过的国际电联

---

① 《国际电联今天推出一个全面、实用、循序渐进的国家数字技能评估工具：〈数字技能评估指南〉》，国际电信联盟网站，2020年5月28日，https://www.itu.int/zh/mediacentre/Pages/CM03-2020-digital-skills-assessment-guidebook.aspx。

无障碍获取区域性举措。①

3. 在新冠肺炎疫情防控常态化时期推出加强全球电信基础设施建设的平台

突如其来的疫情使全球诸多人不得不留在家中，医生转向远程咨询，学生转向在线学习，餐馆转向在线订单配送，越来越多的人依靠 ICT 远程工作，这进一步加剧了 ICT 基础设施的紧张状况。根据网络服务公司 Ookla 的数据，疫情不仅引起了人们对网络安全的担忧，还让世界上许多受影响国家的网速有所下降。苹果、Netflix、YouTube、Facebook 和 Instagram 主动降低了视频流的质量，以节省带宽。在英国，通过移动和固话网络拨打的电话数量激增已经影响了通话质量，并导致通话和网络中断。

2020 年 3 月 24 日，ITU 推出了一个新的信息共享平台，旨在在疫情防控常态化时期保护全球电信网络。这一信息共享平台将提供资源，帮助政府和私营部门增强网络弹性，同时帮助电信基础设施应对需求激增的局面。起初，该平台只作为一种信息来源，但随着时间的推移，其变得更具互动性，为政策制定者、监管机构和行业利益相关者提供"最佳实践和倡议"，以确保网络和电信服务在疫情防控期间尽可能正常运行。

4. 完成对国际移动通信2020（IMT – 2020）技术全球认可的评估

2021 年 11 月 26 日，ITU 在对符合 IMT – 2020 愿景和严格性能要求的三项新技术进行评估后，对将用于第五代移动通信网络全面商业化部署的无线接口授予了全球验证。这三项新技术分别是：第三代合作伙伴项目（3GPP）提交的 3GPP 5G-SRIT、3GPP 5G-RIT 和印度电信标准开发协会（TSDSI）提交的 5Gi。首次发布的支持 5G 的 IMT – 2020 成果是一套地面无线接口规范，其被纳入了 ITU-R 题为《IMT – 2020 无线接口的详细规范》的建议书中。②

---

① 《国际电联成员聚焦于新兴技术在推进无障碍获取信息通信技术中的作用》，国际电信联盟网站，2019 年 12 月 13 日，https：//www. itu. int/zh/mediacentre/Pages/2019 – CM11. aspx。

② 《国际电联完成了对 IMT – 2020 技术全球认可的评估》，国际电信联盟网站，2020 年 11 月 26 日，https：//www. itu. int/zh/mediacentre/Pages/pr26 – 2020 – evaluation – global – affirmation – imt – 2020 – 5g. aspx。

（三）技术社群

1. W3C

（1）提高 Web 支付的安全性和可操作性

众多领域的持续发展激发了 W3C 和 Web 社区的活力。越来越多的新技术在网络上走向成熟并得到进一步发展。W3C 在 2019 年 4 月 23 日发布了新战略：为实现人人共享的 Web，将全面调查 W3C 所开展的基本工作。为了使网络能够扩展以应对新的挑战和把握机遇，W3C 特许成立了一个 Web 支付安全利益小组，以更好地协调并最终提高 Web 支付的安全性和可操作性。围绕"网络需要什么来利用 5G、QUIC 和边缘计算改变基于网络服务的拓扑结构"这一问题，在 2018 年 5 月 Web5G 技术研讨会之后，W3C 开始完善团队章程。随着 Web 的不断发展，各类组织也在完善相应的规范。所谓的"常青建议"或"生活标准"旨在跟踪功能的持续开发和维护，同时在每个功能的基础上锚定审查标准。

（2）规范 Web 身份验证工作

2019 年 6 月 4 日，Web 认证工作组发布了 Web 认证的第一个公开工作草案：用于访问 2 级公钥凭证的应用程序编程接口（API）。该规范定义了一个 API，允许 Web 应用程序创建和使用强大的、经证明的、作用于域且基于公钥的凭证，以便对用户进行强身份验证。从概念上来讲，一个或多个公钥凭证由 Web 应用程序所请求的身份验证器创建。同时，用户代理调解对验证器及其公钥凭证的访问，可以保护用户隐私。验证器需要负责确保未经用户同意不执行任何操作，此外，验证器通过认证向依赖方提供其属性的加密证明。该规范还描述了符合 WebAuthn 的验证器的功能模型，其中包括了它们的签名和证明功能。[①]

（3）推进 HTML 和 DOM 规范化

通过规范 HTML 和 DOM，可以帮助开发人员在开发产品时遵循同一套

---

① W3C, "First Public Working Draft: Web Authentication: An API for Accessing Public Key Credentials Level 2," June 4, 2019, https://www.w3.org/blog/news/archives/7769.

规则。对于开发人员来说，可以减少混淆情况。2019 年 6 月 6 日，W3C CSS 工作组通过发布 CSS 过度滚动行为模块第一版（CSS Overscroll Behavior Module Level 1）规范的首个公开工作草案（First Public Working Draft），定义了浏览器滚动行为（Overscroll Behavior），在滚动到达边界时对其进行控制，允许 Web 应用禁用滚动的默认规则，例如，滚动链接、过度滚动等。同时，继 2019 年 5 月 28 日宣布与网页超文本应用技术工作小组（WHATWG）就协同开发单一版本的 HTML 和 DOM 规范签署《合作备忘录》之后，W3C 正式成立 HTML 工作组，旨在协助社区围绕 HTML 和 DOM 规范提出相应解决方案，进而将 WHATWG 审阅草案纳入 W3C 推荐标准。[①]

2. 国际互联网协会（ISOC）

ISOC 于 2019 年 2 月 26 日发布了《2019 年全球互联网报告——互联网经济的整合》。该报告探索了互联网经济中的整合趋势，以及它们对数字通信、连接和商业的未来意味着什么。该报告将帮助政策制定者和其他决策者了解数字整合涉及的一系列复杂问题，其对数字整合的响应将影响互联网的不同层面。如果只应对一个领域的整合趋势，而不考虑这些趋势在其他领域或层面上的影响，可能会对互联网和经济发展产生意想不到的破坏性后果。

2020 年 9 月，ISOC 推出了首个互联网影响评估工具包（The Internet Impact Assessment Toolkit），该工具包发挥着指南的作用，旨在减少政府管控、技术发展趋势及决策对互联网基础设施的损害。该工具包的搭建是基于一篇已发表的论文——《互联网式联网：定义互联网的关键特性》（*Internet Way of Networking：Defining the Critical Properties of the Internet*）。该工具包强调互联网的理想状态为可普遍访问、去中心化和开放，只有具备这些特性的互联网才能进一步促进知识、思想和信息的高效和自由流动。[②]

---

① 《W3C 宣布正式成立 HTML 工作组，与 WHATWG 协同开发单一版本的 HTML 与 DOM 规范》，W3C 中国网，2019 年 6 月 6 日，https：//www. chinaw3c. org/archives/2359/。

② ISOC，"Internet Society Launches First Ever Toolkit to Gauge the Impact of Regulation on the Internet," September 9，2020，https：//www. internetsociety. org/news/press – releases/2020/internet – society – launches – first – ever – toolkit – to – gauge – the – impact – of – regulation – on – the – internet/2020 – 09 – 09.

二 全球网络安全保障状况

2019 年下半年，北约、ITU、ICANN 等国际组织及重要国家和地区仍然依照常规，制定出台战略政策、组织安全演习、发布报告以提升自身网络安全能力。而 2020 年上半年，受疫情影响，网络安全形势恶化，各国和各地区及重要国际组织的网络安全工作重点转移到发布临时应急预案、维护疫情防控期间的网络安全上。

（一）北约

随着近几年网络攻击事件增多，网络防御工作显得愈加重要，而北约联合防御的核心任务即为网络防御。2019 年 12 月 2～6 日，北约在爱沙尼亚的国防军事学院基地举行了"网络联盟 2019"军演，旨在帮助网络防御者为应对真实网络攻击事件做准备。此次军演由北约协同网络防御卓越中心（CCDCOE）筹划实施。29 个北约国家中的 27 个成员国、欧盟以及包括日本、阿尔及利亚、奥地利、芬兰、爱尔兰和瑞典在内的 6 个北约伙伴国参加。参演国家派出约 700 名相关人员，其中包括网络安全专家、技术人员、军人、政府官员以及企业代表。军演内容聚焦集体防御、危机处理、合作安全，具体包括针对基础设施的恶意软件攻击，涉及社交媒体的混合挑战，以及针对移动设备的攻击。此次军演检验了参与各方应对网络攻击的技术能力，提高了北约成员国之间的协调应对能力。[①]

2020 年 11 月 16～20 日，北约举行了年度网络防御演习——"网络联盟 2020"（CC20）。受新冠肺炎疫情影响，此次演习全程采取线上形式，旨在测试决策流程、技术和操作程序、协作水平，以及北约成员国和其他国家的网络防御能力。演习以当今国际上主要的网络威胁为背景，测试官员对不

---

① 潘金宽：《北约大规模"网络联盟 2019"军演锻造坚强"网盾"》，《军事文摘》2020 年第 5 期。

同事件的实时响应能力，包括试图破坏机密网络、破坏关键基础设施中的通信系统以及通过智能手机应用程序进行间谍活动。来自25个北约成员国、4个伙伴国（芬兰、爱尔兰、瑞典、瑞士）和欧盟（欧盟联合军事参谋部和欧盟计算机应急响应小组）的约1000名官员和专家参与了此次演习。[①]

（二）ITU

1. 召开全球监管机构专题研讨会

来自世界各地的监管机构和专家于2019年7月9~12日在太平洋岛屿瓦努阿图举行全球监管机构专题研讨会（GSR-19），这次会议的主题是"包容性连接：监管的未来"，主要围绕监管机构未来将面临的监管问题展开，就信息通信技术政策和监管环境的未来进行对话并交换意见。在快速变化的ICT领域，随着人工智能、区块链、物联网和5G等新技术的发展，新的业务和投资模式发生变化。例如，交互式自然灾害模拟演习将帮助监管机构了解制订国家应急通信计划的重要性，并探索新的监管措施和信通技术监管机构在此类准备工作中的作用——这在太平洋区域应对气候危机方面具有特别重要的意义。同时，会议强调了对强大的合作伙伴关系、创新的监管工具和方法的需求，以及各部门之间的协作监管机制，以帮助连接仍未使用互联网的人群。会上讨论了数字战略和政策、基础设施监管、创新投资和融资机制、频谱、为5G做准备以及消费者角色的变化等问题，提出建立数字平台是缩小发展差距的最佳方式。

2. 发布新导则以帮助各国制订国家应急通信计划

新冠肺炎疫情背景下，信息通信网络的重要性凸显。在面对突发公共卫生事件时，全面高效的国家应急通信计划对各级单位的信息共享、信息公开以及信息获取极为关键。为帮助各国更为高效地应对突发公共卫生事件，打好疫情信息战，ITU推出了旨在帮助各国制订国家应急通信计划的新指南。该指南

---

① 《北约首次通过虚拟方式开展年度"网络联盟"演习》，安全内参网，2020年11月24日，https：//www.secrss.com/articles/27321。

明确指出了疫情中的主要风险领域，强调保障日常运营所必需的资源和程序，帮助各国政府在疫情防控期间维护国内和国际通信网络的安全和稳定。①

3.开启6G研究工作

第34次国际电信联盟无线电通信部门5D工作组（ITU-R WP5D）会议于2020年2月在瑞士召开，会议上，工作组正式宣布开启6G研究工作。此次会议形成了6G研究的初步时间表，该表由"未来技术趋势研究报告""未来技术愿景建议书"等重要文件撰写计划节点组成。会议上，ITU还启动了对"未来技术趋势研究报告"的撰写计划，该报告计划于2022年6月左右完成。该报告的内容将涵盖5G之后IMT系统的技术演进方向，即IMT演进技术、高谱效技术等。②

（三）ICANN

1.发布针对域名系统（Domain Name System, DNS）安全威胁的审计报告

互联网的搜索离不开标识符地址，ICANN负责协调分布在全球各地的唯一标识符。ICANN合同合规部于2019年9月17日发布《注册管理运行机构应对DNS安全威胁审计报告》（*Report on the Registry Operator Audit for Addressing DNS Security Threats*）。这份报告总结了从2018年11月到2019年6月期间进行的审计工作的结果。这次审计工作结束后，ICANN将启动一轮针对注册服务机构所面临的DNS安全威胁的审计工作。③

2.与全球网络联盟签署《谅解备忘录》（MoU）

ICANN于2020年5月22日宣布了与事故响应和安全团队论坛（Forum of Incident Response and Security Teams，FIRST）签署的《谅解备忘录》。这

---

① 《ITU发布新导则以帮助各国制定国家应急通信计划》，中国工信产业网，2020年3月31日，http：//www.cnii.com.cn/rmydb/202003/t20200331_ 165212.html。

② 《国际电联（ITU）启动6G研究工作》，腾讯网，2020年3月3日，https：//mp.weixin.qq.com/s/vUDBxMIRTzrZrROX03eleQ。

③ 《ICANN发布〈注册管理运行机构应对域名系统（DNS）安全威胁审计报告〉》，ICANN网站，2019年9月17日，https：//www.icann.org/news/announcement-2019-09-20-zh。

份 MoU 旨在加强 ICANN 和 FIRST 的联系，通过促进合作来提高 DNS 的安全、可靠和弹性水平。这些工作符合两方利益，并将目标放在被滥用的域名和 DNS 安全威胁等重要事务之上。在过去几年间，网络安全和 ICANN 社群的讨论重点围绕在识别和解决影响成百上千万名互联网用户的域名滥用和 DNS 安全威胁等问题上。通过签署 MoU，各类组织将合作实现其共同目标，帮助事故响应社群加强对互联网唯一标识符的理解，提高其在防范、探测、遏制、缓和和分析恶意活动时的效率和成效。这份 MoU 强调针对研究、政策和能力建设活动加强合作，把重点放在增强风险意识和 DNS 滥用问题解决实践等事务上。①

3. 发布最新《域名市场指标》

《域名市场指标》是一套重要资源，旨在针对域名市场的演进发展提供可靠和相关的信息。2020 年 6 月 17 日，ICANN 开放数据平台上发布了最新《域名市场指标》。这些指标反映了与 gTLD 和 ccTLD 相关的行业衡量标准，从而在域名市场发展过程中针对可信信息提高透明度。在开放数据平台中启用《域名市场指标》是这个新平台发展中的一个重要里程碑，其改进了衡量标准和数据的访问和显示。如今，用户可以通过开放数据平台搜索、浏览和下载可用指标，并使用多种分析和可视化工具。ICANN 计划继续扩大有限指标的覆盖范围，并每年发布两次这类衡量标准，用于跟踪目标实现进度，以支持域名市场强健、稳定和可靠发展。②

（四）重要国家和地区

1. 美国

（1）发布《美国数据传播法案》（*American Data Dissemination Act*）

美国发布了《美国数据传播法案》，这是一部数据隐私法案，旨在支持

---

① 《ICANN 和事故响应和安全团队论坛（FIRST）签署域名系统（DNS）威胁缓和谅解备忘录》，ICANN 网站，2020 年 5 月 22 日，https：//www. icann. org/news/announcement – 2020 – 05 – 22 – zh。

② 《域名市场指标已在开放数据平台上发布》，ICANN 官网，2020 年 6 月 17 日，https：// www. icann. org/news/announcement – 2020 – 06 – 22 – zh。

现有的《隐私法案》，创造一个透明的数字化环境，并为亚马逊、苹果、谷歌和脸书等科技巨头制定最低标准。根据该法案制定的法规也将在州一级取代隐私规则。根据美国参议员 Marco Rubio 一位助手的说法，这是为了满足行业团体的要求，它们希望避免各州规则的"拼凑"。其中一个行业团体是信息技术产业委员会，其成员包括苹果、亚马逊、脸书、谷歌、英特尔和微软等。[①]

（2）发布《保护 2020 大选安全战略规划》（*Protect 2020 Strategic Plan*）

2019 年 2 月 14 日，美国网络安全和基础设施安全局（CISA）发布了《保护 2020 大选安全战略规划》，旨在保证美国大选的安全性，为参加大选的团体和美国公众提供必要的信息和工具，充分评估大选过程中的风险，维持大选秩序、监测风险，以及开展遭遇风险后的恢复工作。CISA 在该规划中称其将主要扮演协调者的角色，其协调活动分为以下四条工作路线：选举基础设施、竞选和政治基础设施、美国选民以及警告和响应。为确保数字和实体选举基础设施如投票机、选举软件系统、投票站等的安全，CISA 将为各州、各地方、供应商以及其他一线选举部门提供支持，鼓励其借助外界帮助和联邦资源采取更好的安全措施。[②]

（3）出台《物联网网络安全改进法案》（*Internet of Things Cybersecurity Improvement Act*）

美国国会于 2020 年 12 月 4 日通过了《物联网网络安全改进法案》，这是美国专门对物联网网络安全做出规范化和标准化要求的一部法案。该法案明确了物联网网络安全的责任主体，并在第二部里明确指出第一安全责任人是总统，其次是行政管理和预算办公室主任，然后是各个行政部门的负责人。该法案还规定了具体实施主体，即美国国家标准与技

---

① 《〈美国数据传播法案〉提案旨在通过立法规定科技行业如何使用用户的数据》，"cnBeta"百家号，2019 年 1 月 17 日，https：//baijiahao. baidu. com/s？id = 1622863847814094735&wfr = spider&for = pc。

② 《美网络安全和基础设施安全局发布〈保护 2020 大选安全战略规划〉》，安全内参网，2020年 3 月 31 日，https：//www. secrss. com/articles/18282。

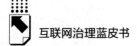
术研究院（NIST），明确指出由 NIST 在法案生效的 90 天之内提交对联邦信息系统的基线安全标准，180 天之内给出漏洞信息共享标准等解决方案。①

2. 英国

2020 年 2 月 3 日，英国国家网络安全中心（NCSC）发布了《组织网络演习的有效步骤》，以指导中小企业高效监测和响应网络突发事件，建立有效的网络安全规范，制订稳健的意外事件响应计划，减少其财务、运营和声望损失。② 此外，受疫情影响，在英国数字化、文化、媒体和体育部（DCMS）及内政部的支持下，英国国家网络安全中心于 2020 年 4 月 21 日发起一项跨政府的安全意识行动，同时提供一项欺诈报告服务，帮助人们免受利用疫情进行的恶意攻击。③

2020 年 11 月 19 日，英国首相鲍里斯·约翰逊宣布成立国家网络部队（NCF），该部队由一组黑客组成，由英国政府通讯总部和国防部共同管理。NCF 首次将英国政府通讯总部、国防部、秘密情报局和国防科学技术实验室的人员置于其统一指挥之下。其中，国防部提供作战专长，国防科学技术实验室提供科学技术能力，英国政府通讯总部则负责提供全球情报，秘密情报局负责招募和培养特工。NCF 主要针对威胁英国国家安全的敌对国家的活动、恐怖分子和犯罪分子开展行动，具体行动事例包括：确保英国军事目标不会成为敌对武器系统的瞄准目标；干扰手机信号阻断恐怖分子通信；帮助防止互联网被用作严重犯罪的全球平台。④

---

① Congress, GOV, "H. R. 1668 – Internet of Things Cybersecurity Improvement Act of 2020," December 4, 2020, https：//www.congress.gov/bill/116th – congress/house – bill/1668/text.

② NCSC, "Cyber Exercise Creation Step Class," February 3, 2020, https：//www.ncsc.gov.uk/blog – post/cyber – exercise – creation – step – class.

③ NCSC, "Public Urged to Flag Coronavirus Related Email Scams as Online Security Campaign Launches," April 21, 2020, https：//www.ncsc.gov.uk/news/public – urged – to – flag – covid – 19 – threats – new – campaign.

④ UK GOV, "National Cyber Force Transforms Country's Cyber Capabilities to Protect," November 19, 2020, https：//www.gov.uk/government/news/national – cyber – force – transforms – countrys – cyber – capabilities – to – protect – uk.

此外，英国政府一直十分重视儿童隐私安全保护，英国《2018 年数据保护法》就明确了对儿童个人数据的保护方案。2020 年 1 月 21 日，英国信息专员办公室（ICO）在《2018 年数据保护法》的基础上发布了《网络服务适龄设计实践守则》（以下简称《守则》）的最终版。《守则》中规定了 15 条针对儿童的适龄标准，为网络服务提供者在网络服务中保护儿童隐私提供指引。[1]

3. 欧盟

2019 年 5 月 20 日，欧盟网络与信息安全局（ENISA）发布最新报告《工业 4.0 网络安全：挑战与建议》。[2] ENISA 是欧盟成员国、私营部门和欧盟公民的网络和信息安全专业知识中心。虽然工业 4.0 成熟度参差不齐，企业处于数字化制造不同的水平和阶段，网络体系和平台体系建设存在差异，但是网络安全体系所面临的挑战和任务是相同的。因此，"挑战与建议"对于其他各工业国都具有借鉴甚至具体实施的实际意义。各主要工业国可以共享该领域的研究成果，共同面对和解决网络安全问题。

此外，欧盟《网络安全法案》于 2019 年 6 月 27 日开始正式施行。《网络安全法案》针对对象主要包括欧盟机关、办公室和办事处等机构，规制内容主要为上述欧盟机构在处理个人用户、组织和企业网络安全问题的过程中完善网络安全结构、加强对数字技术的掌控、确保网络安全应当遵守的法律。[3] 2019 年 9 月 18 日，欧盟官网发布《建设强大的网络安全》手册。依据该手册，欧盟将采取一系列措施来保护欧洲数字单一市场，保护基础设施、政府、企业和公民。

欧盟对 5G 技术的发展和应用所带来的风险、挑战同样做了相关战略部署。

---

[1] ICO, "ICO Publishes Code of Practice to Protect Children's Privacy Online," January 21, 2020, https://ico.org.uk/about-the-ico/news-and-events/news-and-blogs/2020/01/ico-publishes-code-of-practice-to-protect-children-s-privacy-online/.

[2] ENISA, "Industry 4.0 - Cybersecurity Challenges and Recommendations," May 20, 2019, https://www.enisa.europa.eu/publications/industry-4-0-cybersecurity-challenges-and-recommendations.

[3] EU, "The EU Cybersecurity Act," June 27, 2019, https://ec.europa.eu/digital-single-market/en/eu-cybersecurity-act.

2019年10月9日，欧盟成员国联合发布了有关5G网络安全协调风险评估的高级别报告。该报告确定了主要的网络威胁和行为者、最敏感的资产、关键漏洞和许多战略风险。① 2020年1月29日，欧盟还出台了《5G网络安全措施指南》，这份名为"工具箱（Toolbox）措施"的指南旨在降低成员国和欧盟地区层面的网络安全风险，其中提到成员国应评估设备供应商的风险状况，对高风险的供应商实施相关限制，将他们排除在"关键、敏感"的核心网络功能外。②

4. 澳大利亚

2019年9月5日，澳大利亚政府发布了《网络安全战略2020（征求意见稿）》。这是继《网络安全战略2016》之后，澳大利亚政府出台的最新网络安全战略。其主要集中于公众对网络安全威胁的认知以及政府对维护网络安全的责任等方面。③ 2020年6月30日，澳大利亚政府宣布，未来10年将增加投入，为名为"网络增强状态的感知与回应"（Cyber Enhanced Situational Awareness and Response，CESAR）的网络安全项目注资13.5亿澳元（约9.28亿美元）资金，以强化本国的网络安全能力，并通过澳大利亚情报机构 Australian Signals Directorate（ASD）与澳大利亚网络安全中心来协助当地组织对抗网络威胁。④

5. 日本

2019年8月，日本自卫队与美军举行了一场应对网络攻击的竞赛。这次竞赛共有12支队伍参加，其中包括了负责处理网络攻击的日本陆上自卫

---

① EU, "EU-wide Coordinated Risk Assessment of 5G Networks Security," October 9, 2019, https：//ec. europa. eu/digital – single – market/en/news/eu – wide – coordinated – risk – assessment – 5g – networks – security.

② Eu, "Cybersecurity of 5G Networks-EU Toolbox of Risk Mitigating Measures," January 29, 2020, https：//ec. europa. eu/digital – single – market/en/news/cybersecurity – 5g – networks – eu – toolbox – risk – mitigating – measures.

③ Department of Home Affairs, "Australia's 2020 Cyber Security Strategy," September 9, 2019, https：//www. homeaffairs. gov. au/reports – and – pubs/files/cyber – security – strategy – 2020 – discussion – paper. pdf.

④ Department of Defence Ministers, "Nation's Largest Ever Investment in Cyber Security," June 30, 2020, https：//www. minister. defence. gov. au/minister/lreynolds/media – releases/nations – largest – ever – investment – cyber – security.

队部队和教育机关，还有位于美国佐治亚州的陆军网络学校。参赛小组在各地通过网络连接进行比赛，美日各方的小组比拼了在网络解析、破译密码等方面的速度和正确性。

6. 俄罗斯

2019 年 11 月，俄罗斯《主权互联网法》正式生效，该法规定俄罗斯政府可以在发生紧急情况时切断与外部互联网的连接，防止外部断网后国内无法运转；同时，法律要求当地的互联网服务提供商采用深度包检测技术（DPI），用来识别流量来源和过滤内容，这将使俄罗斯电信监管机构 Roskomnadzor 能够更有效地屏蔽不合规网站。2019 年 12 月 23 日，俄罗斯宣布成功完成国家级断网演习测试，用户几乎毫无感知。其目的是测试俄罗斯互联网能否在不访问全球 DNS 系统和外部服务器的情况下正常运行。

7. 法国

2019 年 6 月 7 日，法国以 G7 轮值主席国的身份，联手 G7 国家，首次在金融行业举行跨境重大网络攻击模拟演习。演习涉及 7 个国家的 24 个金融机构，旨在展示这种大规模网络攻击的跨境效应。2019 年 9 月 9 日，法国国防部发布了《适用于网络空间行动的国际法》，该法系统阐述了法国政府关于网络空间的主张，并明确了法国在网络空间国家主权上的义务属性、反制范围和方式、自卫权的行使等。

三 联合国框架内的互联网治理进展

2020 年初发生的新冠肺炎疫情以骇人的速度蔓延全球，给世界各国的社会、经济和网络安全都带来了沉重打击。2020 年 4 月 3 日，联合国宽带委员会召开了一次紧急线上会议，该会议通过了一项行动议程，明确了各国政府、企业、国际和民间团体可采取的措施，以维护数字网络安全，提升医院和交通枢纽等关键连接点的能力，从而提升应对新冠肺炎疫情的能力。2019 年下半年到 2020 年下半年，联合国及其下属的 ITU、信息社会世界峰会（WSIS）、互联网治理论坛（IGF）在持续推进

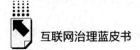
实现"2030 年可持续发展目标"的同时，也在积极应对疫情带来的互联网治理难题。

（一）ITU

弥合数字鸿沟，赋权弱势群体，扶持落后国家和地区，促进公平发展，一直都是 ITU 的工作重点。2019 年 11 月 5 日，ITU 发布报告《衡量数字化发展：2019 年事实与数字》。报告指出，全球数字性别差距正在迅速扩大，必须采取有效措施破除与互联网、文化、金融和技能相关的数字障碍。最新数据显示，全球女性总人口中有 52% 以上仍未使用互联网，而且在大多数国家，女性在受益于数字技术变革方面仍落后于男性。ITU 电信发展局局长多琳·博格丹 – 马丁（Doreen Bogdan-Martin）表示，多利益相关方协作是实现互联网普遍连接的关键，必须做出有针对性的努力，降低宽带成本，并采取创新政策，向未连接人群使用网络提供资金支持。[①]

2020 年 3 月 23 日，国际电联秘书长赵厚麟发表声明称，疫情防控期间，ITU 将启动一个新的全球网络适应能力平台以协助保护电信网络安全，新平台将协助各国政府和私营部门确保网络保持适应能力，并且向所有人提供电信服务。[②] 2020 年 4 月 20 日，ITU 与世卫组织发表联合声明，双方将在儿童基金会的支持下，与各电信公司合作，直接向人们的手机发短信，通过发送重要的健康信息，帮助人们防范新冠肺炎疫情。这些短信将覆盖数十亿无法连接互联网获取信息的人。[③]

新冠肺炎疫情防控常态化时期，学校停课，儿童待在家中，其接触网络

---

① 《国际电联新数据显示互联网普及率不断提高但是数字性别鸿沟在扩大》，ITU 网站，2019 年 11 月 5 日，https：//www.itu.int/zh/mediacentre/Pages/2019 – PR19.aspx。

② 《国际电联秘书长赵厚麟关于在 COVID – 19 危机期间启动一个全球平台以协助保护电信网络的声明》，ITU 网站，2020 年 3 月 23 日，https：//www.itu.int/zh/mediacentre/Pages/STMNT01 – 2020 – global – platform – telecommunication – COVID – 19.aspx。

③ 《国际电联—世卫组织联合声明》，ITU 网站，2020 年 4 月 20 日，https：//www.itu.int/zh/mediacentre/Pages/STMNT02 – 2020 – who – itu – joint – statement – covid – 19 – be – healthy – be – mobile.aspx。

的时间大幅增加，与之相应的与儿童上网安全相关的问题也越发突出。2020年6月23日，ITU发布了《2020年保护上网儿童指南》，该指南旨在针对如何提高儿童的媒介素养以及如何为青少年打造一个安全健康的上网环境，向儿童、父母及相关教育工作者、企业和政策制定者提供建议。该指南与时俱进，增添了许多有关前沿信息传播技术的使用方法，如物联网、机器人技术、机器学习和人工智能。[①]

（二）WSIS

WSIS论坛是全球最大的"信息通信技术促发展"利益相关方年度会议，为全球信息通信技术利益相关方开展信息交流及知识创新、分享实践经验、把握行业趋势和推进伙伴关系等提供良好机会。ITU、联合国教科文组织（UNESCO）、联合国贸发会议（UNCTAD）和联合国开发计划署（UNDP）携手30多个联合国兄弟组织举办2020年WSIS论坛。

受疫情影响，2020年WSIS论坛以在线会议的方式举办，此次论坛从2020年6月22日开始，持续到9月10日。其间，除互动式高级别对话和主要政策性发言外，论坛的重点活动还包括WSIS颁奖仪式、部长级圆桌会议、专题讲习班、培训、知识沙龙、以"可持续智慧城市"为主题的编程马拉松以及一个虚拟现实展会，参展商可通过介绍创新的技术思想、硬件与应用，探讨和研究对于WSIS落实工作至关重要的问题。2020年WSIS论坛的主题为"促进数字化转型和加强全球伙伴关系：实现可持续发展目标的WSIS行动路线"。2020年WSIS论坛的专场活动主要有：ICTs与体育、ICTs与青年、ICTs与老年人、ICTs与残疾人和有特殊需求者的无障碍获取、ICTs与性别平等主流化及推进可持续发展目标的创新。[②] 此外，WSIS论坛还全面审查和通过了

[①] 《国际电联〈2020年保护上网儿童指南〉回应数字化格局的新挑战与重大变化》，ITU网站，2020年6月23日，https：//www.itu.int/zh/mediacentre/Pages/pr10 - 2020 - Guidelines - Child - Online - Protecion. aspx。

[②] 《2020年信息社会世界峰会（WSIS）论坛：全球最大规模的"ICT促发展"相关群体年度盛会举办虚拟会议》，ITU网站，2020年6月17日，https：//www.itu.int/zh/mediacentre/Pages/ma04 - 2020 - wsis - forum - goes - online. aspx。

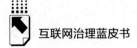
《2030 年可持续发展议程》成果，以不断加强信息社会世界峰会行动方针与可持续发展目标之间的联系，促进方针的落实与可持续发展目标的实现。

WSIS 盘点数据库（WSIS Stocktaking Database）项目最早由信息社会世界首脑会议执行秘书处于 2004 年 10 月发起。自 2015 年起，WSIS 盘点数据库发展为专门收集 WSIS 背景下采取的行动的信息的数据项目。2020 年初，为对抗新冠肺炎疫情，WSIS 盘点数据库开设了"疫情应对——ICT 案例清单"，鼓励各国政府、国际组织、企业甚至个人上传相关案例。收到上传的案例后，工作人员会对信息进行审核，通过后便会将其纳入 WSIS 盘点数据库，并通过 WSIS TalkX 和社交媒体等平台进行分享，旨在为更多利益相关方提供如何更好利用 ICT 来对抗极端状况的案例。①

（三）IGF

IGF 是关于互联网治理问题的开放式论坛，自 2006 年正式成立以来，IGF 就持续关注互联网治理以及互联网相关新技术发展，为各国政府、私营部门、学界和科技界提供了平等的交流和磋商平台。

2019 年 11 月 26 ~ 29 日，第 14 届联合国互联网治理论坛在柏林召开，论坛主题为"同一个世界，同一个网络，同一个愿景"，主要围绕数据治理及数字包容性、安全性、稳定性和弹性展开，重点讨论了互联网的包容性和安全性、人工智能、5G、中小企业与数字经济、在线人权、儿童权利、数字鸿沟、隐私与数据保护等方面的议题。② 论坛上，联合国秘书长古特雷斯在发言中明确指出，联合国应在国际互联网治理中扮演更为重要的角色，并且坚定地阐述了联合国积极有为的互联网治理理念和决心。③ 而德国总理默克尔在发言中则提出了"数字主权"理念，强调政府和联合国应该回归互

---

① The Coronavirus（COVID – 19）Response-ICT Case Repository，ITU 网站，2020 年 2 月 10 日，https：//www. itu. int/net4/wsis/stocktaking/Surveys/Surveys/Submit/15863048637525604。

② IGF，"IGF 2019，"November 26，2019，https：//www. intgovforum. org/multilingual/content/igf – 2019.

③ IGF，"UN Secretary-General Remarks to the IGF 2019，"November 26，2019，https：//www. intgovforum. org/multilingual/content/un – secretary – general – remarks – to – the – igf – 2019.

联网治理的舞台中央。①

受疫情影响，2020 年 6 月 15～19 日，IGF 2020 波兰年会第二次公开磋商和 MAG 会议以线上方式举行。会议深入介绍了"数字合作路线图"、重点推进 IGF 2020 波兰年会的筹备工作等。

2020 年 6 月 11 日，联合国秘书长古特雷斯公布了"数字合作路线图"项目，该项目旨在以平等和安全的方式推动数字技术惠及大众。在公开磋商会议上，秘书长特别顾问、副秘书长法布里齐奥·霍克希尔德（Fabrizio Hochschild）就"数字合作路线图"项目回答全球多利益相关方提问并开展交流。该项目将根据 IGF MAG 经验组建一个战略性高级别顾问组织，旨在更好地连接国际领导人、对数字政策制定有重要影响力的业内专业人士等。②

MAG 会议在议题和议程设置上继续推动相关工作，在内容上新增新冠肺炎疫情、IGF 在联合国"数字合作路线图"中应当扮演怎样的角色两方面。新冠肺炎疫情凸显出网络的重要性，会议应当探讨疫情给互联网政策带来的挑战。具体进展包括确定 7 个主论坛。7 个主论坛议题分别为：数据、环境、包容、信任、"数字合作路线图"、互联网在紧急情况中发挥的作用、新冠肺炎疫情及其对动态联盟工作的影响。

四 互联网（数字）经济与社会的最新进展

2019 年下半年以来，5G 技术的发展和应用受到世界经济论坛（WEF）、二十国集团（G20）、EU 等主要国际组织的持续关注，各个组织纷纷对 5G 技术风险进行评估，还发布了进一步布局 5G 平台的计划和方案。此外，新冠肺炎疫情严重冲击了全球数字经济，对全球数字化进程造成极大影响，总结疫情的影响并发布及时的应对方案也成为世界贸易组织（WTO）、WEF、EU、亚太经合组织（OECD）等组织的重要议题。

---

① IGF, "German Chancellor's Remarks to the IGF 2019," November 26, 2019, https：//www.intgovforum.org/multilingual/content/german‐chancellors‐remarks‐to‐the‐igf‐2019.

② IGF, "IGF 2020," February 1, 2020, https：//www.intgovforum.org/multilingual/.

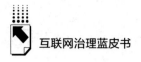
（一）WTO

2019 年 10 月 9 日，WTO 发布了《2019 世界贸易报告》，该报告指明了 2019 年全球服务贸易的发展趋势及推动服务贸易发展所需要的国际合作。该报告指出，由于数字化的发展进步，当前服务贸易正变得越来越便捷，跨境服务贸易日益增长，为国民经济和个人都提供了新的机遇。该报告还强调，数字技术将在未来进一步影响服务贸易。①

2020 年 5 月 4 日，WTO 秘书处发布了一份关于新冠肺炎疫情防控期间的电子商务的情况说明文件。这份文件指出，疫情防控期间，由于"居家令"，许多消费行为转向线上，医疗物品、居家必备物品和食物等的线上成交量激增。与此同时，对网络和移动数据服务的需求也增长了不少。但基于货品和服务的电子商务也在疫情防控期间遭遇了一定阻碍，如货物运送延迟和订单大量取消等。毫无疑问，数字经济在此次疫情中发挥了关键作用，这也意味着要想让人们都享受到数字经济带来的便利和让数字经济得到更长足的发展，就要加快消除一国之内以及各国间的数字鸿沟。②

（二）WEF

2020 年 1 月 21～24 日，冬季达沃斯论坛在瑞士举行，来自 117 个国家的 3000 余人参加了此次论坛。此次论坛的主题为"凝聚全球力量，实现可持续发展"（Stakeholders for a Cohesive and Sustainable World），6 个子主题分别为：生态保护、经济发展、科技向善、社会与未来职业、超越地缘政治和行业公平。③ 论坛与由 40 家银行组成的联盟、众多国际组织、学界专家和

---

① WTO，"World Trade Report 2019：The Future of Services Trade，"October 9，2019，https：//www. wto. org/english/res_ e/publications_ e/wtr19_ e. htm.

② WTO，"WTO Report Looks at Role of E-Commerce during the COVID－19 Pandemic，"May 4，2020，https：//www. wto. org/english/news_ e/news20_ e/rese_ 04may20_ e. htm.

③ WEF，"Davos 2020：Global Media Coverage，"February 14，2020，https：//cn. weforum. org/reports/davos－2020.

金融机构达成合作，将共同创造一个框架，以便帮助中央银行评估、设计和使用中央银行数字货币。①

网络犯罪的预防和打击是 WEF 的关注焦点之一。2020 年 1 月 15 日，WEF 发布《2020 年全球风险报告》。该报告指出，网络犯罪将是未来 10 年（2020~2030 年）全球商业中第二大受关注的风险，也是最有可能发生的第七大或第八大风险，网络安全的赌注从未如此之高。企业的收入、利润和品牌声誉都已"在线"，关键任务基础架构正面临威胁，各国之间正在相互进行网络战和网络间谍活动。② 2020 年 1 月 23 日，WEF 发布了《互联网服务提供商的网络犯罪预防原则》报告。该报告为互联网服务提供商增强网络安全性制定了四项关键性原则：一是保护消费者免受网络攻击，并与同行业共同行动，识别和应对已知威胁；二是采取措施提高对网络威胁的认识，支持消费者保护自己的网络安全；三是与硬件、软件和基础设施供应商紧密合作，提高最低安全级别；四是采取措施保障路由器安全，有效防御网络攻击。③

WEF 十分看好 5G 的发展和应用前景，于 2020 年启动了名为"5G 全球加速器"（5G Global Accelerator）的项目，旨在通过 5G 加快工业和社会的良性转型。④ 2020 年 6 月 30 日，WEF 发布了《全球未来理事会新网络技术组——5G：社会必不可少的创新技术》报告，其中列举了许多 5G 的应用案例，并强调虽然 5G 现阶段的发展仍面临许多不确定性，但 5G 在国际社会未来的发展中是不可或缺的关键技术。政府应该通过制定新政策鼓励对 5G

① WEF, "World Economic Forum Spurs Impact through Stakeholder Responsibility," January 29, 2020, https：//www. weforum. org/press/2020/01/world – economic – forum – spurs – impact – through – stakeholder – responsibility.

② WEF, "The Global Risks Report 2020," January 15, 2020, https：//www. weforum. org/ reports/the – global – risks – report – 2020.

③ WEF, "Cybercrime Prevention：Principles for Internet Service Providers," January 23, 2020, https：//www. weforum. org/reports/cybercrime – prevention – principles – for – internet – service – providers.

④ WEF, "5G Global Accelerator," January 15, 2020, https：//www. weforum. org/projects/5g – global – accelerator.

平台的投资，以实现对其规模化和可持续的创新。① 2020 年 7 月 17 日，WEF 发布了"5G 展望系列"的第一份报告——《移动技术对疫情防控工作的影响》。随着疫情蔓延全球，世界各国的医疗卫生系统和经济都备受打击，对连接的需求骤然攀升，因此这份报告主要通过分析 5G 技术在抗击疫情中的使用案例，对 5G 在未来的广泛应用进行展望。②

（三）EU

由于具有去中心化、开放性、独立性等优点，区块链在近年来已经成为各国网络经济发展的焦点之一。欧盟科学中心在 2019 年 9 月举行的 OECD 区块链论坛上发布《区块链：当前和未来》报告。该报告由欧盟科学中心联合研究中心的 14 名研究人员共同编写，其发布表明欧盟已经认识到区块链的重要性，而此前欧盟对区块链技术的关注从未提升到政策层面。该报告通过识别区块链技术在多个领域的应用，对区块链进行了多维度的分析，其中最重要的部分就是欧洲政策制定者正在寻找区块链的解决方案。欧盟委员会正支持多个利益相关方收集行业、初创公司、政府、国际组织和社会的倡议。这些倡议涵盖一系列应用，包括访问管理数据、实时报告、身份管理和供应链。对于区块链在公共领域的应用建议包括：第一，针对特殊群体的服务；第二，提高政府可信度；第三，改进自动化、透明化和审计工作；第四，基于区块链的政府身份识别系统。

《通用数据保护案例》（GDPR）实施以来，数据的保护和使用便成为欧盟的工作重心之一。2020 年 2 月 19 日，欧盟委员会公布了《欧盟数据战略》，提出将欧盟构建成为世界上最具吸引力、最安全、最具活力的数字经

① WEF, "Global Future Council on New Network Technologies – 5G: Society's Essential Innovation Technology," June 30, 2020, https://www.weforum.org/reports/global – future – council – on – new – network – technologies – 5g – society – s – essential – innovation – technology.

② WEF, "5G Outlook Series: The Impact of Mobile Technology on the Response to COVID – 19," July 7, 2020, https://www.weforum.org/reports/5g – outlook – series – the – impact – of – mobile – technology – on – the – response – to – covid – 19.

济体，使欧盟能够利用数据改善决策、改善全体公民的生活。该战略列举了实现该目标所需的许多政策措施和投资。①

（四）OECD

OECD一直十分关注并积极推动国际社会的数字化进程。2019年3月，OECD举办数字化峰会并发布了《走向数字化：制定政策、改善生活》和《数字化转型测度：未来路线图》两份报告。为进一步完善数字化战略框架，2020年2月11日，OECD发布了全新报告：《科技和创新的数字化：关键发展与政策》。该报告检视了数字化进程对科学、技术和创新领域的影响以及相关政策的实施效果，并评估了数字化对长期政策主题的影响。此外，该报告还探讨了一些较新的议题，其中包括人工智能和区块链技术在科学和工业生产中的角色、如何利用数字技术来发挥科学界的集体智慧、生物技术数字化的进展，以及数字化潜在的"阴暗面"等。②

2019年11月28日，OECD发布《公共部门如何实现数据驱动》报告，该报告介绍了数据驱动型政府的三个重要分析维度——数据治理框架、数据的公共价值、数据在公共信任体系中的作用，并提出关于建设数据驱动型公共部门的建议。该报告的目的在于提供一个可在整个公共部门和整个政策领域中应用的概念框架，以促进公共部门采用更多数据驱动的方法来制定政策、提供服务。根据该报告，建立数字政府（Digital Government）是国家数字化变革的基础，政府需要从数据和数字技术两方面实现从"电子政府"（E-Government）到"数字政府"的转型。"电子政府"认为技术是对现有业务流程的数字化模拟，旨在提高业务处理效率，将技术实施视为第一要素；"数字政府"将技术视为通过业务流程再

---

① EU，"A European Strategy for Data，"February 19，2020，https：//ec. europa. eu/digital – single – market/en/policies/building – european – data – economy.

② OECD，"The Digitalisation of Science，Technology and Innovation，"February 11，2020，https：//www. oecd. org/going – digital/the – digitalisation – of – science – technology – and – innovation – b9e4a2c0 – en. htm.

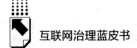

造满足用户需求的第二要素，数字化技术与从设计着手的数字化文化的结合将改变组织的行为方式，而数据驱动型公共部门是"数字政府"的主要特征之一。①

新冠肺炎疫情的发生给全球造成了巨大冲击，从2020年3月起，OECD特别发布了"OECD抗击COVID‐19的系列政策"。围绕这一主题，OECD汇编了涵盖健康、教育、税收、经济等一系列重要议题的数据、分析和建议，并不断更新该主题内容，为各国应对疫情之下的健康、经济和社会危机提供及时指引。② 其中，2020年4月14日发布的《在抗击疫情时确保数据隐私安全》一文便强调要在抗疫过程中防止个人隐私数据泄露，同时个人隐私安全监管和执法机构应在紧急数据立法过程中发挥重要作用。③ 2020年4月28日发布的《在疫情期间保护线上消费者》一文指出，疫情防控期间网上充斥着各类冠以新冠病毒治疗或预防之名的伪造产品和诈骗行为，因此建议政府在保护消费者健康和安全、加强消费者信任以及向相关企业强调此类问题三者间寻找平衡。与此同时，还需加强政府机构、企业和社会之间的国际和跨部门合作，实现信息共享，进而更好地保护线上消费者的权益。④

（五）G20

2019年6月8日，G20在日本筑波市举行的贸易和数字部长级会议上表决通过了《关于贸易和数字经济的G20部长声明》。该声明包括数字经济、

---

① OECD，"The Path to Becoming a Data-Driven Public Sector，" November 28，2019，https：// www. oecd. org/gov/the‐path‐to‐becoming‐a‐data‐driven‐public‐sector‐059814a7‐ en. htm.

② OECD，"Key Policy Responses from the OECD，" March 5，2020，http：//www. oecd. org/ coronavirus/en/policy‐responses.

③ OECD，"Ensuring Data Privacy as We Battle COVID‐19，" April 14，2020，http：// www. oecd. org/coronavirus/policy‐responses/ensuring‐data‐privacy‐as‐we‐battle‐covid‐ 19‐36c2f31e/.

④ OECD，"Protecting Online Consumers during the COVID‐19 Crisis，" April 18，2020，http：// www. oecd. org/coronavirus/policy‐responses/protecting‐online‐consumers‐during‐the‐ covid‐19‐crisis‐2ce7353c/.

贸易、贸易与数字经济的结合、致大阪峰会建议以及 G20 人工智能原则附录等五大部分。其中，数字经济部分强调：数字化的发展要打造一个以人为本的未来社会；形成以信任为基础的数据自由流通；人工智能技术发展要以人为本；创新治理，采取更为灵活的数字经济政策；保障数字经济安全。①

2019 年发布的《关于贸易和数字经济的 G20 部长声明》还特别强调了人工智能技术进一步发展及应用的原则。人工智能原则以附录形式出现在该声明中，原则包含两个部分，分别是"可信人工智能的负责任管理原则"和"实现可信人工智能的国家政策和国际合作的建议"。可信人工智能的负责任管理原则主要是借用了 OECD 的人工智能五大原则：包容与可持续的发展、公平与以人为本的价值观、透明性与可解释性、稳健性与安全保障、责任明晰。实现可信人工智能的国家政策和国际合作的建议则包括：完善对人工智能技术研发的长期投资、为人工智能技术打造一个数字化生态系统、营造良好的政策环境、完善人才储备与为劳动力市场转型做准备、通过国际合作研发可信任的人工智能技术。②

由于疫情影响，2020 年 4 月 30 日，G20 数字经济部长级会议在线上举行。会议上，部长们强调通过发挥数字技术的重要作用以及利用相关数字政策来提升对本次疫情的集体应对能力。会议通过了《COVID - 19 应对宣言》，根据宣言，各国政府可从以下六大方面提升疫情应对能力：保障通信基础设施和网络连接的稳定性、在确保安全的前提下进行数据交换、加大对健康数字技术的研发力度、制定数字技术的使用及解决方案、保障网络环境的安全和可信、支持和强化企业弹性。③

---

① G20, "G20 Ministerial Statement on Trade and Digital Economy," June 8, 2019, http：// www. g20. utoronto. ca/2019/2019 - g20 - trade. html.

② G20, "Chairs' Statement," June 9, 2019, http：//www. g20. utoronto. ca/2019/2019 - g20 - trade - chairs - statement. html.

③ G20, " Extraordinary G20 Digital Economy Ministerial Meeting：COVID - 19 Response Statement," April 30, 2020, http：//www. g20. utoronto. ca/2020/2020 - g20 - digital - 0430. html.

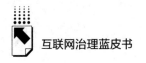

五 结语

综上，2019 年下半年到 2020 年下半年间，网络基础设施资源治理方面，以 ICANN、ITU 为代表的国际组织，W3C、ISOC 等技术社群以及美、欧、日等国家和地区多行为主体，在继续围绕保障网络安全工作开展的同时，也着眼于数字经济、无障碍通信等方面的创新开拓工作。网络安全方面，2019 年下半年，北约、ITU、ICANN 及重要国家和地区仍然依照常规，制定出台战略政策、组织安全演习、发布报告以提升自身网络安全能力。而 2020 年上半年，受疫情影响，网络安全形势恶化，各国和各地区及重要国际组织的网络安全工作重点转移到发布临时应急预案、维护疫情防控期间的网络安全上。联合国框架内治理方面，ITU、WSIS、IGF 继续在"2030 年可持续发展目标"的框架下推动互联网治理，并积极探寻抗击疫情的相关对策。互联网（数字）经济与社会方面，5G 技术的发展和应用受到 WTO、WEF、EU、OECD、G20 等主要国际组织的持续关注，各个组织纷纷对 5G 技术风险进行评估，还发布了进一步布局 5G 平台的计划和方案。此外，新冠肺炎疫情严重冲击了全球互联网经济，对全球数字化进程造成极大影响，总结疫情带来的影响并及时发布应对方案也成为 WTO、WEF、EU、OECD、G20 等国际组织的重要议题。

由此可见，全球互联网治理在疫情的冲击下仍保持较好发展态势，但当前全球互联网治理仍存在一些亟待完善的地方。首先，全球合作仍需加强。全球互联网治理是一盘大棋，没有哪个国家能够独善其身，想要形成高效的全球互联网治理体系，就必须建立起全球互联网治理的国际网络，以联合国、国际电信联盟等国际组织为抓手，进一步加强国家间的互联网治理合作。其次，发展中国家的互联网治理能力建设需引起更大的国际关注。由于全球各国发展阶段和经济实力不尽相同，各国的互联网治理水平也参差不齐，而部分发展中国家的互联网治理能力要远远落后于发达国家。因此，要提升全球互联网治理水平，必然要加大对发展中国家互联网治理能力建设的关注力度，在技术、人才和制度建设等方面对这些国家进行帮扶，提高其互联网安全意识和互联网治理能力。最后，国际社会需加强对科技伦理及科技向善的探究。信息技术更新迭代的速度不断加快，且国际社会也在不断加强对前沿信息科技的开发和应用，例如，ITU 已经着手开展 6G 研究，但信息科技是一把"双刃剑"，在给全球发展带来技术便利的同时也会产生诸如危害个人信息安全、加剧国家网络安全风险等问题，因此需要对科技伦理进行深入探究，探索出推动科技向善的路径，方能让全球互联网治理在科技的护航下稳步前行。

B.15
韩国互联网治理状况及趋势

严怡宁　刘　越　李庆丽*

摘　要： 韩国非常重视互联网发展，在政府大力支持下，互联网普及度较高，互联网产业发展迅速。目前，韩国非常看重5G网络的建设和数字产业的发展，将数字新政作为韩国未来发展的重要抓手。在这一趋势下，韩国大力开展国家网络安全保护，努力缩小数字鸿沟，完善个人隐私保护，注重对儿童的网络保护，深入思考对网络虚假信息的治理。韩国政府也力图通过开放性数字服务来打造开放共享的政府。为了推动第四次产业革命，韩国还修订立法以满足产业的数据需求。面对新冠肺炎疫情带来的一系列变化，韩国也在不断加快数字创新，并思考由此带来的相关管理问题。

关键词： 互联网治理　数字新政　韩国

一　韩国互联网发展概况

（一）韩国互联网整体情况

在全球信息和通信技术方面，韩国凭借有线和无线宽带网络成为世界领

---

* 严怡宁，博士，上海外国语大学新闻传播学院教授，主要研究方向为国际传播；刘越，上海外国语大学新闻传播学院硕士研究生，主要研究方向为国际传播；李庆丽，上海外国语大学新闻传播学院硕士研究生，主要研究方向为国际传播。

先者，在彭博社"最具创新性的经济体"指数排名中名列前茅。①

20 世纪 70 ~ 80 年代，电信行业受到韩国政府的重视，韩国政府通过一系列重大措施建设网络通信基础设施。1992 年，韩国网络信息中心成立，为互联网服务提供网络信息管理功能。从 1995 年的总体规划开始，韩国就大力发展宽带网络，政府明确指出要刺激国民对网络宽带的需求并且提升国民的数字素养。从政府投入来看，自 1987 年以来，韩国在网络连接上已投入超过 50 亿美元，韩国互联网的渗透率在 2015 年已经达到 89.9%，相比较于 1998 年的 6.8%，增长幅度非常大。②

韩国在公共场所也建立了完善的网络设施，人们可以在地铁站、公共建筑物等环境下免费使用无线网络。据韩国科学技术信息通信部的信息，行政福利中心、图书馆、公交车站等国民主要使用的公共场所将追加建设 1 万个免费 Wi-Fi。

韩国非常注重以公平竞争的市场规范来促进网络基础建设。进入 21 世纪，韩国反复制定新的目标和指标，促进竞争和战略部署，通过了《垄断监管条例》和《公平交易法》，禁止在接入光纤线路时，出现不公平的做法和不合理的价格。在短短的几年内，韩国已经有效地实现了光纤线路的普遍接入，而这些政策为韩国 5G 网络发展奠定了重要基础。

自 2004 年以来，韩国在国际电信联盟（ITU）的数字机会指数（Digital Opportunity Index，DOI）排名中一直稳居第一，在联合国电子政务准备指数（UN E-Government Readiness Index）排名中也一直名列前五。

21 世纪之后，在互联网设施不断完善的基础上，基于互联网的服务也蓬勃发展，包括在线游戏、搜索引擎和社交网络服务等。据 2018 年韩国《互联网白皮书》的数据，21 世纪初，韩国网上银行用户数量超过 1000 万

① ITU News，"How the Republic of Korea Became a World ICT Leader，" February 12，2018，https：//news. itu. int/republic – korea – leader – information – communication – technologies/.

② Jane Lee，"Why Does South Korea Have Faster Internet for a Cheaper Price Tag？" July 19，2017，https：//www. publicknowledge. org/blog/why – does – south – korea – have – faster – internet – for – a – cheaper – price – tag/.

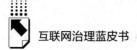

人，韩国游戏的市场规模超过了 3 万亿韩元。2011 年是智能手机快速发展的一年，当时韩国智能手机用户数量就超过了 2000 万人。随着互联网服务的快速发展，韩国也已成为全球最大的电子商务市场之一。2019 年，20 岁左右的韩国人中有 97% 会使用互联网购物。据预测，到 2024 年，韩国零售电子商务的市场规模将从 2017 年的 419 亿美元增长到 905 亿美元。[1]

为了在新冠肺炎疫情冲击下快速恢复经济，韩国企划财政部于 2020 年 5 月宣布了侧重数字经济发展的韩国新政。韩国新政是一项国家发展战略，韩国前总统文在寅提议，未来花费 76 万亿韩元（约合 620 亿美元）用于韩国新政，将把重点放在拓展韩国的数字基础设施和服务上，如数据、人工智能和网络安全等。目前韩国主要的网络供应商是 SKT、KT 和 LG U + ，据德国数据统计资源网站 Statista 发布的数据，就 2019 年的用户数量而言，韩国高速互联网服务提供商的用户中有 40.9% 使用了 KT 提供的网络服务。

（二）韩国互联网未来发展趋势

1.5G 网络的建设与发展

韩国在 5G 技术和网络服务方面具有领先优势。在 2015 年于西班牙巴塞罗那举行的世界移动通信大会（MWC）上，韩国运营商 KT 提出了"实现全球首次 5G 商业化"的承诺，并在 2018 年平昌冬奥会上提供了 5G 试点服务，KT 同时也看到了 5G 成长的可能性。之后，KT 与韩国另外两家运营商 SKT 和 LG U + 于 2018 年 12 月推出了有限的 5G 商业服务。2019 年 4 月，KT 实现了全球首次 5G 商业化。根据全球移动通信系统协会（the GSM Association）的数据，截至 2019 年 6 月底，韩国 5G 用户总数占全球 5G 用户总数的 77%。根据韩国科学技术信息通信部和韩国信息化振兴院对首次 5G 商业化的评价，按通信公司分类，运营商 SKT 在 1606 个设施中提供 5G 服务，可用率为 79.14%；LG U + 为 1282 个设施，可用率为 60.08%；KT

---

① Nina Jobst，"Yasmin Waldeck，E-commerce in South Korea-Statistics & Facts，" July 8，2021，https：//www. statista. com/topics/2529/e – commerce – in – south – korea/.

为 938 个设施，可用率为 64.56% 。

韩国利用自身实力雄厚的互联网基础建设，加大对 5G 技术的研发和投入力度，5G 网络的渗透率也在逐步提升。韩国科学技术信息通信部预测，到 2026 年，韩国 5G 网络的覆盖范围将达到 90%，这将促进每月每户数据使用量的增加。

在 5G 网络的推广上，政府也延续了对互联网的行业扶持，提供税收减免和政府投资。据韩国独立数字媒体 Seoulz 报道，2022 年投资总计将达到 270 亿美元。这被称为 "5G +" 战略，旨在让 5G 技术拉动行业多元化。自 2019 年底以来，韩国的 5G 网络已经有 580 万名用户。此外，韩国有超过 115000 个基站在运营。5G 的基础设施仍然在继续投入建设，韩国三大网络运营商已经在 5G 事业上投资了 35 亿美元以上，还计划在韩国 2000 多个站点安装 5G 室内基站来扩大覆盖范围，主要包括机场、百货公司、地铁和办公大楼。

从具体运营商的数据来看，自 2019 年全球 5G 商业化以来，SKT 的 5G 用户数量突破了 200 万人，SKT 引领了 5G 时代。在 5G 服务方面，SKT 推出了 Jump AR、Jump VR 等前所未有的服务，并即将推出可随时随地通过流媒体用智能手机享受游戏的云游戏服务。根据 KT2019 年的年度报告，KT 基于 5G 技术提供的服务主要涉及实时监测、游戏流媒体、沉浸媒体、智能工厂、自动汽车等。KT 承诺在 2023 年之前投资 200 亿美元用于 5G 的研发，到目前为止，KT 已拥有超过 150 万名 5G 用户。

5G 网络因为其速度的优势，也在韩国与新冠肺炎疫情的斗争中起着关键作用。鉴于新冠肺炎疫情防控时期韩国对社交距离做出要求，运营商 KT 提供了 5G 直播服务以满足人们的需求。据日本经济新闻报道，居住在首尔的朴氏和她的丈夫就利用了 5G 直播技术，让远在韩国大邱的亲属线上参加了 2 人的婚礼。KT 目前将这项服务规划为社会责任，并没有涉及盈利。但是一旦新冠肺炎疫情被完全控制，社会人员再次流动，5G 直播服务可能也会面临一些问题，其市场化推广仍需要仔细推敲。但不管怎样，韩国政府仍然试图利用新冠肺炎疫情带来的危机来加速服务的数字化，并为现有的创新

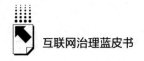
政策增加动力。

当然，韩国5G技术的发展和服务的推广还有不少可完善的空间。以现在韩国的5G水平来看，5G还存在连接流畅性和实用性的问题，韩国大部分手机用户还没有5G网络带来的体验，因此就韩国5G网络目前的用途而言，可以说5G还并没有真正投入使用。

2. 韩国数字新政的发展趋势

根据韩国企划财政部的信息，为应对新冠肺炎疫情对经济造成的负面影响，韩国提出了韩国新政，为未来韩国经济的恢复与振兴做足准备，其中就包括数字新政。根据韩国的政策概览，数字新政的提出是基于经济和社会结构的变化——在线消费和远程工作的流行，数字化转型不断加速，"数字力量"的重要性进一步凸显，在线的商业服务正在成为朝阳产业。

韩国的数字新政要对所有的行业进行数字创新，加强数据—网络—人工智能（Data-Network-AI）生态系统，主要包含强化数字生态链、教育基础设施数字化、发展在线产业等。[①] 据韩国雇佣劳动部的信息，在数字新政的推进下，韩国政府将在数字领域进行大规模投资，加大对数字和新技术人才的投入力度，以加速劳动市场的恢复，制造更多的就业机会。预计到2025年，政府将在数字新政方面投资58200亿韩元，并创造93000个就业机会。政府还将在数字内容、自动驾驶汽车和自动驾驶船等行业中推广基于5G的融合服务，并在智能工厂、医疗保健等各个行业和公共领域扩展人工智能技术的使用场景。

为了加强韩国中小企业的网络安保力量，政府将提供针对性咨询等支持。随着远程办公、视频会议使用量的增加，在线安保的重要性日益提高，因此韩国计划对在线服务软件的安全漏洞进行诊断，并提供安保技术。

韩国大学和职业培训机构的在线教育也将得到加强。根据韩国科学技术信息通信部的信息，韩国将通过促进在线授课基础设施、内容以及平台的发

---

① 대한민국 정책브리핑，「한국판 뉴딜」，2021年9月30日，https：//www.korea.kr/special/policyCurationView.do？newsId=148874860。

展，打造高质量的在线大学教育、终身教育和职业培训系统。特别是在韩国慕课（K-MOOC）中加强对人工智能等对产业革命有需求的课程的开发，并与海外慕课合作。为了实现教育基础设施的数字化转型，所有小学、初中、高中都将建设数字教育基础设施，完善具备高性能 Wi-Fi、数字设备等的数字教育环境，打造线上、线下融合的学习环境。

为了引领数字化转型，韩国政府还将建造一个数据大坝，其中包含 14 万个公共数据，供私营部门使用。政府也将致力于加强区块链、人工智能、5G 和云技术等数字基础设施的建设，发展智能政府，从而改善服务并提高效率。

二　韩国互联网治理概况与趋势

（一）国家网络安全保护

为确保韩国国家网络安全，韩国中央行政机关的负责人、地方自治团体的负责人以及公共机关的负责人根据《国家网络安全管理规定》，建立和运营安保管制中心，以便实时探测、分析对信息通信网的网络攻击，并及时采取应对措施。根据韩国 2020 年《信息保护白皮书》的数据，目前韩国中央行政机关运营了 41 个安保管制中心。这些中心负责探测并阻止对相关国家、公共机构运营的信息系统、信息通信网及其所拥有信息的网络攻击，并防止网络侵害的扩散。

韩国国家情报院作为负责有关国家安全保障情报事务的国家情报机关，向各级机关提供信息服务，系统、有效地发布、共享机关之间的互联网威胁信息。国家情报院还设有国家网络安全中心，掌握国家、公共机构发生的黑客事故的原因和攻击方法，查明攻击实体并制定对策，执行网络侵害事故的调查和分析工作。

韩国国家安保室则于 2015 年 4 月新设了网络安保秘书官这一职务，以统一网络安保执行体系，在网络安全方面有效辅佐总统。韩国科学技术信息

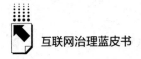

通信部也正在推进有关加强网络安保、营造安全的网络环境的政策。该部全天候随时监测韩国国内互联网的异常情况，探测国内网站是否感染恶性代码。

韩国广播通信委员会以《促进使用信息通信网及信息保护关联法》等为法律依据，执行信息通信服务和信息保护政策的业务。该委员会通过公认认证书、手机认证等，为安全使用网络服务提供支援。韩国2020年《信息保护白皮书》指出，广播通信委员会以2011年SK Communications大量泄露个人信息事件为契机，制定了防止个人信息泄露及预防二次损失的《互联网个人信息保护强化方案》。

韩国还设有侧重技术研发的互联网信息保护专业机构。韩国互联网振兴院（KISA）作为韩国广播通信委员会的下属单位，主要通过开发和分配智能源头技术加强对国家、公共和私人侵权事故的响应能力。该院的研发中心根据国家信息安全研发政策促进技术研发，并通过研发部门的技术共享和传播来增强国家信息安全保护能力和国家安全竞争力。韩国互联网振兴院根据《促进使用信息通信网及信息保护关联法》，为第四次产业革命的安全奠定基础，主要执行关于预防及应对互联网侵害事故、个人信息保护及损失应对、信息保护产业和人力培养、全国人民信息保护服务的业务，还对利用国家域名开展的非法业务进行处理。该院的网络安全中心（Korea Internet Security Center，KISC）还与国内主要通信企业及安保管制企业建立联系，对网络犯罪等异常现象进行365天的监控，并针对主要漏洞发布安保劝告文。与此同时，该院作为代表国家的网络侵害事故应对组，与国内外相关机构构筑全球互助体系，应对网络威胁。另外，网络安保大数据中心收集、分析信息，并将信息共享给大众，加强其应对侵害事故的能力。韩国国家安保技术研究所（NSR）也是这样的一个专门机构，目前正在进行对国家密码技术、应对黑客攻击等公共领域网络安全问题的研究，以及相关基础构建及支援等。同时，通过收集、分析国内外信息保护最新技术及政策动向等，进行对信息保护政策的相关研究。

韩国非常重视网络安保能力的不断强化，于2017年提出了"国政运营五年计划"，以加强应对国家层面的网络威胁的能力，并通过强化以国家安保室为中心的网络安保控制体系，确保网络空间的安全保护能力及网络战的执行能力，进而促进网络安保应对能力达到发达国家应有的水平。

（二）努力缩小数字信息鸿沟

社会获取和使用信息的非平等性会导致信息鸿沟，数字信息鸿沟也是韩国社会长期存在的现象。虽然韩国互联网的渗透率普遍较高，但是仍然存在数字死角地带。据韩国互联网安全局 2018 年《互联网白皮书》，韩国政府已推出"数字信息鸿沟指数"，来作为制定缩小数字信息鸿沟政策的依据。

根据韩国科学技术信息通信部 2019 年数字信息差距实态调查，韩国有四大信息脆弱阶层，分别为高龄层、残疾人、低收入层和农渔民。高龄层数字信息化水平最低，为 64.3%，接下来是农渔民 70.6%，残疾人 75.2%，低收入层 87.8%。衡量数字信息化水平不仅要考虑数字应用水平，还要考虑是否拥有信息设备、是否可以随时上网等接近数字信息化的水平。对很多人而言非常简单便利的网络，对于某些人来说却是遥不可及的。在数字信息化水平最低的高龄层中，家庭电脑拥有率为 61.3%，比普通国民（83.2%）低 21.9 个百分点；移动设备（智能手机、智能平板电脑等）的拥有率也仅为 73.7%，比普通国民（91.4%）低 17.7 个百分点。此外，高龄层网络用户生活服务的利用率比普通国民低 10.0~30.0 个百分点，交通信息及地图等生活信息服务利用率为 70.4%，金融交易服务利用率为 37.4%，产品购买、预订等电子商务服务利用率为 33.8%，公共服务利用率为 15.3%。

韩国的数字疏远现象也很严重。根据 2019 年支付结算报告书，在网上银行和移动银行使用量增加的同时，ATM 机数量却在减少。对于不熟悉网络及手机银行的人群而言，ATM 机是即使银行关门也可以提取现金、转账的工具，但 2018 年韩国 ATM 机安装台数仅为 119900 台，与 2013 年（124200 台）相比减少了 4300 台。

新冠肺炎疫情的发生更加凸显了数字信息鸿沟问题。在学校停课、学生

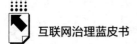

远程学习的过程中，韩国凸显出学生之间的数字信息鸿沟。来自低收入家庭的学生的课堂参与受到了严重的限制。为此，韩国三大电信运营商对使用智能手机访问韩国教育广播电视台（EBS）和其他教育网站的学生不收取任何数据使用费用。

2020 年初，韩国政府表示韩国已开始为整个国家提供超高速互联网服务，这将使人们能够普遍、方便地访问在线数据。韩国为此计划在全国各地建立数字化教育中心，并聘请专人教授数字素养课程。韩国科学技术信息通信部表示，高速互联网已被指定为全民服务，无论身在何处，人人都有权享受。此举使韩国成为世界上第 8 个向所有公民提供通用高速互联网的国家。信息产业部网络与电信政策办公室主任洪进培表示，最新举措将解决互联网死角问题，并有效消除存在于最新互联网使用人群之间的数字信息鸿沟。①

此外，韩国还通过对信息通信辅助设备的开发与供应来保证残疾人和老年人等人群的信息访问和使用。2017 年，韩国政府提供了 3483 台信息通信辅助设备，自 2003 年以来，总数已达到 58013 台。相关支持项目也从 2003 年的 10 种开始每年增加，2014 年支持项目达到 68 种，2015 年达到 74 种，2016 年达到 84 种，2017 年则有 98 种，为民众提供了选择适合不同残疾类型和级别的信息通信辅助设备的机会。

韩国统计局还指出，要想缩小数字信息鸿沟，必须推出让高龄层也能轻松使用的技术。为了方便老年人使用，最好同时提供国文和英文两种语言，画面和文字大小也要考虑到他们。另外，缩小数字信息鸿沟的对策之一就是为高龄层提供 IT 教育服务，解决老年人日常生活中遇到的数字困难。

（三）网络个人隐私保护

1. 相关保护法律和机构

近年来，由于个人信息被非法泄露等问题频出，个人信息保护成为韩国

---

① Yonhap, " S. Korea Starts Universal Super High-speed Internet Service for Entire Country, " January 1, 2020, http: //www. korea herald. com/view. php? ud =20200105000109.

社会的热点话题。韩国《个人信息保护法》将个人信息定义为"与个人相关的信息，即根据包含在该信息中的姓名、身份证号及影像等事项，能够识别该个人的信息（包括仅凭该信息无法识别特定个人，但可以轻易与其他信息结合进行识别的信息）"。

公共机构所拥有的个人信息与民间的个人信息收集不同，其信息的敏感性强于民间所拥有的个人信息。如果个人离婚、犯罪记录被公开，将直接或间接影响到个人隐私权、人格权、财产权、社会保障供求权等多种基本权利。这就是为什么要把个人信息作为宪法层面的保护对象。

2020年5月，韩国喜剧演员朴娜拉控诉一家电子产品商店的一名员工未经许可将其个人信息泄露给社交媒体聊天室，成为热门话题。该商店的员工A某在同事的聊天室里透露朴娜拉参观了其工作的商店，泄露了朴娜拉的个人信息。但是A某表示，朴娜拉认为A某的行为只是在开玩笑，她要求妥善处理A某，并请求公司方面不要解雇A某。但是从韩国法律角度而言，A某的行为构成了侵权，符合《个人信息保护法》第59条所规定的侵权行为：泄露在工作中获得的个人信息或未经授权将其提供给他人使用。[1]

韩国《个人信息保护法》规定，处理个人信息的人可分为"个人信息控制者"和"个人信息处理者"，其中"处理"的概念很重要。《个人信息保护法》将"收集、创建、链接、联动、记录、存储、保存、加工、编辑、搜索、打印、更正、修复、利用、提供、公开、销毁"等类似行为定义为"处理"。有权控制个人信息"处理"的人称为"个人信息控制者"，从法律上讲，其一般是公司（负责人）或者是公共机构。"个人信息处理者"则是指在个人信息控制者监督下的雇员、派遣工人和兼职工人。《个人信息保护法》规定个人信息处理者和个人信息控制者负有不同的责任。

为了防止各种网络犯罪和个人私生活受侵害等信息化社会的负面问

---

① 네이버 법률，「'박나래 개인정보 유출 논란'매장직원 선처 부탁했지만…」，2020年5月16日，https：//m. post. naver. com/viewer/postView. nhn？ volumeNo＝28274210&memberNo＝38212397&vType＝VERTICAL。

题发生，韩国废除了从 1995 年开始施行的公共机构个人信息保护相关法律，重新制定法律，旨在通过管理个人信息的收集、泄露、滥用来保护隐私，以增进国民的权利和利益，进而体现个人的尊严和价值。《个人信息保护法》于 2011 年起施行，禁止未经当事人同意收集和利用个人信息或将个人信息提供给第三方。根据该法规定，未经同意将个人信息提供给第三方，可处 5 年以下有期徒刑或 5000 万韩元（约合 29 万元人民币）以下罚款。

韩国互联网振兴院和个人信息保护政策委员会是促进韩国网络个人隐私保护的专门机构。1996 年 4 月根据《信息化促进基本法》成立了韩国信息保护中心，2001 年 7 月升级为韩国互联网振兴院，根据《促进使用信息通信网及信息保护关联法》，个人信息保护也是其主要职责之一。随着信息化的发展，个人信息泄露等社会问题日益凸显。为尽快制定国家层面的综合对策，系统推进信息保护业务发展，2020 年 9 月 18 日，韩国成立了个人信息保护政策委员会，负责召集相关政府部门讨论隐私政策并做出共同回应。设立该委员会的目的是促进个人信息保护政策落实，讨论并调整与个人信息保护有关的主要政策和法规，防止和应对个人信息侵权事件以及各部门之间的分歧，并在有关中央行政机构之间就与个人信息有关的问题进行调整和协商。个人信息保护政策委员会将设立法律制度、新技术应对、数据安全等各领域的协会，必要时相关委员将聚集在一起，对细节问题进行深入讨论。

韩国政府近年来为推进数据产业革命而实施的"数据三法"，（即《个人信息保护法》《信用信息法》《信息通信网法》，核心为关于互联网假名信息的产业运用，下文将专门详细阐释），也增加了个人信息被利用的可能性。韩国通过"数据三法"，旨在启动假名信息的利用，扫除未来人工智能产业发展的障碍。个人信息保护政策委员会为了确保假名信息的安全使用，将假名信息的范围规定为"为了不确认信息主体是谁，进行了假名处理的个人信息"。如果知道是谁的话，就不是假名信息，在没有得到信息主体同意的情况下利用或泄露信息本身就是违法的。不同企业拥有的假名信息按规定只能在第三专门机关中结合，从而在一定程度上降低了风险。① 例如，乐天百货商店和国民银行的不同假名信息不能随意结合，假名信息的结合必须得到政府指定的专门机关的批准。不过目前，政府还没有指定专门机关，假名信息主要是在互联网振兴院、金融安保院等具备技术力量和公信力的机构进行结合。假名信息利用的限制长期以来使得数据的产业运用存在巨大障碍，以远程诊疗为例，15 年前韩国就已经开发出这一技术，但是由于反对者担心"如果有人利用网络泄露敏感的医疗信息怎么办"，这一技术在韩国一直没能真正实施，而其他许多国家目前已经在广泛实践。

2. 新冠肺炎疫情带来的新问题

2020 年的新冠肺炎疫情给韩国带来个人隐私保护的新问题。为了防止病毒的传播，全世界纷纷践行保持社交距离的准则，导致工作环境发生始料未及的变化，从而引发个人信息泄露等各种问题。②

具体来看，由于突然进行远程办公，很多企业对远程业务机器的管理并不完善，如果用机器下载业务相关资料或个人信息等，很难被探测和追踪。同时，个人电子邮件或 P2P 服务感染恶性代码或被恶意利用的可能性也很大，在这种情况下，公司和职员之间可能会发生纠纷。除此之外，远程工作人员在连接系统处理个人信息时，其用手机或相机拍摄业务画面的行为也无法被控制，因此可能会导致个人信息泄露。对于员工人数较多或对成本相对敏感的中小企业，在保护措施不足的情况下实行远程办公，也会使员工在容易泄露个人信息的环境中工作。

远程办公的变化不仅局限于单纯的工作地点的变化，还包括工作方式和业务开展所需工具的巨大变化。在远程办公环境下，职员们使用与以往完全不同的业务合作工具或视频会议应用程序，这些工具或应用程序在以前很多情况下因需求不多而未能充分验证安全漏洞，如果利用如此脆弱的应用程序

---

① 주간동아, 「"데이터 3 법 발효 1 개월, 개인정보 활용 기업은 막대한 벌금 주의해야"」, 2020 年 9 月 11 日, https://n. news. naver. com/mnews/article/037/0000028295? sid = 105。
② 개인정보보호, 「코로나 시대 근무환경 변화에 따른 개인정보 및 프라이버시 이슈」, 2020 年 6 月 12 日, https://blog. naver. com/n_ privacy/221998337812。

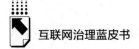
进行远程业务，可能会发生用户对话内容泄露或他人随意参与对话等隐私问题。如视频会议工具 Zoom 一度成为热门话题，截至 2019 年，Zoom 每天的使用者只有 1000 万名，但到 2020 年 4 月，Zoom 每天的使用者已经突破了 3 亿名，随着这种爆发性的增长，相关应用程序脆弱的加密算法和由此引发的隐私问题也成为争论焦点。

另外，部分企业以预防病毒感染或管理生态为目的，试图确认员工的动向，从而引发了侵犯隐私权的争议。在韩国，雇佣劳动部针对这样的争议发布了相关方针，根据该方针，在未得到员工同意的情况下，不能利用 GPS 等设备来确认其位置信息，否则将因违反《个人信息保护法》而受到处罚。

除此之外，从家庭生活和工作业务较难分离这一点来看，还存在暴露个人私人空间或侵害共同居住者家庭私生活等多种隐私问题。

（四）韩国对儿童的互联网保护

韩国调查数据显示，就 2018 年各年龄段的社交网络服务（SNS）使用率来看，未满 10 周岁的占 5.7%，10 多岁的占 53.8%，虽然比 20 多岁和 30 多岁的使用率低，但是和 40 多岁的使用者的使用率相差不大，属于非常活跃。儿童通常较能适应网络环境，对新技术或服务的适应能力也很强。但是一般来说，儿童对隐私权或个人信息重要性的认识以及对新技术或服务内含的危险要素的认知能力相对较低。因此，儿童很可能会在没有充分考虑的情况下提供或公开自己或父母的个人信息。

因此，儿童需要与成人不同的特别保护措施。尽管成人完善的个人信息保护制度也适用于儿童，但事实上其对儿童的保护并不充分。因此，有必要为儿童制定特别的保护制度。从更宏观的角度来看，儿童的网络隐私问题关系到如何评价和应对整个社会的数据化对儿童的影响。

但是，在制定儿童网上隐私保护政策时，除了考虑儿童的特性外，还应考虑以下几点：符合儿童成长发展过程的阶段性保护措施的必要性，成年人和在数字环境下成长的儿童的隐私意识的差异，同龄儿童相互间的能力和教育环境的差异等。实现儿童权利的责任首先应赋予父母，国家原则上应以支援的形式承担责任。

在选择和设计保护措施时，还需要考虑各种儿童权利。1989年11月联合国大会通过的《联合国儿童权利公约》全面地列举了儿童应享有的权利，并考虑到儿童的特殊性。韩国于1990年批准该公约。根据《联合国儿童权利公约》设定的范围，儿童是指18周岁以下的人，涉及范围相当广泛。根据该公约第12条规定，有能力形成自己意见的儿童可以自由表达对所有影响自己的问题的意见，并应根据儿童的年龄和成熟性适当尊重其意见。第13条也有关于儿童言论自由的相关规定。儿童在网上接触各种内容并表达或反映自己的意见时，如遭遇不正当的障碍，将侵害第12条或第13条规定的儿童权利。该公约第3条规定，有关儿童的一切措施，无论是由公共、私营的社会福利机构、法院、行政厅、立法机构中的哪个机构来执行，都应该优先考虑让儿童受益。各国应为儿童提供必要的保护和照顾，并且为了达到这一目的，应采取适当的立法和行政措施，但应考虑这些措施对其父母、法律监护人和其他对儿童负有法律责任的个人的权利和义务。

2001年《促进使用信息通信网及信息保护关联法》中具有韩国特别为保护儿童而新设的有关个人信息保护的规定。之后，作为个人信息保护相关的一般法，2011年制定的《个人信息保护法》第22条规定了"得到同意的方法"，并引入了法定代理人的同意制度。2018～2019年修订的《促进使用信息通信网及信息保护关联法》中，则出现了强化儿童保护政策、提高限制的实效性的变化。

根据《个人信息保护法》规定的"得到同意的方法"，个人信息处理者如需处理未满14周岁的儿童的个人信息，除了需要得到信息主体的同意，还必须得到儿童监护人的同意。监护人有权要求阅览、修改、删除、停止处理收集到的儿童个人信息。2017年2月广播通信委员会发布的《在线量身定制式广告个人信息保护指南》规定，禁止向广告商提供以未满14周岁的儿童为主要使用者的在线服务，禁止以量身定制式广告为目的收集行为信息，禁止向未满14周岁的儿童提供量身定制式广告。

在网络环境下，为了保护儿童的隐私，大致可以考虑两种方式。第一是

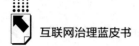
让父母或学校介入，提高儿童对危险的认知；第二则是培养儿童自主行使隐私权或与个人信息相关的决定权的能力。目前，韩国的相关法律是以通过父母的同意来保护儿童的方法为中心，但是监护性保护只是暂时的，韩国有关人士指出，应该更加积极地谋求让儿童"提高能力"的方法。

（五）韩国的网络虚假信息问题和治理思考

在新冠肺炎疫情肆虐的背景下，韩国互联网也出现虚假消息大行其道的现象。疫情防控期间韩国出现了"盐水和食醋漱口""疫苗开发完成""紫外线治疗有杀菌作用""吃香蕉可以预防生病""桑拿15分钟可以预防生病""柠檬水帮助治疗""病床充足""只是为了诽谤特朗普政权而夸大损失""不是严重病症"等减小危险性的虚假信息和"比其他疾病更严重""在卫生纸中检测出病毒""致死率是流感病毒的10倍"等夸大传染力的虚假信息。

此前，为了杜绝有害谣言等虚假信息的流通和扩散，韩国政府提出了很多方案，但都存在一定的局限性。韩国信息通信政策研究院指出，在这些对策中，包括以信息使用者为中心的对策在内，缺乏更深层次的结构性应对措施。该院的研究认为，与防止产生虚假信息相比，更应该以防止流通和扩散虚假信息为重点。因为在数字时代，很难阻止虚假信息的产生，因此应该把焦点放在控制流通和扩散上。在控制虚假信息流通和扩散的政策中，尤其需考虑到网络平台的影响力。当然，只有在政府、保健当局、新闻媒体、网络平台等主要参与者的互助与合作下，才能有效应对与新冠肺炎疫情相关的虚假信息。政府、保健当局、国际机构等需要提供信息、实施监控、给予法律保障等，新闻媒体需要调查真相，专家需要提出意见，网络平台需要使用更权威、更准确的信息，以控制虚假信息的流通和扩散。

韩国信息通信政策研究院还深入分析了政治谣言以何种方式通过评论被传播并被接纳，提出有必要对信息使用者进行媒体报道框架类型的教育，因为媒体报道的框架类型不同，相关谣言的事实程度差异非常明显。另外，很多先行研究发现，谣言等虚假信息的严重性与媒体的可信度有着密切的关系。在没有对谣言进行事实验证的情况下，从媒体报道中产生的谣言在信息沟通网络中肆无忌惮地传播，使现有媒体的可信度进一步降低。信息通信政策研究院指出，需要提高媒体的可信度，逐步加强新闻媒体的功能。研究院还指出，要构筑由信息生产者、媒体、流通者、信息流通平台、规则组成的"协作中心"，为所有与虚假信息相关的主体提供一个可以进行公共讨论的平台。

（六）韩国政府的开放性数字服务

"开放互联网"是指用户可以随时随地使用互联网的环境，可以将其描述为网络中立性的概念。韩国2018年《互联网白皮书》援引哥伦比亚大学蒂姆·吴教授的观点指出，网络中立性的原则是使所有通信服务提供商都能平等地对待网络上的内容。历经四年的讨论后，韩国制定了与网络中立性相关的政策，但是网络中立性不是通过立法而是在准则层面上得到保证。

《网络中立性和互联网流量管理指南》规定了互联网流量管理的基本原则，目的是建立一个开放、公平的互联网使用环境，并促进信息与通信技术生态系统的健康、可持续发展。基本原则包括用户权利、互联网流量管理的透明性、无阻塞、无不合理歧视、合理的网络通信管理等。

韩国在公开数据领域的发展，很大程度上要归功于政府自20世纪90年代以来在数字基础设施和系统方面的努力和投资。2014年，超过70%的韩国人表示，在过去的12个月里，他们至少使用过一次互联网，以便与政府部门进行互动，如获取政府网站上的信息，或下载、提交相关表格。韩国的数字服务较具智能性，随着政府增加了其中央开放数据门户（https：//data. go. kr）上可用数据的数量，韩国在开放数据方面发展尤为突出，政府官员使用数字工具的现象也很普遍。①

目前，在"政府3.0时代"的施政框架下，韩国政府将向公众开放和共享更多涉及国计民生的信息和数据，同时将打破各部门之间的阻隔，

---

① OECD Observer, "Korea's Digital Governance," OECD Observer, https：//oecdobserver. org/news/fullstory. php/aid/5652/Korea_ s_ digital_ governance. html.

完成总体整合，目标是最终建立"开放与共享的政府"。"政府3.0时代"重点在于公共信息的开放与共享以及政府与国民的沟通和合作。政府信息公开将从以往的"政府提供"模式逐渐转变为"以每个人为中心"模式，这将提高政府制定政策的透明度，同时增加民众对政府的信任。比如，在行政服务领域，政府将尽量减少直接介入，鼓励民众利用互联网和手机进行互动和参与。此外，政府和公共部门掌握的气象、交通和教育领域的公共数据也将被提供给个人和企业用于商业，通过这种方式来帮助民间创业。

（七）韩国第四次产业革命的数据需求问题和立法变革

随着第四次产业革命的到来，韩国对数据利用的需求变大。2020年1月，韩国国会通过了"数据三法"的修订案。"数据三法"是针对废除因个人信息保护相关法分属各管辖部门而产生的重复规制，以及扩大个人和企业可以利用信息的范围而制定的。

"数据三法"的核心在于引入了假名信息，即如果没有附加信息的结合，就无法识别个人的信息。企业今后可以利用假名信息开发新的服务或技术、产品等，也可以开展新事业。据韩国互联网振兴院的报告，"数据三法"有助于韩国灵活利用大数据、人工智能等新技术，为数字经济发展奠定基础。[①]"数据三法"也被认为是韩国在数据监管领域的重要进展和突破，在大数据背景下给予了新兴技术更多的发展空间，与数字新政的后续发展相辅相成、互相促进。

三个法案中的核心是《个人信息保护法》。《个人信息保护法》在2011年开始实施，其修订案的主要内容着眼于在没有经过本人同意的情况下，可以将经过处理的、无法识别特定个人的假名信息用于统计和研究等目的。该法将监督误用、滥用、泄露个人信息的权限划归个人信息保护委员会。这次

---

① KISA，「정보보호산업지원센터」，2021年7月12日，https：//www.kisis.or.kr/user/bbs/kisis/73/478/bbsDataView/15110.do？page＝1&column＝&search＝&searchSDate＝&searchEDate＝&bbsDataCategory。

修订不仅从法律上规定了判断个人信息的标准，还将假名信息制度化。修订案提出了可与假名信息相结合的其他相关信息的获取标准，并指出匿名信息并不适用于《个人信息保护法》。

产业界对"数据三法"表示欢迎，认为修订案的通过缓解了有关数据利用限制的问题，能增加工作岗位、激活经济，为第四次产业革命奠定了基础。但政界和社会的一些人士还是担心个人信息会被泄露。市民团体等一些人士就"数据三法"指出："这是放任企业利用个人提供的信息赚钱的法律""假名信息一旦结合起来，就能识别个人身份，有可能被恶意利用"。该领域的权威人士、高丽大学信息保护学院教授林钟仁表示，"数据三法"的推出使得大数据产业和以此为基础的信用信息相关产业前景广阔。[①] 以大数据为例，信息越多就会出现越有价值的结果，而原有的个人信息保护相关规定对个人信息的"一揽子"定义使得产业无法利用个人信息。随着"数据三法"的实施，预计今后假名信息和匿名信息将被运用到大数据中，大数据产业将迅速成长。另外，随着《信用信息法》的修订，"MyData 产业"也将被允许发展。"MyData 产业"是指，企业得到个人同意后统一管理金融信息的信用信息管理业。"MyData 产业"将在信息主体个人权利范围内，提供本人信息综合查询，以及信用、资产管理等服务。如果形成"MyData 产业"，韩国将迎来新的增长领域，产生巨大的经济效益和社会效益。

三 结语

韩国的互联网治理经验对于我国互联网治理的启示主要有两点。一是韩国政府为应对新冠肺炎疫情对经济造成的负面影响，提出了数字新政。数字新政对所有的行业进行全面数字创新，完善数据—网络—人工智能生态系

---

① 주간동아，「"데이터 3 법 발효 1 개월，개인정보 활용 기업은 막대한 벌금 주의해야"」，2020 年 9 月 11 日，https：//n. news. naver. com/mnews/article/037/0000028295？ sid＝105。

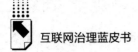

统，主要包含强化数字生态链、推进教育基础设施数字化、发展在线产业等。在数字新政的推进下，韩国政府将在数字领域进行大规模投资，加大对数字和新技术人才的投入力度，以加速劳动市场的恢复，制造更多的就业机会。近年来，我国的高校毕业生人数攀升，预计 2022 年国内高校毕业生人数将超 10000 万人。另外，在新冠肺炎疫情的冲击下，实体经济备受打击，失业率也有所提升，因此韩国的数字新政策略或许可以为我国在疫情防控常态化时期快速稳定经济、加大数字经济对就业和消费的拉动作用提供一定的参考。二是韩国政府在"政府 3.0 时代"的施政框架下，向公众开放并使之共享更多涉及国计民生的信息和数据，旨在打破各部门之间的阻隔，完成总体整合，建立"开放与共享的政府"。政府信息公开将从以往的"政府提供"模式逐渐转变为"以每个人为中心"模式，这不仅能提高政府制定政策的透明度，也能增加民众对政府的信任，这为我国日后电子政务的发展提供一定借鉴。

B.16
巴西互联网治理：回顾、现状与经验

何国平　黄国斌*

摘　要： 2019~2020 年，巴西致力于 5G 建设，推动互联网产业发展。在 2020 年防控新冠肺炎疫情这一特殊时期，巴西为强化互联网监管、维护网络安全做出了一定的努力，然而成绩不尽如人意。近期，巴西互联网治理重点是，通过确立法规政策，建立"巴西模式"，加强互联网治理，保护商业数据与个人信息安全。"巴西模式"尽管存在消极影响，但该模式所确定的互联网中立性、言论自由与用户隐私保护这三大原则对我国建立安全有序、开放合作的网络空间，制定积极的互联网安全战略具有一定参考意义。

关键词： 互联网治理　"巴西模式"　网络安全

2020 年，突如其来的新冠肺炎疫情在全球扩散与传播，不仅给全球经济、社会带来结构性破坏，也给全球互联网安全形势带来严峻考验。2020 年 6 月 30 日，巴西参议院批准了第 2630 号法案草案，即《巴西网络自由、责任和透明法案》。由于巴西互联网虚假信息和诽谤内容泛滥成灾，该法案旨在治理这一互联网顽疾。然而，在当下新冠肺炎疫情肆虐的巴西，该国的互联网治理手段略显失灵，不仅在巨大危机上没有发挥出应有的作用，反而加剧了现实问题。

---

* 何国平，博士，广东外语外贸大学新闻与传播学院教授，主要研究方向为国际传播与新媒体传播；黄国斌，广东外语外贸大学新闻与传播学院新闻与传播硕士研究生，主要研究方向为新媒体。

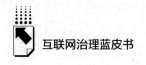

一 巴西互联网治理历史回顾

巴西互联网产业发展经历了近 40 年，目前形成了南美洲第一大、世界第五大互联网市场。巴西互联网从初创到今日的成熟，可以分为以下几个阶段。

（一）初创时期

20 世纪 70 年代初，为了缩小与发达国家的技术差距，利用高新科学技术刺激经济的增长，巴西提出了"防守国家主义"（Defensive Nationalism）技术自立的战略方针，以信息技术为试点，出台了一系列信息产业政策（Brazilian Informatics Policy，BIP）。[①] 1971 年，巴西海军和国家经济发展银行共同成立了特别工作组（GTE），标志着巴西信息产业政策正式出台。[②] 1972 年，巴西计划合作部建立的电子数据处理统筹委员会（CAPRE）为之后的信息产业政策实施奠定了基础，对计算机和其周边设备等实行进口控制、市场保护和政府订货，发展民族计算机工业，并在之后产生一个具备国际竞争力的电子综合产业。而在 1979 年，巴西建立了信息产业特别秘书处（SEI），制定了《规范法》。同时，巴西信息产业政策确立了两大基本原则，即技术自立和成立一个由国有企业控制的高新科学技术部门。

20 世纪 80 年代前半段，巴西信息产业开始制度化。1984 年，巴西政府通过的《信息产业法》奠定了巴西信息产业的架构基础：以总统为领导，包括政府与非政府实体在内的巴西信息产业和自动化委员会（CONIN），负

---

① Peter B. Evans，Claudio R. Frischtak，Paulo Bastos Tigre，*High Technology and Third World Industrialization：Brazilian Computer Policy in Comparative Perspective*（Berkeley：University of California，1992），p. 2.

② 宋霞：《巴西的信息产业政策初探》，《拉丁美洲研究》2002 年第 6 期。

责"国家信息产业和自动化计划"的制订与执行。① 该委员会是 SEI 的领导机构，对巴西企业实行市场与技术保护，国会也参与信息产业政策的制定。这一过程中，巴西信息产业政策陷入了困局。1985 年，巴西结束了军政府时代。在美国的施压下，巴西制定了《软件法》，此后，以美国为代表的国际资本开始侵占巴西的信息产业市场。

巴西互联网的历史开始于 1987 年。圣保罗研究基金会（FAPESP）和巴西科学计算国家实验室（LNCC）与美国的研究机构（当时美国约有 10000 台主机）通过 TCP/IP 协议交换了数据包。但是，第一次互联网连接是个人行为，而不是机构或国家项目。

当时，巴西 Embratel 电信公司是该国垄断性电信运营商（语音和数据方面），且该公司并没有采用 TCP/IP 协议；加上巴西对进口计算机硬件实施法律限制，导致计算机落后且价格昂贵。因此，巴西的互联网起步环境相对于其他国家来说更恶劣。

（二）成长时期

1988 年，里约热内卢联邦大学（Universidade Federal do Rio de Janeiro，UFRJ）与加州大学洛杉矶分校（University of California at Los Angeles，UCLA）建立了校际联系。巴西利用 UFRJ 的技术与基础架构，让其他大学与研究机构成功实现了互联网连接，其主干由 Embratel 提供。同一年，Embratel 与巴西其他电信系统一起进行了私有化，Embratel 被美国 MCIC 收购。巴西电信系统私有化后，速度大大提升。与世界很多地方一样，从这一年开始，巴西的互联网发展走上快车道，许多全球互联网企业在巴西建立了据点，巴西成为重要的互联网国家。

1990 年，巴西科学技术部宣布创建以学术研究为目的的国家研究网络（RNP），这为早期建设巴西商用互联网打下了基础。这正如早年美国互联

---

① 赖明明：《巴西互联网发展与治理研究报告》，《汕头大学学报》（人文社会科学版）2017 年第 10 期。

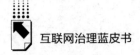

网雏形阿帕网（ARPA）在完成军事使命后转向美国顶尖科研和高校机构，为科学研究服务，成为建设美国商用互联网的重要一步。

1992 年，巴西主办"生态峰会"。为了准备这次峰会，巴西 Embratel 电信公司进行了大笔投资，建立起了 TCP/IP 结构。在这年 6 月峰会开幕时，以非学者身份参会的各界嘉宾在巴西首次获得了互联网访问权限。此后，RNP 迅速扩张，到 1995 年，巴西大多数学术和研究机构可以使用 RNP。据估计，1995 年，大约有 10000 台主机连接到巴西互联网，平均每台计算机有 6 名用户，总共有大约 60000 名巴西互联网用户。由于全球互联网的迅猛发展，巴西的通信部与科学部在这一年合并，扩大了巴西互联网治理部门的权限。1995 年 5 月，巴西电信与科学部门宣布成立互联网指导委员会（CGI. br）。委员会由政府、电信公司、互联网运营商、互联网服务提供商、大学以及用户组成，许多巴西互联网先驱成为委员。该委员会还被授权制定巴西互联网标准。同年，CGI. br 批准放开公众注册巴西网页域名的权限。

（三）成熟时期

20 世纪 90 年代，巴西的信息产业处于自由贸易时期，其核心要点是发展软件技术。巴西成立了信息技术研究院，负责推动巴西信息技术的发展。1992 年，巴西政府制订了软件出口计划，自此，软件业成为巴西优先发展的骨干产业，政府通过各项措施鼓励和帮助软件业迅速发展。20 世纪 90 年代末，巴西借鉴美国信息产业管理的先进经验，对电信等信息产业的实体部门进行了私有化改革，开放国内的信息产业市场。为了提高巴西本土信息产业的竞争力，政府制定了两个规划，即"互联网社会规划"与"信息社会规划"。

在随后的 10 年里，巴西互联网进入普及阶段。2007 年，巴西政府将发展信息产业列入了"促进增长计划"，并且在行政层面大幅降低包括互联网产业在内的信息产业的税收，鼓励民众购买个人电脑与手机等互联网设备。2010 年，巴西政府正式启动了"全国宽带计划"（Programa Nacional de Banda Larga），旨在降低上网成本，大大提高互联网覆盖率。这一年，巴西家庭接入网络的比重达到了50%。2012年，巴西推出了科技部制订的"壮大信息业计划"。近年来，巴西始终积极主动参与到5G网络的研发制造之中，紧跟国际互联网发展步伐。根据相关的统计数据，到2019年，巴西互联网覆盖率已经超过了70%（见表1）。①

表1　2000~2019年巴西互联网年度覆盖率

年份	人口数（人）	互联用户数（人）	互联网覆盖率（%）	人均国民收入（美元）
2000	169544443	5000000	2.9	3570
2005	184284898	25900000	14.1	3460
2006	186771161	32130000	17.2	3460
2007	186771161	42600000	22.8	4730
2008	196342587	67510400	34.4	5910
2012	193946886	88494756	45.6	10720
2015	204259812	117653652	57.6	11760
2016	206050242	139111185	67.5	11760
2017	210867954	139111185	66.0	9850
2018	211243220	139111185	65.9	9850
2019	212392717	149057635	70.2	9850

资料来源：世界互联网统计中心。

二　巴西互联网治理现状

经过30多年的发展，巴西已经摸索出一套具有巴西特色的互联网治理模式。国际上，全球互联网治理联盟由互联网名称与数字地址分配机构（The Internet Corporation for Assigned Names and Numbers，ICANN）、巴西互联网指导委员会和世界经济论坛联合发起。该联盟秘书处组建专门工作组，负责撰写联盟章程。章程经公众评议后，提交委员会审议通过。2015年1月，该联盟委员会成员选举完成，共有20名委员入选，其中2人来自中国。

---

① Internet World Stats, "Brazil, South America Internet Stats," August 16, 2020, https://www.internetworldstats.com/sa/br.html.

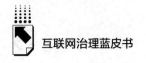

（一）巴西互联网治理架构①

CGI. br 是一个根据多边、透明和民主的原则，协调巴西互联网治理、整合各项治理活动的民主机构。该机构最初成立于 1995 年，是一个多利益相关方（Multi-Stakeholder）组织，由政府各部委机构、企业、民间社会和科学界的代表组成，共有 21 名成员，其中 12 名成员来自私营机构，9 名成员来自政府。CGI. br 负责促进互联网服务中的创新和技术发展，以及互联网服务在巴西的应用。自 2004 年 7 月以来，民间社会的代表由民主选举产生，被选举出来的代表可以直接参加委员会的审议并讨论关于互联网的各项事项。该委员会设 3 个工作组，分别为 CGI. br 的决定和建议提供技术、行政、运营方面的咨询和论证。这些小组涵盖了网络工程、计算机安全和人力资源培训等领域。该委员会的其他职责包括制定与互联网监管有关的政策，以及为技术和操作程序制定标准。CGI. br 还发布了巴西互联网使用和开发的战略指令。

为了开展各种活动，CGI. br 于 2005 年创建了一个非营利性机构，名为 Núcleode Informaçãoe Coordenaçãodo Ponto BR（NIC. br），即巴西网络信息中心。该机构在巴西几个特定的互联网领域工作。自 1995 年以来，该机构一直负责注册使用 ". br" 域名以及顶级域名的管理。截至 2009 年 3 月 31 日，". br" 下注册的域名已超过 160 万个。NIC. br 还为拉丁美洲和加勒比海互联网地址注册（LACNIC）提供工程和托管服务。

CGI. br 自 1997 年以来一直维护着巴西的网络安全，成立了计算机应急响应小组（CERT. br）。CERT. br 是 CGI. br 的重要部门。除处理常规网络事件外，CERT. br 还为巴西的网络管理员和互联网用户提供支持，用葡萄牙语发布网络安全报告，并生成有关网络安全事件和垃圾邮件的统计信息。它还负责维护一个预警项目，目的是识别网络安全新趋势并向巴西网络发出有关

---

① CGI. br, "Internet Governance in Brazil: A Multistakeholder Approach," August 15, 2020, https://cgi. br/publicacao/internet - governance - in - brazil - a - multistakeholder - approach.

恶意活动的警报。CERT. br 致力于提高用户对网络安全问题的认识，帮助巴西建立新的计算机安全事件响应团队（CSIRT）。

CEPTRO. br 即网络和运营技术研究中心，致力于改善和提高互联网的速度与质量，以及改善巴西互联网访问的网络技术。它的项目包括一个各大城市连接的数据交换点、一个网络协议，以及一组通过该协议设置时间基准统一访问互联网的计算机或网络。

CETIC. br 即信息技术中心，它的 Estoudos 中心负责编制有关巴西互联网可用性和使用情况的指标和统计数据。

（二）巴西互联网治理法律法规

尽管 CGI. br 成立于 1995 年，但是直到 2003 年，巴西才确立互联网治理架构。与此相对应，巴西的互联网立法也起步较晚。2006 ~ 2013 年，巴西政府与国会多次提出有关互联网治理的法律提案，皆因阻力未能通过。

《巴西互联网权利法案》（Marco Civil da Internet），又称《互联网上的人权法案》，为巴西及意大利部长级官员发起的法案，旨在界定互联网上人权的基本保障。虽然都关注人权议题，《巴西互联网权利法案》与英国《权利法案》或美国《权利法案》的不同之处在于，前者并非国内法或宪法，而是通过互联网治理论坛（IGF）的多利益相关方模式，经民间社会、非政府组织、公民团体、各国政府与业界讨论，在互联网环境下可以框架化和强制执行的基本权利法案，其主要原则与要义为：隐私权（Privacy），数据保护（Data Protection），言论自由（Freedom of Expression），普遍使用（Universal Access），网络中立性（Network Neutrality），互通性（Interoperability），全球节点可达（Global Reachability of All Internet Nodes），使用公开格式和标准（The Use of Open Formats and Standards），知识的公共使用（Public Access to Knowledge），创新的权利（Right to Innovate），其他市场导向原则（Market-Oriented Principles Such as the Right to a Fair and Competitive Online Market, and Consumer Rights）。

不同于传统法案，《巴西互联网权利法案》被定义为一个持续进行的过

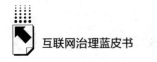

程，是一个动态的联盟，并且建立在现有的基本权利之上，而非重启现有的权利宣言或法案。

2014 年 4 月，巴西政府正式制定《巴西互联网权利法案》。这个法案对于巴西互联网治理来说具有里程碑意义，被称为"巴西互联网宪法"，该法案确定了巴西互联网的基本原则、权利保障与规范。它由 3 个基本原则组成，分别为互联网的中立性、言论自由与用户的隐私保护。

互联网的中立性原则是指互联网是中立的，用户享有网络隐私权和言论自由权，互联网服务提供商不需要对其提供服务的第三方网站的内容负主要责任，但是其运营必须遵守法令。互联网服务提供商要保障相关信息安全，用户信息不得被泄露。但是，当巴西法院要调查犯罪行为时，可能会根据需要要求互联网服务提供商披露相关信息。

巴西联邦通过该法案，把用户的尊严、隐私信息等视为"基本权利"。基于现有的法律框架，电子邮件、论坛以及其他网络信息不得被随便透露。有关"基本权利"的信息只应在政府的行政令或者法院法令的要求下被披露。互联网服务提供商所收集到的数据必须保存在安全保密的环境中，并且只能在互联网服务提供商内部以及特定的目的下使用。关于如何使用这些数据，互联网服务提供商应该清楚地告知用户并要求他们阅读同意协议。但是，解读《巴西互联网权利法案》各项条令可发现，巴西立法者认为互联网服务提供商一般不对第三方的行为负责，除非这些行为由法律特别规定。但是，当互联网服务提供商不遵守法律，导致用户的隐私数据受到威胁时，其将会被追究法律责任。

值得注意的是，《巴西互联网权利法案》与巴西的宪法、联邦法律、其他立法法规为互联网用户和互联网服务提供商提供了最小限度的保护，但巴西并没有制定一套更加明确的数据隐私法。

2016 年 5 月，巴西政府制定了互联网民用框架的监管条例。与《巴西互联网权利法案》不同的是，该监管条例规定了各项权利关系，细化了各项监管措施，以应对巴西互联网在蓬勃发展的移动互联网时代遇到的各种治理难题。在实际的法律执行中，巴西立法部门与巴西法院将保护儿童权利放在了首位。在关于网络违法的信息中，侵害儿童权利、不利于儿童身心健康发展的内容被巴西执法部门所重视。巴西的法律没有明确提及互联网服务提供商的中介责任，只有当互联网服务提供商涉嫌违法犯罪的时候其才需要承担责任。

《巴西互联网权利法案》的相关规定及其各项配套条款意味着，互联网服务提供商对于用户在平台所生产的内容不承担民事责任。同时，巴西的商法——《巴西消费者保护法》中规定，互联网服务提供商提供的服务本身并不是"内容控制"，这些互联网服务提供商并不应该因为"内容"的缺陷而承担主要责任，因为他们并不直接提供内容。但是，如果互联网服务提供商所提供的服务存在关于数据隐私保护的缺陷，则其应该承担相应的责任。而在网络广告监管方面，互联网服务提供商没有义务删除用户请求但没有被法律法规禁止的广告。然而，当网络广告涉及青少年、儿童敏感领域，存在针对这些弱势群体的营销行为时，互联网服务提供商应该采取及时的措施，以防止互联网对青少年与儿童的伤害。

总体而言，巴西互联网的法律法规把握的原则是：互联网服务提供商不应该被迫对其平台用户采取预防性的监控活动，但如果用户所提供的内容被判定为侵权时，互联网服务提供商应当立刻采取屏蔽、删除等措施。

2018 年，巴西政府通过了 *Les Geral de Proteção de Dados*（LGPD）[1]，即《通用数据保护法》，这是一部全面的数据保护法，为共享、收集、储存和处理由各个组织管理的个人数据提供了框架。LGPD 以欧盟的《通用数据保护条例》（GDPR）为蓝本，力求为巴西的数据保护领域提供更为清晰的隐私保护条款，但巴西的数据保护领域目前面临着巨大的不确定性。由于巴西是世界卫生组织（WHO）报告的新冠肺炎疫情的热点地区，LGPD 有关使用个人数据对数字联系人进行跟踪的提议引起了很大的争论。巴西隐私专家

---

[1] Jeffrey Omari，"Undercutting Internet Governace in Brazil," August 18, 2020, https://verfassungsblog.de/undercutting-internet-governance-in-brazil.

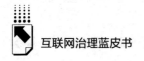
和其他行业利益相关者将 LGPD 视为一种法律机制，可以帮助确保巴西政府和其他组织负责任地使用个人数据。

三　巴西互联网治理近年来的进展

近年来，在国内互联网建设中，巴西政府将重点放在了 5G 建设上。2019 年 10 月，CGI. br 发起巴西 IGF，通过 IGF 将政府、企业、科学技术部门、社会各界与互联网用户召集在一起，研究并讨论巴西互联网治理的未来，巩固并推进巴西互联网发展的多元化和创新性，探讨如何解决巴西互联网发展中至关重要的问题。[①] 自 2011 年以来，该论坛每年举行，是巴西互联网治理方面最为重要的论坛，该论坛每年的主题都是下一年度巴西互联网治理的重要风向标。在该论坛上，CGI. br 批准了 2019～2020 年的计划，其中最令人瞩目的是放出多个频段以供 5G 使用，这表明巴西互联网在 5G 发展上紧跟世界步伐。

为了迎接 5G 时代到来，巴西在 2020 年做出了许多努力。Algar 电信推出了 LTE-A 服务，与此同时，欧盟与巴西签署合作协议，共同开发 5G 技术。巴西通信部门批准了价值 4.5 亿雷亚尔的项目，以便向 14 个州提供 LTE–450 服务，OLI 与巴西银行（Banco do Brazil）推出了基于 NFC 的移动支付平台。

在国际上，巴西作为金砖五国（BRICS）的成员国之一，与中国同为发展中国家，不希望看到美国凌驾于全球互联网治理之上，支持联合国将国际电信联盟与 ICAAN 直接联系，作为互联网治理的架构。与中国不同的是，巴西在互联网领域表现出中立性，强调巴西互联网对于用户所提供内容的"完全中立"。巴西在国际上呼吁建立一项多边、透明、包容和民主的互联网制度，以促进联合国的全球互联网治理。但是，由于过分强调互

---

① "Internet Governance Forum Brazil 2019," August 17, 2020, https：//dig. watch/events/internet – governance – forum – brazil –2019.

联网中立，巴西夹在以美国为代表的西方国家与中俄之间，成为一个"摇摆国"。①

在应对新冠肺炎疫情上，巴西的互联网治理整体表现欠佳。新冠肺炎疫情给巴西带来了沉重打击。在新冠肺炎疫情扩散期间，为了让民众保持社交距离，巴西电信部门必须保证足够强大的网络宽带与网络承载能力，让大量巴西国民实现居家办公。巴西的电信监管部门向所有的巴西电信运营商发送通知，要求全国电信机构提升 Wi-Fi 与宽带的上限，以应对越来越严重的新冠肺炎疫情。

疫情使巴西互联网难以负担其流量，面临着巨大的压力。严重疫情也给巴西的各行各业造成了巨大的损失。但总体而言，巴西互联网企业机遇与挑战并存。机遇在于民众对远程办公的需求激增，使得巴西互联网企业得到了更多的发展空间；同时，这对巴西互联网的基础建设来说是一个严峻的挑战，一些巴西互联网企业疲于应付危机。

互联网治理表现不佳的重要原因还在于新冠肺炎疫情加剧了巴西政治结构的变化。巴西总统雅伊尔·博索纳罗（Jair Bolsonaro）对新冠肺炎疫情蔓延局势应对不当，他低估了疫情的严重性，将其描述为"简单的流感"，鼓励人们走上街头，声称"不要理会任何形式的隔离"。2020 年 4 月初，博索纳罗解雇了卫生部长，引发全国骚动，这位被解雇的卫生部长曾公开要求巴西人实施隔离。几天后，总统加入了联邦首都的示威，呼吁关闭最高法院和国民议会，因为这两个机构阻碍了经济复苏并鼓励隔离。②

一般认为，博索纳罗的行为有以下两个解释。第一是经济停滞相比疫情对社会经济的影响更大。失业率的显著上升和收入的下降被认为是政府治理能力低下的表现。第二是对美国前总统唐纳德·特朗普（Donald Trump）的政治模仿。在这一解释框架中，科学家、大学教授和新闻界都将成为破坏政

---

① Louise Marie Hurel, Maurício Santoro Rocha, "Brazil, China and Internet Governance: Mapping Divergence and Convergence," *JCIR Special Issue* (2018): 2.

② Fernando Brancoli, "Covid19 is Reshaping Brazil's Politics," August 19, 2020, https://www.orfonline.org/expert-speak/covid19-is-reshaping-brazils-politics-65727.

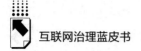

府稳定同盟的一部分，疫情是被大众高估的威胁。博索纳罗对于疫情的言论和行为帮助其保持高支持率，混乱的公众辩论局面扩大了其言论和流行语的影响。

种种因素作用下，面对新冠肺炎疫情，巴西互联网治理显得手足无措，互联网上充斥虚假信息与谣言。由于危机与结构性压力，巴西互联网秩序出现混乱，疫情信息中充斥情绪垃圾与无用信息，庞杂且混乱的信息使得互联网无法帮助巴西国民正确地认识新冠肺炎疫情，在一定程度上加剧了新冠肺炎疫情的肆虐。

为了应对巴西互联网治理的混乱局面，巴西政府做出了一定的努力。2020 年 6 月 30 日，巴西参议院批准了第 2630 号法案草案，即《巴西网络自由、责任和透明法案》。该法案获得批准后，仍需要由众议院投票通过，最后提交博索纳罗总统进行否决或批准。该法案适用于拥有超过 200 万名用户的互联网平台，旨在解决在线散布虚假信息和诽谤性内容所引起的问题。然而，这项法案还存在硬伤。从目前的情况来看，该法案几乎无法解决个人和机构在巴西社交媒体平台上传播假新闻的问题。它还对用户隐私、互联网访问和言论自由构成威胁。该法案与 LGPD 一样，希望能够解决新冠肺炎疫情下巴西互联网治理的难题。然而，《巴西互联网权利法案》中所强调的言论自由与隐私保护又会反过来限制帮助解决现实问题的法案。《巴西网络自由、责任和透明法案》其中一条规定要求平台提供用户标识和有效的移动电话号码来监视用户的身份，即将手机号码链接到社交媒体账户，以监视未经授权的互联网用户。这无疑与《巴西互联网权利法案》的原则背道而驰。另外，巴西的部分弱势群体无法使用手机访问互联网，因此，该法案可能会阻止这一群体访问社交网络，从而阻碍巴西弱势群体上网。这也有悖于《巴西互联网权利法案》中的原则。

此前，WhatsApp 在巴西的遭遇令西方国家对巴西互联网治理忧心忡忡，而最新出台的《巴西网络自由、责任和透明法案》中还有一项内容——社交媒体平台应跟踪和存储巴西互联网用户的转发通信链接，这意味着由成千上万名巴西互联网用户所产生的庞大数据可能会被滥用、跟踪或泄露，以获得政治利益，这将对用户的隐私保护造成巨大威胁。

巴西互联网治理在 2014 年开创的"巴西模式"，为西方各国所称道，《巴西互联网权利法案》对于巴西互联网治理具有里程碑意义。然而，在巨大的危机面前，巴西的政府治理失灵，随即带来互联网治理失灵，使"巴西模式"在新的结构性危机面前表现出难以应对的一面。

四　巴西互联网治理的启示

"巴西模式"对于我国的借鉴意义可以从两方面分析。一方面，由 CGI. br 所主导的民主模式对互联网治理民主化具有参考意义，邀请政府、业界、学界、互联网用户多方面参与，形成多利益相关方的互联网治理模式，从立法到执行层面来增强互联网治理的代表性，其扩大互联网治理民意基础的做法在一定程度上可供中国借鉴。另一方面，从立法到执行层面皆由这种协商模式来决策的互联网治理模式，会出现无法应对重大突发事件的情况，低效率的运作机制也使巴西互联网治理表现出滞后性。这种滞后性在2020 年新冠肺炎疫情中表现得尤为突出。因此，克服互联网治理中由程序烦琐导致的低效率，通过对包括互联网在内的各种资源进行有效社会动员以成功应对重大突发事件是当前各国应对新冠肺炎疫情时应考虑的重要议题。中国在此次疫情中做出了成功的探索，形成了有中国特色的互联网动员模式，做法和经验也值得进一步总结提炼。

《巴西互联网权利法案》具有里程碑意义，是"巴西模式"的重要起点，包括 3 个基本原则，即互联网的中立性、言论自由与用户的隐私保护。这个法案让巴西互联网治理有了自己的宪法，在巴西互联网中具有重要地位。但是，《巴西互联网权利法案》只提供了最小限度的保护，存在许多不利于后续监管法令推行的限制性条令，对于言论自由的不恰当强调也让巴西互联网治理在后续的发展中出现瓶颈。在巴西，所有的互联网治理法令都要遵循《巴西互联网权利法案》，这也为后续的互联网治理设下了大难题。

尽管我国并没有在互联网治理中制定像《巴西互联网权利法案》这种

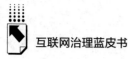

宪法级别的法律条例，但我国已经走出了一条务实有效的中国特色社会主义互联网治理道路，摆脱了以美国为首的西方国家对于国际互联网治理所强加的强权治理模式。巴西在互联网治理中不恰当地强调以自由与民主为核心的互联网治理法律体系，容易被美国等西方国家所利用。但值得称道的是，作为金砖五国成员国之一，巴西与中国始终立场坚定地携手致力于构建国际互联网治理新秩序，反对美国的强权互联网治理理念。巴西在国际合作上始终保持着积极的姿态，与同为发展中国家的中国共同迎接全球互联网治理的机遇与挑战。

B.17

印度互联网治理与网络安全回顾

姜熙 李亮欣 曾吴娟*

摘要： 作为世界人口第二大国，印度的互联网产业发展迅速、潜力巨大。在享受互联网发展红利的同时，印度社会也面临着网络恐怖主义、网络隐私泄露等安全问题，对国家与社会发展造成威胁。为此，印度政府采取一系列措施，加强对本国网络安全的治理。本报告梳理了印度互联网治理的三个重要历史阶段：1997 年以前相对宽松的阶段、瓦杰帕伊政府时期和辛格政府时期。印度网络安全治理措施主要包括升级法律框架，推进多元主体参与治理，加大数据安全监管力度和推进国际协作。为进一步提升互联网治理效能，印度政府将制定中长期结合的管理规范，明确互联网治理机构职责，统一网络安全标准，加强科技运用，以及培养和提升青少年的网络安全素养。

关键词： 互联网治理 网络安全 印度

印度互联网产业起始于 20 世纪 80 年代。1986 年，印度在联合国开发计划署的帮助下建立了教育研究网络（Educational Research Network，ERNET），用于教育和研究机构的沟通和交流。1988 年，印度启动并运营国

---

* 姜熙，博士，广东外语外贸大学新闻与传播学院讲师，主要研究方向为国际传播与跨文化传播；李亮欣，广东外语外贸大学新闻与传播学院硕士研究生，主要研究方向为国际传播与跨文化传播；曾吴娟，广东外语外贸大学新闻与传播学院硕士研究生，主要研究方向为国际传播与跨文化传播。

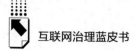

家信息中心网络（National Informatics Centre Network，NICNET），以改善政府机构之间的通信状况。1995 年，印度首个互联网运营商 Videsh Sanchar Nigam Limited（VSNL）在 6 个城市通过拨号服务引入公共互联网，这是印度第一个公开可用的互联网服务。① 当时，私营互联网运营商被禁止提供服务，所以印度的国际通信一直被 VSNL 垄断。直到 1998 年，印度才允许私营互联网运营商进入市场。自此之后，印度很快就迎来了互联网产业的高速发展，大量的互联网公司和网吧应运而生。

1999 年，作为印度第一家拥有国家许可证的互联网运营商，Sify 公司以 1.15 亿美元的价格收购门户网站 India World，继而在美国上市，成为在美国上市的第一家印度互联网公司，并乘胜追击创建了 i-Way 品牌，建立了数百个公共互联网信息亭。② 截至 2020 年 1 月，作为世界人口第二大国，印度拥有近 7 亿名的互联网用户，互联网普及率高达 50%，③ 成为世界上发展最快的互联网市场之一。互联网领域一直是印度政府工作的重点。2014 年以来，印度总理莫迪（Narendra Damodardas Modi）推行"数字印度"计划，旨在加强该国的数字基础建设，希望未来超 10 亿名印度人都能上网，农村地区也能享有廉价的高速宽带带来的便利。④

印度互联网产业的繁荣促进了经济增长和社会发展。但是，政府、企业、个人在享受互联网红利的同时，也面临着日益严重的网络安全威胁：个人信息变相成为商品，隐私空间被非法分子侵占；互联网空间充斥着各种不实、色情和暴力信息；恐怖组织活跃在各类社交平台，传播极端主义思想和分裂言论。近年来，印度的互联网非法活动呈指数级增长。《2019 年诺顿

---

① "20 Years of Internet in India: On August 15, 1995 Public Internet Access was Launched in India," August 15, 2015, https://www.news18.com/news/tech/20 - years - of - internet - in - india - on - august - 15 - 1995 - internet - access - was - launched - in - india - 1039859. html.

② "A Brief History of the Internet in India," December 2, 2013, https://digitalequality.in/a - brief - history - of - the - internet - in - india/.

③ Simon Kemp, "Digital 2020: India," February 18, 2020, https://datareportal.com/reports/digital - 2020 - india? rq = India.

④ "Why India Shuts down the Internet More Than Any Other Democracy," December 19, 2019, https://www.bbc.com/news/world - asia - india - 50819905.

LifeLock 网络安全调查报告》显示，在过去的 12 个月里，网络犯罪给印度造成了 1.24 万亿卢比的经济损失。[①] 为了更好地遏制网络犯罪，印度通过立法、行政、教育等多种手段推进互联网治理，维护互联网产业的健康有序发展。

一 印度互联网治理的历史阶段

为了应对日益严重的网络安全威胁，印度政府采取了一系列措施，提升互联网治理的能力和效果。在与国家安全相关的事务上，政府享有绝对的主导权；一般性事务上，则采取以市场主导、公民赋能、弱监管和多元利益主体参与的协同治理方针，企业、政府、研究机构、非政府组织和公民在互联网治理过程中都被赋予了相应的角色和功能。[②] 为遏制日渐泛滥的互联网犯罪，从 21 世纪开始，印度政府不断通过立法、修订法律条文等形式完善法律制度。总体而言，印度互联网治理主要经过三个重要历史阶段。

（一）印度互联网治理的初级阶段（1986年至1997年）

1997 年前，印度的互联网行业尚处在发展的初级阶段，互联网普及程度有限。这一时期，印度政府更迭频繁，经常出现内外政策不连贯的情况，互联网治理也停留在"零敲碎打"的阶段，相对比较宽松，主要集中在推进互联网基础设施建设、开放互联网市场、规范行业发展等方面。

1995 年 8 月，互联网运营商 VSNL 在印度推出互联网访问服务。VSNL 援引 1885 年的《电报法》来赋予自身权力，打击、限制其他运营

---

① Riju Mehta, ET Bureau, "Cyber Criminals Stole Rs 1.2 Trillion from Indians in 2019: Survey," April 13, 2020, https://economictimes.indiatimes.com/wealth/personal - finance - news/cyber - criminals - stole - rs - 1 - 2 - trillion - from - indians - in - 2019 - survey/articleshow/ 75093578.cms.

② 门洪华、葛天任：《国家如何治理网络空间？——基于美日德俄印的比较分析》，《经济社会体制比较》2020 年第 4 期。

商，垄断了当时的国际通信业务。1997 年 2 月，印度议会通过法案，设立印度电信管理局。该机构的成立旨在为印度电信业的未来发展培育条件，推动印度在全球信息浪潮中发挥主导作用。为实现目标，印度电信管理局发布了一系列法规和行政性指令，希望能为运营商们创造公平、透明的竞争环境。很快，印度的电信市场从国有垄断经营转变为多种运营商服务的格局。

（二）瓦杰帕伊政府时期的互联网治理（1998年至2004年5月）

阿塔尔·比哈里·瓦杰帕伊（Atal Bihari Vajpayee）于 1998 年 3 月当选印度总理。在他当政期间，印度的互联网产业进一步发展。在行业日渐繁荣的同时，各种网络犯罪行为也逐渐增多。为此，印度政府开始加强立法，制定相关法律，打击违法犯罪行为。

2000 年 5 月，印度议会通过了《信息技术法》，这是印度第一部有关信息技术的法律。借此，印度也成为世界上最早对信息技术立法的国家之一。《信息技术法》旨在规范电子商务活动，防范和打击网络犯罪，为信息技术的规范使用立法。在互联网隐私方面，《信息技术法》明确规定了网络隐私权的保护范围。执法机构如有调查需要，可收集了解用户的个人信息数据，或拦截、解密线上通信。但《信息技术法》并没有对个人是否有权要求服务提供商删除其个人内容等问题予以确定，在解决网络隐私权问题的过程中，适用性受限，存在不足。①

通过《信息技术法》的制定，印度迈出了互联网治理法制化的第一步。自此以后，《信息技术法》为印度的互联网治理提供了法律依据和框架，衍生了多项法律条文，以此为中心逐渐形成了较为成熟和规范的网络法律体系。除了立法以外，政府也在不断加强相关部门的建设，提升行政治理能

---

① Georgina Pereira, "Cyber Law: The Information Technology Act and Its Application," March 18, 2020, https://www.legalbites.in/cyber – law – the – information – technology – act – and – its – application/Internet Privacy in India.

力，与新法律互相配合。2001 年，印度于班加罗尔成立了第一个网络警察局，组建了多学科专家小组，监管并打击辖区内的网络犯罪行为，如故意制造和传播计算机病毒、入侵他人电脑、盗窃他人知识产权、传播盗版软件、从事间谍活动和财务欺诈等。此外，印度还成立了网络上诉法庭，专门受理互联网领域的纠纷。

2004 年 1 月，为了更加有效地保障印度通信和信息基础设施的安全，印度计算机应急小组成立。在 2008 年重新修订的《信息技术法》中，印度计算机应急小组被指定为国家机构，主要功能是为民众提供安全预警，及时有效响应紧急事件，处理网络安全威胁。该机构还会收集和分析热点网络信息，不定期发布有关信息安全的网络报告和白皮书，为用户提供网络安全方面的咨询。①

（三）辛格政府时期的互联网治理（2004年6月至2014年5月）

2004 年，曼莫汉·辛格（Manmohan Singh）当选为印度第 13 任总理。这一时期，随着互联网行业的发展以及网络安全形势的日趋复杂，印度政府逐渐认识到网络安全对于国家安全和管理的重要性，互联网治理更加系统深入。政府通过成立和完善监管体系、制定和修订相关法律、颁布各种行政性指令等方式，规范网络行为，打造良好的互联网环境。

2005 年，为防范日益严峻的网络攻击形势，印度军方在陆军总部建立了专门负责网络中心战的网络部队，强化军用网络的安全建设。该部队在所有军区以及重要军事单位的总部设立了分支机构。②

2006 年，印度政府对 2000 年版《信息技术法》进行修订。新修订案允许中央政府出于保护国家利益、调查犯罪行为等理由拦截计算机通信。同时，这次修订还设立了电子证据审查员，针对电子证据提出专家

---

① "Computer Emergency Response Team（CERT-in）," December 23，2014，https：//www. gktoday. in/gk/computer – emergency – response – team – cert – in/.

② 《印度网络危机重重 加强网络安全不遗余力》，中华人民共和国国家互联网信息办公室网站，2014 年 7 月 4 日，http：//www. cac. gov. cn/2014 –07/04/c_ 1114994790. htm。

意见。①

2008 年以前，印度政府很少对互联网内容进行审查。② 但是，2008 年在孟买发生的连环恐怖袭击事件引起了民众对网络犯罪和网络恐怖主义威胁的高度重视。印度政府再次修订《信息技术法》，修订后的法案扩大了政府的网络监管范围。如果中央政府认为某些网络内容威胁到国家安全，可视情况封锁内容。但与此同时，政府也应在符合法律要求、遵循程序的情况下进行以上活动。③ 该法案还禁止民众通过互联网发送和传播具有威胁性或者冒犯性的信息，如有触犯，则可能面临高额罚款和最高 3 年的监禁。

2011 年，基于对个人数据隐私保护的需要，印度出台《合理安全实践与程序及敏感个人数据与信息规则》（以下简称"2011 年法规"）。此次立法更加注重个人信息的保护，填补了这方面的空白。2011 年法规要求数据收集者必须事先获得数据提供者的同意，才能进行数据收集。若违反规定，则会面临高额的罚款和三年以下有期徒刑。同时，数据提供者具有撤回先前予以收集和使用个人信息的权利。

2011 年，印度政府根据《信息技术法》发布了《网吧规则指南》，要求网吧保留每个用户为期一年的详细信息，包括姓名、地址、联系电话、性别、日期、计算机终端标识、登录时间和日志等。网吧每月都要按时将这些信息提交给指定的机构。此外，该指南还要求网吧必须保留其一年的网站历史记录以及代理服务器的日志。

2012 年，印度东北部的阿萨姆邦发生严重种族冲突事件。各类真假难辨的信息通过手机短信和社交网络扩散、传播，造成印度东北部地区社会动荡，恐慌情绪激增，大量民众逃离。为了稳定社会秩序，避免不实信息

---

① Indian Parliamentary Research Service Legislative Summaries, "The Information Technology (Amendment) Bill, 2006-Legislative Brief," 2006, http://www.commonlii.org/in/other/INPRSLS/titb2006lb523/.

② 白净:《印度互联网发展和治理研究报告（2017）》,《汕头大学学报》（人文社会科学版）2017 年第 11 期。

③ "The Information Technology（Amendment）Act, 2008," 2021, https://internetdemocracy.in/laws/the-information-technology-amendment-act-2008/.

的进一步传播，印度政府封锁了 245 个网页，要求谷歌、推特等网站删除相关信息，还限制手机用户发送短信的数量，以阻止谣言的传播，平复民众情绪。至此，印度政府意识到打击网络谣言、维持互联网秩序与国家网络安全的重要性，于 2013 年 7 月发布了《国家网络安全政策》，有意加强监管，营造安全、和平的网络生态空间。该政策也是有关国家网络安全的纲领性文件。

（四）莫迪政府时期的互联网治理（2014年6月至今）

2014 年 5 月，纳伦德拉·达莫达尔达斯·莫迪赢得大选，出任印度第 14 任总理，并于 2019 年成功连任。莫迪非常重视互联网的安全问题，他曾表示："我们能否让世界摆脱不流血的战争？网络安全将成为国家安全的一个重要组成部分，印度必须通过创新，在网络安全方面发挥带头作用。"[①]莫迪上任后在互联网治理方面采取了一系列的措施，主要表现在以下几个方面。

1. 升级法律框架

2015 年 7 月，莫迪提出"数字印度"倡议。"数字印度"是一项涵盖政府治理、商业及居民生活的庞大计划，是印度 IT 及互联网领域的顶层政策设计，旨在从数字基础设施建设、数字化政府服务和国民数字教育三个方面推动印度的经济社会数字化转型。随着"数字印度"计划的成功实施，许多相应的重大措施也相继推行，如移动商务、网上银行等，这都对健全网络安全法律框架有着更高的要求。升级、开发强大而动态的法律框架，实现网络安全并解决新的网络犯罪问题势在必行。

目前，印度在互联网治理方面实行的最主要政策框架是于 2000 年颁布、2008 年修订的《信息技术法》。该法涉及网络犯罪和电子商务等领域，是印

---

① PTI, "Digital India: World Faces 'Bloodless' Cyber War Threat, Says PM Narendra Modi," July 1, 2015, https://economictimes.indiatimes.com/news/defence/digital - india - world - faces - bloodless - cyber - war - threat - says - pm - narendra - modi/articleshow/47899365.cms? from = mdr.

度处理信息技术和网络安全的主要法规。① 该法规定，通过网络信息手段发送具有攻击性的信息，或持续发送令人感到烦恼、不便、危险、干扰、侮辱、伤害、刑事恐吓等的信息，可判处监禁并处罚金。印度政府对该条款拥有较大解读空间和执法自由度，常以此为据删除网络信息或封禁网络和社交媒体账号，甚至拘捕信息传播者。除此之外，2013 年颁布的《国家网络安全政策》以及印度"十二五"规划中有关网络安全的部分，也是印度互联网治理的重要依据。

随着互联网的不断发展以及其在经济和社会中作用日益增强，旧法律的适用性在新时代下面临挑战，急需新法律解决新的网络问题。为此，印度加强了在互联网安全领域的立法，制定和修订了一系列法律文件。2014 年，印度在《2013 年公司法》的基础上颁布了《2014 年公司（管理和行政）规则》，要求公司在未经授权的情况下不得访问和修改电子记录和安全系统的信息。② 2018 年 7 月 11 日，印度政府通过有关互联网中立的立法，并于同年拟定了《2018 年个人数据保护法（草案）》。2019 年 12 月，印度电子和信息技术部发布了《2018 年信息技术中介机构指南（修订）规则》草案。此外，印度政府对《印度刑法》做出了相应的修改，增加了互联网治理的相关条款，明确规定诽谤、欺诈和淫秽等网络犯罪行为将会受到法律的惩罚。

2. 推进多元主体参与治理

印度最初并没有专门的网络安全监管机构，而是在几大主要的政府部门中设置负责网络安全职能的科室。但是，随着网络安全被提上重要日程，印度政府成立了专门的网络安全机构。此外，多个非政府机构也被纳入印度网络安全治理的体系之中。③

---

① 张舒君：《印度网络安全治理视域下的美印网络安全竞合》，《信息安全与通信保密》2019 年第 8 期。

② Aprajita Rana, Rohan Bagai, "Cybersecurity in India," December 16, 2019, https：//www. lexology. com/library/detail. aspx? g＝4cd0bdb1 － da7d － 4a04 － bd9c － 30881dd3eadf.

③ 张舒君：《印度网络安全治理视域下的美印网络安全竞合》，《信息安全与通信保密》2019 年第 8 期。

2015 年，印度政府成立了国家网络安全协调办公室，对网络安全进行全国性管理。为了应对来自互联网的安全威胁，印度还建立了一个总额为100 亿卢比的基金，用以研究和开发网络安全系统和产品。印度电子与信息技术部是印度政府进行网络安全治理的核心部门，于 2016 年 7 月 19 日从通信和信息技术部划出。作为一个独立的部长级机构，该机构主要负责制定印度互联网安全方面的各项政策，并参与各类加密政策草案的撰写。2017 年，印度启用了国家网络安全协调中心，作为全国最高等级的网络空间情报机构，加速推动网络安全生态系统的建设与完善。①

除了政府部门，印度的各类民间组织、智库和学术机构也参与到了互联网治理之中。印度数据安全委员会便是其中的代表，这家机构主要从事数据保护工作，协助印度政府提出网络数据隐私等安全问题。观察家研究基金会（ORF）是印度重要的智库，该研究所下设有国际关系中心、网络和媒体中心、安全研究所、战略与安全研究所、政治与管理中心、经济与发展中心，其研究成果均提供给印度政府，以巩固和支持政府决策。维韦卡南达国际基金会（VIF）、阿南塔阿斯彭中心（AAC）、印度基金会等智库也致力于协助政府解决网络安全问题。参与网络治理的印度学术机构包括技术类和非技术类两种：技术类的如网络安全教育和研究中心（CERC），为政府提供信息保障培训；非技术类的如德里大学传播治理中心（CCG NLU-D），在网络安全方面进行学理性研究、宣传和培训。

3. 加大数据安全监管力度

多年来，欧美互联网公司主导着印度的互联网市场，占有大量的印度本土网络数据。印度无法有效保护自身的网络数据，数据安全形势比较脆弱。2018 年，Facebook 被爆出向一家试图影响印度大选的政治咨询公司分享了8700 万名用户（其中包括 56 万名印度人）的私人信息，引发印度社会的强烈关注与不满。

---

① 《印度将启用国家网络安全协调中心》，中国信息产业网，2017 年 3 月 17 日，https://www.cert.org.cn/publish/main/98/2017/20170317150741363570548/20170317150741363570548_html。

为摆脱"数字殖民主义",保护数据安全,防止数据泄露,印度努力推行数据本土化管理,加强对数据持有方的监管。2018 年 4 月,印度储备银行表示,将会协同八个政府部门,对与互联网支付程序相关的数据进行本地化管理,包括 WhatsApp Pay、Google Pay、Mastercard 等国外应用程序都需要严格遵守以上指令。印度政府在 2018 年 8 月发布《个人数据保护法》草案,规定各外资公司必须将所有关于个人数据的实时服务信息存储在印度,且凡被认定为"关键个人数据"的信息,禁止跨境传输。该法案引起了部分跨国公司和机构的不满,印度政府于 2019 年 12 月对其进行了修订,删除部分有争议的条款,仅要求在印度境内存储敏感的个人数据,同时规定,在某些条件下,敏感的个人数据也可以转移到国外储存。该法案强调,在进行刑事调查时,印度执法机关依然有权访问这类数据。

对于数据持有方,印度电子和信息技术部于 2019 年 12 月发布了《2018 年信息技术中介机构指南规则(修订)》草案,该法规要求:第一,数据持有方应该向用户提供软件许可及服务协议,协议中还应详细说明用户不能显示、上传、发布或共享的信息类型,并且告知其隐私权利;第二,数据持有方应及时向印度计算机应急小组上报网络安全事件、分享事件信息;第三,数据持有方不得为了规避法律风险,有意部署、安装或修改计算机资源的技术配置,或参与任何可能改变计算机正常运行的行为;第四,数据持有方须告知受众投诉机制的存在,在其网站上刊登相关工作人员的姓名和联系方式,而处理投诉的人员应在收到投诉之日起一个月内解决投诉。[①]

4. 推进国际协作

印度政府一直认为"网络安全是全球安全的首要议题",在国际舞台上积极推进网络安全合作。网络安全是印度外交部一级外交政策之一。在过去的几年中,作为其网络外交的一部分,印度与 8 个国家和 2 个国际组织(欧

---

① Arindrajit Basu, "India's Role in Global Cyber Policy Formulation," November 7, 2019, https：//www. lawfareblog. com/indias – role – global – cyber – policy – formulation.

盟和东南亚国家联盟）进行了双边会谈，就信息技术培训、网络犯罪应对、国家计算机应急小组与网络安全研发机构之间的合作进行了广泛的交流。此外，印度还与孟加拉国、突尼斯、越南等发展中国家签订网络安全的双边协议和谅解备忘录，共享网络资源，加强协作。[①]

二 印度互联网治理的未来趋势

随着互联网的快速发展，网络色情、网络黑客、数据泄露等问题层出不穷，对国家安全、社会发展都产生了重大影响。和很多发展中国家一样，面对不断变化的网络环境，印度政府意识到，现有的法律、政策等未能涵盖网络安全的方方面面，存在一定的空白和隐患。法律层面，目前沿用的《信息技术法案》，虽然经过多次修订，但并未完全使公民免受网络犯罪的伤害。在数据安全领域，欧盟制定了《通用数据保护条例》（GDPR），美国则有《澄清海外合法使用数据法》（CLOUD），印度却没有此类"主动的网络防御"法案。[②] 至于监管机构，无论是美国、英国还是新加坡，都由统一的政府机构来负责网络安全，而印度在网络安全机构的设置上，还存在条块分割严重、权责不明确、设置冗杂等问题。如何采取更加有效的措施进行治理，建立一个清朗、安全的网络空间，成为印度政府面临的挑战。面对迅猛发展的互联网产业和日渐复杂的网络安全环境，印度政府也在努力调整思路和手段，推进更加有效的互联网治理。

（一）完善治理规范

目前，印度在互联网治理方面政策框架简单，相关法律条文单薄，没有专门的网络安全法，基本沿用 2008 年修订的《信息技术法》和由其衍生出

---

① Gateway House, "India's Lead on Cyber Space Governance," August 15, 2018, https：//www. gatewayhouse. in/india – cyber – space – governance/#_ ftnref18.

② "Cyber Security Framework in India," June 25, 2020, https：//www. drishtiias. com/daily – updates/daily – news – editorials/cyber – security – framework – in – india.

的法律法规来遏制相关的网络犯罪行为。然而，网络环境日渐复杂，网络犯罪的主体、客体、具体行为也在发生变化。网络犯罪的手段更加智能，范围逐步扩展，类型千变万化，危害日趋严重，对印度的政治、经济和文化领域的发展造成了较大影响。现有的法律条文已经无法覆盖和处置如此多样的网络犯罪。印度政府意识到，需要直面网络空间所带来的各种威胁，制定系统性的国家安全策略，修订和升级法律条文。2020 年 8 月 15 日，印度总理莫迪在庆祝印度第 74 个独立日的讲话中宣布，印度正在着手制定《2020 年国家网络安全战略》。该战略将会聚焦新的网络挑战，如数据安全、网络恐怖主义和跨国犯罪、社交媒体不实信息传播等，升级和改革法律，成立有针对性的监管机构，建立网络犯罪数据库和网络信息分析团队，从整体上指导印度政府应对目前的网络安全问题。新的国家网络安全战略还强调，要制定中长期结合的管理规范，保证政策的及时性和长期性的统一。

（二）明确政府机构职责

印度的互联网治理机构较多，监管部门分布于印度各级政府中，机构的设置较为冗杂，相互之间的职能重叠较为严重，在一定程度上分散了管理力度，造成治理效率的低下。

莫迪就任印度总理之后，采取多部委协调的方式来应对网络安全问题，为不同的政府机构分配相应的角色和功能，明确其工作职责和权利，进行行之有效的管理。具体而言，国防部的任务是确保提高武装部队的网络安全意识和防范能力，尤其是防范巴基斯坦等敌对国家在社交平台上设置的"蜂蜜陷阱"。外交部则负责网络恐怖主义与激进信息的整理与发布，并且协助其他部门采取进一步行动。印度政府还计划建立一个专门的军事机构来应对网络安全威胁，该机构的成员将由来自海、陆、空三方的专业人士组成，旨在加强对重要战略信息的保护，创建更加安全的网络生态系统。

（三）推进公私协作治理

相关数据显示，近年来，印度网络犯罪案件数量激增，网络犯罪案件数量从 2013 年的 5693 起，跃升至 2018 年的 27248 起。这促使印度政府重新审视现有的网络治理策略。印度网络专家帕万·达格尔（Pawan Duggal）认为，在现有的治理体系中，政府公共部门与私营企业之间的标准操作程序并未明确，利益相关者各自为政，网络安全处于割裂状态，给互联网安全治理增加了一定难度。印度的一些智库也呼吁，为了应对网络安全威胁，需要公私机构之间的协同合作，尤其是要统一网络安全标准，提升互联网安全治理能力。

为此，印度政府需要出台相应的政策与措施，规范私营机构的网络安全标准，并将其与政府机构的标准尽可能统一。此外，还需要组织专门的网络安全顾问部门，征集、汇总各地政府工作人员与私营机构专业人士的意见和建议，从内部出发，加强公私协作，共享治理智慧，增强应对网络安全威胁的能力。

（四）加强科技运用

过往，印度在网络安全工具方面的硬件和软件上的投入较为有限，过于依赖国外的技术与产品。面对严重的网络安全现状，印度政府决定推进本国网络安全产业的发展，将"印度制造"纳入网络安全的架构之中。[①] 为此，印度将投入大量的人力、物力和财力，发展本国的网络安全软件、硬件产业，提升互联网治理能力。

社交媒体是最受印度网民欢迎的互联网平台之一，他们乐于在各类平台上发布信息、图片和视频，分享生活。但是，在带来社会便利的同时，社交平台上大量的不实消息也会造成社会恐慌，影响公共秩序，破坏社会稳定。2019 年发生在印度东北部的族群冲突，经由社交媒体上的

---

① "Cyber Security Framework in India," June 25, 2020, https：//www. drishtiias. com/daily – updates/daily – news – editorials/cyber – security – framework – in – india.

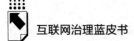
不实言论放大，造成了恶劣的社会影响。为此，印度政府加大了在人工智能领域的投入，并考虑将其引入到互联网治理的框架中。印度政府希望，能够利用先进的人工智能技术，自动审核和辨别不良信息，删除不实或煽动性言论，维持干净、清洁的网络空间，维护平稳的网络社会秩序。

不过，新技术的出现与应用也使得印度要面临新的治理问题。如何在新的网络环境下，最大程度地发挥人工智能的作用，合理使用新技术，协调人工智能与国家网络安全治理之间的关系，需要印度政府做出更加具有前瞻性的选择。

（五）提升青少年网络安全素养

近年来，印度的互联网人口飞速增长，年轻网民的占比持续增高。根据印度互联网协会的统计，截至2019年，印度有2/3的互联网用户处于19～29岁，更有7100万名5～11岁的低龄网民通过家人的设备访问互联网。[1]网民结构的年轻化、低龄化，加大了印度互联网治理的难度。互联网上充斥着大量暴力、色情等内容，严重影响青少年的身心健康；网络黑客日益猖獗，个人隐私数据被盗用的情况时有发生；社交媒体放大了社会恐慌，煽动性言论此起彼伏。正确使用互联网，培养和提升青少年的网络安全素养，显得极为重要。

为此，印度政府不定期地针对青少年发布有关网络安全的信息，提升他们的网络安全意识和自我保护能力。2020年疫情防控期间，印度相关部门为在线学习的学生和老师提供了《COVID－19时代的安全在线学习》手册，[2] 保证师生们能够在安全的环境下进行教学和学习。针对现状，部分印

---

[1] Sohini Mitter, "With Half a Billion Active Users, Lndian Internet is More Rural, Local, Mobile-First than Ever," May 13, 2020, https：//yourstory. com/2020/05/half－billion－active－users－indian－internet－rural－local－mobile－first.

[2] Samaya Dharmaraj, "MHRD India Launches E-Booklet on Cyber Safety for Children," June 11, 2020, https：//opengovasia. com/mhrd－india－launches－e－booklet－on－cyber－safety－for－children/.

度学者认为，大多数的青少年正处于无形的网络威胁中，政府应当正视这一问题，在各级教育中引入网络安全的相关课程，通过理论教学与实践，提升青少年的网络安全素养，加强对青少年的保护。

三 结语

综观印度的互联网治理经验，其互联网治理的起步较晚，且治理能力和治理效果都没有特别突出，但是其中有一个点依然值得我国学习和借鉴。为了解决互联网治理机构较多、机构的设置较为冗杂、相互之间的职能重叠较为严重、治理效率低下等问题，印度政府采取多部委协调的方式，为不同的政府机构分配相应的角色和功能，明确其工作职责和权利，进行有效的管理。当前，我国的互联网治理中也同样存在多头管理、权责不清的问题，因此在日后的互联网治理中，我国政府要尽快明确不同领域的互联网治理主体，理清各个部门或机构直接的权责关系，提高治理效能。

附　　录

Appendices

B.18
国内互联网治理大事记（2019年7月至
2020年12月）

本书课题组*

2019年7~12月

7月

7月11日　互联网信息服务投诉平台正式上线运行。投诉平台坚持"以人民为中心"的发展思想，定位于"绿色通道"，旨在快速化解用户与企业之间的服务纠纷，是保护用户合法权益的重要途径，也是行业自律和社会监督的重要组成部分、政府监管的有力支撑。

7月22日　国家互联网信息办公室、国家发展和改革委员会、工业和信息化部、财政部联合发布《云计算服务安全评估办法》。该办法参照国家

---

* 张予涵、邝木子，暨南大学新闻与传播学院硕士研究生。

有关网络安全标准，发挥专业技术机构、专家作用，客观评价、严格监督云计算服务平台的安全性、可控性，为党政机关、关键信息基础设施运营者采购云计算服务提供参考。

7月22日 国家互联网信息办公室就《互联网信息服务严重失信主体信用信息管理办法（征求意见稿）》公开征求意见。根据征求意见稿，对纳入失信黑名单的互联网信息服务提供者和使用者，将依法依规实施限制从事互联网信息服务、网上行为限制、行业禁入等惩戒措施。该征求意见稿提出，网信部门会同有关部门对互联网信息服务严重失信主体实施信用黑名单管理和失信联合惩戒，适用该办法。

8月

8月6日 由国务院打击治理电信网络新型违法犯罪工作部际联席会议办公室指导，最高人民检察院第一检察厅、新闻办公室，公安部新闻宣传局、刑事侦查局和腾讯公司联合主办的腾讯守护者计划防范新型电信网络诈骗公益行动"微反诈行动"发布会在北京举行。本次活动以"微反诈行动WeChat We Act"为主题，旨在联合社会各界力量一起，做反诈骗行动派，用科技助力防范新型电信网络诈骗。

8月8日 全国信息安全标准化技术委员会发布《信息安全技术移动互联网应用（App）收集个人信息基本规范（草案）》。草案规定，网络支付App拥有较大权限，可收集姓名、身份证件号码、身份证件有效期限、身份证件复印件，以及账号信息、口令，还有银行卡卡号、银行卡有效期限等敏感信息。即时通信类App只能收集用户的账号信息、口令等。地图导航App只能收集用户的网络日志和精准定位信息。

8月13日 国家互联网应急中心（CNCERT）发布《2019年上半年我国互联网网络安全态势》。数据显示，在计算机恶意程序方面，2019年上半年，CNCERT新增捕获计算机恶意程序样本数量约3200万个，计算机恶意程序日均传播次数约达998万次，累计协调国内177家提供移动应用程序下载服务的平台，下架1190个移动互联网恶意程序。

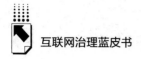
8月22日　《民法典》人格权编草案提请十三届全国人大常委会第十二次会议进行第三次审议。在设专章对隐私权和个人信息保护做出规定的基础上，草案三审稿进一步完善了有关规定。

9月

9月16日　中共中央总书记、国家主席、中央军委主席习近平对国家网络安全宣传周做出重要指示并强调，举办网络安全宣传周、提升全民网络安全意识和技能，是国家网络安全工作的重要内容。国家网络安全工作要坚持网络安全为人民、网络安全靠人民，保障个人信息安全，维护公民在网络空间的合法权益。要坚持网络安全教育、技术、产业融合发展，形成人才培养、技术创新、产业发展的良性生态。要坚持促进发展和依法管理相统一，既大力培育人工智能、物联网、下一代通信网络等新技术新应用，又积极利用法律法规和标准规范引导新技术应用。要坚持安全可控和开放创新并重，立足于开放环境维护网络安全，加强国际交流合作，提升广大人民群众在网络空间中的获得感、幸福感、安全感。

10月

10月1日　《儿童个人信息网络保护规定》正式施行。该规定要求网络运营者应当设置专门的儿童个人信息保护规则和用户协议，采取加密措施保护儿童信息，并首次明确儿童信息保护专员角色。该规定也强化了监护人在儿童网络信息保护中的角色。

10月20～22日　第六届世界互联网大会在浙江乌镇举办。大会围绕"智能互联　开放合作——携手共建网络空间命运共同体"的主题，既聚焦互联网发展趋势，重点关注人工智能、5G等前沿技术，又直面数字鸿沟、网上未成年人保护等问题。本届大会发布了《携手构建网络空间命运共同体》《网络主权：理论与实践》《世界互联网发展报告2019》《中国互联网发展报告2019》《乌镇展望2019》等文件。

10月21日　最高人民法院等四部门联合发布《关于办理利用信息网络

实施黑恶势力犯罪刑事案件若干问题的意见》。该意见对具体的网络犯罪的认定、量刑等处理方式进行了说明和规定，明确公检法机关处理网络犯罪案件管辖的权力。

10月24日 中共中央政治局就区块链技术发展现状和趋势进行第十八次集体学习。习近平总书记在主持学习时强调，要把区块链作为核心技术自主创新的重要突破口，明确主攻方向，加大投入力度，着力攻克一批关键核心技术，加快推动区块链技术和产业创新发展。

10月26日 第十三届全国人民代表大会常务委员会第十四次会议通过《中华人民共和国密码法》。该法的出台旨在规范密码应用和管理，保障网络与信息安全，维护国家安全和社会公共利益。该法明确规定，核心密码、普通密码属于国家秘密，并决定将密码安全教育纳入国民教育体系和公务员教育培训体系。

11月

11月4日 工信部宣布启动App侵害用户权益专项整治工作。工信部将重点针对违规收集个人信息、违规使用个人信息、不合理索取用户权限、为用户注销账号设置障碍四个方面的八类问题开展规范整治工作。通知列出的八类问题包括：第一，私自收集个人信息；第二，超范围收集个人信息；第三，私自共享给第三方用户信息；第四，强制用户使用定向推送功能；第五，不给权限不让用；第六，频繁申请权限；第七，过度索取权限；第八，为用户账号注销设置障碍。工信部强调，本次专项整治工作主要面向两类主体对象：一是App服务提供者；二是App分发服务提供者，包含具备分发功能的应用商店、网站、应用软件和基础电信企业营业厅等。

11月5日 国家新闻出版署发布了《关于防止未成年人沉迷网络游戏的通知》。该通知从六个方面防止未成年沉迷网游：一是实行网络游戏账号实名注册制度；二是严格控制未成年人使用网络游戏时段时长；三是规范向未成年人提供付费服务；四是切实加强行业监管；五是探索实施适龄提示制度；六是积极引导社会各界力量履行未成年人监护守护责任。

11月19日 最高人民法院举办新闻发布会，发布网络犯罪大数据报告及电信网络诈骗犯罪典型案例。2016～2018年，网络犯罪案件已结4.8万余件，案件量及其在全部刑事案件总量中的占比，均呈逐年上升趋势，2018年案件量显著增加，同比升幅为50.91%。此外，2016～2018年人民法院审理的网络犯罪案件中，30%以上涉及诈骗罪，占比最高。电信网络诈骗是公认的"社会毒瘤"，是侵犯公民财产安全的社会公害。当前电信网络诈骗犯罪在不断变种过程中也呈现一些新的特征，引发次生危害的情形日渐突出，犯罪有组织化、产业化色彩浓厚，催生大量黑灰色产业链。

11月29日 国家互联网信息办公室、文化和旅游部、国家广播电视总局制定了《网络音视频信息服务管理规定》。该规定要求网络音视频信息服务提供者应当落实信息内容安全管理主体责任，配备与服务规模相适应的专业人员，建立健全用户注册、信息发布审核、信息安全管理、应急处置、从业人员教育培训、未成年人保护、知识产权保护等制度，具有与新技术新应用发展相适应的、安全可控的技术保障和防范措施，有效应对网络安全事件，防范网络违法犯罪活动，维护网络数据的完整性、安全性和可用性。

12月

12月4日 最高法发布《中国法院的互联网司法》白皮书。这是中国法院发布的首部互联网司法白皮书，也是世界范围内首部介绍互联网时代司法创新发展的白皮书。白皮书为中英文双语版，中文全文约1.6万字，由前言、正文、结语、附录四部分组成，图文并茂地反映了中国法院互联网司法发展的基本路径、价值取向、主要举措和重要成果。

12月20日 《网络信息内容生态治理规定》已经国家互联网信息办公室室务会议审议通过，自2020年3月1日起施行。

12月30日 国家互联网信息办公室秘书局、工业和信息化部办公厅、公安部办公厅、国家市场监督管理总局办公厅联合印发《App违法违规收集使用个人信息行为认定方法》，涉及"未公开收集使用规则""未明示收集使用个人信息的目的、方式和范围""未经用户同意收集使用个人信息"

"违反必要原则，收集与其提供的服务无关的个人信息""未经同意向他人提供个人信息""未按法律规定提供删除或更正个人信息功能""未公布投诉、举报方式等信息"等具体情形，为认定 App 违法违规收集使用个人信息行为提供重要遵循。

2020年1～12月

1月

1月2日 国家市场监督管理总局官网公布《〈反垄断法〉修订草案（公开征求意见稿）》，首次将互联网业态纳入其中。意见稿指出，"认定互联网领域经营者具有市场支配地位还应当考虑网络效应、规模经济、锁定效应、掌握和处理相关数据的能力等因素"。

1月20日 全国信息安全标准化委员会发布一系列信息安全技术标准规范征求意见稿，涉及《信息安全技术　个人信息告知同意指南》《信息安全技术　云计算服务安全指南》《信息安全技术　移动互联网应用（App）收集个人信息基本规范》等18项国家标准。

2月

2月9日 网信办发布《关于做好个人信息保护利用大数据支撑联防联控工作的通知》。通知明确，除国务院卫生健康部门依据《中华人民共和国网络安全法》《中华人民共和国传染病防治法》《突发公共卫生事件应急条例》授权的机构外，其他任何单位和个人不得以疫情防控、疾病防治为由，未经被收集者同意收集使用个人信息。法律、行政法规另有规定的，按其规定执行。

2月18日 工业和信息化部发布关于做好疫情防控期间信息通信行业网络安全保障工作的通知。为深入贯彻落实习近平总书记关于新型冠状病毒肺炎疫情防控工作的重要指示精神，切实做好疫情防控和经济社会运行的网络安全支撑保障工作，确保疫情防控期间网络基础设施安全，防止发生重大网络安全事件，该通知对全力保障重点地区重点用户网络系统安全、加强信息安全和网络数据保护、进一步强化责任落实和工作协同三大方面做出了具体的规定。

2月19日　工业和信息化部发布了《关于运用新一代信息技术支撑服务疫情防控和复工复产工作的通知》。该通知从运用新一代信息技术全面支持疫情科学防控、运用新一代信息技术加快企业复工复产、强化服务保障三大方面做了16条规定。如支持运用互联网、大数据、云计算、人工智能等新技术服务疫情监测分析、病毒溯源、患者追踪、人员流动和社区管理，对疫情开展科学精准防控。

3月

3月24日　工业和信息化部发布《关于推动5G加快发展的通知》。该通知指出，为深入贯彻落实习近平总书记关于推动5G网络加快发展的重要讲话精神，全力推进5G网络建设、应用推广、技术发展和安全保障，充分发挥5G新型基础设施的规模效应和带动作用，支撑经济高质量发展，提出如下内容：第一，加快5G网络建设部署；第二，丰富5G技术应用场景；第三，持续加大5G技术研发力度；第四，着力构建5G安全保障体系；第五，加强组织实施。

4月

4月10日　国家工信部发布《网络数据安全标准体系建设指南（征求意见稿）》。该征求意见稿指出，我国网络数据安全标准体系建设的主要内容是建设网络数据安全标准体系框架，包括基础共性标准、关键技术标准、安全管理标准和重点领域标准等重点标准化领域。该征求意见稿同时提出我国网络数据安全标准体系建设目标分两步走的具体任务。

4月27日　国家互联网信息办公室、国家发改委等十二部门联合发布《网络安全审查办法》。该办法规定，关键信息基础设施如电信、广播电视等的运营者在采购网络产品和服务时，应提前申报网络安全审查。

4月28日 中国互联网络信息中心（CNNIC）发布第45次《中国互联网络发展状况统计报告》。报告显示，截至2020年3月，我国网民规模为9.04亿人，互联网普及率达64.5%。该报告同时指出，中国在区块链、5G、人工智能、大数据、互联网基础资源等领域核心技术自主创新能力不断增强；中国企业声明的5G专利数量世界领先，华为、中兴通讯声明的5G标准必要专利数分别排世界第1位和第3位。此外，疫情防控期间部分互联网应用呈现快速增长态势，包括在线教育、网络零售和政务服务平台等。抗击疫情加速互联网产业发展，带来新机遇与挑战。

5月

5月13日 工业和信息化部印发《关于工业大数据发展的指导意见》，明确将促进工业数据汇聚共享、深化数据融合创新、提升数据治理能力、加强数据安全管理，着力打造资源富集、应用繁荣、产业进步、治理有序的工业大数据生态体系，并提出加快数据汇聚、推动数据共享、深化数据应用、完善数据治理、强化数据安全、促进产业发展、加强组织保障等7方面21条指导意见。

5月22日 国家网信办在全国范围内启动为期8个月的2020"清朗"专项行动。国家网信办有关负责人介绍，"清朗"专项行动全面覆盖各类网络传播渠道和平台，集中清理网上各类违法和不良信息。专项行动将出重拳、用真招，对有令不行、顶风作案的网站平台依法从严处理，并公开曝光典型案例，有效震慑违法违规行为。

6月

6月12日 中国网络空间安全协会网络治理与国际合作工作委员会联合主办"新冠疫情下网络空间国际治理新动向"主题研讨会。会议由网络空间国际治理研究基地（北京邮电大学）、中国网络空间安全协会网络治理与国际合作工作委员会、北京邮电大学互联网治理与法律研究中心等联合主办。

6 月 17 日　国家版权局、工业和信息化部、公安部、国家互联网信息办公室定于 2020 年 6 ~ 10 月联合开展第 16 次打击网络侵权盗版"剑网"专项行动，严厉打击视听作品、电商平台、社交平台、在线教育等领域的侵权盗版行为，着力规范网络游戏、网络音乐、知识分享等平台的版权传播秩序，持续巩固网络文学、动漫、网盘、应用市场等专项治理成果，不断提升版权管网治网能力。

6 月 18 日　国家新闻出版署印发《关于进一步加强网络文学出版管理的通知》。具体内容涉及建立健全内容审核机制；严格规范登载发布行为；定期开展社会效益评价考核；加强评奖推选活动管理；进一步规范市场秩序；加强网络文学出版队伍建设；切实履行属地管理职责。

7月

7 月 7 日　中国互联网络信息中心组织召开网络空间数据治理在线研讨会。数据治理领域的多名国内知名专家学者共聚线上，围绕个人数据保护、数据安全、数据流动和治理等热点问题进行深入研讨。

7 月 23 日　国家网信办决定自 2020 年 7 月 24 日起对商业网站平台和"自媒体"开展集中整治。此次集中整治将坚持点面结合、标本兼治和管用一体三项原则，重点聚焦六大任务，即集中整治商业网站平台、手机浏览器、"自媒体"违规采编发布互联网新闻信息、转载非合规稿源问题；规范移动应用商店境内新闻类 App 审核管理；建立健全社交平台社区规则，加强社交平台运营管理；规范商业网站平台热点榜单运营管理；加强网络名人参与论坛、讲坛、讲座、年会、报告会、研讨会等网络活动管理，规范相关活动网上直播；优化改进移动新闻客户端和公众账号正能量传播。

7 月 23 ~ 25 日　第十九届中国互联网大会在线召开。大会内容分为线上论坛、线上展览和特色活动三部分，结合 5G、人工智能、工业互联网、区块链等热门话题，共举办 30 余场论坛。

7 月 25 日　中央网信办、工信部、公安局、国家市场监管总局在京召开会议，启动 2020 年 App 违法违规收集使用个人信息治理工作。

7月28日 国家网信办召开专项部署会，全面部署加强"自媒体"规范管理工作，决定自7月29日起，在全国范围内开展为期3个月的进一步加强"自媒体"基础管理专项治理行动，夯实管理基础，形成多部门协调监管、社会各方共同参与的治理格局，全面推进"自媒体"依法管理、规范管理、综合治理，促进"自媒体"健康有序发展。

8月

8月7日 中央网信办、教育部启动了为期2个月的涉未成年人网课平台专项整治。此次专项整治聚焦网民反映强烈的突出问题，在不同环节开展治理。开设未成年人网课的各类网站平台，必须切实承担信息内容管理主体责任；要对课程严格审核把关，确保导向正确；开设评论互动功能要建立信息内容"先审后发"制度；要加强网课页面周边生态管理，不得出现危害未成年人身心健康的内容；不得利用弹窗诱导点击不适宜未成年人的页面；不得推送与学习无关的广告信息；不得利用公益性质网课谋取商业利益。

8月26日 教育部等六部门发布《关于联合开展未成年人网络环境专项治理行动的通知》。该通知要求，专项整治的重点是影响未成年人健康成长的不良网络社交行为、低俗有害信息和沉迷网络游戏等问题。

9月

9月14～20日 2020年国家网络安全宣传周（以下简称"网安周"）在全国范围内统一开展。此届网安周主题是"网络安全为人民，网络安全靠人民"。网安周期间，围绕App个人信息保护、网络安全标准、网络安全产业创新发展、智慧城市安全等议题，举办11个分论坛。线下展会覆盖网络安全、人工智能、数据科学等多个新兴产业范畴。同时，我国首个网络安全主题的科技馆亮相郑州。

9月15日 中央网信办、教育部联合召开涉未成年人网课平台及网络环境专项治理视频推进会。2020年8月，中央网信办、教育部联合启动涉未成年人网课平台及网络环境专项治理工作。各地网信部门、教育部门迅速部署落实、注重治理实效，截至 9 月中旬，累计关闭违法违规网站平台 6000 余家，集中清理危害未成年人身心健康的"祖安文化""黑界"等不良信息 97.5 万余条，处置相关问题账号、群组 64.7 万余个。影响未成年人网络环境的违法违规行为有所遏制，社会反响良好。

9 月 30 日 市场监管总局办公厅开展清理整治网络销售和宣传"特供""专供"标识商品专项行动。部分电商平台出现以拼音缩写等"暗语"方式使用"特供""专供"等标识销售、宣传商品问题，严重损害党和国家机关形象，扰乱市场秩序，欺骗误导消费者。

10月

10 月 21 日 由国家互联网信息办公室指导，中国互联网发展基金会主办，人民网、光明网、中国青年网、中国新闻网、环球网承办的第五届"五个一百"网络正能量精品评选活动结果正式发布。"五个一百"即百名网络正能量榜样、百篇网络正能量文字作品、百部网络正能量动漫音视频作品、百幅网络正能量图片和百项网络正能量专题活动。

10 月 26 日 国家网信办对手机浏览器扰乱网络传播秩序突出问题开展专项集中整治。此次集中整治和专项督导对手机浏览器提出了明确整改要求和具体标准，其中包括不得发布"自媒体"违规采编的互联网新闻信息，不得推送弹窗"自媒体"发布的各类信息，不得使用断章取义、虚假夸大、攻击侮辱、耸人听闻等噱头式标题炒作热点敏感话题，不得发布无中生有、旧闻翻炒、拼凑剪接、捕风捉影等不实信息，不得发布低俗、血腥等不良信息。

11月

11 月 5 日 国家网信办开展为期 45 天的移动应用程序信息内容乱象专项整治，聚焦乱象，重拳出击，集中整治违法违规移动应用程序。国家网信办有关负责人强调，此次专项整治将以资讯类、社交类、音视频类、教育类、电子读物类、生活服务类移动应用程序为重点，着力解决移动应用程序传播违法违规信息、提供违法违规服务、服务导向背离主流价值观等突出问题。对违法违规的移动应用程序将依法依规采取约谈警告、责令整改、暂停版块或功能、关停下架等处置措施。

11月13日 国家互联网信息办公室发布《互联网直播营销信息内容服务管理规定（征求意见稿）》公开征求意见的通知。征求意见稿明确指出，直播营销平台应当防范和制止违法广告、价格欺诈等侵害用户权益的行为，以显著方式警示用户平台外私下交易等行为的风险。直播间运营者、直播营销人员从事互联网直播营销信息内容服务，不得虚构或者篡改关注度、浏览量、点赞量、交易量等数据流量造假。

11月18日 世界互联网大会组委会发布《携手构建网络空间命运共同体行动倡议》。该倡议指出，国际社会应采取更加积极、包容、协调、普惠的政策，加快全球信息基础设施建设，促进互联互通，推动数字经济创新发展。该倡议强调，在当前疫情背景下，构建网络空间命运共同体的重要性和紧迫性更加凸显。面对新的风险和挑战，国际社会在网络空间领域应加强团结协作、维护公平正义、共享数字红利。该倡议呼吁，各国政府、国际组织、互联网企业、技术社群、社会组织和公民个人坚持共商共建共享的全球治理观，秉持"发展共同推进、安全共同维护、治理共同参与、成果共同分享"的理念，把网络空间建设成为造福全人类的发展共同体、安全共同体、责任共同体、利益共同体。在网络安全领域，该倡议呼吁开展全球、区域、多边等各层级的合作与对话，共同维护网络空间和平与稳定，增进各国之间战略互信，反对网络攻击、网络威慑与讹诈，反对利用信息技术破坏他国关键信息基础设施或窃取重要数据。

11月23～24日 2020年世界互联网大会·互联网发展论坛在浙江乌镇举行，论坛主题是"数字赋能 共创未来——携手构建网络空间命运共同体"，同期还举办"互联网之光"博览会、世界互联网领先科技成果活动、"直通乌镇"全球互联网大赛。世界互联网大会·互联网发展论坛还发布了《世界互联网发展报告2020》和《中国互联网发展报告2020》蓝皮书。

11 月 27 日　全国 App 个人信息保护监管会在京召开。电信终端产业协会发布《App 用户权益保护测评规范》10 项标准及《App 收集使用个人信息最小必要评估规范》8 项标准，涉及人脸、通讯录、麦克风录音、位置、图片、软件列表、设备、录像信息等多个方面，这些标准将为企业合规经营提供明确规范要求，为治理工作提供依据和支撑。

12月

12 月 3 日　中央网信办、教育部联合印发《关于进一步加强涉未成年人网课平台规范管理的通知》，建立未成年人网课平台长效治理机制。该通知提出，要加强备案管理，对已备案网课平台的相关信息实现动态更新，对应备案未备案的网课平台按规定督促整改，将其他面向中小学的非学科类网课平台纳入网络生态巡查监看范围，建立工作台账。要强化日常监管，督促涉未成年人网课平台以正确价值导向为引领，加强网课教学大纲和图文、视频授课内容等的审核把关，将弹窗、边栏、悬浮框、信息流加载、互动社交等环节纳入重点管理范畴。要提升人员素质，加强涉未成年人网课平台授课教师资质审核，端正产品设计和运营推广人员理念，增强其未成年人保护意识。要注重协同治理，建立涉未成年人网课平台跨部门巡查机制，针对巡查情况适时开展专项整治，运用暂停更新、关闭下架等多种手段，对违法违规网课平台保持高压严打态势，动员社会各界广泛参与治理，形成工作合力。

12 月 8 日　国家网信办持续推进移动应用程序信息内容乱象专项整治工作。针对网民反映强烈的部分移动应用程序传播淫秽色情、暴恐血腥等违法违规信息，提供诈骗赌博、招嫖卖淫等违法违规服务的网络乱象，国家网信办依据《网络安全法》《网络信息内容生态治理规定》《移动互联网应用程序信息服务管理规定》等法律法规和国家有关规定，自 11 月 5 日起组织开展移动应用程序信息内容乱象专项整治，首批清理下架 105 款违法违规移动应用程序。同时，对未落实审核要求、上架违法违规应用程序的 8 家应用商店，依法依规采取停止下载服务处置措施。

B.19
国际互联网治理大事记
（2019年7月至2020年12月）

本书课题组

2019年7~12月

7月

7月10日 来自世界各地的监管机构和专家于7月9日至12日在太平洋岛屿瓦努阿图举行全球监管机构专题研讨会（GSR-19）。面对快速变化的 ICT 领域——利用人工智能、区块链、物联网和 5G 等新技术，以及新的业务和投资模式，GSR-19 强调了对强大的合作伙伴关系、创新的监管工具和方法的需求，以及各部门之间的协作监管机制，以帮助仍未使用互联网的其余 37 亿人实现网络连接。

7月29日 2019 年非洲数字消费者论坛召开，重点关注数据保护，消费者隐私、信任和安全以及数字金融服务消费者保护协作方法。

8月

8月7日 中国香港大数据治理研究所（The Institute of Big Data Governance，IBDG）推出了全球首个大数据治理原则和独立评估体系。该体系借鉴了《中国网络安全法》《一般数据保护条例》等国内外标准，涵盖数据治理、数据泄漏、数据传输和持续改进四个主要领域，旨在建立一个可行的数据治理框架，以推动数字经济的发展。

8月7~11日 一年一度的美国黑帽大会和国际黑客大会相继在美国拉斯

维加斯举行，来自全球网络安全领域的专家、企业、政府相关人员和各路黑客汇聚一堂，围绕信息安全领域的发展趋势、创新技术及风险漏洞进行深入探讨。

8月9日 美国联邦调查局（FBI）正计划积极收集 Facebook 和推特等社交平台用户数据，从而提前识别恐怖主义等威胁。FBI 正在向第三方供应商寻求社交媒体预警工具，用于主动识别和监控恐怖主义等多种威胁。

8月15日 微软在最近更新的隐私政策中承认，其一直通过员工和承包商收集用户的 Skype 和 Cortana 语音数据，并进行机器或人工分析。微软表示，此举是为了提供和改进搜索、语音命令、听写或翻译等服务。

8月19日 在巴西首都巴西利亚举行的第五届金砖国家通信部长会议上，金砖五国通信部长共同签署了《信息通信技术领域联合合作意向书》（*A Letter of Intent for Joint Cooperation in the ICT Sector*），各国将在此共识之上加强在数字经济、通信产业、数字创新以及技术创新领域的合作，深化设施互联互通、数字化转型、数字治理等多领域务实合作。

8月21日 Google 宣布关闭一项名为"Mobile Network Insights"的数据服务。该服务于 2017 年 3 月推出，旨在向全球移动运营商提供其网络信号强度和连接速度的相关数据，以帮助其完善区域范围内的网络管理。据悉，Google 关闭该服务的主要动机是担心该服务分享了用户的数据，可能会招致用户和监管机构的审查。

8月22日 美国陆军网络司令部可能很快会有一个新的身份。指挥官斯蒂芬·福格蒂（Stephen Fogarty）表示，他希望将自己的军事机构改名为"陆军信息战司令部"，该机构将致力于电子战和信息作战。福格蒂说，在军方网络人员越来越多地与社交媒体上的巨魔农场（Troll Farm）打交道、发动干扰 ISIS 的行动，并试图混淆国际对手对美国军事单位位置的理解之际，重新命名能够更好地代表一项新的军事任务。

9月

9月16日 Salon. com 的报告称，针对美国大型科技公司的反托拉斯调查正在进行中，有 48 位州检察长宣布对 Google 进行调查，重点放在 Google

所谓的在线广告统治上。美国众议院司法委员会已要求 Facebook、亚马逊、苹果和 Google 母公司 Alphabet 对其自己的反托拉斯调查移交文件。众议院委员会似乎专注于 Facebook 和 Google 最近的收购、亚马逊对自己产品的促销以及其他问题。

9 月 25 日　互联网名称与数字地址分配机构（ICANN）发布了有关应对 DNS 安全威胁的注册管理执行机构（RO）审核的报告。该报告总结了 2018 年 11 月至 2019 年 6 月的审核结果。审核结束后，ICANN 将启动对注册服务商的审核，还将关注 DNS 安全威胁。

10月

10 月 7 日　ICANN 宣布根区标签生成规则研究小组（Root Zone Label Generation Rules Study Group，RZ-LGR SG）现已发布《根区标签生成规则技术应用建议》（*Recommendations for the Technical Utilization of the Root Zone Label Generation Rules*）。这份建议已经呈交给 ICANN 董事会供其进一步考量。鉴于有了《根区标签生成规则》（*Root Zone Label Generation Rules*，RZ-LGR）及该规则对顶级域（Top-Level Domains，TLD）变体标签进行定义的基本职责，ICANN 董事会请求 ICANN 社群和互联网架构委员会研究如何从技术层面上将 RZ-LGR 和谐应用到通用顶级域名（gTLD）、国家和地区顶级域名（ccTLD）的领域中，并提出相关建议。

10 月 31 日　一项俄罗斯法律允许该国在发生网络战争时与外部互联网断开连接。该法律允许政府向居民提供自己认可的互联网版本。

10 月 31 日　Engadget 报告称，Facebook 正在测试通过 Messenger 服务加密音频和视频通话的可能性。用户可以通过 Facebook 的"秘密对话"功能进行加密。

11月

11 月 1 日　美国国防创新委员会（The Defense Innovation Board，DIB）发布了有关美国国防部开发和部署 AI 技术的道德准则，主要包括责任、公平、可靠、可治、可追溯等。国防创新委员会表示,这些准则符合现有国际条约和美国国防部规范,可用于解决国防部现有道德框架未涵盖的 AI 技术问题,并将有助于促进美国国防部 AI 战略的实施。

11 月 1 日 俄罗斯《互联网主权法》(*Internet Sovereignty*)正式生效。据悉,该国已经开始安装脱离互联网的工具,创建独立于全球互联网运行的内部 RuNet 网络。俄罗斯政府表示,此举有助于减少对西方技术的依赖,能够有效抵御美国和英国政府黑客的网络攻击,保护国家通信网络安全稳定运行。

11 月 2 日 美国外国投资委员会(CFIUS)对 TikTok 及其母公司字节跳动以近 10 亿美元的价格收购美国公司 Musical. ly 一事展开了审查。国会议员对 TikTok 存储数据的方式以及它是否在审查内容表示担忧。对此,TikTok 发表了一份声明,表示希望在一些具体问题上做出澄清。

11 月 5 日 国际电信联盟(ITU)发布了报告《衡量数字化发展:2019年事实与数字》(*Measuring Digital Development:Facts and Figures 2019*)。该报告指出,全球数字性别差距正在迅速扩大,必须采取有效措施消除与互联网、文化、金融和技能相关的数字障碍。

11 月 7 日 澳大利亚政府通过工业、创新和科学部(Department of Industry,Innovation and Science)发布了八项人工智能伦理原则,作为该国发展人工智能伦理框架计划的一部分。八项原则内容涉及人类社会和环境福祉、以人为中心的价值观、公平、隐私保护和安全、可靠性和安全性、透明度和可解释性、可争议性和问责性。

11 月 23 日 美国联邦通信委员会(FCC)通过了一项命令,要求接受了 85 亿美元通用服务基金(Universal Service Fund,USF)的运营商不得从华为和中兴购买设备和服务。若接受 USF 资金的运营商的设备来自这两家公司,则设备必须进行移除和更换。FCC 目前正在研究把这些设备全换掉需要花多少钱。FCC 专员杰弗里·斯塔克斯(Geoffrey Starks)表示,把这些设备全部换掉可能需要多达 20 亿美元的费用。美国国会一直在考虑立法并投入 10 亿美元来让运营商们更换中国公司的设备。

11 月 25 日 负责英国、欧洲、中东和部分中亚地区互联网资源分配的欧洲网络协调中心（RIPE Network Coordination Centre，RIPE NCC）宣布，全球43亿个IPv4地址已全部分配完毕，这意味着没有更多的IPv4地址可以分配给ISP（网络服务提供商）和其他大型网络基础设施提供商。

11月26～29日 第14届联合国互联网治理论坛在柏林召开，主题为"同一个世界，同一个网络，同一个愿景"，为互联网治理提供了一个多利益相关方沟通的平台。此次会议主要围绕数据治理及数字包容性、安全性、稳定性和弹性，重点讨论了互联网的包容性和安全性、人工智能、5G、中小企业与数字经济、在线人权、儿童权利、数字鸿沟、隐私与数据保护等方面议题。其中，联合国秘书长古特雷斯在发言中明确指出当今互联网治理的无序现状，表示联合国应该在互联网治理中扮演重要角色，并且坚定地阐述了联合国积极有为的互联网治理理念和决心，而德国总理默克尔在发言中提出了"数字主权"理念，同样强调了政府和联合国应该回归互联网治理的舞台中央。

12月

12月13日 国际电联近期在美洲区域和欧洲区域举办了两项重大活动，在这两个区域推进信息通信技术（ICT）的无障碍获取，强调并促进利用人工智能和创新型数字化解决方案之类的新兴技术，旨在提高残疾人生活质量。

12月19日 互联网协会在线信任联盟发布了第十届年度在线信任审核荣誉榜。审核着眼于各个行业中超过1000个顶级站点的安全和隐私惯例，表明隐私声明仍有改进的空间。

2020年1～12月

1月

1月6日 Facebook在拉斯维加斯举行的CES大会上推出了新的隐私检

查工具。该工具面向全球用户推出，用户在 Facebook 界面中点击隐私检查按钮，就可以知道谁查看了他们的电话号码、电子邮件和帖子等隐私信息。

1 月 7 日　Facebook 宣布开始检测并删除深度造假视频，但这项政策并不针对模仿或讽刺的内容，也不面向为了简略而在编辑时改变词序的视频。

1 月 7 日　美国白宫科学技术政策办公室（OSTP）发布了《人工智能应用监管指南》（*Guidance for Regulation of Artificial Intelligence Applications*），提出了人工智能十项监管原则，包括：人工智能的公众信任、公众参与、科学诚信与信息质量、风险评估与管理、收益与成本、灵活性、公正和不歧视、公开透明、安全保障、机构间协作。据悉，该原则旨在限制当局对人工智能的"过度干预"，确保公众参与，促进公平、透明和安全的可信赖 AI。

1 月 8 日　美国众议院通过了三部两党法案，分别是《促进美国 5G 国际领导力法案》（*Promoting United States International Leadership in 5G Act*）、《促进美国无线领导力法案》（*Promoting United States Wireless Leadership Act*）、《保障 5G 安全及其他法案》（*Secure 5G and Beyond Act*）。这三部法案旨在让美国在 5G 竞争中领先于中国。美国政府将把资源转向制定国际无线政策，同时确保新兴网络免受网络攻击和外国势力影响。此次众议院通过立法，正值美国努力赢得"5G 竞赛"之际。国会和特朗普政府一直着力于削弱目前主导 5G 行业的中国电信公司的实力，同时把更多的资金投入美国 5G 网络的建设中。

1 月 15 日　Google 宣布实施新隐私标准的时间表，该标准将限制第三方使用 Cookie。Google 在一篇博客文章中证实，其网络浏览器 Chrome 将从 2021 年 2 月开始限制不安全的跨站点跟踪，要求主要用于数字广告精准投放的第三方 Cookie 必须经由 HTTPS 连线存取，以确保第三方 Cookie 的安全性。这一声明是为了加大出版商、广告商和数据经纪人在未经用户许可的情况下在其平台上获取个人数据的难度，从而加强对隐私的保护。

1 月 17 日　根据欧盟委员会一项文件，欧盟拟在未来五年内禁止在公共场所使用面部识别技术，为管理制度的成熟创造缓冲期。欧盟委员会表示，面部识别技术可以用于安全项目的研发，但需要评估面部识别技术的影响以及相应的风险管理措施，同时要加强个人隐私和数据保护的现有法规。此外，欧盟委员会还建议对人工智能的开发人员和用户增加额外义务，并且欧盟国家应任命主管部门来监督实施新规定。

1月17日 美国国务院（United States Department of State）宣布建立新的分析中心（Center for Analytics，CfA），该机构将成为第一个官方企业级的数据分析中心。据悉，CfA将从事数据管理和分析工作，提供数据管理和分析的最新工具以及相关技术培训，运用数据管理和分析来评估完善外交政策。此外，CfA还将预测5G安全趋势，跟踪对抗活动以及提供应对挑战的新方法。

1月28日 印度政府解除了查谟和克什米尔地区的部分互联网封锁，允许该地区的人们重新接入约300个网站。被列入白名单的网站包括Netflix和Spotify，以及BBC、《纽约时报》和《华盛顿邮报》等国际新闻媒体。然而Facebook、推特和TikTok等社交媒体网站仍然被封锁。

2月

2月初 Facebook、Google和推特纷纷宣布，将严格控制新冠肺炎疫情虚假信息的传播。Facebook表示，将删除非世界卫生组织（WHO）或地方卫生部门公布的虚假信息和阴谋论内容，避免其对公众造成误导和伤害。同时，Facebook还将加大事实核查和内容监控力度，增加权威信息来源以及健康专家相关的指导内容。Google旗下的YouTube表示，将优化平台算法，给予权威信息来源更高优先级，在搜索结果中特别标注权威信息来源，如世界卫生组织、公共卫生专家等。推特表示，将启用一个全新的专用搜索提示工具，确保用户首先访问到最权威可靠的信息来源。

2月4日 推特公司推出了一项处理合成和操纵媒体（包括深度造假）的新政策。该政策禁止用户分享带有欺骗性、可能对他人造成伤害的合成和操纵媒体推文。此外，该公司打算给含有合成和操纵媒体的推文贴上标签，并提供额外的上下文，以帮助人们理解其真实性。如果某条推文中分享的媒体信息被明显篡改或伪造，那么推特将为这些信息提供额外的内容。已经发

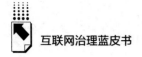

布的包含上述禁止内容的推文将被删除。新政策于 2020 年 3 月 5 日正式生效。

2 月 5 日　Google 科技孵化器 Jigsaw 发布了一个名为 Assembler 的实验平台，可以帮助记者和一线事实核查人员快速核实图像。Assembler 结合了现有的几种技术来检测常见的操作技术，包括改变图像亮度和使用在其他地方粘贴复制的像素来掩盖某些部分，同时保持相同的视觉纹理。该工具还包括一个检测器，可以识别使用 StyleGAN（一种可以生成逼真的虚拟人脸的算法）创建的深度造假作品。将这些检测技术输入到一个主模型中，该模型就能告知图像被修改的程度。

3月

3 月 13 日　互联网名称与数字地址分配机构（The Internet Corporation for Assigned Names and Numbers，ICANN）宣布开放数据平台（Open Data Platform）现已启用。该平台是由首席运营官办公室负责运营的 ICANN 开放数据项目（Open Data Program）的一个组成部分。开放数据项目旨在向 ICANN 社群提供 ICANN 公共可用数据的访问权限。

3 月 19 日　国际电联发布新导则以帮助各国制定国家应急通信计划。面对全球疫情危机，如同任何其他紧急情况一样，反应速度和效率与准备程度直接相关。在世界范围内灾害的频率、强度以及对人类和经济的影响都在增加的时候，新导则将帮助各国更好地管理灾害响应活动。

4月

4 月 3 日　联合国宽带委员会召开特别紧急会议，推动采取行动，扩大互联网接入并提高打击新冠肺炎疫情的能力。

4 月 16 日　国际电联推出"G5 基准"，这是监管机构与政策制定机构之间开展协作的"黄金标准"。信息通信技术正在日益普及，目前已嵌入到 ICT 行业以外的许多行业和系统中。为此，国际电信联盟发布了《2020 年全球 ICT 监管展望》，其中包括《第五代协作式监管基准》，向政策制定机构和监管机构提供新的工具，以期通过更强大的跨行业协作充分实现数字化转型。

4月20日　世界卫生组织、国际电信联盟在联合国儿童基金会的支持下，将与各电信公司合作，直接向人们的手机，发送重要的健康信息，帮助人们防范新冠肺炎疫情。这些信息将覆盖数十亿无法连接互联网获取信息的人。

5月

5月2日　Security Detectives 的安全研究人员发现法国费加罗报（Le Figaro）发生数据泄露事件。泄露的数据量超过8TB，涉及74亿条记录，包括费加罗报网站注册用户的登录凭证。泄露的个人身份信息包括邮箱、全名、家庭地址等。泄露的数据库中也含有大量关于费加罗报服务器的技术日志信息。

5月5日　印度最大的在线教育平台 Unacademy 承认发生数据泄露事件，泄露了大约1100万名用户的个人详细信息。网络安全情报公司 Cyble 表示已收购了一个包含近2200万个 Unacademy 用户账户的数据库。泄漏的数据包括用户 ID、用户名、加密密码、电子邮件地址、加入日期和上次登录时间。

5月15日　Google Firebase 发生严重错误配置，导致4000个 Android App 的用户数据遭泄露。Firebase 的错误配置允许任何人不需要密码或其他身份验证即可访问包含用户个人信息、访问令牌和其他信息的数据库。根据研究人员的统计，发生错误配置的应用程序已经被 Android 用户安装了42.2亿次，使用这些应用程序可能会给用户隐私带来巨大的风险。Google 已经向开发人员发送了有关其部署中可能存在的错误配置的通知，并提供了纠正建议。

5月16日　英国、德国、瑞士和西班牙等国超级计算机中心纷纷报告被加密货币恶意软件感染，导致多个高性能计算集群关闭。研究人员对恶意样本进行了分析，肆虐欧洲超级计算机的挖矿恶意软件攻击来自同一个攻击者，该攻击者获得对超级计算节点的访问权限后，就利用 CVE－2019－15666 漏洞进行了根访问，然后部署了挖掘 Monero（XMR）加密货币的应用程序。

6月

6月15日 欧盟委员会宣布，将通过欧盟研究与创新计划"地平线2020"投入超过 3800 万欧元，支持保护关键基础设施免受网络和物理威胁以及使城市变得更智能、更安全等多个创新项目。其中，三个项目将致力于改善对地铁和铁路网络、地面空间基础设施、卫星、电子商务和传递服务的网络和物理威胁的预防、检测、响应和缓解。另外两个项目旨在增强城市基础设施和服务的弹性，并在公共场所发生安全事件时保护公民。

6月16日 互联网名称与数字地址分配机构（lCANN）宣布与全球网络联盟（Global Cyber Alliance，GCA）签署《谅解备忘录》（*Memorandum of Understanding*，MoU）。这份 MoU 旨在加强 ICANN 和 GCA 的联系，促进合作来支持域名系统（Domain Name System，DNS）的效率和弹性。这些工作符合双方利益，并将目标放在 DNS 安全威胁等重要事务之上。

6月22日 信息社会世界峰会（WSIS）以在线会议的方式举办，聚焦于"促进数字化转型和全球伙伴关系：实现可持续发展目标的 WSIS 行动"方面。2020 年信息社会世界峰会旨在庆祝这一利益攸关多方平台设立 15 周年，为加强 ICT 对可持续发展的影响力而开展讨论、分享经验、展示创新和加强伙伴关系。会议内容包括由 WSIS 各利益攸关方主办的一系列主题活动、国家研讨会、高级别政策会议、虚拟知识咖啡馆、编程马拉松、WSIS 行动方面会议，以及一个研究解决在利益攸关多方背景下实施和跟进 WSIS 重要问题的虚拟展览。

6月23日 国际电信联盟发布新版《2020 年保护上网儿童指南》，针对如何为儿童和青少年营造安全的上网环境并增强他们的能力，向儿童、父母和教育工作者、行业和政策制定者提供了一套全面的建议。

7月

7月14日　英国首相鲍里斯·约翰逊（Boris Johnson）已经下令，英国政府将从2020年12月31日起停止购买新的华为设备。此外，到2027年将华为设备从英国的5G网络中完全剔除。2020年1月份，英国政府曾经宣布允许华为有限度地参与英国5G网络建设。

8月

8月9日　美国国务卿蓬佩奥（Mike Pompeo）宣布了美版"净网行动"，要求从电信运营商、应用商店、移动应用、云端和海底光缆五方面阻止中国访问美国公民和企业的敏感信息。蓬佩奥表示，美国正在阻止华为手机预装或在应用商店上架最受欢迎的美国应用，同时保护美国企业的敏感信息，以防止通过阿里巴巴和百度等公司运行的云计算系统获取这些信息。

8月14日　近日，美国海军第十舰队/舰队网络司令部发布《2020—2025年战略计划》，概述司令部职责范围，并明确司令部在实现分布式海上作战中的作用。该计划提出三项长期构想：一是在全频谱信息战中率先行动；二是在竞争激烈的战场上赢得胜利；三是促进现代化和创新。此外，该计划还明确了未来五项重要目标：一是将网络运营设为作战平台；二是开展舰队密码战；三是提高作战能力和效果；四是加快海军网络力量建设；五是建立并完善海军太空司令部。

9月

9月7日　美国白宫首次发布了太空网络安全指令——SPD-5，其中详细列出了保护太空系统免受网络威胁和网络攻击的建议和最佳实践，旨在为由美国政府机构和商业太空实体建立和运营的所有太空飞船、系统、网络和通信渠道建立网络安全基线。

10月

10月8日　外卖软件Chowbus遭到黑客攻击，一份包含餐厅下载链接和用户数据的电子邮件被发送给了几乎所有用户，导致其家庭住址被泄露。这次入侵似乎影响了 80 多万名使用或曾经使用 Chowbus 点餐的用户。

10 月 10 日　美国执法部门宣布扣押了 92 个伊朗伊斯兰革命卫队（IRGC）用于宣传和传播虚假新闻的域名。美国司法部（DOJ）表示，IRGC 已利用这些域名"参与全球虚假信息宣传活动"。其中 4 个域名用于创建看起来合法的新闻媒体，但网站托管的新闻文章和内容都由 IRGC 控制。美国司法部称，伊朗的宣传特别针对美国人民，影响了美国国内和外交政策，该行为违反了《外国代理人注册法》（FARA）。

11月

11 月 2 ~ 17 日　第 15 届年度互联网治理论坛（IGF）由联合国在线主办，主题为"互联网促进人类的适应力和团结力"，从数据、环境、包含和信任四个主要主题探讨互联网对人类生活的影响，包括在新冠肺炎疫情大流行期间世界对互联网的依赖性不断提高，以及长期存在的不平等现象，例如各种形式的数字鸿沟和性别不平等，加剧了疫情流行。联合国秘书长安东尼奥·古特雷斯（António Guterres）在闭幕词中表示："新冠肺炎疫情大流行已使人们着重关注数字技术和转型的重要性，迫切需要在建议的解决方案上增强 IGF 作为对话平台的作用"。

11 月 26 日　韩国政府因未经本国同意分享 330 万名用户的数据而对 Facebook 处以 600 万美元的罚款。韩国个人信息保护委员会表示，还将对 Facebook 违反当地个人信息法的行为提起刑事诉讼。

12月

12 月 10 日　国际电信联盟和联合国人居署（UN-Habitat）签署的一份新《谅解备忘录》强调，两个组织承诺相互合作，支持实现《新城市议程》和联合国可持续发展目标（SDG）所需的创新。《谅解备忘录》为国际电联和联合国人居署合作推进人权、促进社会包容和实现城市可持续发展提供支持。它支持各组织鼓励对智慧城市项目进行负责任地投资和融资，并围绕数字技术及相关标准和导则提供的支持开展包容性对话。

12月15日 欧盟委员会提出了两项新的立法——《数字市场法》和《数字服务法》，目标在于创建一个更安全的数字空间，保护数字服务所有用户的基本权利；建立一个公平的竞争环境，以促进欧洲单一市场和全球范围内的创新、增长和竞争力。如果两项立法获得通过，欧盟将督促大型科技公司删除有害内容并开放竞争，否则科技公司将面临巨额罚款。

Contents

I General Report

Abstract: During 2019 to 2020, internet society governance in China has
gained significant progresses. From the global aspect, China held many intern-
ational forums and participated in the internet governance forums held by other
countries, which shows the world the role China plays in global network gover-
nance. At national level, internet governance departments have been promoted the
internet society governance system with Chinese characteristics through strength-
ening law enforcement, policy making and special campaigns. From the aspect of
society, different actors such as the internet companies, organizations and citizens
have all actively participated in network governance. However, there are still many
problems that need to be addressed, such as infodemic, personal information
protection and live-streamed marketing. Viewing from China's network governance
in 2019 – 2020, "Intelligent +" governance, ecological governance and trust
governance will play important roles in China's future internet governance.

Keywords: Internet Society Governance; "Intelligent +" Governance;
Ecological Governance; Internet Trust Governance

Ⅱ   Evaluation Report

Abstract: According to the assessment system of the group in 2017, this paper conducted a one-month observation survey on 138 samples of network communication platforms in provincial news websites, news apps, video websites, short video apps and network broadcast platforms. This paper finds that the governance capabilities of China's network communication platforms are generally at a high level. There are differences in governance capabilities among different types of platforms. This paper provides a practical strategy for improving the comprehensive governance capability of network communication platforms.

Keywords: Internet Communication Platforms; Comprehensive Governance Capacity; The Analytic Hierarchy Process

Ⅲ   Exploration Reports

Abstract: Based on the review of hot events on the Chinese internet from 2019 to 2020, this article analyzed the difficulties of the governance of online society, which includes the rights of teenagers being compromised, cyber bullying, online rumors, information disclosure and fake news. Besides, there are also hidden risks of the governance of online society, including government's

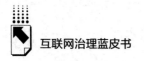
image being hurt by participating in and regulate live stream activities, digital gap leading to information inequality, international communication being lack of impetus, infringement of intellectual property rights and consumers'rights and cyber crimes involving with the help of new technologies. To tackle these difficulties and challenges, it's recommended that the government should strengthen global cooperation in internet governance, speed up the application of new technologies that help to detect the trend of public opinions, promote the concept of "Tech for Social Good", improve the ability of public opinion management, strengthen the digital leadership of the government, build up the digital trust system, empower the development of e-government with block chain and improve citizen's media literacy.

Keywords: Internet Society Governance; Hot Events; Online Public Opinion

B.4   The Infection Mechanism and Cooperative Governance of

the Infodemic   *Tian Qinqin*, *Luo Xin* / 122

Abstract: Infodemic is a global epidemic, which is caused by the following three factors: there are many unreliable information sources, and unreliable information spreads faster than truth; the popularization of social media; individual media literacy is low. The transmission mechanisms of Infodemic include; emotional contagion caused by information uncertainty; re-peated exposure of unreliable information further strengthens false perceptions; "Filtering Bubbles" trigger behavior imitation. The governance of Infodemic depends on the participation of various actors. First of all, the United Nations should mobilize and integrate global strengths and coordinate cooperation among all parties. Secondly, governments should keep information open and transparent and improve risk communication capability. Thirdly, scientific research institutions should carry out information monitoring and early warning to ensure that information is accurate and reliable. Besides, the media should deliver latest and accurate scientific information to the public and serve as a good information gatekeeper. Lastly, the media literacy education of the public should be strengthen.

Keywords: Infodemic; Infection Mechanism; Cooperative Governance

B.5 Self-discipline Governance of China's Short Video Apps

—*Text Analysis of 9 Short Video Apps User Service Agreements*

Xu Jinghong, Hou Tongtong, Shen Xiaoxia and Yang Bo / 135

Abstract: As a new media form that has been extremely popular in recent years, short video apps have been harvesting enormous economic benefits. At the same time, short video apps also become a major focus of internet ecological governance. However, at this stage, the governance of short video apps still mainly rely on policies issued by relevant departments, supplemented by the self discipline of the short video industry. This study explores the self-discipline role of short video apps in short video governance through text analysis of the user service agreements of 9 short video apps. The study shows that there are large differences in specific content and expressions in terms of active reminders and service terms, while content expressions in terms of privacy policies and internal management norms have high consistency. There is a certain degree of imbalance between the rights and obligations of the short video apps and those of the users. We believe that short video apps should be more active in reminding users of service agreements, the power and responsibility mechanism between the platform and users should be further improved, and the advantages of platforms should be combined in specific content and expressions to highlight featured contents, and strengthen the self discipline of short video apps in China, so that a healthy network ecological environment can be built.

Keywords: Short Video Apps; Internet Governance; User Service Agreements; Self-discipline Governance

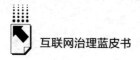

互联网治理蓝皮书

B.6　The Construction Status and Improvement Approaches of
　　　District-level Converged Media Centers in Guangzhou

Luo Xin，Cai Yuting / 153

Abstract: With methods of questionnaire and interview, we study 10 district-level converged media centers in Guangzhou, China. This study shows that these media centers are facing the following problems: unable to improve because of uncertainty in the role of media center; staff of the media centers are lack of motivation because of outdated assessment system; the journalism activities are effected by the administrative power; the resources in the media center is too limited to serve the public; it's difficult for the staff to change the way they think and work. To overcome these problems, here's some advice: be clear about the role of media center; advance the salary reform by class-ification, and improve the assessment and evaluation system; focus on local content and improve the new media content producing capability; integrate resources to innovate grassroots society governance; build a team of talents and professionals.

Keywords: District-level Converged Media Centers; Reform of Institutions and Mechanisms; Resources Consolidation; Guangzhou

B.7　Exploring Grid Management under the Impact of
　　　COVID -19 Pandemic
　　　—*Taking Changping Town in Dongguan City as an Example*

Wang Changjiang / 175

Abstract: Since the outbreak of COVID -19 pandemic, Changping Town in Dongguan City has built a solid pandemic prevention and control system through grid management, which has been highly spoken of by the government, social organizations and the public. However, there is still room for improvement in the awareness of grid management, the team members of grid management, the degree of public participation, and the management of rental houses.

Keywords: Grid Management; Mass Prevention and Treatment; Grassroots Governance

B.8 Annual Report on the Participation of Southern
Metropolis Daily's Think-tank in Digital Economy
Governance (2020) *Jiang Lin /* 185

Abstract: This article reviews the new missions brought to traditional media by the digital economy era through analyzing the following four aspects of the Personal Information Protection Center of Southern Metropolis Daily: its origin, development history, research results and its future development. Founded in 2017, the Personal Information Protection Center of Southern Metropolis Daily has experienced three main stages: the beginning stage during 2017 to 2018, the fast developing stage during 2018 to 2019 and the area spanning stage during 2019 to 2020. Since it's establishment, the center has been focusing in personal information protection, the challenges from AI, anti-monopoly in internet and protection of teenagers by publishing relevant academic reports and news. Furthermore, the *Southern Metropolis Daily* will continue to promote its evaluation criteria, participate in social governance and build up its own user community.

Keywords: Think-tank Transformation; Personal Information Protection; Artificial Intelligence Ethics; Digital Economy Governance

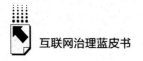

B.9　Report on the Construction of the Shared Community

　　in Chancheng District, Foshan City

The Organization Department of CPC Chancheng

District Committee Group / 201

　　Abstract: Shared communities can help to build up the community governance system with CPC as its core and reach the goals of co-construction, co-governance, and shared society. The shared community in Chancheng District enables citizens to share their needs, skills and activities by relying on the leadership from the CPC grassroots organization, building up information sharing system, connecting sharing with rewards, forming trust system and applying block chain. However, the shared community still needs improvements because it hasn't equipped with holistic system and scientific procedures, and the motivation of the CPC grassroots organization is yet to be promoted. Therefore, the government of the Chancheng District will strengthen the leadership of the CPC grassroots organization, include property management companies into building the shared community, form a scientific evaluation system, recruit a part-time team and advertise the shared community.

　　Keywords: Shared Community; Community Governance; Grassroots Party Building

Ⅳ　Platform Reports

B.10　Self-discipline and Value of TikTok Live-stream Platform

Responsibility Research Center of Byte Dance Group / 215

　　Abstract: The live-stream platform of TikTok attaches great importance to self-discipline, constantly improving the quality and process of live-stream content, and actively constructing positive content ecology. Meanwhile, the live-stream platform can help enterprises regain energy and help the traditional industries with online marketing, which contributes to the poverty alleviation campaign. In terms of social and cultural values, the live-stream platform of TikTok can promote employment, educational innovation, equity and the popularization of science, culture and art. TikTok will uphold the value of "people first" in future practice.

Keywords: Online Live-stream; TikTok; Platforms Self-discipline; Platforms Value

B. 11   Current Situation and Impact of Content Related Cyber
Crimes and Gray Industry Chain in China   *Zhang Yuan* / 227

Abstract: Content related cyber crimes and gray industry chain have become a common problem, which not only affects the reputation of the platform and disturbs the market, but also has an negative impact on the internet ecology. Based on *Cyber Information and Content Governance Regulation*, this report consider content related cyber crime as activities like article spinning, malicious marketing, click farming, which seriously harms the internet ecology. Based on the content governance practice of a we-media platform named Da Yu and a news app named UC, this report finds out that content related cyber crimes and gray industry chain are most common in producing pornological and gamble related content, using exaggerated headlines and spreading wrong values. To recognize content related cyber crimes and gray industry chain, one can judge from the headline, content and producing procedures of certain internet contents. Furthermore, we also advocates to build a comprehensive governance system with guidance from the government, participation of online platforms, co-governance in the industry and interaction with scholars.

Keywords: Content Related Cyber Crimes and Gray Industry Chain; Internet Content Ecology; We-media

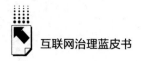

B.12　Online Game Content Governance Practice of 37 Interactive

Entertainment　　　　　　　　　　　　　　*Cheng Lin* / 233

Abstract: With the continuous upgrade of network technologies and the innovation of mobile terminals, the ways of public entertainment are diversified, and online game has become a significant type of online entertainment. In recent years, online game users have grown rapidly, which includes many teenagers. In order to ensure a healthy online game ecology, government supervision and self-discipline of game enterprises are both necessary. This study summarizes the experience of 37 Interactive Entertainment in online game content governance, including guarding teenagers' growth, defending users' privacy, protecting intellectual property rights, pandemic prevention, inheriting Chinese traditional culture and so on, which contributes to the development of the game industry.

Keywords: Online Games; Teenagers' Protection; Users' Privacy; Content Monitoring; Intellectual Property Protection

B.13　Opportunities and Challenges of Technology Driven Social

Governance

—Insights from Fighting Against the COVID – 19 Pandemic

with Science and Technology　　　*Zhao Yuxian* / 249

Abstract: The Fourth Plenary Session of the 19th CPC Central Committee for the first time considered "the support of science and technology" as an important part of social governance system. As typical representatives of the latest information technologies, big data, blockchain, cloud computing, artificial intelligence, etc. have been fully developed and gained unprecedented attention. These new technologies provide key "scientific and technological support" for social governance, which has been fully shown in the prevention and control of the COVID – 19 pandemic. These new technologies also help to build up consensus on social governance and promote the system and accuracy of social governance. However, we should also be aware of the new challenges that these new technologies bring, such as digital equity, privacy protection, and technology ethics and so on. This study aims to compare the pros and cons of these technology tools, provide decision-making suggestions for better use of new technologies and guide the practice of social governance.

Keywords: Information Technology; Social Governance; The Prevention and Control of the COVID −19 Pandemic; Science and Technology Ethics

V International Reference Reports

Abstract: During 2019 to 2020, global internet governance has obtained many achievements. In the area of infrastructure resource management, international organizations, like ICANN, ITU, technical communities, like W3C and ISOC and other actors from America, Europe, Japan etc. have been working hard to protect cybersecurity. Meanwhile, efforts focusing on improving digital economy, accessibility communication have also been made. In terms of cybersecurity, NATO, ITU, ICANN, major countries and regions have improved their cybersecurity capabilities by formulating strategic policies, organizing security exercises, and issuing reports. Furthermore, cybersecurity against the background of the Coronavirus pandemic also becomes the focus of many countries. In terms of governance within the UN framework, ITU, WSIS, and IGF continue to promote network governance under the Sustainable Development Goals by 2030 and seek ways to fight against the pandemic. For the development of digital economy and society, major international organizations, such as WTO, WEF, EU OECD and G20 have been focusing on the development and application of 5G technology. Besides, how to deal with the challenges the pandemic has brought to

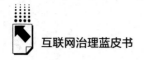
互联网治理蓝皮书

the global digitalization has also been on the agenda of these intern-ational organizations.

Keywords: Internet Governance; Network Infrastructure; Network Security; Digital Economy

B.15 Internet Governance in Korea: Status Quo and Trend

Yan Yining, *Liu Yue and Li Qingli* / 292

Abstract: Korea attaches great importance to internet development. With strong support from the government, internet penetration rate is high and the internet industry is growing rapidly in Korea. Currently, Korea focuses on the construction of 5G networks and the development of digital industries. Korea is working on national cyber security protection, striving to narrow the digital divide, improving personal privacy protection, focusing on the online protection of children, and digging into the governance of false online information. The Korean government also seeks to create an open and shared government through open digital services. Korea is also accelerating digital innovation and dealing with the management issues arising from it.

Keywords: Internet Governance; New Digital Policy; Korea

B.16 Internet Governance in Brazil: Review, Status Quo and

Experience   *He Guoping*, *Huang Guobin* / 311

Abstract: From 2019 to 2020, Brazil is committed to 5G construction and the development of the internet industry. In 2020, during the COVID − 19 pandemic, Brazil has made efforts to strengthen internet regulation and maintain cybersecurity, but the results are not satisfactory. In the near future, Brazil will focus on internet governance by establishing regulations and policies and establishing a "Brazilian Pattern" to strengthen internet governance. Despite the negative effects of "Brazilian Pattern," China can still learn from three principles in this pattern, namely internet neutrality, free speech and privacy protection.

Keywords: Internet Governance; "Brazil Pattern" Network Security

B.17 A Review of Internet Governance and Cybersecurity in India   *Jiang Xi, Li Liangxin and Zeng Wujuan* / 325

Abstract: As the second most populous country in the world, India's internet industry is growing rapidly and of great potential. India also faces problems such as cyber terrorism and cyber privacy leakage, which threatens the national and social development. The Indian government has taken a series of measures to strengthen its cybersecurity. This study reviews the history of internet governance in India, which can be divided into three stages. The main measures Indian government has taken to improve internet governance includes promoting related laws and regulations, strengthen cooperation among different actors at home, tighten digital security regulation and improve international cooperation. In the coming future, the Indian government will establish long-term regulation standards, specify the functions and responsibilities of different internet governance departments, establish general cyber-security standards, improve application of technologies and cultivate the media literacy of teenagers.

Keywords: Internet Governance; Network Security; India

皮 书

智库成果出版与传播平台

❖ 皮书定义 ❖

皮书是对中国与世界发展状况和热点问题进行年度监测，以专业的角度、专家的视野和实证研究方法，针对某一领域或区域现状与发展态势展开分析和预测，具备前沿性、原创性、实证性、连续性、时效性等特点的公开出版物，由一系列权威研究报告组成。

❖ 皮书作者 ❖

皮书系列报告作者以国内外一流研究机构、知名高校等重点智库的研究人员为主，多为相关领域一流专家学者，他们的观点代表了当下学界对中国与世界的现实和未来最高水平的解读与分析。截至2021年底，皮书研创机构逾千家，报告作者累计超过10万人。

❖ 皮书荣誉 ❖

皮书作为中国社会科学院基础理论研究与应用对策研究融合发展的代表性成果，不仅是哲学社会科学工作者服务中国特色社会主义现代化建设的重要成果，更是助力中国特色新型智库建设、构建中国特色哲学社会科学"三大体系"的重要平台。皮书系列先后被列入"十二五""十三五""十四五"时期国家重点出版物出版专项规划项目；2013~2022年，重点皮书列入中国社会科学院国家哲学社会科学创新工程项目。

皮书网

（网址：www.pishu.cn）

发布皮书研创资讯，传播皮书精彩内容
引领皮书出版潮流，打造皮书服务平台

栏目设置

◆关于皮书
何谓皮书、皮书分类、皮书大事记、
皮书荣誉、皮书出版第一人、皮书编辑部

◆最新资讯
通知公告、新闻动态、媒体聚焦、
网站专题、视频直播、下载专区

◆皮书研创
皮书规范、皮书选题、皮书出版、
皮书研究、研创团队

◆皮书评奖评价
指标体系、皮书评价、皮书评奖

◆皮书研究院理事会
理事会章程、理事单位、个人理事、高级
研究员、理事会秘书处、入会指南

所获荣誉

◆2008年、2011年、2014年，皮书网均
在全国新闻出版业网站荣誉评选中获得
"最具商业价值网站"称号；

◆2012年，获得"出版业网站百强"称号。

网库合一

2014年，皮书网与皮书数据库端口合
一，实现资源共享，搭建智库成果融合创
新平台。

皮书网

"皮书说"
微信公众号

皮书微博

权威报告·连续出版·独家资源

皮书数据库
ANNUAL REPORT(YEARBOOK)
DATABASE

分析解读当下中国发展变迁的高端智库平台

所获荣誉

- 2020年，入选全国新闻出版深度融合发展创新案例
- 2019年，入选国家新闻出版署数字出版精品遴选推荐计划
- 2016年，入选"十三五"国家重点电子出版物出版规划骨干工程
- 2013年，荣获"中国出版政府奖·网络出版物奖"提名奖
- 连续多年荣获中国数字出版博览会"数字出版·优秀品牌"奖

皮书数据库

"社科数托邦"
微信公众号

成为会员

登录网址www.pishu.com.cn访问皮书数据库网站或下载皮书数据库APP，通过手机号码验证或邮箱验证即可成为皮书数据库会员。

会员福利

- 已注册用户购书后可免费获赠100元皮书数据库充值卡。刮开充值卡涂层获取充值密码，登录并进入"会员中心"—"在线充值"—"充值卡充值"，充值成功即可购买和查看数据库内容。
- 会员福利最终解释权归社会科学文献出版社所有。

社会科学文献出版社 皮书系列
SOCIAL SCIENCES ACADEMIC PRESS (CHINA)

卡号：434845145261
密码：

数据库服务热线：400-008-6695
数据库服务QQ：2475522410
数据库服务邮箱：database@ssap.cn
图书销售热线：010-59367070/7028
图书服务QQ：1265056568
图书服务邮箱：duzhe@ssap.cn

S 基本子库
SUB DATABASE

中国社会发展数据库（下设 12 个专题子库）

紧扣人口、政治、外交、法律、教育、医疗卫生、资源环境等 12 个社会发展领域的前沿和热点，全面整合专业著作、智库报告、学术资讯、调研数据等类型资源，帮助用户追踪中国社会发展动态、研究社会发展战略与政策、了解社会热点问题、分析社会发展趋势。

中国经济发展数据库（下设 12 专题子库）

内容涵盖宏观经济、产业经济、工业经济、农业经济、财政金融、房地产经济、城市经济、商业贸易等 12 个重点经济领域，为把握经济运行态势、洞察经济发展规律、研判经济发展趋势、进行经济调控决策提供参考和依据。

中国行业发展数据库（下设 17 个专题子库）

以中国国民经济行业分类为依据，覆盖金融业、旅游业、交通运输业、能源矿产业、制造业等 100 多个行业，跟踪分析国民经济相关行业市场运行状况和政策导向，汇集行业发展前沿资讯，为投资、从业及各种经济决策提供理论支撑和实践指导。

中国区域发展数据库（下设 4 个专题子库）

对中国特定区域内的经济、社会、文化等领域现状与发展情况进行深度分析和预测，涉及省级行政区、城市群、城市、农村等不同维度，研究层级至县及县以下行政区，为学者研究地方经济社会宏观态势、经验模式、发展案例提供支撑，为地方政府决策提供参考。

中国文化传媒数据库（下设 18 个专题子库）

内容覆盖文化产业、新闻传播、电影娱乐、文学艺术、群众文化、图书情报等 18 个重点研究领域，聚焦文化传媒领域发展前沿、热点话题、行业实践，服务用户的教学科研、文化投资、企业规划等需要。

世界经济与国际关系数据库（下设 6 个专题子库）

整合世界经济、国际政治、世界文化与科技、全球性问题、国际组织与国际法、区域研究 6 大领域研究成果，对世界经济形势、国际形势进行连续性深度分析，对年度热点问题进行专题解读，为研判全球发展趋势提供事实和数据支持。

法律声明